自由主义论丛

第一卷

川普主义批判

LIBERAL REVIEW I
CRITIQUES OF TRUMPISM

主编　荣伟　张千帆
副主编　罗慰年

博登书屋
Bouden House • New York

【自由主义论丛】

学术顾问： 黎安友
主　　编： 荣伟　张千帆
副 主 编： 罗慰年
Academic Adviser: Andrew J. Nathan
Chief Editor: David Rong / Zhang Qianfan
Deputy Editor: William Luo
Published by Bouden House, New York

第一卷 川普主义批判

Liberal Review I: Critiques of Trumpism

出版：博登书屋・纽约（Bouden House・New York）
邮箱：boudenhouse@gmail.com
发行：谷歌图书（电子版）、亚马逊（纸质版）
版次：2021 年 9 月 第一版 第一次印刷
字数：271 千字
定价：$30.00 美元

Copyright © 2021 by Bouden House
All rights reserved.
No part of this book may be reproduced in any form or by any electronic or mechanical means including information storage and retrieval systems, without permission in writing from the publisher. The only exception is by a reviewer, who may quote short excerpts in review.

作品内容受国际知识产权公约保护，版权所有，侵权必究

主编前言

荣 伟

经过大半年的努力，"自由主义论丛"三卷本《川普主义批判》《极右思潮批判》《民主政治思辨》终于大功告成，在纽约出版发行！"自由主义论丛"是由博登书屋编辑部团队和国内学者共同选编、以弘扬自由主义理念为宗旨的系列文集，文章代表海内外自由主义学者的最高水平。其中此次出版的前三卷，大部分是 2020 年美国大选前后发表在海内外媒体与网络的时政评论文章，紧密围绕"川普主义与极右思潮批判"这一核心主题。

近一年前，我在博登书屋编辑出版的《当代中国评论》国际季刊"美国大选特刊"时就曾写道："随着 12 月 14 日美国选举人团最后投票，拜登获 302 票正式当选美国下一界总统，这场沸沸扬扬恐怕是美国历史上最富有挑战性的美国总统选举终于尘埃落地！这次大选可以说正如拜登在选举人投票结束当天评论演说的那样，是美国国父们创立的民主宪政体制国本经受了前所未有的压力测试，川普为了不认输大选，让他的法律团队编造诬蔑大选舞弊等没有任何事实的根据向各级地方法院滥诉，总共 50 多个案子直至美国最高法院全部被拒绝或败诉。事实证明：美国的国本没有被动摇！美国的独立三权分立制度作为世界民主宪政的灯塔依然光照全球！这给了那些在中文自媒体铺天盖地的对美国大选极尽造谣来诬蔑美国民主宪政体制一个有力的回击！"

美国大选的结果正如纽约时报著名专栏作家托马斯·弗里德曼在 2020 年 11 月 8 日《纽约时报》写的文章所言：美国躲过了一场"灭顶之灾"。2017 年 1 月川普刚刚上台时，我曾经在明镜电视主持主播"川普的战争：悲剧、喜剧和闹剧"专栏节目中，引用鲁迅说的：悲剧是将人生有价值的东西毁灭给人看，喜剧是将无价值的东西

I

撕破给人看。川普的上台既是悲剧也是喜剧，但更是一场闹剧！如今这场闹剧终于收场了！ ……

虽然这场闹剧已经收场，由于川普上台让美国几乎销声匿迹的白人至上主义思潮重新抬头，川普现象和川普背后的美国民粹主义和保守主义依然是我们必须面对和深入分析探讨的问题。特别是本次大选太多的华人自媒体造谣生事，而世人更加惊讶的是相当一部分华语世界追求民主自由的公知几乎一边倒地支持川普，形成了一个在世界所有族裔中特别的群体"华川粉"。美国乃至整个西方文明世界主流意识形态都认为川普现象基本上就是人类文明进步与民主自由普世价值观的大敌！华语世界这个奇特现象与当今世界文明普世价值观的距离与误差如此之大，已经在西方自由主义主流思想理论界引起莫大的惊诧！

在特别推出"2020美国大选特刊"的同时，我还希望通过博登书屋这个平台继续编辑出版系列的论著，梳理和探讨当今世界的最奇特"华川粉"现象，充分展开讨论，批判以川普为代表的极右思潮以及对民主宪政政治的严重侵蚀。

恰在这个时候，网络上突然出现了一本由中国大陆学者编辑的《川普主义》论文集，在亚马逊网站醒目登场，其中云集了一些国内知名和不知名的学者和作者，不但为川普不光彩的下台鸣冤叫屈，而且公开为"川普主义"正名，为川普摇旗呐喊！

在中文语境中，"主义"通常有非常特指的涵义，一种现象被称之为"主义"立马就"高大上"起来了！据说当年毛泽东对别人把他的"思想"称之为"毛泽东主义"也感觉不够格，只能称马克思列宁主义，从来不敢自称"毛泽东主义"。

西方社会常常把一种政治经济政策现象或思潮称之为"主义"（ism）。2009年我在纽约策展一位美国的乌克兰艺术家安东·康定斯基的关于中国的系列作品，他自称是"中国主义"（Chinaism）。他的系列作品在网上现在还可以查到。他的"中国主义"表达了对当代中国这个经济发展的巨人、民主政治的矮子的极大反讽。

川普的所作所为在美国作为一种独特政治现象被称为"川普主义"（Trumpism），毫不奇怪。但是，在英语语境中"川普主义"多数是贬义词,最多是中性词。如今华语世界有人如此高调高举"川普主义"旗帜,为"川普主义"保驾护航,让不明事实真相的普通民众觉得上台四年搞乱美国民主宪政的川普突然"高大上"起来了!

川普真的有什么"主义"吗?川普经常口出狂言,语言粗俗不堪,而且经常发表对女性和弱势族群的歧视性言论。美国一位中学英语老师曾经对川普的英语发言词汇做统计分析,他的英文程度基本上属于小学水平!一个小学生的语文水平,能有什么主义?如果说真有"川普主义"那就是他代表的美国极右翼思潮和近年来甚嚣尘上的民粹主义,甚至已经销声匿迹的白人至上主义。

今天,我们编辑出版这套"自由主义论丛",就是要在华语世界张扬代表当今文明世界潮流的自由主义、进步主义理念和价值观,分析批判这些逆世界文明进步潮流的极右思潮,在华语世界厘清被一些中国大陆学者有意或无意误读、误导的西方保守主义理念。博登书屋集结、出版海内外几十位学者、教授的深度相关评论文章,在这个历史的重要转折点上,保留了我们华语世界在为维护当代进步主义、自由主义理念和价值观贡献的珍贵文献,也代表当代华语思想界在推进世界走向进步主义文明大潮中没有缺席!

此次先期推出的"自由主义论丛"的第一、二、三卷,以"川普主义与极右思潮批判"为核心主题,囊括了对"川普主义"与华语世界近年来泛滥的极右思潮的各方面的系统批判。具体而言:第一卷《川普主义批判》,包括川普乱政检讨、美国大选反思、美国制度根基、中美关系问题、川粉思想根源、自由派的分裂等主题;第二卷《极右思潮批判》,包括保守主义批判、种族歧视批判、社会福利与保障、自由派认识误区、极右思潮批判等主题;第三卷《民主政治思辨》,则包括民主与自由、民主与平等、民主与共和、民主与契约、民主与民粹、左右之争、利益集团、传媒立场、政治哲学等主题。今后,我们还将计划出版后续文集,继续在华语世界高举自由主义大旗,弘扬正确的自由主义理念!

最后,作为美方的主编,我要特别感谢国内的张千帆教授、余智教授的文章推荐与选编工作(他们推荐的文章作者包括郭学明、贺卫方、刘擎、许纪霖、余智、张千帆、章哲、周濂)。我也感谢博登书屋的罗慰年、其他同仁以及部分中外不具名人士为此次文集的出版付出的辛苦努力。没有他们的努力，今天这套洋洋洒洒近 80 万字的三卷本就没有可能和大家见面。

愿自由主义理念在全球范围包括华人世界发扬光大、开花结果！

荣伟，1988 年毕业于北京大学中文系文艺美学硕士，1988-1995 年在深圳大学中文系任教，1990 年曾经赴香港中文大学比较文学系担任访问学者，1995-1996 年赴美国俄勒冈大学东亚系作访问教授，1996-1998 年赴哈佛大学东亚系担任访问研究员，1998 年后一直定居纽约，曾经担任美中基金会秘书长，《影像中国》（Reel China）纽约当代中国独立纪录片影展创办人，纽约"后世纪画廊"创办人，纽约华语世界当代艺术家协会会长，目前为纽约博登书屋创办人、社长，《当代中国评论》国际季刊主编。

序　言

张千帆

新冠肆虐，大选喧嚣。2020 注定是决定世界未来命运的一年。它让我们看到，一个国家的制度不再仅限于决定本国人民的生死，而且会深刻影响整个世界的命运。全球化真的把这个世界变成了一个"地球村"，已经没有哪个国家能够关起门来独善其身；不仅商品、资金乃至人员这些"好东西"可以全球化，国家制度产生的灾难也同样可以全球化。

中国影响着世界，世界也仍然在影响中国。2020 年 11 月初的美国总统大选不仅撕裂着美国不同族群、信仰、阶级、地域，而且也意想不到地在中国的自由主义阵营激起轩然大波，挺川派和反川派至今依然争论不息。太平洋两岸，美国大选掀起的巨大舆论漩涡揭示了美国社会契约的部分破裂，更彰显了自由主义社会契约从未在中国生根；无论国内国外，众多自称"自由派"的华人并不明了自由主义的基本理念。他们中间，有的是赤裸裸的种族主义者，有的以恐惧"多数人暴政"为名反对"一人一票"，有的因为对国内变革绝望而把希望完全寄托于美国的某个政治偶像，有的就因为自己的偶像败选即偏信大选有"系统性舞弊"，乃至整个美国从新闻、行政到司法都已被"深黑帝国"所绑架，有的以尊重市场为名拒绝一切形式的政府干预和福利制度，有的把正常的左右之争曲解为唯我独尊的"正邪之争"，有的坚称"美国秩序的根基"是基督教并热烈拥护福音派总统掌权，有的则仍然在极端无神论影响下认定基督教或一切宗教都是"迷信"……

这一切都是极权体制下长期形成而一个真正的自由主义者必须克服的认知障碍。对于中国宪政民主的未来，克服这上述认知障碍至关重要。百年前，正是它导致众多自认为信奉自由主义的中国知识分

V

子拥抱极权体制；百年后，在信息高度发达的网络时代，我们惊讶地发现情况竟未发生本质改变，而实践自由主义的政治环境却大大恶化了。在日益"内卷"的大环境下，迎合（至少不敢正面碰撞）"主旋律"的民族主义、国家主义、"新儒家""保守主义"等各式犬儒主义主张甚嚣尘上。它们要把中国带向哪里？等到中国将来真有机会启动转型，会不会像百年前那样因为我们自己的认知障碍一而再、再而三地错失机会？这是今天每一个负责任的自由派都要认真对待的问题。

近在咫尺的"阿拉伯之春"瞬间堕入"阿拉伯之冬"，正是因为阿拉伯国家并不接受政教分离等对于建构自由民主政体所必需的契约原则。塔利班在美军撤离后短短几天即掌控阿富汗全境，也说明这个国家并不存在抵抗宗教极端势力的中间力量。连阿富汗这样的小国都表明，建构自由民主秩序的责任归根结底在于这个国家的国民自己，再强大的外部势力都无法越俎代庖。对于中国这样的大国，这还能意味着什么呢？人人都在盼转型，我们自己真的准备好了吗？

为了避免历史轮回、悲剧重演，我们在此简要重申"自由主义"的基本理念：

（1）人人生而自由平等，并俱有不可剥夺的内在尊严。

（2）国民的平等尊严意味着他们拥有最广泛的信仰自由、言论自由、新闻自由、结社自由、集会自由。政府或任何人都无权否定或剥夺其他人的这些基本权利，或以任何方式把自己的信仰或立场强加于他人之上。

（3）国民的平等尊严意味着禁止种族、性别、信仰、地域、党派、财产等一切形式的歧视，政府应最大程度地保障国民获得公职、财富、教育等社会资源的平等机会。

（4）国民的平等尊严意味着每一位公民都有平等的选举权，通过周期性自由选举产生代表自己利益并对自己负责的立法者。

（5）法官必须保持独立，公务员、警察、军队等行政职能必须保持政治中立，仅忠诚于法律，不受政治、信仰、族群、亲情等任何法外因素的干预。

我们希望并期待，上述自由主义原则会成为越来越多华人共享并共守的社会契约。令人欣慰的是，虽然中国至今笼罩在各种反自由主义的重重迷雾之中，仍有相当数量的海内外华人体现了十分到位的自由主义认知。呈现在此的洋洋 80 万字、三大卷檄文就是明证，它们诞生于美国大选过程中的唇枪舌剑。对于越来越"有理说不通"的中国，美国大选确实为华人提供了历炼自由主义理念的难得机会。三卷围绕一个共同主题，那就是批判"川普主义"及其所体现的极右思潮。虽然川普只是一个过眼烟云的政治人物，他自己是否有"主义"还很难说，但此次大选中折射出来的各种认知异常确实是值得重视和讨论的现象。

我们以批判极右作为《自由主义论丛》的开卷，当然绝不意味着我们自己是"极左"。自由主义反对极左或极右等任何极端主义，它是在两极之间那个宽阔而安全的中间地带。只要接受上述自由主义基本理念，任何主张——左的、右的，进步的、保守的，革命的、改良的——都可以在这里谈。因此，这既是一篇序言，也是一份邀约——邀请全世界的自由主义者齐聚于此，参与严谨、认真、坦诚、务实的自由主义大讨论。

《论丛》的出版得益于荣伟与罗慰年二位先生主持的"博登书屋"，它为一个万马齐喑的时代提供了宝贵的言论平台。虽然我们还没有机会谋面，但共同的自由主义理念已穿越太平洋把我们联系在一起。海内外诸位同道为《论丛》的策划与编辑付出了辛苦劳动，在此一并致谢。我们衷心希望，全球自由主义华人将《论丛》作为以文会友的思想阵地，用自己的理性与激情、审慎与勇气，为二十一世纪中国自由主义开航布道！

张千帆：美国德克萨斯大学奥斯汀分校政府学博士，北京大学宪法学教授、博士生导师。主要研究宪政原理、比较宪法、中外政治与道德理论，代表作有《西方宪政体系》《宪法学导论》《宪政原理》《宪政中国的命运》《为了人的尊严》《新伦理》《宪政中国——迷途与前路》。

本辑作者介绍（A-Z）

阿井：本名钟颖，重庆人，寄居北京。曾在美国《侨报》就职，如今在新媒体全职工作。关注国际时政和热点新闻，重点追踪美国时政，尤其是特朗普上台后美国和全球政治生态的变化。

杜延林：毕业于山东师范大学数学系，注册会计师，注册税务师。现居北京，经营一家税务师事务所。业余研究政治哲学与西方政治思想史，于美国大选期间，在纽约《当代中国评论》发表《哈耶克政治哲学批判》及《华川粉的意识形态来源》等文章，并于自己的公众号《思想言说者》发表有关美国制宪历程、美国选举人团制度及美国黑人抗争史等多篇介绍美国宪政体制的文章，于微信群做音频讲座200余场。

郭学明：建筑技术专家，建筑艺术史研究者，科技企业人。编著、主编、翻译著作共27本，近千万字。在游走世界考察建筑的同时，对各地的历史、文化也有考察和思考。代表作有《世界建筑艺术简史》《旅途上的建筑——漫步欧洲》（畅销书）、《旅途上的建筑——漫步美洲》。在网上发表历史、时评和科普文章几百万字。

贺卫方：山东烟台人，北京大学法学教授，兼任全国外国法制史学会副会长、国内多所大学名誉或兼职教授。研究和教学领域包括法理学、法制史以及比较法学等。主要著作和译作包括《司法的理念与制度》《具体法治》《运送正义的方式》《中国法律教育之路》（编）、《法律与革命》（合译）、《比较法律文化》（合译）、《美国学者论中国法律传统》（合编）、In the Name of Justice: Striving for the Rule of Law in China、《逍遥法外》《石河子札记》《我们法律人》等。入选《中国青年》杂志评选的"可能影响21世纪中国的100个青年人物"（2000），《南方人物周刊》当今 50 位著名公共知识分子（2005），美国《外交政策》（Foreign Policy）年度全球百名思想家（2011），德国《商报》（Handelsblatt）世界 25 位思想家（2014）。

临风：本名熊璩，祖籍江西，出生于重庆，在台湾长大，毕业于台大。留学美国，取得伊利诺大学数学博士，计算机系硕士。台大数学系副教授（1973-1977）；克雷超级电脑公司（Cray Research, Inc.）研究部总工程师（1979-1991）；惠普公司（HP）中央实验室负责多电脑研究部门（1992-1999）；惠普公司大学关系部亚太区主任（2000-2011）；2011 年退休，全力读书、研究、写作。中国大陆出版有《绘画大师的心灵世界》（2012 年江西人民出版社）。

刘海天：纽约大学商学院国际金融硕士，跨国金融公司资深高管，先后在北美，欧洲，亚太地区等许多国家履职 20 多年；北美独立学者，专研美国历史，政治和宪法；《当代中国评论》副主编，《世界日报》特约时政评论作家，著名网络时政文化历史评论作家"海阔天空"，累计阅读量超过 150 万。

刘擎：华东师范大学紫江特聘教授，主要研究领域为西方思想史、政治哲学、世界政治与当代政治思潮。美国明尼苏达大学政治学博士。发表著作包括《2000 年以来的西方》，《悬而未决的时刻：现代性论域中的西方思想》等。

茉莉：本名莫莉花，网名瑞典茉莉。湖南邵阳人。毕业于北师大中文系教师进修班。原邵阳师专教师。1989 年因学生运动被判三年，出狱后流亡香港任编辑。1993 年定居瑞典，在教育机构任职兼自由撰稿人，现已退休。出版个人文集：《人权之旅》《山麓那边是西藏》《瑞典森林散步》《反弹的弯枝与巨无霸》。主编《达兰萨拉纪行》。有大量文章见于海外报刊。获纽约"万人杰文化新闻奖"、香港"人权新闻奖"。

莫莱斯：自由撰稿人、时评人、平等公义追求者。

王江松：原任中国劳动关系学院教授，2016 年以来成为图书管理员。主要研究领域为哲学、劳资关系，著有《悲剧人性与悲剧人生》《悲剧哲学的诞生》《劳动哲学》《劳动文化学》《致敬底层：当代中国的劳工运动》《中国社会民主主义论纲》等。

许纪霖：华东师范大学特聘教授、历史系博士生导师、中国现代思想文化研究所副所长。先后在多所国内外著名大学担任高级访问学者或客座教授。主要从事二十世纪中国思想史与知识分子的研究以及上海城市文化研究。近著有：《中国知识分子十论》《启蒙的自我瓦解》（合著）、《大时代中的知识人》《近代中国知识分子的公共交往》（合著）、《启蒙如何起死回生》《当代中国的启蒙与反启蒙》《家国天下：现代中国的个人、国家与世界认同》《中国时刻？从富强到文明崛起的历史逻辑》、Rethinking China's Rise: A Liberal Critique。2004 年被广州《南方人物周刊》评为 50 位中国公共知识分子之一。

余智：中国人民大学经济学教授，上海市浦江人才计划学者，兼任中国国家开发银行、中国（上海）自由贸易试验区协同创新中心、美国联邦储备银行达拉斯分行特约研究员。他获得中国人民大学、美国乔治城大学（Georgetown University）经济学博士学位，曾先后任职于中国国家发展与计划委员会、国际货币基金组织、美国商务部、上海财经大学。主要研究方向为国际经济与国际关系。他的文章发表在 Journal of International Economics、《国际经济评论》等国内外学术期刊上。其政策评论见诸美联社、彭博社、纽约时报、俄罗斯卫星通讯社、FT 中文网、联合早报以及中国"第一财经"频道（上海）、南华早报（香港）、大公报（香港）、文汇报（香港）、台湾"中央社"等著名媒体上。

周濂：浙江人。先后获得北京大学哲学学士、硕士学位，香港中文大学哲学博士学位。现为中国人民大学哲学院教授，外国哲学教研室主任，中国人民大学杰出青年学者。先后担任牛津大学哲学系访问学者，哈佛燕京访问学者。研究领域为政治哲学、道德哲学和语言哲学。著有《现代政治的正当性基础》《你永远都无法叫醒一个装睡的人》《正义的可能》《正义与幸福》《打开：周濂的100堂西方哲学课》，主编《西方政治哲学史·第三卷》，译有《苏格拉底》《海德格尔、哲学、纳粹主义》（均为合译），另在各种学术期刊发表中英文论文40多篇。

朱其：博士、艺术批评家、独立策展人。国家画院理论部研究员、世界和谐科学院（美国）研究生院荣誉教授、世界文艺复兴协会学术委员会副主任、中华文化复兴基金委员会理事；首届世界和谐奖、世界文艺复兴奖评委会评委。出版著作：《新艺术史和视觉叙事》《1990年以来的中国先锋摄影》《艺术的话语政治》等书。

第一卷 目录

主编前言..I

序　言..V

本辑作者介绍（A-Z）..VIII

第一卷　川普主义批判

川普乱政检讨...3

1. 美国的伟大和焦虑都与川普无关
　　——兼与丛日云教授商榷　　临　风..................3

2. "美国优先"沦为"美国孤独"　　临　风.............13

3. 回顾川普在白宫四年的实际纪录——川普在 2016 大选中
　　作出的承诺，实际实现多少？　　刘海天...........22

4. 从新冠瘟疫的经验教训反思政府责任和公民意识
　　刘海天..38

5. 最新内幕：川普白宫最后日子及其严重后果　　刘海天.....53

6. 怨怼四年，川普给瑞典敲警钟　　茉莉（瑞典）...........60

7. 川普"退群"的认知与社会心理分析　　茉莉（瑞典）.....68

8. 川普灵魂中的女人　　许纪霖.................................76

9. 从疫情到大选，为什么特朗普从不承认失败？
　　朱迪斯·巴特勒..88

10. 川普时代的美国危机：关于西方民主制的结构缺陷
　　以及新列宁主义模式的挑战　　朱　其..............91

美国大选反思 107

11. 历史藏在细节中，川普是如何被拜登打败的？　阿 井......107

12. 谈美国总统选举制度存在的问题　杜延林....................114

13. 美国历史上 1812 年以来最耻辱的一刻　刘海天............127

14. 拜登赢了，但民主党对比预期大失所望　刘海天...........136

15. 为什么许多共和党人反对川普？　刘海天....................149

16. 为什么 KKK，ISIS 和俄国支持川普？　刘海天...............156

17. 2020 西方思想年度述评（上）：美国大选与民主危机
　　刘 擎 165

18. 2020 美国大选中是否存在大规模舞弊？　余 智 188

19. 美国是否发生了严重体制危机或宪政危机？　余 智.......191

20. 决定美国大选的 120 场诉讼　张千帆 194

美国制度根基 205

21. 美国制宪历程　杜延林 205

22. 三种文化相遇的美国源头　郭学明 219

23. "五月花号"细节　郭学明 235

24. 普利茅斯殖民地的细节　郭学明 243

25. 从塞勒姆追溯到日内瓦　郭学明 255

26. 挥之不去的 2020 与美国的基督教国家主义　临 风......261

27. 如何看待美国制度与基督教、保守主义与自由主义？
　　余 智 275

28. 什么是美国的宗教立场　张千帆 278

29. 美国宪法上的政教关系　张千帆 283

中美关系问题 296

30. 余智答美联社记者问：美国大选与中美关系　　余　智........296

31. 美国过去的对华接触战略失败了吗？　　余　智.................304

32. 如何看待所谓的中美"勾兑"问题？　　余　智.................310

33. 如何全面评判川普的对华遏制战略？　　余　智.................313

川粉思想根源 328

34. 华川粉现象的意识形态根源　　杜延林 328

35. 海内外挺川华人的思想与社会根源
　　莫莱斯（Moreless）...336

36. 对华人川粉成因的一种社会民主主义透视　　王江松........349

37. 中国民众为何对美国大选存在诸多认知误区？　　余　智........355

38. 华人川普主义者的三个迷思　　周　濂.................359

自由派的分裂 374

39. 中国语境下的大撕裂　　贺卫方.................374

40. 如何看待中美民众在美国大选问题上的分裂？　　余　智........381

41. "一贺三张"在美国大选争端中的理性坚守与意义
　　余　智...387

第一卷

川普主义批判

川普乱政检讨

美国的伟大和焦虑都与川普无关
——兼与丛日云教授商榷

临 风

【摘要：自从 2017 年初以来，白宫就像是个真人秀的舞台，全国观众的叫好声与怒骂声不绝于耳。不过，闹剧连连的背后却是严重的国家危机。这个危机是川普引发的，还是有更深层的因素？媒体上有很多说法，但是真相究竟如何呢？解读美国成为一个有高度娱乐性的游戏，人人乐此不疲，可是赌注很高，牵涉国运。】

中国政治大学丛日云教授 9 月 10 日发表了一篇雄文《川普反对什么样的多元主义？》，这篇文章赢得了华人知识界许多的掌声。几位朋友很热心地转给我，要我拜读。我虽然对丛教授毫无认识，但对该文内容却生出极大的兴趣。

该文的主要论点有三：

1）国内一般人对美国"误判"，特别是误解川普总统；

2）美国当前的"多元文化主义"（multiculturalism）瓦解了国家的共同文化基础；

3）"川普主义"将是阻止美国文明衰落的希望："他的基本思路和大方向，是要阻止美国的衰落。"

隔岸观火，丛文自有其客观性和局限性。笔者身在美国，得以从近距离观察，所以也提出自己的看法。民选的国家领导人常常不过是选民的缩影。川普只不过是个现象，他的出现是果，不是因。因此，重点根本不在川普，他不过使问题深化。

美国今天真正的问题有两个：对"多元文化主义"和对"国家认同"的困惑。若要解读美国的现状，我觉得有三个关键点需要澄清：1）国家认同的混乱；2）多元文化主义的纠结；3）民主社会的底线。

本文希望通过分析这三个关键点来了解美国的真相，并对前途做些展望。

国家认同的混乱

川普赢得 2016 年美国大选，使得许多人跌破眼镜。事后，华人界虽然分析很多，但很少有说到点子上的，反映出"对美国社会认识的大量偏见甚至无知"。

去年（2017）3 月初，美联社与位于芝加哥大学的"国家意见研究中心"（NORC）对 1004 位成年人做的民调发现，美国有 71%的人认为："美国正在失去代表国家的信念和价值"。换句话说，超过三分之二的美国人认为，美国正在失去国家的认同（身份）。

有 47%的人认为，非法移民威胁着美国式生活；15%的人认为合法移民威胁着美国式生活。57%的人认为，新移民应当融入美国的主流文化，同时有 42%的人认为，由于新移民的入境，美国文化应当逐渐改变。

可见，"移民问题"，以及相关的，"保持多样性"与"同化"间的选择，这两者与国家认同关系巨大。

该民调发现，左右两翼都关心"国家认同"（国家身份），虽然他们关心的内容相反。右翼担心"基于基督教的文化价值"和"欧洲移民的传统"受到挑战，左翼担心"建国以来接纳世界各方移民"的传统被打破。不论左右都说：我几乎不认识今天的美国。那么，到底什么才是美国真正的"国家认同"呢？

该研究发现，受访者对"美国价值"看法的同质性很高：第一、公正的法治系统（88%）；第二、被宪法保护的个人自由（84%）；第三、英语作为共同语言（73%）。

我认为，这三点对认识美国的国家认同有很重要的提示。

天主教徒，英国大文豪切斯特顿，于 1921 与 1930 两次访问美国。他说了一句名言："美国是个有教会般灵魂的国家"。他不是说：美国是个基督教国家。他是说：美国是围绕着一组基于"神圣文献"（例如，独立宣言、宪法）的政治信念所建立的国家。

他指出，与欧洲国家不同，美国不依赖种族血缘，文化特征或"民族类型"来塑造其身份。美国这个"实验"之所以深刻，在于它冀望通过公民自发自动的意愿，以共同拥有的政治信念创建一个给"流浪者与流放者"居住的国家。

切斯特顿认识到，美国的国家认同根植于理念，而非种族或族群的认同。不靠君权，不靠教权，不靠世袭，美国第一个实现了全民自治，这是个何等革命性的想法！

今天美国右派的民粹主义和种族主义的浪潮，左派的过分高举少数族群的受害者心态，这些都带来部落思维和身份政治，对自己国家的了解还不及切斯特顿。

川普的当选，表面上是"爱国"（让美国再度伟大，MAGA）情操的高涨，反对精英，反对移民，反对多元价值和政治正确，骨子里他抓住了美国人对失去国家认同的恐惧。这种"爱国"建立在对异类的疑惧和嫌恶，表现出的就是国家主义、种族主义，而非爱国主义。

法国故总统戴高乐这样解释这两者的区别：爱国主义是，你第一个念头是爱自己的同胞；国家主义（民族主义）是，你第一个念头是仇恨其它族群。分裂族群的煽动家不是爱国，而是害国。

丛教授说："只有深入他（川普）的内心，把握他的价值和信念，才能理解他的行为（维护保守主义）。"其实，川普并非什么保守主义。美国传统的保守主义公知绝大多数反川（NeverTrump 运动）。难道这批对政治超级敏感的美国保守主义精英们全都没有深入川普的"内心"？

这批 NeverTrumper 了解川普煽动家的本质，他捕捉住当前美国白人对"国家认同"的彷徨，用种族主义和民粹主义煽动人心，以谎言建构另类真相。短短一年半，有记录的川普谎言，已经超过了 5000 个。就如名记者鲍勃·伍德沃德所说，川普的美国是在向事实和真相宣战，其灾难将无可估计！

如果有人以为谎言是"小节"，那你可能已经被极权统治麻木了。谎言的目的就是愚民，消灭人民的异声。老实说，川普的"内心"，以及"价值和信念"正是司马昭之心，路人皆知。

美国今天的一个焦点问题是：如何正确地认知，并加强国家认同，而不是深化族群间的仇恨和疑惧。

信念式国家认同

国家认同是凝聚国民向心力，提供文化融合的基础。切斯特顿指出，美国与欧洲不同，美国的国家认同建立在"神圣文献"所揭示的理念上。法兰西斯·福山把这个认同称之为"信念式国家认同"（creedal national identity），它建立在开国初期。

其实，切斯特顿不是第一个提出这个概念的人。早在19世纪中叶，托克维尔就提出一个新名词："美国例外主义"（American Exceptionalism）。他指出，美国人有个信念，由于开发西部提供了无限的机会，每个自由人都可以靠着勤奋努力和自我牺牲达到他人生的目的。美国人认为自己得天独厚，是世界上唯一有宗教心，被启蒙，并拥有共和民主的国家。美国不是一个民族国家。

不过在知识界，这种认知近年来被亨廷顿打破。亨廷顿在《我们是谁？》（2004）里面声称，拉美移民快速增长，加上文化多元化，美国国内将会建立一个"西班牙国家"。他把美国国内的种族多样化看成是种"文明的冲突"！

批评者认为，亨廷顿轻视了美国政治与宪法的力量，以及维系美国的内在价值。他的学说显然是以欧洲白人为中心，助长了种族主义升温。在这点上，他的学生福山就比较冷静。福山（日裔）打破了亨廷顿部落思维的格局。

福山在今年9-10月号的《外交事务》上撰文说，一名美国公民可以被指责为"不美国"（un-American），而一名丹麦公民不可能被描述为"不丹麦"，日本公民也不能被指控为"不日本"。"美国主义"是一系列信念和生活方式，而不是一个族裔。

据我的观察，在年轻人，特别是第二代移民眼里，这个观念更为清晰。年轻人（特别是受过高等教育者）了解，自己有多重身份，对美国的价值认同很强，比较不容易被种族主义所煽动。

我能了解，人们喜欢念旧，美国人也是一样。但是，念的是糟粕还是精华，这点必须分辨。

如果怀念的是蓄奴时代白人的风光，或是怀念杀戮赶逐美洲原住民的历史，那么大可不必。什么是精华？共和宪政、三权分立、法治、人人生而平等，以及对上帝、先贤和公民道德的敬重。纵使不相信上帝，仍然对宇宙有敬畏之心，并能尊重他人的权益。

"美国特殊"，加上"信念式国家认同"，这构成了美国的身份。

文化是动态的。文化融合（或整合）的基础不是容忍、兼容，也不等于种族相同、宗教相同，甚或价值观完全相同。不过，国民必须在语言、公民道德，和"信念式国家认同"上一致，而不是坚持在"欧洲的文化精神上"团结一致。这才是真正的美国价值。

但是，我们从川普在波兰的演讲里，从他对夏洛茨维尔暴动的回应里，从他嘲笑穆斯林"金星勋章"阵亡军人家属的口气里，从他不信任拉美裔法官的态度里，从他嘲笑"粪坑国"的话语里，我听不到这样的信息，我更多听到狗哨声，教唆族群撕裂。

难道，这种"川普主义"将是阻止美国文明衰落的希望？我只能说：对一个像川普这样只懂得交易关系的人来说，这句话十分荒谬。

福山呼吁：要把美国的"信念式国家身份"重新树立起来，以抵御来自极端左、右翼双方的攻击。右翼中的白人民族主义者（另类右翼）希望用基于种族、族裔和宗教的国家身份治国，排斥多样性。左翼中的身份政治提倡者（非自由主义，illiberal）则通过强调受害者心态来摧毁国家叙事的合法性。

数百年来，美国是个被各地移民所不断塑造的国家。美国之所以伟大，与新移民不断涌入，注入新血这个现实不可分割。美国在科学和技术上领先与新移民更是密切相关。

20世纪的美国如果没有新移民，它很可能就无法特殊，无法强大，它会与许多诺贝尔奖失之交臂。没有新移民就没有硅谷，没有英特尔，没有苹果（乔布斯），没有亚马逊（贝索斯），没有特斯拉（马斯克），没有谷歌……。

但这并不表示美国就应该拆除藩篱，开放边界。移民效忠的对象

7

也不再是出生的母国。美国需要新的移民政策，特别是对非法移民。这个问题十分严重，已到达临界点，必须立刻解决。由于两党斗争的两极化，非法移民的问题迟迟不能解决，这是美式民主的一大憾事。

另一方面，我们还必须从长远来看。不论是因为出生率还是移民，有色人种人口增加的速度远大于白人，有色人口超越白人只是迟早的事。专门研究美国总统的历史学家乔恩·米查姆（Jon Meacham）今年 9 月 1 号发表演说，他告诉听众说，美国的白种人将一定会失去多数的地位，美国必须正视并接纳这个事实。

从种族构成来看，美国是个"种族的大熔炉"，这个在 20 世纪初由犹太裔 Israel Zangwill 提出的概念，就是说明，无论你出生于什么种族，来了美国以后，你肯定会学习容忍、接纳、谅解，逐渐融入文化主流。由于跨族通婚的日愈普遍，人类学家已经提出警告，不要再用种族来作人口分类、因为"纯种"日益稀少，意义不大。

不过，这个叙事最近有了变化，多元化的辩论逐渐成为一种政治武器。这就是我们要讨论的第二点。

多元文化主义的纠结

一般所谓"多元文化主义"（multiculturalism），这个词有两方面的含义，一个是社会学上的，一个是政治学上的。

在社会学上，"多元文化主义"指的是种族的和文化上的多元化，亦即主张：不同的种族不但能够保持身份，更且能够彼此平等相处与对话，同尊同荣。

在美国历史上，每次新种族大批移民总会经过一段受到歧视的时期，包括德国、爱尔兰、意大利、波兰和俄国的移民。但最后都在"大熔炉"里逐渐淡出。

二十世纪中叶开始，由于亚裔和拉美裔移民逐渐增加，肤色逐渐变深，"大熔炉"逐渐开始复杂化。近年来这种多元文化的现象变成了热点问题，特别是蓝领白种人的焦虑。如上节所述，（经济问题除外）它基本上还是个社会学上的国家认同问题。

至于政治学上的"多元文化主义"，它指的是鼓励多元的意识形态和政策。它的立场是：对同一个社会上不同的文化和群体给予平等的地位与尊重，保持多样性、特殊性，反对整合或融合。在这个意义下，多元社会上不同的（次）文化形成了"文化色拉"，或"文化马赛克"，与"大熔炉"的观念有了距离。

从学理上看，这种理念明显是有问题的。

例如，摩门教以前的一夫多妻制度，或是美洲原住民猎人族的割头皮习俗，如果容许继续实行，肯定行不通。多元不等于价值中立，它还是有限度的。

又例如，如果容许穆斯林聚居区执行"伊斯兰教法"，以代替美国的法律和西方的道德规范，包括"荣誉杀戮"、残害女性生殖器官，等等，如果公然接受这样的多元文化，那肯定会带来严重的价值冲突。法治和信念式国家认同必须是底线。

更接近现实的是，美国"文化战争"中对堕胎和同性婚姻的争执，这正是为什么大法官的任命如此受到重视。这可能是多元化在美国所带来最棘手的问题。

极端的多元文化主义会使得"主流文化"变得毫无意义，造成国家内部的部落化，增加矛盾和冲突。持这种立场的政治左派与持白人种族主义立场的政治右派正好是美国政治光谱上的两个极端。

丛教授文章所描述的（第三类）"多元文化主义"就属于这种极端的，政治学上的多元文化主义。他认为这是对主体文化的"解构"："甚至走向逆向歧视，瓦解国家的共同文化基础，带来主流文化群体的焦虑和危机感。"在丛教授眼中，美国的"欧洲裔白人男性基督徒"是被打压的对象，而少数族裔及其文化则是被高举的对象。

丛教授把"白种人的负担"转换成了"白种人的受害者心态"！少数族裔则被描述为霸凌者，是"不宽容的一元主义文化"。这种脸谱化叙事与事实真相有很大一段距离。

纵使如此，平心而论，丛教授所描写的现象有部分是存在的，特别在名牌大学的校园里和课堂上，那就是我所说的 illiberalism，它不是自由主义，它是"非自由主义"。一批大学生高举着"自由"的牌子，却企图禁止他人的言论自由。这个潮流与社交媒体的普遍有不可分割的关系。

《大西洋月刊》在 2015 年最后三个月发表了一系列有关美国校园"政治正确"事件的文章。其中，纽约大学的心理学与伦理学教授乔纳森·海特（Jonathan Haidt）与律师格雷格·路加诺夫（Greg Lukianoff）在 9 月号上有篇定调的主题文章：《美国被宠坏的心灵》（The Coddling of the American Mind）。今年 9 月，他们把该文扩充成书，一上市立即成为畅销书。

在过去几年里，许多大学校园出现了问题。演讲者被抗议者的大声喊叫所淹没。学生们和教授们说话都战战兢兢，生怕被指为政治不正确的"微侵虐"（micro-aggression）。校园内以及全国范围内的焦虑，抑郁和自杀率都在上升。

作者们从众多的校园实例中发现，今天大学生对政治正确的敏感度与上一代截然不同。上一代的理性被这一代的情绪所取代。（细节请参考：《被宠坏的美国心灵》，临风，境界公共号，2016-2-1）

今天的学生运动是感性的，学生们要求校方提供一个"安全港"，保护他们超级脆弱的心理，屏蔽一切让他们感觉不安的字句或观念。不但如此，他们企图惩处任何与他们想法不同的人。

作者们称这种心态为"斗争式的保护性"。学生们不知道如何用理性对话，而是用"情感推理"，他们的负面情绪本身就是证据："我感受到了，所以那肯定是真的。"感觉，而不是论理，指导着他们对现实的解读。

不过在现实社会里，这种"非自由主义"的风气并没有得到广泛的支持。政治立场既然是个光谱，站在极端的总是少数，我们不必蓄意放大。非我族类其心必异的心态把一切右派都归为极右（种族主义），把一切左派都归为极左（白左）。这样简单的切割于事无补。

所谓多元文化主义的纠结，从社会学看，它基本上还是个国家认同的问题；从政治学看，它并不像有些人所描述的那样非黑即白，但它触及权力和利益分配，应当理性对待。美国唯一该避免的就是把多元文化的争议当作政治武器，丑化异类，撕裂族群。无论是把新闻媒体当作"人民的公敌"，或是在学校里把异议人士消声，这些都是违反"信念式美国认同"的恶劣行为。

民主社会的底线

其实，真正的问题不是对"主流文化的解构"，"主流文化"也并非全部高大上，不必拿来作护身符。

哈佛大学的社会学教授普特南（Robert Putnam）长期研究多元文化主义对社会的影响。他对美国40个社区超过两万六千人作过调查。他发现，社区越多元，互信就越低。他说：情况比我们想象的还糟，我们不但不信任与我们不同的人，我们也不信任与我们相同的人。多元社会的"社会资本"匮乏。

不过，他补充说："这种对多样性的过敏将会逐渐减少并消失……我认为从长远来看，我们都会变得更好。"我们需要的不是脸谱化、妖魔化对方，而是设法增进多元社会里的信任度。

多元文化主义者以赛亚·柏林（Isaiah Berlin）曾说："让我们有勇气承认我们的无知，以及我们的疑虑和不确定性。至少我们可以尝试仔细地和同情地倾听他者，了解他者的真实面目，以及他的生活和需要。"

柏林的意思是说，多元文化主义鼓励社会成员不要用极端态度看待"他者"。不要仅仅坚持一己的价值，拒绝承认他人的合法性，应展开善意的对话以处理分歧。

例如，"黑人的命也是命"运动，本来应是一个合情合理的诉求，但却被极右派妖魔化，被极左派部落化。我们需要的是善意的对话，以解决后面真正的问题，而不是抹黑与嘲笑。

在"信念式国家认同"的框架下，如果各种文化群体都能带着柏林所倡导的谦卑，并承认在历史上所犯的错误，特别是政治上的错误，积极对话，寻找共同的福祉，我认为，纵使争议继续存在，美国仍然可以找到多元文化的平衡点。

支持川普的美国另类右翼，也就是白人至上运动，特别高举"血统"和"土地"这两块招牌。他们以白种人的血统为傲，并认为美国这块土地属于他们，其他人种应当离开。他们用"国家、国旗、圣经、枪支"这些符号来增加自己的可信度，认为这就是他们的国家认同。

民主社会的底线是：指出这种思维根本误解了美国，误解了美国特殊，误解了美国价值，更完全误解了基督教。白人种族主义者并非华人之友，但愿华人能够慎思明辨，不被白人种族主义者所忽悠。

普特南认为多元化社会的互信低，那么要如何增加互信？独裁者的方式是制造共同敌人，这肯定不是民主社会的方案。

这40年来，美国的贫富差距拉大，社会向上游动停滞，许多人所以不信任政府，或企业，那是因为他们对前途失去信心。大多数排斥移民的人们处在小乡镇，他们或许根本就没见过什么移民。他们的疑惧主要是对前途无望。

民主社会的底线是：有计划地增加人们向上游动的能力。扶助、训练底层人民的技能，大力提振教育水平，资助他们完成大学教育，让他们能够自立。

对美国做过深入观察的托克维尔，他坚定主张政教分离。但是有鉴于欧洲世俗化的经验，他认为，那并不等于把宗教的道德影响赶出政治。

国民素质与公民道德是美国建国的一个重要因素。今天，种族主义在白人中重新抬头，非自由主义在校园中泛滥，企业犯罪不断，职场伦理经常受到质疑。这些现象或许反映了国民素质的下降。此外，宗教信仰流于形式，或成为替政治服务的工具，社会缺乏精神上的凝聚力。

托克维尔主张：政治必须以道德为基础。托克维尔所欣赏于柏拉图的正是他对政治领域之道德的维护，而他之所以反对马基亚维利也恰恰是因为后者对政治非道德化的鼓吹。（这段参考：崇明：《基督教与现代政治的道德化：民主时代的公众需要怎样的灵魂与德性？》，2018-9-17）

民主社会的底线是：加强公民道德的教育，而不是制造更多被宠坏的心灵。鼓励宗教团体更多参与社会重建，而不是积极参与政治斗争。如果基督教的伦理影响了美国的建国，那么，今天的教会值得反省的地方太多了。

民主社会的底线超越党派利益，超越族群利益，超越部落思维和身份政治。为要守住这个底线，我们只能屏息等待后川普时代的到来。

"美国优先"沦为"美国孤独"

临 风

二战后，美国在国际上声誉日隆，并随着 1989 年柏林墙的倒塌而达到高峰。然而，自 911 和伊拉克战争以来，美国的霸权面临了严重的考验，川普的执政更是加速了美国在国际上地位的下落。美国从一个主导自由主义国际秩序的盟主走向一个孤立的民粹主义的"流氓霸权"。

最近美国与伊朗的对抗就是一个实例，这是川普上台以来自己一手制造的危机，并不断升级直至距离又一场中东战争仅仅十几分钟时间。屡次"特金会"也是除了作秀和垂涎诺奖以外毫无实质进展。作为世界第一大国的领导人，已经成为"一头闯进瓷器店的蛮牛"，更何谈他是否具备战略思维。从霸主地位跌落下来的美国的确到了审思如何让美国再次伟大起来这个问题的时候了。《美国华人》专栏作家临风先生这篇文章带您走进历史，回到当下思考这个问题。

由于将近 30 年前苏东解体，美国变成世界上唯一的霸权。不过，这个时代很可能即将结束，甚至已经结束。归根究底它主要的原因不是外在的，而是内在的。

一个最近的例子

2019 年 6 月 10 号，德国外长访问伊朗。

川普政府无视伊朗遵守协定的事实，于 2018 年 5 月单方面废除了 2015 年七方与伊朗签署的多边《伊朗核协定》，并开始限制伊朗石油出口。这个制裁到今年 5 月开始全面生效，美国企图借着窒息经济迫使伊朗让步而重新谈判。美国的违约举动遭到其它协议国家的一致反对。

今年 6 月 10 日，德国外长访问德黑兰，与伊朗总统和外长有"坦白和严肃的"沟通。这次访问是与英国和法国协调进行的。会后宣布，一个替代美元支付系统的欧洲支付系统（INSTEX）很快就会准备就绪。

川普政府毫不尊重既定的国际游戏规则，打着"美国优先"的旗号任意撕毁协议和提高关税等滥用霸权的表现，让作为《伊朗核协定》签字国的三位盟友（英法德）不得不重新思考国际秩序与本身利益，此事所代表的意义极其重大。

此前，川普政府以"国家安全"为名（冷战时期对付苏联的经常手段），威胁对盟国的商品（钢铁、铝制品、汽车，等等）增加关税。美国贸易代表办公室前任总法律顾问詹妮弗·希尔曼（Jennifer A. Hillman）在《纽约时报》上撰文："如果美国可以证明汽车关税是针对国家安全的威胁，那么世界上每个国家都可以用同样的借口对他国产品采取任意的限制措施。"（2018-6-1）

盟国们正在盘算打破美元在国际贸易上的霸主地位，减少在政治、经济、军事上对美国的依赖，这是实质上脱离美国轨道的开始。这次计划纵使不成功，对美国也是一个严重的警示。

历史上欧洲国际秩序的形成

法律和秩序是维护一个国家内部稳定的基本要素，人人都知道而且接受约定的行为规则，社会才不至于失序。国际间也是一样，如果缺乏国际间的游戏规则，战争往往因误判和恐惧而发生。

1517 年宗教改革之后，欧洲各国间的宗教战争连绵不断。其中规模最大，伤亡最多的当数 1618-1648 年间的"三十年战争"。这场战争使得日耳曼各邦国大约被消灭了 25%至 40%的人口，其中有将近一半的男性阵亡。新教发源地威登堡有四分之三人口战死。

交战各国意识到和平的可贵，欧洲当时主要的几个参战国家，包括神圣罗马帝国、西班牙、法国、瑞典，荷兰共和国，以及诸邦国的代表聚集在今天德国中北部的威斯特伐利亚地区（Westphalia），商议国际间和平相处的原则。

泰尔博赫绘于 1648 年的威斯特伐利亚和约确认仪式。

经过了半年的会议，代表们签订了一系列的条约，总称作《威斯特伐利亚和约》，它结束了欧洲历史上造成 800 万人丧生的动荡时期。这个合约最重要的原则是：每个主权国家对其领土和国内事务拥有主权，不容许国外势力侵扰，不容干涉别国内政。每个国家不论大小在国际法上是平等的。这个"威斯特伐利亚主权体系"就是今天国际法的基础。

从此，基督教的神权世界秩序宣告结束，一个以民族国家为主体的新的国际秩序来临，它是价值中立的、也是祛魅的。

19 世纪初期，由于法国大革命以及拿破仑的军事野心，欧洲的国际秩序被破坏，战争不断。1814-1815 年，欧洲各国在维也纳展开外交会议，希望达到欧洲的长久和平，由奥地利政治家梅特涅（Klemens Wenzel von Metternich）主持。决议在拿破仑滑铁卢战败的前几天签署。

"维也纳会议"的目标不仅包括恢复战前国界，还包括重新调节各列强的权力，使它们能够相互平衡并保持和平。最后的决议由奥地利、法国、葡萄牙、普鲁士、俄罗斯、瑞典、挪威和英国的代表签署生效。西班牙没有签署，但在 1817 年宣布通过了决议。

"维也纳会议"是欧洲列强为了保护自身利益而产生的协议，为了取得大国间势力的均衡牺牲了小国的利益。它代表既得利益者的保守势力，并没有什么其它精神价值的支柱，并压制了民族主义和自由主义。

维也纳会议这种争取列强利益均衡的大国游戏规则，到克里米亚战争时（1853-1856）开始解体，第一次世界大战爆发时完全瓦解。

基辛格的"威斯特伐利亚 2.0"

2014 年正是国际秩序风雨飘摇的动荡时刻：在中东，叙利亚内战造成数十万人伤亡，数百万难民流离四方，伊斯兰国兴起；在东方，崛起的中国正在成为超级大国；在非洲，埃博拉病毒正在流行肆虐，让西非几近瘫痪；在东欧，野心勃勃的俄国吞并了克里米亚。

就在人们对世界秩序和国际和平感到焦虑的时刻，基辛格出版了《世界秩序》这本巨著。91 岁高龄的他期望给现今的国际秩序提供一个解释的框架，他指出，任何国际秩序的存在必须具有两个成分：1）一套被普遍接受的规则，以界定国际行为的限制；2）权力的平衡，用以克制破坏规则的一方，阻止某一个政治单位征服所有其他政治单位。

基辛格的视野超越了所谓"文明冲突"的框架。他认为，今天的国际秩序仍当回到威斯特伐利亚的主权体系和维也纳会议的权利均衡的基础上。他观察到美国外交政策的两种竞争思路：西奥多·罗斯福总统的务实现实主义和伍德罗·威尔逊总统的自由理想主义。

他固然向往老罗斯福基于实力的务实外交，他也认识到威尔逊总统理想主义的价值，即在利益的交易和实力的均衡之外，依然要寻找一种更高的普世价值。这并不是什么"天命意识"，而是从务实出发，追求二者间的平衡。

威尔逊提出了基于自由主义理念的宏大愿景，超越了毫无方向感的威斯特伐利亚主权体系。他主要的主张是：1）维护世界的和平与正义的原则，反对自私和专制的权力；2）推崇民主政体，并支持小国的权利和自由。

可惜威尔逊走在时代的前面，由于巴黎和会上英国与法国唯国家利益是图，视实力均势为唯一法宝，让威尔逊主义没有实现的空间。"国际联盟"也只是个空架子，于是给二次大战埋下了伏笔。

基辛格拉近焦距，以古观今。他说："如果放弃这种基本的理想主义，美国就不会对自己真实。"他强调："任何一个国家单独行动都无法实现世界秩序。"他认为，欧洲大国仍然是美国最自然的伙伴，当盟国刻意维护彼此的关系时，将对全世界有利。这并非仅仅为提高西方在世界事务中的影响力，乃是可以抑制西方国家彼此自私的冲动。

基辛格提出了一个语重心长的警告："如果广泛的自由主义政权不能创造秩序，那么就会有很多不自由的政权出来创造。"

川普的单边主义既违反了老罗斯福的务实外交，也违反了威尔逊的理想主义价值观。显而易见，基辛格不会赞同三年后川普"美国优先"的单边主义。

二战后美国所领导的"自由主义国际秩序"

二战前夕，美国的白人种族主义者提出了"美国优先"的口号，反对参战，小罗斯福总统纵使藉着"炉边聊天"也无法说服美国人。一直到希特勒征服了欧洲，几乎征服了英国，再加上珍珠港事变，才使得大多数美国人相信"美国优先"是个错误，而愿意投入二次世界大战。

威尔逊心目中的国际秩序虽然没有成功，但他对小罗斯福总统和杜鲁门总统的影响十分巨大，两位总统都自称为"威尔逊主义者"。他们制定了自从1945年以后主导美国外交的"自由主义国际秩序"。这个基于规则的国际秩序经历了冷战和苏东解体，实行了有70年之久。它近年所受到最大的挑战并非来自外力，而是来自伸展霸权的2003年伊拉克战争，以及美国内部的民粹主义政治。

美国主导的这种国际秩序是威尔逊自由主义与权力现实主义平衡的结合，它是一个安全框架和一系列多边机构和组织。较弱的盟友获得了美国权力的支持，美国提供实质的赠予，并且是在宽松的多边规则和机制内运作。用一位国际问题专家的话说："美国提供全球服务，例如安全保护和支持市场开放，这使得其它国家愿意与美国合作，而不是抵制美国的霸权。"

这个基于规则的"自由主义国际秩序"（rules-based Liberal International Order，LIO）有四个主要方面：

1. 按时间顺序，经济排在第一位。早在1944年，二战还未结束之时，布雷顿森林体系（Bretton Woods System）设计的自由经济制度，以美元代替英镑，成为国际贸易的新货币体系。（以美元锁定黄金的体系于1973年结束。）后来设立"世界贸易组织"，制定并实施自由贸易协定，以及成立"世界银行"，向发展中国家提供援助等等，美国都在其中发挥了领导的作用。

2. 接下来是安全部分。随着战争在欧洲接近尾声，由杜鲁门政府提供大量援助成立了联合国，并于 1949 年建立了北约联盟组织。一年后，联合国部队采用威尔逊的集体安全原则处理韩国的危机。后来并达成几项限武协定，以及反核子扩散协定。

3. 第三部分强调人权和自由主义的政治价值观：它被纳入《联合国宪章》并于 1948 年编入《世界人权宣言》。通过马歇尔计划重建欧洲，特别是德国、希腊、土耳其，并扶助战后的日本民主化，使得日本走上轨道。

4. 第四条是保护全球公共领域（海洋、太空、南极），以及气候变化。

理念与实践中间总是有些距离，美国的做法在很多方面并不完美，执行时出现不少前后不一致的地方（例如，美国迟迟不肯通过海洋法、越战、种种干预韩国、南美、伊朗内政的行为，等等），时不时暴露出霸权、伪善和私心。

纵然如此，至少经济上的竞争不至于带来军事上或地缘上的强权竞争，这在苏东解体以后更加明显。这个秩序之所以能够相对稳定，主要还是因为美国的力量以及它所扮演的仲裁角色。

一方面，国际关系是相互依存的、多边性的；另一方面，这个以美国主导的有规则的自由主义国际秩序虽然不尽完美，但是却远比其它选项更有保障，更为稳定，更具合法性。

维系世界秩序的国家（或国际组织）一定要具备合法性。基辛格曾说：不要以为合法性不重要，那是世界领导权的核心所在。世界霸主的争夺，最终不是实力的较量，而是价值观的比试。谁赢得了全球普遍的人心，谁就把握了世界文明的未来。

从这个角度来观察，川普政权"美国优先"的做法正好是反其道而行，完全无视美国 70 年来所建立的国际秩序。

"让美国再度伟大"（MAGA）的外交策略

2018 年 6 月，在加拿大魁北克举行的七国集团峰会上，川普反对七国集团联合公报的草案，然后提前离开峰会，该公报主张"以规则为基础的国际贸易体系"。在前往新加坡与金正恩开会的飞机上，川普发推文说："对不起，我们不能让我们的朋友或敌人占我们的便宜。我们必须把美国工人放在第一位！"川普提出美国可能退出联合公报，该公报承诺"继续反对保护主义。"他还威胁要"查看充斥美国市场的（外国）汽车的关税！"。

经过川普将近三年执政，利用巨大的权力差距把所有国际间的关系都看成是种双边交易，以牺牲美国盟友和合作伙伴的利益为代价，追求单边的短期利益。我们看出他不仅无视自由主义的世界秩序，更为了狭隘的眼前利益而摧残这个国际秩序，打击了维系国际秩序的信任感和共同目标，这种信任感和共同目标在过去70年里是国际间和平相处的主要保障。

美国既然不再能够被信任，它就失去了作为自由世界霸主的合法性。

川普的所作所为，结果不过是驱使各国更加远离美国，减少对美国的依赖，包括科技和金融方面。这种趋势将会大面积减少美国在世界上的影响力。很明显地，川普所造成的伤害将使得后川普的美国在国际事务上很难"再度伟大"。

怎样让美国真正再度伟大？

美国主导的自由主义的国际秩序在1989年柏林墙倒坍的时刻达到高峰。然而成为全球唯一霸权的美国缺乏远见，对待新兴的俄国继续围堵，促使俄国的民主化触礁。911和之后的伊拉克战争是美国霸权的转折点，美国开始从自由主义的国际秩序退却，美国的动机也受到质疑。川普的上任更加速了这个秩序的解体。

历史上，一个国家最安适稳妥的日子很可能是灾难的起头，最黑暗的时刻却往往是黎明的前兆。

1862年12月1号，正值南北战争最黑暗的时期，也就是林肯总统发布历史性《解放黑奴宣言》前一个月，他给美国国会写了一封长信，其中重点之一就是为这个行政命令铺路。林肯的朋友大卫·戴维斯说，那段时间林肯的整副精神都投注在解放奴隶这件事上。林肯甚至考虑到对奴隶赔偿，以及让他们自愿选择，去其他地区殖民。

在那封长信的结尾，林肯说：我们必须先（从奴役、歧视黑人中）解放我们自己，才能拯救我们的国家。……在为奴隶提供自由的过程中，我们也保证了自由人的自由（译注：从压迫他人的罪恶感中释放），从我们所维护的价值里得到光荣。这是地上最后的最佳希望。……如果这样去做，世界将永远（为我们所做的）鼓掌，上帝必会永远祝福。

当年，林肯虽然为解放黑奴而战，但是他从来没有分裂美国的意图，也从不用分裂族群的方式坚固基本盘，这才是作总统的基本操守。在关键性的《葛底斯堡演说》中，他把美国从战争的杀伐拉回到《独立宣言》人人被造生而平等的理念上。

1865 年 3 月 4 号，就是被刺前 41 天，林肯发表了第二任就职演说。他提醒国人，上帝的意愿超越作战双方，不要以为上帝站在你这边。他更呼吁国人不要自以为义去审断他人，以免自己被审判。

他说：“我们对任何人都不怀恶意，只用爱心对待，坚持正义。上帝既使我们认识正义，就让我们继续努力向前，完成我们正在进行的事业；包扎起国家的创伤，关心那些为战争作出牺牲的人，关心他们的遗孀和孤儿——尽一切力量，以求在我们自己之间，以及我们和所有国家之间实现并维护一个公正和持久的和平。”

林肯所争的不是政权的利益，更不是狭窄的政党利益。他所坚持的就是美国开国的理念。美国当时如果分裂了，那个理念就失败了，人类的私心就胜利了。在黑暗的时刻，美国需要这样无私、有远见的领袖，带领国家走出困境。

在此纪念美国国庆的时刻，如果要期望美国真正再度伟大，关键不是发表演讲、鼓动人心、拥抱国旗而已，我们应当仔细琢磨林肯所主张的价值，以及林肯心目中所要塑造的美国。

（首发于“美国华人”公众号，2019/7/1）

部分参考资料:

1. "Liberal international economic order," Wikipedia.

2. "The world America made—and Trump wants to Unmake," Robert Kagan, 2018-9-28, Politico & Brookings Institute.

3. "战略竞争和中美关系的未来",傅立民("On Hostile Coexistence with China," Chas W. Freeman, 2019-5-3, personal blog),2019-5-29,中美学者智库翻译。

4. "Trump's America does not care," Robert Kagan, 2018-6-14, Washington Post.

5. "The crisis of the liberal international order," Yoichi Funabashi, 2018-8-9, The Japan Times.

6. "The rise and fall of American hegemony from Wilson to Trump," Joseph S. Nye, Jr., International Affairs, Volume 95, Issue 1, January 2019, Pages 63–80, 2019-1-1.

7. "The Self-Destruction of American Power," Fareed Zakaria, 2019-6-11, Foreign Affairs.

8. "The World According to Kissinger," Wolfgang Ischinger, 2015-3-1, Foreign Affairs.

9. "World Order by Henry Kissinger –review," Rana Mitter, 2014-10-1, The Guardian.

10. "读懂了基辛格,就读懂了世界。" 许纪霖,2016-3-31,大家专栏。

回顾川普在白宫四年的实际纪录

——川普在 2016 大选中作出的承诺，实际实现多少？

刘海天

【前言：随着川普败选下台，拜登就职典礼，美国历史翻开崭新的一页。这是笔者的美国 2020 大选系列的收官篇。一般而言，对一个政治人物的历史评价，需要经过一定时间之后才能够客观全面。本篇收集川普过去四年的各方面实际纪录，为川普主义立此存照。至于川普在今后还会有何表现，他下台面临这许多的诉讼，法律程序结果如何，还需要拭目以待。】

今天（2021 年 1 月 20 日）早上八点左右，川普离开白宫之前自言他的四年是不寻常的四年。的确，他在美国历史从建国至今留下无数的非常不寻常甚至是史无前例的纪录。

最低的民调支持率

川普说自己是最伟大的总统。

唯一的两次大选中都输掉普选票，2016 年输了将近 300 万，2020 年输了超过 706 万。

唯一的在任期间，民调支持度一直没有超过 50%，在最后的民调支持度盖洛普 34%，是历史上最低的平均民调支持度，盖洛普四年平均 41%。

政治纪录

川普竞选是宣称他将实现"美国重新伟大"。

非战时期最高的美国平民死亡人数，一年之内超过 40 万的新冠死亡（1 月 20 日 401,553）。

联邦政府关闭：2 次。第一次 2018 年 1 月 20-23 日，历时 3 天，第二次 2018 年 12 月 22 日至 2019 年 1 月 25 日，历时 35 天，历史最长。详情见《史上最长关门进入第二个月》

根据 Pewresearch.org 的追踪民调，美国在全世界的形象声誉，特别是在西方民主国家之中，遭受最严重的下滑。

胡佛以来倒数第二的经济增长

川普夸下海口他能够促进经济增长 4%-6%。

2017 年上台时的 Real GDP 是 18.14 兆美元，截止 9/30 的目前估计是 18.24 兆美元，因此四年的累计增长 0.1 兆美元，四年内累计增长 0.5%，平均每年增长率 0.1%，自从 1929 年胡佛以来 15 任总统中倒数第二。详情见《民主党和共和党，谁主政的经济业绩更好》

唯一的就业人口减少

川普许诺增加就业，结果是有劳工就业统计数据以来唯一的在任期间就业人口减少。

根据联邦劳工统计局 2021 年 1 月 8 日的数据，美国 2020 年底的失业率是 6.7%，上任 4.8% 至今累计恶化了 1.9 个百分点（6.7-4.8）。

川普上台时就业人口 1 亿 4563 万，下台时就业人口 1 亿 4262 万，比上台时减少了 300 多万。

详情见《民主党和共和党，谁更能创造就业，降低失业？》

联邦赤字和国债爆增

川普许诺他在八年内还清国债，结果是二战以来最高的联邦赤字和国债增长。

根据 CBO 最新的估计，2020 年的联邦赤字将剧升到 3.7 兆美元。因此川普在四年之内，联邦赤字上升了 31350 亿美元（37000-6650），上升幅度 456%。

他上台时国债是 20 兆美元，GDP 的 104%，现在爆升到 27 兆美元 GDP136%。详见《民主党和共和党，谁更能降低联邦赤字和国债》。

其他经济纪录

川普 2016 年 7 月 21 日许诺："我们将建造明天的公路，高速公路，桥梁，隧道，机场和铁路。"但是，川普从未向国会提交任何的基础设施法案。川普曾经多次宣布"基建星期"（Infrastructure Week），成为了华盛顿政界重复多次的笑话。

川普 2017 年 9 月 27 日许诺"我们将为中产阶级减税……我们将确保福利集中在中产阶级，在职男女，而不是最高收入者。"川普确实通过了减税，但重点是富人。无党派税收政策中心估计，收入最高的 1%在 2018 纳税年度，获得 20%的减税优惠，到 2027 年将获得 82%的减税收益。

唯一的被弹劾两次

唯一的被国会弹劾两次，2020 年 12 月 18 日第一次被弹劾的罪名是滥用权力，藐视妨碍国会。2021 年 1 月 13 日第二次被弹劾的罪名是煽动叛乱攻击美国政府，这绝对是空前（美国和所有成熟民主国家中）.

第二次弹劾，众议院弹劾表决 232-199，赞成票中包括 10 名共和党众议员，参议院审判表决 57-43，定罪票中包括 7 名共和党参议员，都创下了本党议员支持弹劾的最高纪录。

最腐败的纪录

川普许诺排干华盛顿特区沼泽，即是清除腐败，却是至今最腐败的四年。

唯一的上任之后拒绝将自己财产和生意与其公职权力进行完全

隔离，从而可以公权谋私，例如其在白宫对面的川普酒店。根据 Forbes 报道，在前三年，川普就以权谋私 1.90 亿美元。

四年之内有 428 天去了川普集团属下的产业，即是平均每个星期大约两天。

竞选时川普说"我将不会有时间打高尔夫球。"四年之内 298 天花在高尔夫球场，浪费纳税人 1.44 亿美元，而且绝大部分落入他的私人球场，中饱私囊。相比之下，奥巴马八年打了 333 次高尔夫球。

在 1 月 20 日凌晨，最后一次离开白宫之前，川普撤销了关于限制联邦行政官员在离职后为政府游说或为外国工作的行政命令，这意味着他为实现 2016 年竞选承诺"抽干沼泽地"而制定的少数措施之一化为乌有，足以证明他的所谓廉政承诺不过是忽悠而已。

最多的犯罪纪录，丑闻和内讧

川普许诺他会聘用最优秀的人才，但是其用人的最主要标准显然是对他个人效忠，从而导致其内阁是历史上最多的犯罪，丑闻，内讧，变更。

最多的内阁部长因为丑闻被迫辞职：4-Tom Price, Ryan Zinke, Alex Acosta, Rick Perry。

最多的原竞选团队或白宫幕僚被定罪或判刑：截止 2020/08/20：7 人，包括他的竞选团主席（Paul Manafort），首任国家安全顾问（Michael Flynn），首席军师（Steve Bannon），私人律师（Michael Cohen），竞选团幕僚（Rick Gates，Roger Stone，George Papadopoulos）。

最多的内阁部长被监察长向联邦司法部建议予以检控：5-Ryan Zinke, Alex Acosta, Robert Wilkie, Elaine Chao, Wilbur Ross。

美国联邦法定 15 个内阁部长，即是川普内阁的三分之一在其四年任期之内被查出各种各样的的腐败渎职行为，被移交司法部，但是川普的司法部长都予以掩盖，官官相护，没有采取任何行动。

最多里通外国的多名下属

最多的幕僚充当外国势力的代理人（foreign agent），没有依法向美国联邦政府登记，即是这些人偷偷拿着国外势力的钱，在川普竞选过程和任职期间为俄国和中东势力暗中施展影响：Paul Manafort，Michael Flynn, Rick Gates, 加上 Thomas Joseph Barrack Jr., 川普竞选团高级顾问，就职典礼委员会主席，于7月20日也被司法部逮捕起诉，罪名是秘密充当阿拉伯联合酋长国的代理人，对 FBI 的调查撒谎。

与黑帮团伙无异

川普将整个联邦政府视为他个人的工具，公然要求下属对他个人效忠。

唯一的公然将司法部长视为他的私人律师，没有得逞，最终将塞申斯（Jeff Sessions）解雇。

唯一的公然要求联邦调查局长向他个人效忠，没有得逞，于是将科米（James Comey）解雇。

经常公然宣称那些为国服务的将军为"我的将军 my generals"

下令动用军队镇压抗议示威的民众，遭到国防部长埃斯博的反对。

最多的内阁部长因为政见不合辞职：7-Rex Tillerson, David Shulkin, Jeff Sessions, Jim Mattis, Kirstjen Nielsen，Elaine Chao，Betsy DeVos。

最混乱的内阁

最多的内阁幕僚变动，例如：

国防部，外交部，国土安全部，司法部，国家情报总监，都换了人。

四个幕僚长：Reince Priebus, John F. Kelly, Mick Mulvaney, Mark Meadows。

四个新闻发言人：Sean Spicer, Sarah Sanders, Stephanie Grisham, Kayleigh McEnany。

将国家安全视为儿戏，许多部门长时间由没有经过参议院确认的人来代理。例如国土安全部，在第二任部长 Kirstjen Nielsen 于 2019 年 4 月辞职之后，就先后经历了四个代理部长。

在 2020 大选之后，国防部，国土安全部，司法部，这三个关系到国家安全和法律秩序的关键部门都是由临时代理人掌控，这是美国历史上前所未有的。

最不务正业的执政者

甚少听取情报机关提供的每日总统简报（这是历任总统的每日早晨的功课），每天许多小时一边看电视（福克斯电视台）一边疯狂推特。

最长时间不举行白宫新闻发布会：截止 2020 年 4 月 26 日，川普内阁累计超过 300 天没有举行新闻发布会，即是拒绝或懒于向美国公众汇报工作，回答问题。更严重的是，这些拿着纳税人薪水的新闻发言人还经常谎言连篇。

在输了 2020 大选之后的两个多月里就基本上不理国务，只顾着如何推翻大选结果。

史无前例的谎言纪录

数不胜数的谎言和误导言论，根据华盛顿邮报的数据库，从上台到下台 1460 天之内累计 30,573 次，平均每天 21 次。

唯一的因为其谎言和煽动，导致在华盛顿驻扎戒备的美军超过 25000 人，是南北内战以来最多的，比目前驻扎在伊拉克和阿富汗的美军还要多。

川普团队指控 2020 大选有大规模舞弊，向州和联邦的各级法院，乃至最高法院，提出了 60 多个诉讼，结果都因为缺乏证据而被驳回。

川普指控 2016 年大选 300-500 万选票作弊。川普上台后任命了一个选举作弊调查委员会：开会两次，没有发现任何证据。

唯一的无数次造谣污蔑其前任者不是在美国出生，最后又不得不改口自我否定。

27

唯一的无数次造谣污蔑其继任者通过舞弊获得大选胜利。

唯一的在两次大选中要求国外势力帮助，公开邀请俄国帮助他黑客克林顿电子邮件，在电话里要挟乌克兰帮助他抹黑拜登。

根据 Wikipedia 的统计，2015 年宣布竞选以来五年之内，超过 34,000 次推特，平均每天 19 推文。

删除的推特：323 次

被推特标注假新闻：845 次

金三胖：赞扬 185 次

自称稳定的天才：7 次

推荐 hydroxychloroquine：50+次

建议注射消毒水 disinfectant：1 次

破坏优良政治传统

在日常生活中，绝大部分正常人都会尊重遵守公认的基本礼仪，例如见面时互相问候，分别时互相再见，使用"请""谢谢""不客气""对不起"，等等礼貌词语，不讲粗言烂语，在公共场合依次排队等等。虽然没有法律规定，但是绝大部分的家长老师都会教育下一代要遵守这些文明礼貌的传统。同样的，从华盛顿总统开始，美国也逐渐形成了许多优良的公共道德，政治传统，但是都遭到川普藐视和破坏。

唯一的在 2016 竞选开始就粗言烂语（特别是对女性），人身攻击（纽约时报统计 598 人），2016 年 3 月 4 日，在共和党初选现场电视辩论上竟然宣称他的生殖器很大，甚至煽动暴力针对新闻记者，和抗议示威者。

唯一的始终拒绝公布其个人报税表，从 2016 年就以被国税局审核为借口，拒绝公开个人税表，违反了从尼克松开始的两党共同遵守的这一廉政守则。根据世界银行的数据，已有 150 多个国家为其公职人员制定了资产披露要求。

唯一的在白宫举行连任竞选活动，公然违反禁止联邦官员使用联邦政府资源财物从事政党私人活动的 The Hatch Act，即是滥用全体纳税人的公物谋求其个人私利。

唯一的劳民伤财地在华盛顿 2019 年举行军队阅兵游行。

唯一的 2020 大选之前拒绝承诺败选之后和平过渡。

唯一的在 2020 大选之后拒绝接受大多数选民的意愿，承认败选。

唯一的（自从安德鲁.约翰逊以来）没有邀请继任者到白宫，没有出席新总统的就职典礼。

面临最多的法律起诉

唯一的支付艳星和花花公子封面女郎封口费以掩盖其婚外丑闻，触犯竞选财务法律。

唯一的拒绝接受司法部任命特别检察官穆勒的面谈询问，因为他的法律顾问担心他会在面谈过程中撒谎。

唯一的滥用特赦权力，特赦许多与他个人关联的人物，包括被判罪的幕僚。

唯一的在下台后面临多项起诉，在纽约州面临偷税漏税，银行诈骗，保险诈骗，非法洗钱，等等；在佐治亚州违反选举法，威胁当地选举官员篡改选举结果。

移民政策纪录

川普无数次高呼建新墙，而且墨西哥买单。

总共 450 英里，但是实际上只有 47 英里是原来没有的新墙。

墨西哥付钱了吗：完全没有，而且这是最明显的忽悠。

强迫儿童被与父母分离：2737。

详情见《民主党和共和党，关于排华法案的历史和移民问题的事实》

贸易战纪录

川普 2016 年 10 月 15 日许诺："我们将消除长期的贸易逆差。

Politico 2020/10/06 报道：美国与所有其他国家的商品贸易月度赤字在 8 月创下历史新高，超过 830 亿美元。

布鲁金斯智库报告，穆迪分析公司（Moody's Analytics）于 2019 年 9 月进行的一项研究发现，贸易战已经使美国经济损失了近 30 万个工作岗位，估计占实际 GDP 的 0.3%。

其他研究估计，美国 GDP 损失约为 0.7%。彭博经济研究公司（Bloomberg Economics）2019 年的一份报告估计，到 2020 年底，贸易战将给美国经济造成 3160 亿美元的损失。

纽约联邦储备银行和哥伦比亚大学的最新研究发现，美国公司在金融危机中损失了至少 1.7 万亿美元。由于美国对从中国进口的商品征收关税，导致其股票价格下跌。

美国的农民失去了绝大部分的每年 240 亿美元中国市场。川普给美国农民的联邦补助：2020 年就达到 460 亿美元。很显然，贸易战没有打赢，拿全国纳税人的钱去买中西部农民的选票，这与共和党人一直谴责的"社会主义"有何区别？

医疗改革纪录

川普无数次宣称废除并取代奥巴马医改：没有废除。

川普和许多共和党州检察官一直在提起诉讼以推翻该法案：没有成功，现在他寄望于最高法院（包括他任命的三个大法官）在大选后审理。

川普无数次说他有更好的医疗改革方案：一直没有公布他的取代方案。美国没有医疗保险的人口从 2016 年 8.6% 上升到了 2019 年的 9.2%，包括 40 万儿童没有保险。

川普无数次许诺民众将以更低的价格获得优质的医疗服务和处方药物：没有实现。

外交活动纪录

和普京会面次数：4 次，其中 2 次没有任何其他美国公职人员在场，依靠俄国的翻译人员。还有一次，川普没收了他和普京的谈话记录，而且禁止该翻译员向任何人透露他和普京的谈话内容。为什么川普要隐藏他和普京的会谈呢？有什么内容是不能让任何美国人知道呢？

俄罗斯干涉了 2016 年总统大选，现在也正在干涉 2020 年大选。俄罗斯还在阿富汗悬赏猎杀美军士兵。但是川普一直对俄国这些行径没有任何公开的表示。

唯一的经常褒奖独裁执政者，经常攻击民主盟国的领导人。

出访的第一个国家竟然是中东穆斯林的沙特，而不是民主盟国，只因为正如他自己承认的，他和沙特皇室有大笔私人生意，以权谋私的又一个例子。

退出的国际组织和国际协议：11，例如泛太平洋贸易协议，巴黎全球气候协议，世界卫生组织等等。

在联合国大会上被世界各国领袖们哄笑：1（2018 年 9 月 25 日联大会议）

新冠防控纪录

约翰霍普金斯大学美国东部时间 2021 年 1 月 19 日晚上 10：45
新冠感染人数：24,246,230；新冠死亡人数：401,553。

美国占全世界人口的 4.2%，但是占了全世界新冠感染人数的 25.2%，新冠死亡人数的 19.5%，如果美国新冠防控成绩能够与其人口占全世界的人口比例大致相当，那么新冠感染人数应该只有大约 408 万，死亡人数大约 8 万 7 千。相比之下，许多亚非国家，特别是东亚地区，他们的新冠防控成绩就是远远低于其人口占世界人口的比例。

美国拥有最强大的经济，最先进的科技，但是新冠防控远远落后于大部分国家，为什么如此糟糕？详情见：美国新冠全球排名美国落后的原因

川普在 2016 大选中经常向少数族裔选民喊话，"选我吧，你们有什么可以失去的呢？What do you have to lose？"因为新冠防控失败，美国人均寿命在 2020 年下降 1.5 岁，其中拉丁族裔下降了 3

岁，非裔下降了 2.9 岁，白人下降了 1.5 岁。这也再次证明美国依然存在严重的族裔不平等的情况。

其他政策纪录

取消环保条例：截止 2020/10/15：99

公共地失去保护：截止 2020/10/26：540 万英亩租赁给私营公司开发

大规模枪杀：GVA 报告，2019 年共有 417 次大规模枪杀，是自 2014 年枪支暴力档案库开始计数以来最高的。15381 人死于枪支，包括凶杀和自杀，以及 29568 人受伤。

川普的确实现了两个诺言，就是在参议院共和党帮助下任命超过 230 名保守派联邦法官。其次就是推翻了许多的奥巴马时代的行政命令。

川普的下属对川普的评价

在 C-SPAN 的一项新调查中，历史学家对 44 位总统进行排名，川普排名第 41 位，低于过去 150 年中的任何一位总统。川普的支持者自然会痛恨这些学者。那么，切让我们看看川普自己任命的下属（都是共和党人）是如何评价川普的吧。

以下列表依次是川普下属的姓名，职务，对川普的评价，评价场合。

- 雷克斯·蒂勒森 国务卿 该死的白痴 五角大楼会议
- 加里·科恩 经济顾问 愚蠢至极 白宫内部流传的电子邮件
- H-R-麦克马斯特 国家安全顾问 笨蛋 私人晚宴
- 汤姆·巴拉克 朋友和支持者 疯狂而且愚蠢 与朋友的对话
- 加里·科恩 经济顾问 毫无人性可怕的特征大杂烩 白宫内流传的电子邮件
- 加里·科恩 经济顾问 一个被小丑包围的白痴 白宫内流传的电子邮件
- H-R-麦克马斯特 国家安全顾问 一个幼儿园的智力的白痴 私

人晚宴

- 约翰·凯利 国土安全部长 幕僚长 白痴 与特朗普的对话
- 萨姆·农伯格的顾问 白痴 电视直播
- Sam Nunberg 顾问 白痴 竞选对话
- Steve Mnuchin 财政部长 白痴 未明确说明
- Reince Preibus 首任幕僚长 白痴 不详
- John Bolton 国家安全顾问 谎言者 对共和国的威胁 电视采访

川普四年对美国全方位破坏

恰好是五年前，2016年1月23日川普在爱荷华州的Sioux Center竞选演说中狂妄地说，"我可以在纽约五大道上开枪杀人，也不会失去任何选票。"四年前，2017年1月20日川普在其就职演说中最引人瞩目的两个词汇是"美国大屠杀American Carnage"。一年前2020年1月20日，美国首例新冠确诊。就在今天（1月20日）川普下台，美国新冠死亡超过40万，这是美国历史上史无前例的在非战时期最惨重的死亡人数，名副其实的大屠杀（Carnage），而且是在短短的一年之内，相当于美军在二战中四年的阵亡人数。

一部分人认为如果没有新冠，川普的经济纪录就不会滑坡。这个观点是不成立的。首先，川普的前三年经济其实与奥巴马的最后三年相当。其次，美国新冠防控的惨败最主要原因是人祸，因为川普内阁的谎言和隐瞒，不尊重科学，还在2018年撤销了奥巴马留下的国家安全委员会的全球瘟疫监控工作组。笔者在《从新冠瘟疫的经验教训反思政府责任和公民意识》有详细数据和分析。

2021年1月6日，正是川普及其团伙制造关于大选舞弊的谎言和煽动，他的支持者们对国会进行了前所未有的暴力叛乱。而且，他一直散布大选舞弊的谎言，造成了一部分民众怀疑甚至否定民主选举的合法性，这是对美国民主宪政最严重的伤害。笔者在《美国历史上1812年以来最耻辱的一刻》详细分析。

的确，在过去的四年因为川普及其团伙，美国社会在各个方面，如生命安全，医疗防疫，基本民生，环境保护，族裔关系，多元文化，

33

民主宪政，都遭受到了全方位的破坏。随着拜登上任，美国历史终于又翻开了新的一页，美国民主宪政又获得了一次重生的机会。

（首发于"俄州亚太联盟"公众号，2021/1/20；7/23 增补）

本系列链接：（以下文章可以在谷歌搜索阅读）

1. 《2020 大选系列 01》美国新冠死亡人数突破 20 万！全球排名美国第几？

2. 《2020 大选系列 02》489 名退休将领和前国安官员支持拜登，反对川普

3. 《2020 大选系列 03》川普千方百计地掩盖个人财务和税表的危害在哪里？

4. 《2020 大选系列 04》美国新冠感染人数突破 750 万！全球排名美国落后的原因

5. 《2020 大选系列 05》一位 87 岁的退役老兵共和党选民在生命的最后时刻的最后抉择

6. 《2020 大选系列 06》2020 年亚裔美国选民调查报告（上）：参政意识依然有待提高

7. 《2020 大选系列 07》2020 年亚裔美国选民调查报告（下）：亚裔关心的议题和价值倾向

8. 《2020 大选系列 08》民主党和共和党，谁主政的经济业绩更好

9. 《2020 大选系列 09》民主党和共和党，谁更能创造就业，降低失业

10. 《2020 大选系列 10》为什么说 2020 年总统大选很可能是美国民主宪政的最后机会

11. 《2020 大选系列 11》民主党和共和党，谁更能降低联邦赤字和国债

12. 《2020 大选系列 12》民主党和共和党，执政实绩鲜明差别的根本原因

13. 《2020 大选系列 13》民主党和共和党，关于排华法案的历史和移民问题的事实

14. 《2020 大选系列 14》川普在 2016 年大选中作出了许多承诺，实际纪录如何？

15. 《2020 大选系列 15》民主党和共和党，两党主要施政纲领具体政策的对比

16. 《2020 大选系列 16》民主党和共和党，两党在国防外交贸易以及一些社会问题上的对比

17. 《2020 大选系列 17》川普总是说"我输了，只能是因为选票舞弊"事实真相如何？

18. 《2020 大选系列 18》拜登赢了，但民主党对比预期大失所望？《English Version》

19. 《2020 大选系列 19》50 个州新冠防控成绩排名,蓝州与红州孰优孰劣？

20. 《2020 大选系列 20》川普拒绝承认 2020 大选的长期后果是什么？

21. 《2020 大选系列 21》2020 大选出口民调所显示的民意和社会危机

22. 《2020 大选系列 22》全世界对美国 2020 大选的反应

23. 《2020 大选系列 23》川普自 12 月 22 日以来的大戏

24. 《2020 大选系列 24》美国历史上 1812 年以来最耻辱的一刻

25. 《2020 大选系列 25》"我有一个梦想" 一个漫长艰苦充满血泪的历史进程

26. 《2020 大选系列 26》回顾川普过去四年的实际纪录

参考来源：

1. https://metro.co.uk/2018/02/01/donald-trump-greatest-president-history-united-states-7280371/
2. https://news.gallup.com/poll/328637/last-trump-job-approval-average-record-low.aspx
3. https://chineseamerican.org/p/26213
4. https://www.pewresearch.org/fact-tank/2020/11/19/the-trump-era-has-seen-a-decline-in-americas-global-reputation/
5. https://www.thebalance.com/us-gdp-by-year-3305543
6. https://posts.careerengine.us/p/5f90afb7facde865922bbfc9
7. https://www.bls.gov/news.release/pdf/empsit.pdf
8. https://data.bls.gov/pdq/SurveyOutputServlet
9. https://posts.careerengine.us/p/5f92cb785b0f9a345339dc94
10. https://www.cbo.gov/publication/56542

11. https://posts.careerengine.us/p/5f96fa8cd18958585581f9a6
12. https://www.nytimes.com/2019/05/22/us/politics/trump-infrastructure-week.html
13. https://www.washingtonpost.com/politics/2018/11/14/does-trump-tax-cut-give-percent-benefits-top-one-percent/
14. https://en.wikipedia.org/wiki/Impeachment_of_Donald_Trump
15. https://www.npr.org/2021/01/14/956621191/these-are-the-10-republicans-who-voted-to-impeach-trump
16. https://thehill.com/homenews/senate/538750-senate-gop-acquits-trump-for-second-time
17. https://www.forbes.com/sites/danalexander/2020/09/11/trumps-businesses-raked-in-19-billion-of-revenue-during-his-first-three-years-in-office/?sh =5c5e1f431e13
18. https://www.washingtonpost.com/politics/2021/01/20/trumps-presidency-ends-where-so-much-it-was-spent-trump-organization-property/
19. https://trumpgolfcount.com/
20. https://www.washingtonpost.com/politics/trump-lobbying-executive-order/2021/01/20/4a2afd16-5ae9-11eb-a976-bad6431e03e2_story.html
21. https://www.youtube.com/watch?v=SWwLvs7IAMQ
22. https://www.usatoday.com/story/news/politics/2020/08/20/how-many-trump-advisers-were-criminally-charged-steve-bannon-makes-7/5616793002/
23. https://www.msnbc.com/rachel-maddow/watch/five-trump-cabinet-officials-were-referred-to-federal-prosecutors-doj-declined-them-all-117048901797
24. https://www.businessinsider.com/trump-my-generals-my-military-2017-10
25. https://www.brookings.edu/research/tracking-turnover-in-the-trump-administration/
26. https://en.wikipedia.org/wiki/List_of_Trump_administration_dismissals_and_resig nations
27. https://theconversation.com/trump-white-house-goes-300-days-without-a-press-briefing-why-thats-unprecedented-130164
28. https://www.washingtonpost.com/graphics/politics/trump-claims-database/?itid =lk_inline_manual_4
29. https://en.wikipedia.org/wiki/Post-election_lawsuits_related_to_the_2020_United_States_presidential_election
30. https://apnews.com/article/f5f6a73b2af546ee97816bb35e82c18d
31. https://en.wikipedia.org/wiki/Donald_Trump_on_social_media
32. https://www.nytimes.com/2019/05/19/us/politics/trump-language.html
33. https://www.nytimes.com/interactive/2016/01/28/upshot/donald-trump-twitter-insults.html
34. https://www.youtube.com/watch?v=5-Av_BaQ3BU
35. https://www.worldbank.org/en/news/opinion/2016/09/26/asset-declarations-a-threat-to-privacy-or-a-powerful-anti-corruption-tool
36. https://www.vox.com/2020/8/28/21405150/trump-rnc-speech-optics-white-house-used-as-prop-hatch-act

川普乱政检讨

37. https://www.military.com/daily-news/2019/06/20/president-trump-finally-get-his-military-parade-july-4.html

38. https://www.npr.org/2020/09/24/916413751/trump-wont-promise-peaceful-transfer-of-power-after-election

39. https://www.nbcnews.com/politics/donald-trump/fact-check-mexico-never-paid-it-what-about-trump-s-n1253983

40. https://en.wikipedia.org/wiki/Trump_administration_family_separation_policy

41. https://posts.careerengine.us/p/5f9c3c4ef62fca2ffa528f52

42. https://www.politico.com/news/2020/10/06/trump-trade-deficit-426805

43. https://www.nytimes.com/2020/10/12/us/politics/trump-farmers-subsidies.html

44. https://www.cbpp.org/research/health/uninsured-rate-rose-again-in-2019-further-eroding-earlier-progress#:~:text=Some%209.2%20percent%20of%20Americans,according%20to%20the%20ACS%20data.

45. https://www.vox.com/2019/1/29/18202515/trump-putin-russia-g20-ft-note

46. https://apnews.com/article/cafffbc8448e49329e04ef7941c2b85a

47. https://chineseamerican.org/p/32901

48. https://www.youtube.com/watch?v=t-jasg-_E5M

49. https://www.wsj.com/articles/u-s-life-expectancy-fell-by-1-5-years-in-2020-the-biggest-decline-in-generations-11626840061

50. https://www.nytimes.com/interactive/2020/climate/trump-environment-rollbacks-list.html

51. https://www.theguardian.com/environment/ng-interactive/2020/oct/26/revealed-trump-public-lands-oil-drilling

52. https://www.cbsnews.com/news/mass-shootings-2019-more-than-days-365/

53. https://www.businessinsider.com/historians-rank-trump-among-worst-presidents-us-history-c-span-2021-6

54. https://qz.com/1267508/all-the-people-close-to-donald-trump-who-called-him-an-idiot/

55. https://www.youtube.com/watch?v=qC16c98hDPc

56. https://www.youtube.com/watch?v=WpVpIOsYsBM

57. https://en.wikipedia.org/wiki/United_States_military_casualties_of_war

58. https://www.nytimes.com/2021/01/19/us/coronavirus-deaths-usa-400000.html

59. https://apnews.com/article/ce014d94b64e98b7203b873e56f80e9a

从新冠瘟疫的经验教训反思政府责任和公民意识

刘海天

【前言：新冠瘟疫蔓延世界各国至今一年半了，可以说是对世界各国的一次统考，作为世界第一超级大国的美国在这次全球统考中表现如何呢？经验教训是什么？与东亚的国家地区的成功经验相比，与拜登上任之后的扭转性成果相比，反映了天壤之别的不同理念。】

美国新冠累计死亡的曲线

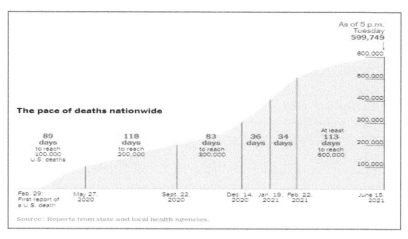

（纽约时报 2021 年 6 月 15 日）

2021 年 6 月 16 日，美国新冠病毒累计死亡人数超过了 60 万。《纽约时报》的新冠死亡曲线显示，美国从首例死亡到 10 万死亡经历了 89 天，118 天之后达到 20 万，然后这条死亡曲线不断加速，分别在 83 天，36 天和 34 天突破了 30 万，40 万和 50 万。

川普于 1 月 20 日下台，正值新冠在美国爆发一年，累计死亡超过 40 万。此后，拜登雷厉风行的防控措施，在上任的一个月之后取得效果，终于控制放缓了这条死亡曲线，过了 113 天才从 50 万上升到 60 万。

美国新冠防控成绩最惨不忍睹

新冠瘟疫可谓是对全球各国在各个方面，如医疗保健、科学研发、政府执政、公民意识等等的一次综合考试。根据霍普金斯大学的统计数据，截止 2021 年 1 月 20 日，新冠感染累计病例的全球前十名国家，依次是美国，印度，巴西，俄国，英国，法国，意大利，土耳其，西班牙，和德国。CNN 还提供了平均每十万人口的感染人数，以及每十万的死亡人数。美国新冠感染累计病例 2425 万，死亡累计过 40 万大关，远超世界各国，两项指标是印度的 2.3 倍和 2.6 倍。

Covid-19 Worldwide Tracking as of 01/20/2021							
World Total	96,142,794	2,056,241	7,794,798,739			1.23%	0.03%
Index	Location	Cases	Deaths	Country Population	Population Density per sqkm	% of World Population	% of World Cases	% of World Deaths
1	United States	24,246,230	401,553	331,002,651	36	4.2%	25.2%	19.5%
2	India	10,581,823	152,556	1,380,004,385	464	17.7%	11.0%	7.4%
3	Brazil	8,573,864	211,491	212,559,417	25	2.7%	8.9%	10.3%
4	Russia	3,574,330	65,632	145,934,462	9	1.9%	3.7%	3.2%
5	United Kingdom	3,466,849	91,470	67,886,011	281	0.9%	3.6%	4.4%
6	France	2,931,050	70,963	65,273,511	119	0.8%	3.0%	3.5%
7	Italy	2,400,598	83,157	60,461,826	206	0.8%	2.5%	4.0%
8	Turkey	2,399,781	24,328	84,339,067	110	1.1%	2.5%	1.2%
9	Spain	2,370,742	54,173	46,754,778	94	0.6%	2.5%	2.6%
10	Germany	2,071,615	48,433	83,783,942	240	1.1%	2.2%	2.4%

（作者根据霍普金斯大学截至 2021 年 1 月 20 日的数据制作）

更加客观合理的比较，是以每个国家人口占全世界人口的比例来衡量该国新冠防控的表现。例如，美国占全世界人口的 4.2%，但是占了全球感染病例的 25%，死亡人数的 20%。印度的感染人数是 1058 万占全世界 11%，死亡 15 万占全世界 7.4%，远低于其人口占全世界的 17.7%。如果仅以死亡人数的比例而言，美国的新冠防控成绩是 4.6（20%/4.2%），印度是 0.4（7.4%/17.7），即美国的新冠防控比印度差了 10 倍（截至 1/20）。笔者根据人口比例，对主要国家（人口两千万以上）新冠防控成绩进行排名比较，最差 10 名如下，全表请见文末的附件 1。

Location	Cases	Deaths	Country Population	% of World Populati	% of World Cases	% of World Death	Covid-19 Score	Deaths if same as Pop%	Lives Saved	Population Density per sqkm
Italy	2,400,598	83,157	60,461,826	0.8%	2.5%	4.0%	5.2	15,950	67,207	206
United Kingdom	3,466,849	91,470	67,886,011	0.9%	3.6%	4.4%	5.1	17,908	73,562	281
United States	24,246,230	401,553	331,002,651	4.2%	25.2%	19.6%	4.6	87,317	314,236	36
Peru	1,060,567	38,770	32,971,854	0.4%	1.1%	1.9%	4.5	8,698	30,072	26
Spain	2,370,742	54,173	46,754,778	0.6%	2.5%	2.6%	4.4	12,334	41,839	94
Mexico	1,668,396	142,832	128,932,753	1.7%	1.7%	6.9%	4.2	34,012	108,820	66
France	2,931,050	70,963	65,273,511	0.8%	3.0%	3.5%	4.1	17,219	53,744	119
Argentina	1,819,569	46,066	45,195,774	0.6%	1.9%	2.2%	3.9	11,922	34,144	17
Brazil	8,573,864	211,491	212,559,417	2.7%	8.9%	10.3%	3.8	56,072	155,419	25
Colombia	1,939,071	49,402	50,882,891	0.7%	2.0%	2.4%	3.7	13,423	35,979	46

（作者根据霍普金斯大学截至 2021 年 1 月 20 日的数据制作）

值得注意的是，新冠瘟疫流行通过人与人之间接触传染，人口密度是一个重要因素。欧洲四国（意英西法）的人口密度比美国和巴西等南美国家都要高得多，因此欧洲四国防控成绩应该还是优于美国和南美国家。

再考虑，如果美国的新冠死亡人口也是占全世界的 4.2%，那么美国的新冠防控成绩就可以说是及格。这意味着，截至 1 月 20 日，美国新冠死亡人数应该大约 87,000，那么超过 314,000 的生命就不至于失去。正如川普内阁的新冠防控协调员伯克斯博士（Dr. Brix）在 2021 年 3 月 27 日接受 CNN 采访时说的，"第一波瘟疫导致大约 100,000 人死亡，在我看来，其后的死亡都可以大幅减少或避免。"

事实上，在这次新冠瘟疫防控的"全球统考"之中，许多亚非拉国家的表现都远远好于美国。而东亚的日韩新泰港台，其新冠感染和死亡占全世界的比例都远远低于其人口占全世界的比例。如果再考虑人口密度的因素，例如美国平均每平方公里 36 人，日本 347 人，韩国 527 人，新加坡 8358 人，那么美国的新冠防控成绩与这些国家相差了何止百倍千倍了，详情请见文末的附件 1（截至 1 月 20 日）和附件 2（截至 6 月 16 日）。

Location	Cases	Deaths	Country Population	% of World Population	% of World Cases	% of World Death	Covid-19 Score	Deaths If same as Pop%	Lives Saved	Population Density per sqkm
United States	24,246,230	401,553	331,002,651	4.2%	25.2%	19.5%	4.6	87,317	314,236	36
Japan	340,933	4,680	126,476,461	1.6%	0.4%	0.2%	0.1	33,364	-	347
South Korea	73,518	1,300	51,269,185	0.7%	0.1%	0.1%	0.1	13,525	-	527
Hong Kong	9,720	165	7,496,981	0.1%	0.0%	0.0%	0.1	1,978	-	7,140
Singapore	59,157	29	5,850,342	0.1%	0.1%	0.0%	0.0	1,543	-	8,358
Thailand	12,594	70	69,799,978	0.9%	0.0%	0.0%	0.0	18,413	-	137
Vietnam	1,540	35	97,338,579	1.2%	0.0%	0.0%	0.0	25,678	-	314
Taiwan	868	7	23,816,775	0.3%	0.0%	0.0%	0.0	6,283	-	673

（作者根据霍普金斯大学截至 2021 年 1 月 20 日的数据制作）

东亚新冠防控成功的经验

以新冠开始的时间，人口密度，人口流动等等客观条件而言，东亚各国比绝大部分国家面临更加严峻的考验，但是它们统考表现优异，必然是主观努力的结果。

首先，它们建立了基本全民医疗保健。笔者曾经在泰国工作生活三年半，因此以泰国为例来具体分析。值得注意的是，泰国的经济实力（人均 GDP 大约 7800 美元）也是远远低于美国（人均 GDP65,000 美元）。泰国的全民医疗保障系统，其中包括了遍布于全国各地的 100 万社区医疗人员，即平均 70 人就有 1 个社区医护人员。根据国家公共电台（NPR）6 月 28 日的报道，泰国的首例感染者是一名出租汽车司机，每天在曼谷机场接送旅客。当他觉得不适的时候，就立刻去诊所检测。确认感染之后，当局立刻将他隔离，而且追踪他所接触的其他人。而这位出租司机毫不犹豫地去求医，就是因为有全民医疗保障，无需顾虑昂贵的医疗费用。笔者和当地员工交流，他们对全民医疗保障基本满意。根据 CNBC2019 年 2 月 11 日报道，在美国每年 66.5% 的个人破产是因为昂贵的医疗账单，每年 53 万家庭因此不得不个人破产，对于我的泰国员工而言这是不可思议的荒谬和野蛮。

其次，东亚各个政府相信科学，吸取了之前瘟疫的经验教训。大西洋周刊 2020 年 5 月 6 日报道，韩在经历 2002 年 SARS 和 2015 年 MERS 之后，制定了完善的防控瘟疫应对方案。日泰港台等都有类似的应急预案。相比之下，川普在 2018 年 5 月，不仅解散了奥巴马成立的全球卫生安全防疫小组，而且在新冠蔓延之后无数次散布不实言论，例如新冠病毒与流感类似，四月天气暖和了就会奇迹般消失，这是民主党制造的骗局（Hoax），甚至"功夫病毒"这类恶意煽动的种族歧视的言论，等等。

第三，政府实施防控措施迅速得力。泰国是中国游客最热门的目的地之一。中国在12月31日向世界卫生组织（WTO）正式通告新冠疫情。泰国政府在1月3日就在机场对入境旅客进行检测。首例确认之后，泰国政府很快就听从防疫专家的指导原则，强制执行佩戴口罩，社交距离，接触跟踪，强制隔离等等安全防控措施。根据路透社20报道，韩国迅速在全国范围实施检测，截止3月18日就已经进行了29万人次的测试。台湾则实施了非常周全的隔离措施。相比之下，同期美国只进行了6万人次的测试。防疫专家如福奇博士（Fauci）一再警告，如果没有足够及时广泛的测试，就是蒙着眼睛开飞机一样的危险。

第四，理性的公民意识。根据CNBC2020年7月3日的报道，香港人口密度高达每平方公里7140人，仅在2020年1月就有250万人从中国大陆进入香港。但是香港的防控成绩相当出色。曾在世界卫生组织（WHO）工作的福田教授就指出，在亚洲他看到一个社会共识：防控瘟疫，人人有责，自我保护，也保护他人。而在美国川普及其支持者将戴口罩和打疫苗变成了政治立场问题，宣称这是侵犯个人自由，共和党众议员格林（M. T. Greene）甚至将此与纳粹强制犹太人配戴特别标识相提并论。

川普防控新冠疫情的表现

相比之下，美国作为世界唯一超强，有着最雄厚的经济实力和最先进的医疗科技，但是在这次全球新冠防控统考中一败涂地，付出最惨重的生命代价。这与川普主义的反科学，反事实和渎职无能密切相关，其关于新冠的言论实在是数不胜数，在此只能摘要回顾。

2020年1月22日 川普说"我们完全控制了它。只是一个从中国来的人，没有问题的。"

1月24日川普推特"中国已经在努力控制新冠病毒。美国非常欣赏中国的努力和透明度。特别地，我代表美国人民向习主席表达谢意！"

1月31日川普宣布暂停从中国入境到美国。但是没有其他进一步措施。根据纽约时报4月8日报道，两组不同的防疫专家研究显示，纽约地区大部分的感染来自于从欧洲的旅行者。

2月5日美国CDC的新冠测试剂存在技术缺陷，无法产生可靠的结果。而WHO已经有一项德国制造经过验证合格的测试剂，但是川普政府没有使用。

2月10日川普宣称"到了四月，它就会消失，因为天气热了"。

2月26日川普白宫新闻发布会上说"几天之内，美国的15起病例将下降到接近零。"

2月27日川普说"有一天，它将像奇迹一般消失。"

2月28日川普在集会上说"这是他们（民主党）的新骗局。"

3月6日 川普说"需要测试的所有人都可以得到测试。"这个承诺一直迟迟没有兑现。

3月13日川普不得不宣布国家紧急状态。

3月16日川普推文开始使用"中国病毒"，与之前赞扬中国努力的言论形成鲜明对比。

3月21日川普推特宣传服用羟氯喹（Hydroxychloroquine），遭到许多医护人员的反对。

4月24日，川普在白宫新闻发布会上宣称注射消毒剂（Disinfectant）有效，不妨尝试。多家制造厂商不得不立刻发表声明，警告公众千万不要听川普的。

6月20日，川普说又一次说美国新冠病例多是因为美国测试多，而且说他已经让他的下属放缓测试。白宫幕僚们说川普是在开玩笑。川普两天之后又对记者说他没有开玩笑。

8月4日，新冠人数已经超过10万，川普接受电视专访说"就是这样的了（It is what it is）。"

9月13日，川普对华盛顿邮报著名记者伍德沃德（Woodward）说新冠病毒迟早会过去的，我们已经做得好的不能再好了。

从新冠爆发到9月16日，川普34次说新冠会消失的。

自由主义论丛——第一卷 川普主义批判

9 月 21 日，新冠人数即将超过 20 万，川普给自己评分 A+，责怪新闻媒体没有给他好的评价。

截止 2020 年 10 月，包括川普夫妇在内的 12 名白宫人员和 3 名共和党参议员已经确认感染，他们都参加了 9 月 26 日川普提名最高大法官候选人的仪式，当时大部分人都没有戴口罩或保持距离。在 9 月 29 日的首场电视辩论过程中，川普公开嘲笑拜登戴口罩。

事实上，奥巴马团队向川普团队交接的时候，就特别进行了三个灾难应急的演练，其中之一就是大规模瘟疫。奥巴马留给川普不仅有详细的应急防控方案，而且有一个特别团队负责监控协调全球生物化学瘟疫灾难，但是川普在 2018 年撤销了这个团队。而早在 2 月 7 日川普接受伍德沃德的录音采访中就承认新冠病毒是非常致命的。这说明川普从一开始就否认科学，掩盖事实，轻描淡写，一直在向美国公众传播误导的信息；举措迟缓，缺乏与 50 个州进行协调。值得注意的是，当谎言终于再也不能掩盖灾难了，于是新冠病毒在川普口中变成了"中国病毒""中国人病毒""武汉病毒""功夫病毒"等等。川普无数次将美国严重的新冠灾难归咎于中国。但是以上的事实证明，归咎于中国的说辞无法解释为什么世界上绝大部分国家-特别是以上举例的东亚地区-的新冠防控成绩都比美国好得多。

而且在疫苗研发推出之后，没有全面计划进行普及推广、分配调度，导致注射进度非常缓慢。洛杉矶时报 2020 年 12 月 31 日报道，川普及其官员多次说在 2020 年底之前完成 2000 万疫苗注射，但是实际只完成了 213 万注射。而且川普本人在一月秘而不宣地注射了疫苗，直到 3 月初才被新闻媒体爆料公之于众。相比之下，拜登总统和奥巴马、小布什、克林顿等前任总统都是新闻直播他们的疫苗注射，以此推动全民接受疫苗。

美国部分民众在新冠疫情中的表现

美国部分民众的表现与大部分国家特别是东亚地区的民众的表现，可谓大相径庭，至于那些不相信科学，听信谎言的，几乎是咎由自取。例如，2020 年 11 月 16 日，南达科他州的一位护士在电视采

44

访中讲述，一些新冠患者在最后时刻竟然还拒绝相信自己得了新冠。显然，相当一部分的民众只听从川普的个人秀和推特，将佩戴口罩，保持距离，自我隔离等等这些基本保护手段看成是党派政治的一部分，而不听从医疗专家们根据科学事实提出的指导建议，甚至相信川普的污蔑说"新冠是民主党制造的骗局"。

从纽约时报的新冠疫情跟踪曲线可以看到一个规律，三月的春假，五月底的国殇节，七月初的独立日，九月初的劳工节，十一月的感恩节，十二月的圣诞节等等，每次假期长周末之后新增病例都会上升，因为许多民众在假期活动中·没有遵守 CDC 的防疫指导原则。

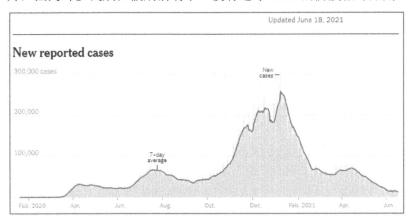

（纽约时报的新冠疫情跟踪曲线截至 2021 年 6 月 18 日）

拜登上任后防控新冠的雷厉风行

2021 年 1 月 20 日，拜登就职典礼之后回到白宫，就雷厉风行，立刻采取了一系列措施，在上任的三天之内，发布了 30 项行政命令，其中包括 13 项针对新冠 Covid-19 瘟疫的措施，例如：

1. 启动 1950 年国防生产法，加快疫苗，疫苗和个人防护设备用品的制造和交付速度。
2. 成立瘟疫大流行检测委员会以扩大美国冠状病毒的检测能力。
3. 指示 FEMA 创建联邦政府支持的社区疫苗接种中心。

4. 号召民众戴口罩 100 天，要求所有联邦机构和联邦政府承包商戴口罩和保持安全距离，并敦促各州和地方政府也要这样做。

5. 重返世界卫生组织（WHO），任命富奇博士（Anthony Fauci）为美国出席 WHO 的代表团团长。

任何一个尊重科学事实和尽忠职守的执政者都会采取这些措施，但是川普没有。例如第一项启动国防生产法特别重要，意味着动用整个国家的生产力，制造和分发与所有防控新冠有关的疫苗设备用品。民主党早在去年 3 月就敦促川普启动国防生产法，但是川普始终没有采纳。事实上，川普在 3 月 13 日宣布国家紧急状态之后，基本上让 50 个州各自搞定，可以说严重的玩忽职守。

最值得注意的是，福奇博士在 1 月 21 日的白宫新闻发布会上说，他现在终于可以"完全透明，开放和诚实"地根据事实和科学来向美国公众通报新冠疫情。这意味着，在川普内阁，事实和科学是要为执政者服务的，这岂不是与某些政权非常相似吗？

2021 年 6 月 2 日，美国总统拜登宣布 6 月为"全国行动月"，动员全美国的冲刺行动，在 7 月 4 日之前让 70% 的美国成年人至少接种一次疫苗，因为防疫专家们预期实现群体免疫需要 70%-90% 的人口具有免疫力。拜登命令有关联邦政府和各级政府、宗教团体、企业公司、社会各界人士、和成千上万的志愿者，一起努力，推出一系列接种疫苗奖励措施，包括流动注射站，免费啤酒、门票、托儿服务等。

据《纽约时报》统计，截至 6 月 18 日，已有 65% 的成年人接种至少一剂疫苗，和 55% 完成接种。截至 6 月 16 日，美国累计感染病例 3350 万，死亡人数 60 万，占全球感染病例下降到 19%，占全球死亡人数下降到 16%。（详情见附表 2）这显示拜登上任之后在控制新冠疫情方面取得了扭转性的成果，特别是完成了 3 亿 1300 万支疫苗注射，相当于全世界疫苗注射的 12.7%，远远超过其占世界人口的比例。

但是令人担忧的是，美国的疫苗接种速度在 4 月 10 日达到将近 430 万后就逐步下降，在 6 月 4 日降至每天 100 万剂。因此，能否在 7 月 4 日之前实现 70% 的目标，将是一个艰巨挑战，因为一部分州和一部分选民至今对疫苗保持怀疑甚至拒绝的态度。

两种迥然不同的社会理念

从以上的对比，我们可以看到对于政府责任和公民意识的两种不同理念。第一个理念是：政府必须尊重科学，诚实透明，超越党派，果断措施；同时所有民众也必须配合，保护自己，保护他人，共同防疫。另外一个理念即川普主义是：将个人自由极端化，认为政府不应该干涉个人自由，政府作为越少越好，将瘟疫防控政治化，作为党派斗争手段，甚至为了个人政治利益而污蔑造谣，散布伪科学。按照第二个理念的逻辑，在办公室飞机上餐馆里等室内禁止吸烟，开车时需要戴安全带、遵守交通规则，等等，试问这些维护公共健康安全的措施是否侵犯了个人自由呢？

根据纽约时报截至 6 月 16 日的数据显示，至少一支疫苗注射率在 2020 大选中支持拜登的蓝州达到 59%，而在支持川普的红州则只有 44%（见文末附表 3）。彭博新闻 Bloomberg2021 年 2 月 4 日报道：美国各州民众对新冠疫苗的接受程度，与 2020 大选的蓝州红州分布有惊人的相似。从拒绝口罩到拒绝疫苗，如此行为是最让人担忧的，因为新冠病毒不仅极易传染，而且会不断变异。事实证明，只要有一部分人否认科学，顽固自私，不采取防疫措施，新冠病毒就会不断变异和反复传播，最终的结果就是害人害己，危害所有的社会成员。

这场新冠病毒瘟疫已经夺走了近 60 万美国人的生命，接近美国内战的死亡人数（65 万），也接近美国在两次世界大战，韩战，越战，两次伊拉克战争，以及阿富汗战争的阵亡人数的总和（62 万）。其实，自由从来都不是没有代价的"Freedom is never Free"。而且美国宪法序言就开宗明义地宣告，美利坚合众国成立的宗旨，就是为了实现所有人的共同福祉。尊敬的读者，您会选择哪一个理念呢？

（首发于"俄州亚太联盟"公众号，2021/6/17）

参考来源:

1. https://www.cnn.com/interactive/2020/health/coronavirus-maps-and-cases/

2. https://www.nytimes.com/interactive/2021/us/covid-cases.html?action=click&module=Top%20Stories&pgtype=Homepage

3. https://www.nytimes.com/interactive/2021/world/covid-vaccinations-tracker.html

4. https://www.businessinsider.com/dr-deborah-birx-thousands-of-us-covid-19-deaths-preventable-2021-3

5. https://data.worldbank.org/indicator/NY.GDP.PCAP.CD?locations=IN

6. https://data.worldbank.org/indicator/NY.GDP.PCAP.CD?locations=US

7. https://data.worldbank.org/indicator/NY.GDP.PCAP.CD?locations=TH

8. https://www.npr.org/2020/06/28/884458999/universal-health-care-supports-thailands-coronavirus-strategy

9. https://www.cnbc.com/2019/02/11/this-is-the-real-reason-most-americans-file-for-bankruptcy.html

10. https://www.theatlantic.com/ideas/archive/2020/05/whats-south-koreas-secret/611215/

11. https://www.nationalgeographic.com/history/2020/06/look-inside-thailand-prevented-coronavirus-gaining-foothold/

12. https://www.reuters.com/article/us-health-coronavirus-testing-specialrep/special-report-how-korea-trounced-u-s-in-race-to-test-people-for-coronavirus-idUSKBN2153BW

13. https://www.cnbc.com/2020/07/03/how-hong-kong-beat-coronavirus-and-avoided-lockdown.html

14. https://www.nytimes.com/2020/04/08/science/new-york-coronavirus-cases-europe-genomes.html

15. https://www.youtube.com/watch?v=HvE9hCZ-jaU&feature=youtu.be

16. https://www.npr.org/2020/03/13/815546839/president-trump-declares-coronavirus-crisis-a-national-emergency

17. https://www.youtube.com/watch?v=Zm0lcZ4RsjI&feature=youtu.be

18. https://www.bbc.com/news/world-us-canada-52407177

19. https://www.factcheck.org/2020/06/trump-falsely-says-covid-19-surge-only-due-to-testing-misleads-on-deaths/

20. https://www.youtube.com/watch?v=tfbreIXsgIs

21. https://www.marketwatch.com/story/trump-told-woodward-nothing-more-could-have-been-done-on-coronavirus-response-2020-09-13

22. https://www.washingtonpost.com/video/politics/34-times-trump-said-the-coronavirus-would-go-away/2020/04/30/d2593312-9593-4ec2-aff7-72c1438fca0e_video.html

23. https://www.cnn.com/2020/09/21/politics/donald-trump-coronavirus-grade/index.html

24. https://www.youtube.com/watch?v=qOYYUkZG6b8

25. https://www.youtube.com/watch?v=cd-4DooS9a0

26. https://www.latimes.com/world-nation/story/2020-12-31/us-vaccinations-operation-warp-speed

27. https://www.youtube.com/watch?v=WicsWfTm1ZI

28. https://www.nytimes.com/interactive/2020/us/coronavirus-us-cases.html

29. https://www.cnn.com/2021/01/22/politics/joe-biden-executive-orders-first-week/index.html

30. https://www.vox.com/22240453/joe-biden-defense-production-act-coronavirus-vaccine

31. https://www.vox.com/2020/3/23/21191003/coronavirus-trump-defense-production-act-venezuela

32. https://www.nbcnews.com/politics/white-house/dr-anthony-fauci-says-he-now-feels-liberated-speak-freely-n1255220

33. https://www.nytimes.com/interactive/2020/us/coronavirus-us-cases.html

34. https://en.wikipedia.org/wiki/United_States_military_casualties_of_war

附件1：全球新冠防控统考成绩（截至2021年1月20日）

将（每个国家累计死亡占全球累计死亡的比例）除以（该国人口占世界人口比例）得出 Covid19 Score，然后排名如下，从最差至最好（人口两千万以上的国家和地区）

最差10国是：意大利，英国，美国，秘鲁，西班牙，墨西哥，法国，阿根廷，巴西，哥伦比亚

Location	Cases	Deaths	Country Population	% of World Population	% of World Cases	% of World Death	Covid-19 Score	Deaths If same as Pop%	Lives Saved	Population Density per sqkm
Italy	2,400,598	83,157	60,461,826	0.8%	2.5%	4.0%	5.2	15,950	67,207	206
United Kingdom	3,466,849	91,470	67,886,011	0.9%	3.6%	4.4%	5.1	17,908	73,562	281
United States	24,246,230	401,553	331,002,651	4.2%	25.2%	19.5%	4.6	87,317	314,236	36
Peru	1,060,567	38,770	32,971,854	0.4%	1.1%	1.9%	4.5	8,698	30,072	26
Spain	2,370,742	54,173	46,754,778	0.6%	2.5%	2.6%	4.4	12,334	41,839	94
Mexico	1,668,396	142,832	128,932,753	1.7%	1.7%	6.9%	4.2	34,012	108,820	66
France	2,931,050	70,963	65,273,511	0.8%	3.0%	3.5%	4.1	17,219	53,744	119
Argentina	1,819,569	46,066	45,195,774	0.6%	1.9%	2.2%	3.9	11,922	34,144	17
Brazil	8,573,864	211,491	212,559,417	2.7%	8.9%	10.3%	3.8	56,072	155,419	25
Colombia	1,939,071	49,402	50,882,891	0.7%	2.0%	2.4%	3.7	13,423	35,979	46
Poland	1,443,804	33,698	37,846,611	0.5%	1.5%	1.6%	3.4	9,984	23,714	124
Iran	1,342,134	56,973	83,992,949	1.1%	1.4%	2.8%	2.6	22,157	34,816	52
South Africa	1,356,716	38,288	59,308,690	0.8%	1.4%	1.9%	2.4	15,645	22,643	49
Germany	2,071,615	48,433	83,783,942	1.1%	2.2%	2.4%	2.2	22,102	26,331	240
Ukraine	1,206,125	22,037	43,733,762	0.6%	1.3%	1.1%	1.9	11,537	10,500	75
Canada	724,629	18,289	37,742,154	0.5%	0.8%	0.9%	1.8	9,956	8,333	4
Russia	3,574,330	65,632	145,934,462	1.9%	3.7%	3.2%	1.7	38,497	27,135	9
Iraq	609,852	12,962	40,222,493	0.5%	0.6%	0.6%	1.2	10,611	2,351	93
Turkey	2,399,781	24,328	84,339,067	1.1%	2.5%	1.2%	1.1	22,248	2,080	110
Morocco	461,390	8,011	36,910,560	0.5%	0.5%	0.4%	0.8	9,737	-	83
Saudi Arabia	365,325	6,335	34,813,871	0.4%	0.4%	0.3%	0.7	9,184	-	16
India	10,581,823	152,556	1,380,004,385	17.7%	11.0%	7.4%	0.4	364,040	-	464
Indonesia	927,380	26,590	273,523,615	3.5%	1.0%	1.3%	0.4	72,155	-	151
Philippines	504,084	9,978	109,581,078	1.4%	0.5%	0.5%	0.3	28,907	-	368
Egypt	158,174	8,696	102,334,404	1.3%	0.2%	0.4%	0.3	26,995	-	103
Nepal	267,992	1,969	29,136,808	0.4%	0.3%	0.1%	0.2	7,686	-	203
Algeria	104,341	2,843	43,851,044	0.6%	0.1%	0.1%	0.2	11,568	-	18
Afghanistan	54,141	2,346	38,127,465	0.5%	0.1%	0.1%	0.2	10,058	-	60
Myanmar	135,243	2,986	54,409,800	0.7%	0.1%	0.1%	0.2	14,353	-	83
Pakistan	524,783	11,103	220,892,340	2.8%	0.5%	0.5%	0.2	58,271	-	287
Bangladesh	529,031	7,942	164,689,383	2.1%	0.6%	0.4%	0.2	43,444	-	1,265
Venezuela	121,117	1,116	28,435,940	0.4%	0.1%	0.1%	0.1	7,501	-	32
Japan	340,933	4,680	126,476,461	1.6%	0.4%	0.2%	0.1	33,364	-	347
Sudan	26,279	1,603	43,849,260	0.6%	0.0%	0.1%	0.1	11,567	-	25
Australia	28,740	909	25,499,884	0.3%	0.0%	0.0%	0.1	6,727	-	3
Kenya	99,308	1,734	52,543,915	0.7%	0.1%	0.1%	0.1	13,861	-	94
South Korea	73,518	1,300	51,269,185	0.7%	0.1%	0.1%	0.1	13,525	-	527
Yemen	2,115	612	30,214,286	0.4%	0.0%	0.0%	0.1	7,970	-	56
Malaysia	165,371	619	32,365,999	0.4%	0.2%	0.0%	0.1	8,538	-	99
Uzbekistan	78,091	620	33,469,203	0.4%	0.1%	0.0%	0.1	8,829	-	79
Ethiopia	131,727	2,037	114,963,588	1.5%	0.1%	0.1%	0.1	30,327	-	115
Cameroon	28,010	455	26,545,863	0.3%	0.0%	0.0%	0.1	7,003	-	56
Mali	7,880	317	20,250,833	0.3%	0.0%	0.0%	0.1	5,342	-	17
Angola	19,011	442	32,866,272	0.4%	0.0%	0.0%	0.1	8,670	-	26
Sri Lanka	54,419	273	21,413,249	0.3%	0.1%	0.0%	0.0	5,649	-	342
Ghana	58,431	358	31,072,940	0.4%	0.1%	0.0%	0.0	8,197	-	137
Madagascar	18,301	273	27,691,018	0.4%	0.0%	0.0%	0.0	7,305	-	48
Mozambique	28,270	253	31,255,435	0.4%	0.0%	0.0%	0.0	8,245	-	40
Dem. Rep. Congo	21,140	640	89,561,403	1.1%	0.0%	0.0%	0.0	23,626	-	40
Nigeria	113,305	1,464	206,139,589	2.6%	0.1%	0.1%	0.0	54,379	-	226
Uganda	38,534	305	45,741,007	0.6%	0.0%	0.0%	0.0	12,066	-	229
Niger	4,225	146	24,206,644	0.3%	0.0%	0.0%	0.0	6,386	-	19
Burkina Faso	9,352	105	20,903,273	0.3%	0.0%	0.0%	0.0	5,514	-	76
Mainland China	88,557	4,635	1,439,323,776	18.5%	0.1%	0.2%	0.0	379,689	-	153
Thailand	12,594	70	69,799,978	0.9%	0.0%	0.0%	0.0	18,413	-	137
Vietnam	1,540	35	97,338,579	1.2%	0.0%	0.0%	0.0	25,678	-	314
Taiwan	868	7	23,816,775	0.3%	0.0%	0.0%	0.0	6,283	-	673

附件 2：全球新冠防控统考成绩（截至 2021 年 6 月 16 日）

将（每个国家累计死亡占全球累计死亡的比例）除以（该国人口占世界人口比例）得出 Covid19 Score，然后排名如下，从最差至最好（人口两千万以上的国家和地区）

最差 10 国是：秘鲁，巴西，意大利，波兰，阿根廷，哥伦比亚，英国，美国，墨西哥，西班牙

Location	Cases	Deaths	Country Population	% of World Populati	% of World Cases	% of World Deaths	Covid19 Score	Deaths If same as Pop%	Lives Saved	Population Density per sqkm
Peru	2,007,477	189,261	32,971,854	0.4%	1.2%	5.1%	12.04	15,715	173,546	26
Brazil	17,628,588	493,693	212,559,417	2.7%	10.2%	13.3%	4.87	101,311	392,382	25
Italy	4,248,432	127,153	60,461,826	0.8%	2.5%	3.4%	4.41	28,818	98,335	206
Poland	2,878,061	74,688	37,846,611	0.5%	1.7%	2.0%	4.14	18,039	56,649	124
Argentina	4,198,620	87,261	45,195,774	0.6%	2.4%	2.3%	4.05	21,541	65,720	17
Colombia	3,829,879	97,560	50,882,891	0.7%	2.2%	2.6%	4.02	24,252	73,308	48
United Kingdom	4,589,818	127,926	67,886,011	0.9%	2.7%	3.4%	3.95	32,356	95,570	281
United States	33,498,105	600,648	331,002,651	4.2%	19.4%	16.2%	3.81	157,764	442,884	36
Mexico	2,463,390	230,624	128,932,753	1.7%	1.4%	6.2%	3.75	61,452	169,172	66
Spain	3,749,031	80,615	46,754,778	0.6%	2.2%	2.2%	3.62	22,284	58,331	94
France	5,683,536	109,685	65,273,511	0.8%	3.3%	3.0%	3.53	31,111	78,574	119
Ukraine	2,286,767	53,980	43,733,762	0.6%	1.3%	1.5%	2.59	20,845	33,135	75
Germany	3,726,767	90,117	83,783,942	1.1%	2.2%	2.4%	2.26	39,933	50,184	240
Iran	3,060,135	82,480	83,992,949	1.1%	1.8%	2.2%	2.06	40,033	42,447	52
South Africa	1,774,312	58,223	59,308,690	0.8%	1.0%	1.6%	2.06	28,268	29,955	49
Russia	5,189,260	125,443	145,934,462	1.9%	3.0%	3.4%	1.80	69,556	55,887	9
Canada	1,412,737	25,992	37,742,154	0.5%	0.8%	0.7%	1.44	17,989	8,003	4
Turkey	5,348,249	48,950	84,339,067	1.1%	3.1%	1.3%	1.22	40,198	8,752	110
Iraq	1,269,440	16,781	40,222,493	0.5%	0.7%	0.5%	0.88	19,171		93
Nepal	614,216	8,558	29,136,808	0.4%	0.4%	0.2%	0.62	13,887		203
India	29,633,105	379,573	1,380,004,385	17.7%	17.2%	10.2%	0.58	657,772		464
Morocco	524,975	9,221	36,910,560	0.5%	0.3%	0.2%	0.52	17,592		83
Saudi Arabia	469,414	7,621	34,813,871	0.4%	0.3%	0.2%	0.46	16,593		16
Philippines	1,332,832	23,121	109,581,078	1.4%	0.8%	0.6%	0.44	52,229		368
Indonesia	1,937,652	53,476	273,523,615	3.5%	1.1%	1.4%	0.41	130,368		151
Egypt	275,010	15,723	102,334,404	1.3%	0.2%	0.4%	0.32	48,775		103
Malaysia	673,026	4,142	32,365,999	0.4%	0.4%	0.1%	0.27	15,426		99
Japan	779,687	14,230	126,476,461	1.6%	0.5%	0.4%	0.24	60,282		347
Sri Lanka	230,692	2,315	21,413,249	0.3%	0.1%	0.1%	0.23	10,206		342
Venezuela	254,116	2,865	28,435,940	0.4%	0.1%	0.1%	0.21	13,553		32
Pakistan	944,065	21,828	220,892,340	2.8%	0.5%	0.6%	0.21	105,282		287
Afghanistan	93,288	3,683	38,928,346	0.5%	0.1%	0.1%	0.20	18,554		60
Algeria	134,458	3,598	43,851,044	0.6%	0.1%	0.1%	0.17	20,900		18
Bangladesh	837,247	13,282	164,689,383	2.1%	0.5%	0.4%	0.17	78,495		1,265
Kenya	176,622	3,428	53,771,296	0.7%	0.1%	0.1%	0.13	25,629		94
Sudan	36,304	2,737	43,849,260	0.6%	0.0%	0.1%	0.13	20,900		25
Myanmar	146,406	3,250	54,409,800	0.7%	0.1%	0.1%	0.13	25,993		83
Cameroon	80,326	1,313	26,545,863	0.3%	0.0%	0.0%	0.10	12,652		56
Yemen	6,867	1,351	29,825,964	0.4%	0.0%	0.0%	0.10	14,216		56
South Korea	149,191	1,993	51,269,185	0.7%	0.1%	0.1%	0.08	24,436		527
Ethiopia	274,601	4,260	114,963,588	1.5%	0.2%	0.1%	0.08	54,794		115
Australia	30,301	910	25,499,884	0.3%	0.0%	0.0%	0.07	12,154		3
Madagascar	41,998	892	27,691,018	0.4%	0.0%	0.0%	0.07	13,198		48
Mozambique	71,764	844	31,255,435	0.4%	0.0%	0.0%	0.06	14,897		40
Mali	14,359	523	20,250,833	0.3%	0.0%	0.0%	0.05	9,652		17
Angola	37,094	847	32,866,272	0.4%	0.0%	0.0%	0.05	15,665		26
Ghana	94,824	790	31,072,940	0.4%	0.0%	0.0%	0.05	14,810		137
Thailand	204,595	1,525	69,799,978	0.9%	0.1%	0.0%	0.05	33,268		137
Uzbekistan	104,463	711	33,589,389	0.4%	0.1%	0.0%	0.04	16,009		79
Taiwan	13,409	478	23,816,775	0.3%	0.0%	0.0%	0.04	11,352		673
Uganda	65,631	508	45,741,007	0.6%	0.0%	0.0%	0.02	21,801		229
Nigeria	167,103	2,117	206,139,589	2.6%	0.1%	0.1%	0.02	98,251		226
Dem. Rep. Congo	36,222	857	89,561,403	1.1%	0.0%	0.0%	0.02	42,687		40
Burkina Faso	13,460	167	20,903,273	0.3%	0.0%	0.0%	0.02	9,963		76
Niger	5,455	192	24,206,644	0.3%	0.0%	0.0%	0.02	11,537		19
Mainland China	91,511	4,636	1,439,323,776	18.5%	0.1%	0.1%	0.01	686,015		153
Vietnam	11,635	61	97,338,579	1.2%	0.0%	0.0%	0.00	46,394		314

附件 3：美国 50 个州疫苗注射排名（截至 2021 年 6 月 16 日）

很明显，绝大部分蓝州的疫苗注射率遥遥领先所有的红州。亚利桑那和乔治亚的州长和州议会都是由共和党控制的。

NewYork Times 06/16/21 Name	Percent of people		Doses delivered	Shots given	Doses used
	Given at least one shot	Fully vaccinated			
U.S. total*	53%	44%	375,186,675	312,915,170	83%
Palau	77%	69%	24,600	24,379	99%
Vermont	73%	63%	908,500	827,969	91%
Massachusetts	69%	58%	9,581,900	8,509,530	89%
Hawaii	69%	50%	1,915,590	1,645,413	86%
Connecticut	65%	58%	4,649,255	4,261,077	92%
Maine	65%	59%	1,818,640	1,562,730	86%
New Jersey	63%	53%	11,308,045	9,728,973	86%
Rhode Island	63%	56%	1,492,595	1,226,183	82%
New Hampshire	61%	54%	1,786,515	1,486,923	83%
Pennsylvania	61%	47%	15,396,195	13,366,581	87%
Maryland	60%	53%	8,305,030	6,587,564	79%
New Mexico	60%	51%	2,329,355	2,252,892	97%
California	59%	47%	48,326,170	40,901,003	85%
Washington	59%	51%	9,212,310	8,156,166	89%
Washington, D.C.	59%	50%	1,050,425	826,448	79%
New York	58%	51%	23,414,745	20,912,179	89%
Virginia	58%	49%	10,162,945	8,905,182	88%
Illinois	57%	43%	14,440,975	12,332,481	85%
Oregon	57%	50%	5,555,275	4,371,768	79%
Guam	57%	48%	215,770	173,930	81%
Delaware	57%	47%	1,258,695	990,487	79%
Colorado	56%	49%	6,905,280	5,957,784	86%
Minnesota	56%	49%	6,448,490	5,674,739	88%
Wisconsin	53%	47%	6,032,885	5,694,640	94%
Northern Mariana Islands	52%	46%	72,330	52,264	72%
Florida	52%	43%	24,344,495	19,995,214	82%
Puerto Rico	51%	39%	3,907,030	2,952,854	76%
Iowa	50%	46%	3,403,315	2,952,798	87%
Michigan	50%	45%	11,450,790	9,109,576	80%
American Samoa	50%	41%	54,030	44,646	83%
Nebraska	50%	45%	2,053,380	1,770,036	86%
South Dakota	49%	44%	948,305	799,876	84%
Kentucky	48%	41%	4,392,565	3,830,698	87%
Kansas	48%	40%	3,034,935	2,413,573	80%
Arizona	48%	38%	7,951,295	6,237,009	78%
Nevada	48%	40%	2,990,680	2,649,807	89%
Alaska	48%	41%	822,845	634,868	77%
Ohio	47%	43%	12,216,915	10,357,195	85%
Utah	47%	35%	3,178,230	2,736,346	86%
Montana	47%	41%	1,095,905	907,825	83%
Texas	47%	39%	31,200,615	24,558,568	79%
North Carolina	44%	38%	11,532,520	8,440,240	73%
Missouri	43%	37%	6,014,395	4,886,829	81%
Oklahoma	43%	36%	3,968,045	3,126,963	79%
Indiana	43%	38%	6,593,130	5,383,210	82%
North Dakota	43%	38%	707,820	629,653	89%
South Carolina	42%	36%	5,198,355	3,979,592	77%
West Virginia	42%	36%	1,871,625	1,371,253	73%
Georgia	41%	34%	10,966,325	7,939,269	72%
Arkansas	41%	33%	2,803,630	2,161,876	77%
Tennessee	40%	34%	6,210,510	5,088,740	82%
Idaho	39%	35%	1,645,205	1,284,938	78%
Wyoming	38%	33%	510,585	410,138	80%
U.S. Virgin Islands	37%	31%	77,040	75,123	98%
Alabama	37%	31%	4,692,070	3,141,802	67%
Louisiana	37%	33%	3,983,850	3,237,207	81%
Mississippi	35%	29%	2,623,625	1,844,191	70%

最新内幕：川普白宫最后日子及其严重后果

刘海天

两个星期前（7月4日），笔者在《世界日报》的世界论坛专栏著文《美国独立的轶闻趣事和历史意义》纪念独立日，文末提到，自从2016大选以来，美国的民主宪政经历了南北内战以来最严峻的考验，而且至今前途未卜。最近三本新书提供了许多2020大选的过程和之后，川普如何企图颠覆民主选举结果的内幕，佐证了笔者的担忧。另外，英国《卫报》在7月15日报道，一份克里姆林宫的秘密文件显示普京如何下令俄国的情报机构采取多方面行动在2016年大选中帮助川普，以达到分裂和削弱美国的目的。

第一本是由迈克尔·沃尔夫（Michael Wolff）写的《大获全胜：川普白宫的最后日子》（LANDSLIDE-The Final Days of the Trump White House）。在此之前沃尔夫已经撰写了两本关于川普白宫内幕的畅销榜书籍，《火与怒》和《围城》。该书的后记是作者在Mar-a-Lago对川普本人长达四个小时的采访。该书通过对川普的许多幕僚下属的采访，展现了川普如何的自恋、妄想、疯狂和无能，对政府的运作毫无兴趣或了解，不读也不听简报，把大量的时间花在看保守派的电视网络和与亲信的电话聊天上，等等。新冠瘟疫爆发之后，他周围的许多人要么生病，要么害怕来上班，因为大家都知道川普对佩戴口罩和社交距离等防控措施的反感和敌视。如果有人直言他不想听的东西，他就会排挤或解雇那个人--例如他的首任国务卿（Rex Tillerson），首任司法部长（Jeff Sessions），首任国防部长（James N. Mattis），首任国家情报总监（Dance Coates）等等——然后找唯唯诺诺之人替代。如果福克斯新闻作了让他不高兴的报道，例如大选当晚首先宣布拜登赢了亚利桑那州，他就会转到Newsmax或One

America。在 1 月 6 日攻击国会的暴乱之后，包括两名内阁部长在内的许多下属以辞职表示抗议。沃尔夫总结，川普完全生活在一个他自我臆想的世界，与现实几乎没有任何关系。

第二本是《华尔街日报》记者迈克尔-本德（Michael Bender）写的《坦率地说，我们确实赢得了这次选举》（Frankly, We Did Win This Election: The Inside Story of How Trump Lost）中，详尽报道了 2020 年的竞选活动。该书披露的细节包括，川普曾经对他的幕僚长凯利说希特勒"做了很多好事"，想"处决"哪位助手泄露了他在去年（2020）夏天反种族主义抗议活动肆虐时撤退到白宫地堡的消息，并告诉他的高级将领"直接射杀"外面在拉斐特广场示威的民众。如此言论企图与某些政权有何区别？

第三本书是由两位《华盛顿邮报》知名深度背景报道记者，莱昂尼格 Carol Leonnig 和鲁克 Philip Rucker（都曾获得普利策奖）合作撰写的《"我一个人就能解决这个问题"》（"I alone can fix it" 这是川普在 2020 年接受共和党代表大会提名的演讲词）。该书给公众带来更多令人震惊的内幕。

在 2020 大选当晚，朱利安尼询问密歇根的选举结果，幕僚长马克-梅多斯和高级顾问杰森·米勒回答，"现在还为时尚早"。朱利安尼说，"就说我们赢了"。提到宾夕法尼亚州，助理们回答也是为时尚早。朱利安尼又说，"就说我们赢了。"这就是朱利安尼的计划，没有任何依据地说川普赢了。以至于梅多斯愤怒地回应，"我们不能这样做。"但是，川普在大选当晚的确就是按照朱利安尼的套路宣称他赢了。这就是关于 2020 大选的"大谎言"（Big Lie）的诞生时刻。

该书最让人震撼的叙述是关于参谋长联席会议主席马克-密利（陆军四星上将），作为美国军方最高现役军职官员，毕业于普林斯顿大学、哥伦比亚大学和海军战争学院，熟读历史的密利，早就看到希特勒与川普相似之处，例如他们的煽动和谎言都是所谓的"元首的福音"，都喜欢一方面扮演委屈不堪的受害者，又一方面吹嘘自己是上帝选派的救世主。密利对川普的结论是"典型的无德无能的独裁主义领导人"。

大选当晚，国防部长马克-艾斯博和密利都没有到白宫观看大选直播和参加川普团队原计划的庆祝，以表示国防部和军队的中立。11月14日川普的支持者在华盛顿举行"百万MAGA游行"，抗议选举结果，密利向其助手表示这些"可能是现代美国'街头的褐衫军'"，喻指希特勒的穿褐色制服的冲锋队，即纳粹党的打手爪牙。

11月9日川普解雇了不听话的艾斯博，12月15日拒绝大选谎言的司法部长巴尔被迫辞职。密利因此越来越担心这是即将发生险恶事件的信号。为此密利列出了四个目标：第一，确保美国不被川普拖入不必要的海外战争；第二，确保美国军队不被川普使用镇压美国民众以保持其个人权力；第三，保持军队的荣誉；最后，保持他自己的荣誉。在1月6日之前的日子里，密利对川普及其手下的言行感到担忧，认为川普正在煽动动乱，有可能企图启动《叛乱法》并实行军管。事实上，12月中旬川普的首任国家安全顾问迈克尔-弗林就公然鼓吹实行军管，重新选举。

在一次和他的副手们（即各个军种的参谋长）开会时，密利说，"他们可能会尝试发动政变，但他们不会他妈的成功，没有军队，没有中央情报局和联邦调查局，就不可能成功。"密利还引用希特勒纵火烧毁魏玛共和国的国会大厦这一历史事件，一针见血地说，"这是一个国会大厦的时刻……他们就是我们在二次大战中的纳粹敌人。"为了要确保防止来自川普的非法命令，密利命令他的副手们在没有给他打电话之前不要执行任何此类命令。历史在此重演：尼克松的国防部长詹姆斯-施莱辛格（James Schlesinger）警告军方，在未与他或国家安全顾问亨利-基辛格核实的情况下，不要执行尼克松的任何命令发动核打击。

部分读者可能质疑以上三本书的描述。笔者认为是基本可信的。艾斯博被解雇就是因为他反对动用军队镇压和平示威的民众。6月1日密利跟随川普在清除示威者之后到教堂前摆谱照相，事后发表公开道歉，承认自己犯了错误，不应该参与这样的行动。而且在艾斯博被解雇之后，11月12日当着川普任命的继任者的面，密利发表演说，美国的军队的职责是捍卫宪法，而不是效忠国王、独裁者、或某一个人。整体而言，这三本书披露的细节，不仅互相之间没有冲突，而且和到目前为止众所周知的关于川普人品言行的记录，都是吻合的。而且，至今密利等当事人都没有出来否认以上细节。

川普当然否认以上的披露。但是仔细阅读川普的否认，就会发现川普的回应更多是对细节中的另外一方相关者的谩骂攻击。最耐人寻味的是，川普在一份 7 月 15 日声明中说："如果我要发动政变，我最不想与之同谋的人之一就是马克-密利将军。"一个有正常心智奉公守法的人绝不会有如此荒唐回应，而且愚蠢到了不打自招的程度。事实上，川普的类似言论不少。对于至少三位指控川普性攻击的女性，川普的回应是，"她不是我喜欢的类型""看看她的样子，我不感性趣""相信我，她不是我的首选"。最荒唐的是，2006 年在参加"The View"节目中川普当着伊万卡的面说，如果她不是他的女儿，"也许我会和她约会"。2015 年 9 月接受滚石杂志采访，川普又说，"是啊，她真的不一般，真是个大美人，如果我不是幸福在婚的话，和是她的父亲的话……"。一个有正常人伦起码良知的父亲绝不会对自己女儿想入非非的，否则禽兽不如。

值得庆幸的是，因为有密利这样的军人，以及许许多多的各州选举官员、许多州的法院和联邦的法院，他们都忠于民主共和宪政，拒绝了川普及其团伙的大选舞弊谎言，美国因此能够克服了内战之后最严重的宪法危机。例如，2021 年 1 月 2 日川普在电话中要求佐治亚州州务卿布拉德-拉芬斯佩格给他找出 11780 选票，遭到拒绝。但是，反过来设想，如果密利和几个关键州的州务卿（他们掌管本州的选举运作）面对川普的强权淫威，丧失宪政原则，那么川普政变就真的会成功。

笔者曾经被外派在德国工作一年，之后又多次出差到德国。最近一次重游是在 2018 年，特意追溯希特勒纳粹的历史轨迹：慕尼黑的希特勒发表煽动蛊惑言论的啤酒馆，达豪的第一个纳粹集中营，纽伦堡的纳粹集会广场，和柏林希特勒的最后地堡……现在回想起来，笔者感到从来没有的恐惧，因为历史一直在我们这个时代重演：从希特勒的"Lügenpresse"到假新闻，从纳粹集会到 MAGA 集会都是歇斯底里的个人崇拜，从日耳曼种族主义到白人至上主义，从褐色冲锋队到深蓝骄傲男孩，从焚烧国会大厦到攻击国会大厦，乃至希特勒最后拒绝失败的现实到川普拒绝败选的事实……

川普乱政检讨

川普的当选、他的任期和他下台的方式，应该唤起一场关于美国政治制度是否健全的辩论。每个公民的投票权利是否得到平等保护？如何面对公众信息中泛滥的谣言谎言？亿万富翁如何通过巨额黑金腐蚀了选举？选举人团制度是否有严重弊端？国会代表的分配方式是否违反宪法？更重要的教训是，在一个民主自由社会中，一个恶毒和危险的"疯子"，特别是一个擅于误导公众舆论的野心家，很容易就能够制造分裂，传播仇恨，煽动暴乱，推翻选举，颠覆宪政。这就是川普最后的疯狂的严重而深远的后果。

最后值得一提的是，英国《卫报》在 7 月 15 日报道，该报获得了一份克里姆林宫的秘密文件，经过专家审阅分析而确认。该文件显示，2016 年 1 月 22 日俄罗斯总统普京在俄罗斯国家安全委员会的一次闭门会议上亲自授权了一项秘密的间谍机构行动，以支持"精神不稳定"的川普参加 2016 年的美国总统选举。文件显示，普京和他的间谍头目和高级部长都在场。他们同意川普入主白宫将有助于确保莫斯科的战略目标，其中包括美国的"社会动荡"和削弱美国总统的谈判地位。克里姆林宫文件还包括了一份心理评估，描述川普为一个"冲动的、精神不稳定和不平衡的人，患有自卑感"。

的确，2016 年 10 月 7 日，包括国土安全部和国家情报总监办公室在内的 17 个美国情报机构发表了一份联合声明，俄罗斯是 2016 年大选期间黑客攻击的幕后黑手，并且在 2017 年 1 月 6 日公布了详细报告。2018 年 7 月 16 日赫尔辛基的记者问答会上，川普公然站在普京的立场否定美国情报机构的结论。更严重的是，川普至少五次和普京私下密谈，要么美方的翻译记录被川普没收，要么根本就没有美方人员在场，因此美国方面无人知晓具体交谈内容，这是史无前例的。按照外交惯例，两国首脑会谈，各自的外交人员都会参与、记录和存档。很明显的问题是，川普为什么违反外交惯例和国家安全的运作规则，有什么事情害怕让美国国家安全情报部门知道？

如果不记取德国魏玛共和的前车之鉴，不尽快改良完善美国的民主宪政，不加强保护每个选民的投票权利和完善选举程序，不对煽动谣言谎言的野心家予以揭露问责，不对滥用权力违法乱纪的执政者予以法律制裁，那么 1/6 暴乱事件就会重演，美国的民主宪政就真的是前途未卜。如果川普及其所代表的势力颠覆民主宪政的企图得逞，那么美国的命运将是令人担忧的。南北内战的互相残杀，希特勒第三帝国的毁灭瓦解……忘记历史，重蹈覆辙。

（首发于"俄州亚太联盟"公众号，2021/7/18）

作者近作：

1. 美国独立的轶闻趣事和历史意义
2. 大部分共和党众议员反对将邦联叛乱和白人至上主义者从国会大厅移除
3. 最高法院第三次判决维持奥巴马医保改革法
4. 共和党为什么反复多次封杀薪资公平法案，反对男女平等？
5. 从新冠瘟疫的经验教训反思政府责任和公民意识
6. 美国 50 个州，谁是贡献州或是吃福利州？
7. 拜登执政 100 天
8. 佛吉里亚州废除死刑-美国各州和世界各国比较
9. 美国政治制度的弊端与共和党的蜕变

参考来源：

1. https://nymag.com/intelligencer/article/michael-wolff-landslide-final-days-trump-presidency-excerpt.html
2. https://www.nbcnews.com/politics/donald-trump/she-s-not-my-type-trump-says-e-jean-carroll-n1021331
3. https://www.npr.org/2021/07/15/1015877795/how-it-went-down-authors-go-deep-into-doomed-2020-trump-white-house
4. https://www.militarytimes.com/news/your-military/2020/11/09/exclusive-esper-on-his-way-out-says-he-was-no-yes-man/
5. https://www.youtube.com/watch?v=nMaI1Hg8dl8
6. https://www.youtube.com/watch?v=DP7yf8-Lk80

川普乱政检讨

7. https://www.independent.co.uk/news/world/americas/us-politics/donald-trump-ivanka-trump-creepiest-most-unsettling-comments-roundup-a7353876.html

8. https://www.theguardian.com/us-news/2021/jan/03/trump-georgia-raffensperger-call-biden-washington-post

9. https://www.theguardian.com/world/2021/jul/15/kremlin-papers-appear-to-show-putins-plot-to-put-trump-in-white-house

10. https://www.usatoday.com/story/news/politics/onpolitics/2016/10/21/17-intelligence-agencies-russia-behind-hacking/92514592/

11. https://www.cnbc.com/2017/01/06/intelligence-community-says-putin-ordered-campaign-to-influence-election-denigrate-clinton.html

12. https://www.cnn.com/2018/07/16/politics/donald-trump-putin-helsinki-summit/index.html

13. https://www.nytimes.com/2019/01/15/us/politics/trump-putin-meetings.html

怨怼四年，川普给瑞典敲警钟

茉莉（瑞典）

照理说，美国前总统川普应该对瑞典怀有好感才对。虽然川普的祖父来自德国，但他的父亲弗雷德·川普在二战后对外谎称，说其家族源自瑞典。在《交易的艺术》一书中，川普提及关于其家庭出身的错误神话。这也许是因为其祖父因逃兵役遭德国驱逐，他们因此不喜欢德国。更可能的是，谎说家族来自曾营救过很多犹太人的中立国瑞典，这对他们在战后与犹太人做生意更有利。

然而，这位假冒的瑞典人后代，在2016年被选上美国总统后，处处和瑞典过不去。这四年，川普多次用谎言指责瑞典，放肆地唱衰抹黑瑞典，对小国瑞典的声誉造成极大伤害。

为什么川普会如此仇视瑞典、如此希望看到瑞典的崩溃？瑞典人是怎样看待这位美国总统的，又怎样吸取美国的教训？

美国国会山暴乱给瑞典和欧洲盟国敲响了危险的警钟。为此，我加入的瑞典社民党（执政党）开展了讨论：如何防止出现一个"瑞典川普"。尽管川普下台了，但无论美国还是欧洲，保卫民主的道路依然充满了艰险。

为什么川普要仇视抹黑瑞典？

瑞典是在美国独立战争后首批承认美国的国家之一。自19世纪起，瑞典人大量移民美国，当今美国有四百多万瑞典裔美国人。两国之间有一种特殊的历史、经济联系，并拥有共同的价值观。2013年奥巴马访问瑞典，他希望"将瑞美关系推到一个新高度"。

然而到了2016年，在竞选中高喊"使美国再次伟大"的川普，开始对瑞典难民政策展开激烈的攻击。在欧洲难民潮中热情接收难民的德国和瑞典，此时都成了美国极右保守派谴责的一个坏典型。

2017 年 2 月，川普无中生有地说："看看瑞典昨天晚上发生了什么。"暗示瑞典发生了什么袭击。其实那晚什么也没有发生。即使两天后斯德哥尔摩郊区真发生骚乱，也只是有人扔石头、烧汽车而已，与美国众多令人丧生的枪击案（大约是欧洲的十倍），以及白人种族主义者发起的国会山暴乱，完全不能相提并论。

于是世界乐翻了，都拿"瑞典昨晚发生了什么"一语开玩笑。有人说，瑞典昨晚的篝火宴会打翻了酒杯；有人说，经过昨晚瑞典宜家的产品给卖光了；……。

但中文网络却没有这种幽默。华人媒体和自媒体都热衷于传播川普的假新闻，并加油添醋，夸张歪曲，充斥对接收难民的"欧洲白左"和"圣母婊"的切齿辱骂。后来，川普仍重复他关于瑞典的谎言，说瑞典的所作所为"非常可悲"。

这自然引发了瑞典人的愤慨。长期以来，瑞典人为自己国家能够帮助世界各地的难民而感到自豪，但现在，这位努力克己助人的小国，反而成了被谴责的对象。为此，瑞典外交部曾要求美国方面澄清其总统的意思。

但瑞典人明白，虽然川普"瑞典昨晚"的说法子虚乌有，但他所代表的当今世界向右转的变化却是真实的、令人痛苦的。放弃道德和责任感的美国，已把瑞典仁慈的道德形象作为打击目标。通过打击瑞典，川普获得了极右种族主义者的一片喝彩。为了证明川普反难民和"禁穆令"是正确的，瑞典必须崩溃。

川普对瑞典的仇恨，还因为瑞典实行全民医疗、高税收和福利制度。作为一个依赖出口的小国，瑞典与美国有着广泛的经济关系，但川普提倡"美国优先"，其贸易保护主义和关税影响了瑞典公司，不断增加的贸易壁垒打击了瑞典经济。

这位美国总统的经济顾问曾撰写一份报告："社会主义的机会成本"，说加拿大和北欧所走的这条福利道路，将很快到达委内瑞拉。总统顾问的无知令人吃惊，因为委内瑞拉实行大规模国有化，而瑞典等国却是私有制占主导地位，二者的性质完全不同。

事实上，在大半个世纪里实行社会民主主义的北欧国家，不但没有走向委内瑞拉，而且长期占据"世界幸福指数"最高国家的前十名。瑞典的人均寿命也排名世界前列，美国被抛在后面很远。

到了 2020 年，新冠疫情席卷欧美，对抗疫没兴趣的川普又拿瑞典说事了。2020 年 4 月 10 日，川普在新闻发布会表示反对瑞典的抗疫策略，并语出惊人地说："如果我们采取瑞典的方式，那么我们现在可能会有 200 万人死亡。"

到了 4 月 30 日，川普突然大转弯，居然赞美起瑞典的抗疫策略来。他认为，瑞典针对新冠病毒的宽松策略行之有效。瑞典总理不必告诉瑞典人呆在家里。人们会自动待在家里。

无论是褒是贬，川普说什么，永远是为他的利益所用。之所以贬低瑞典，是为了转移美国人对他抗疫不力的注意力。后来赞美瑞典，是因为他受到来自美国商界和右翼势力的强大压力，要求他放宽严格的规定，所以他又需要借助瑞典宽松抗疫的例子。

而瑞典，只是一个与众不同的国家，采取自己认为适合的独特方式抗疫而已。虽被川普恶意抹黑，但到笔者撰文时，在世界疫情图表中按人口死亡比率的排名中，瑞典被排在第 23 位，疫情不如被排在第 11 位的美国那么严重。

美国暴乱惊现民主脆弱文化冲突

毫无疑问，一个超级大国领导人对一个小国持续地无理攻击和贬斥，这给瑞典人带来了很大困惑与怨愤。因此，川普成为瑞典媒体中被负面报道最多的人，他被描绘为一个不可预测的疯狂小丑、说话像六岁的孩子。在欧盟，瑞典官员也参与讨论：如何针对川普的关税宣战复仇。

善良的瑞典人喜欢奥巴马，都盼望川普下台，担心他连任会影响美欧关系和日常生活。在美国大选前有一个民调显示：有将近 80% 的瑞典人支持美国民主党候选人拜登，而只有 9% 的人支持川普连任。

那 9% 支持川普的典型瑞典人被如此描绘："对 SD（瑞典极右政党）表示同情，单身，住在出租公寓或居民楼中，其中的高中学历是最高教育，一般在瑞典南部。"

62

2021 年 1 月 6 日，美国国会山发生暴乱，这大大震惊了世界与瑞典。欧洲盟友都一致表示关切，将这个事件定性为"对美国民主的攻击"。但对川普所负有的责任，各国却表达不一。有"小川普"之称的英国首相约翰逊虽然指责暴乱事件可耻，但避免指出川普参与其中。

瑞典朝野却没有这么客气。左翼社民党首相斯特凡直指："川普总统和许多国会议员对现在发生的事情负有重大责任。"在野的右翼保守党克里斯特森说："卸任总统唐纳德·川普对仇恨、煽动和暴力负有责任。"

尽管世界非常震惊，但研究美国的瑞典专家说，美国的这场暴乱其实早就有"明显的迹象"，他们并不感到惊讶。多年来的研究表明，美国右翼极端主义团体在加密的论坛中进行沟通，招募支持者，寻求资金并传播其阴谋论。这些有暴力倾向的右翼是对美国的最大恐怖威胁，比来自伊斯兰恐怖主义的威胁要大得多。

令瑞典研究者焦虑的是，美国极右极端主义是跨国网络一部分，该网络已经从北美延伸到瑞典和欧洲，我们不能不正视其严重程度。

"瑞典川普"正在幕后等待

对瑞典人来说，美国国会山暴乱是一个骇人听闻的事件，是民主国家的一个历史性耻辱。它令人惊觉，原来西方民主竟如此脆弱。那么，发生在美国的暴乱会在瑞典发生吗？"瑞典川普"是否正在幕后等待我们？

瑞典社民党首相斯蒂凡·洛夫撰文说："这一事件表明，即使世界上最强大的民主国家之一，也可能受到两极分化、民粹主义和极端主义的破坏。""在瑞典，这也应该发人深省。我们也不能幸免于政治激进或分裂。"

曾是一块和平的绿洲，当今瑞典也有像美国一样的令人担忧之处：极右的瑞典民主党（SD）及其支持者为中心，正在酝酿一股比较强大的反民主逆流。瑞典历史学家认为，由于 SD 具有新纳粹背景，其法西斯主义理念比川普还要激进。一旦有机会，这股逆流也可能发展到狂热失控的程度。

2016 年川普上台，这给欧洲所有的极右派打了一剂强心针。瑞典的 SD 也像川普一样反移民，反自由的主流媒体，企图削弱公共服务，侵犯妇女和少数民族权利。他们还利用社交媒体，像川普在美国所做的那样，用"人民反对精英"和"假新闻"等话语来煽动人民的不满，破坏人们对民主和机构的信任。

恰好在美国大选前，瑞典 SD 党和基督教民主党的一位议员分别提名川普获诺贝尔和平奖。川普获知后，曾致电感谢那位议员。SD 的发言人也学会了川普的口气，要"将瑞典置于首位"。

和缺乏执政能力的川普相比，瑞典极右党 SD 的领袖吉米·奥克松更年轻、更有领导策略。在 2018 年的大选中，SD 获得了 17.8%的选票，成为瑞典第三大政治力量。近年来，奥克松努力改变该党在国会长期坐冷板凳的处境，试图和在野的两个右派政党结盟执政。

这是目前执政的"红绿联盟"（社民党+环境党）最为忧虑的事情。不但右翼的基督教民主党，就是过去抵制极右 SD 的中右保守党，目前也有了与 SD 和解的意愿。如果这几个右翼的在野党结盟，现任中左翼政府的失利就不是不可想象的。

理性而谦卑的瑞典人看到了历史：极端保守的民族主义如何在欧洲走向法西斯主义。他们也看到美国这四年的现状：川普时代的温和保守派和右翼基督教会走到一起，使美国共和党变成杂色，产生了危及美国民主的势力。

于是，瑞典社民党领导人向中右保守党发出警告，如果他们执意要与 SD 结盟，将来他们可能无法控制极右派。美国共和党毁灭性的发展，就是前车之鉴。

瑞典不是美国，我们有妥协文化

尽管对美国右翼恐怖主义充满了忧心和警示，但瑞典各方在讨论后认为：瑞典不是美国，我们永远不会落到美国那样发生暴乱的地步。为什么瑞典人会有这个自信？主要有这么几点：

第一：瑞典政治传统不似美国两极分化。

福山曾指出，美国政治的两极分化自上世纪 90 年代肇始，两派美国人在税率、医疗保险、堕胎、枪支和海外军事力量使用等问题上存在分歧，后来又被种族、民族、性别等问题取代。

川普上台后，经常发表针对其政治对手的不实指控和侮辱性言论，攻击民主的核心，成功煽动了部分美国人对国家体制和主流媒体的不信任，加深了美国的两极分化，制造了更严重的分裂。

而瑞典却有一个特别的政治传统，即三个 K：妥协，共识和准时。社民党领导人说："我们不是美国。我们有自己的政治文化和传统。受到瑞典 20 世纪历史的启发，我们的妥协文化创造了世界上最和平与体面的社会之一。妥协而不是政治对抗。"

经过反省后的瑞典社民党，为了使各党都承担起保卫民主的责任，邀请左右各党人士坦诚对话，讨论如何采取行动来保持公民对国家机构的信任。他们一致认为：瑞典的民主永远高于政党分歧。学会尊重和理解对手，而不是两极分化。这样，瑞典就可以避免陷入当今美国分裂的困境。

第二，瑞典有调节贫富差距的福利制度。

酿成美国国会暴乱的另一个原因是，贫富差距过大引发反精英的政治民粹主义情绪。由于社会和经济差距的扩大，国家对所有人的照顾不够。

美国的公共福利在现代工业化国家中属于垫底水平。在欧美发达国家中，美国对贫困人口的救助最少，既没有为困难家庭设立低保项目，也没给全体公民设立健保体系。全球化使很多任务人失去饭碗，这就更加剧了美国的经济不平等。

在美国国会暴乱中，有一位来自宾州的八个孩子的母亲。她带头砸窗户，现被通缉。据说她来自衰落的铁锈带地区，那里很多钢铁厂被关闭了。可以想见，那一类贫困地区就成了培植极端主义的温床。

因此瑞典社民党说：为了不落到美国那个困境，我们应该继续把福利，安全和工作放在首位。这是社会民主主义对于现实挑战的具体回答。

欧洲的福利制度来自基督教早期的济贫思想。即使是欧洲右翼奥地利学派的经济学家哈耶克，也不否定社会保障与福利制度。但是，自里根时代吹起新自由主义资本经济风潮，其没有管制的资本主义在美国造成灾难。

当然，瑞典也有贫富差距问题。由于政府通过社会福利开支，以累进税率"控富济贫"，有效地平衡了贫富差距过大的问题。福利制度完备的国家，人民有生存安全感，幸福指数比较高，因此可以幸免于骚乱。

第三，欧洲政教分离，美国"基督教暴动"。

在美国国会暴乱后，媒体公布了不少证据，如大厦外十字架、"耶稣拯救"标志，进了会议厅基督教旗帜音乐，……。这一切都说明：暴徒冲击国会的性质是"基督教的暴动"。

这些年，美国白人福音教徒一边倒挺川普，不惜违背美国政教分离的宪法原则。一些教会牧师（包括华人福音派）也成了基督教恐怖主义的危险煽动者。福音派基督徒变得越发偏执狂热。这些宗教右派梦想勾结川普，排斥多元文化，在美国建立类似中世纪的神权政治。

对此，瑞典的神学家和基督教代表早就有严厉的批评。他们称川普政府为"美国的白人福音派支持者"的"腐败政权"。

当今美国福音派挺川普，与二战时德国基督教会与纳粹合作的情形有点相似。但德国及其他欧洲教会在二战后，开展了道德重建的运动，曾与纳粹合作的教会与牧师遭惩罚被唾弃。经过人文精神的洗礼，当今欧洲教会大都严守政教分离的原则。

重修旧谊，美国感谢欧盟

经历了一场没有硝烟的内战，天佑美国，川普以"大选舞弊"为借口的政变未能得逞，其煽动暴乱的罪行正在被清算。拜登上台，跨大西洋关系进入新篇章。

令人感动的是，拜登制定的新政策把"修复美国民主，携手盟友"排在前面。这个转变被认为是"终结了川普对欧洲的漠视"。新任国务卿布林肯还感谢了"欧盟近年的领导"。因为在美国灯塔一度黯淡时，欧盟承担起坚守民主价值观的责任并保持了团结

川普主义的失败，也给欧洲盟国一个反思和改进的机会。瑞典议会有大大小小八个政党，本来就有跨越左右藩篱妥协结盟的传统，例如，执政的中左社民党在议会获得两个中右小党的支持。现在，政治家们更强调左右各方对话、寻找共识。

最新民调显示，瑞典极右党 SD 的支持率下降了，左派党和中右保守党的支持率上升。可见，正在渗透欧美成为主流的右翼极端主义思想，在川普失败后走向没落。

由于川普主义危及了右派的根基，各国传统右翼保守派纷纷与有毒的极右派割席。例如，加拿大政府刚把"Proud boys"（骄傲男孩）——一个支持川普的白人种族主义组织列为"恐怖组织"，将追究他们的刑事责任。即使是加拿大最右的保守党也投票赞成，与恐怖组织划清界限。

长期以来，高举新自由主义和宗教社会传统旗帜的美国右派，与高举社会福利保障、平权与社会尊重旗帜的西方左派一直在较量，现在看来，左翼有了胜出的苗头。目前，拜登的经济纾困计划通过，还将要重启奥巴马医保，这已是向左转的倾向。新的美国政府承认自己有学习欧洲的必要。

对此，瑞典评论家预言说："既然有那么多美国人习惯于右翼民粹主义和民族主义，那么他们同样可以习惯于左翼社会民主主义。"是的，左和右的分野并不那么重要，最重要的是全体人民的福祉。

（首发于《FT 中文网》，2021/2/1）

川普"退群"的认知与社会心理分析

茉莉（瑞典）

人们都喜欢看惊险的特技表演。一般杂耍艺人的顶碗、踩钢丝表演，很能博取看客们的叫好。西方传统特技如吞剑、笼中格斗，更因其残忍而使人倍感刺激。

如果把世界视为一个大舞台，那么，当今美国总统川普当之无愧地成为大舞台上无与伦比的杂耍艺人。川普所玩的一套令人眼花缭乱的特技，其实是英国哲学家培根早就指出的一种游戏——"为了烤熟鸡蛋而放火烧屋"。

虽然获得掌声，但这位以"退群"著名的美国总统，被视为"插入西方世界心脏的一把尖刀"。他表演了一些骇人听闻的放火特技，把美国变成了一个"先开枪再说话"的恶霸国家，令世界陷入不可知的险境。为此，欧洲盟友只能深深地哀悼，那个我们曾推崇并依赖过的美国已在道义上崩溃。正如德国《南德报》的评论所说："今天的美国成了民主的威胁者，西方正面临纳粹之后最大的政治危机。"

"毁约"总统与纵火"蝇王"

说川普"烧屋"，是指他上任一年多来，扬言给其选民烤熟几枚可疑的"利益红蛋"，以不屈不饶的"毁约精神"，撕烂一个个国际协议，退出一个个国际组织，……。

具体来说，川普退出的国际协议有：《跨太平洋伙伴关系协定》（TPP）、《巴黎气候变化协定》《全球移民协议》《伊朗核问题全面协议》，还有加拿大的七国协议。他退出的国际组织有：联合国教科文组织、联合国人权理事会。此外，还有他正在损害并有意退出的机构：世贸组织（WTO）和北约（NATO）。

这些被川普抛弃或破坏的协议和组织，虽然不够完美，但它们是一座体现出人类普世价值的大厦，标志着一整套国际合作的文明秩序，这个秩序是二战后期美国总统罗斯福等志士仁人所构建的。这座大厦象征着一种团结互信的精神：人类是一个政治共同体（这个概念来自古希腊），在人权与环境、和平与安全等各个方面都需要协商与合作，需要缔结条约与创立组织来确保人类的共同利益。

当年的美国政治家们信心满满，相信美国放弃传统的孤立主义外交政策，走向多边"国际主义"，就能为人类带来和平与福祉。没想到 2016 年的一场大选，美国竟然产生了一个"毁约总统"，已实行 70 余年的美国政策和正常运行的国际秩序、美国的软实力与价值观，全都面临被摧毁的危险。

在"毁约总统"眼里，能使美国"伟大"的东西，不再是美国人的传统价值所倡导的正义与善良，而是经济第一和白人种族主义。他咄咄逼人地威胁他国让利，以残酷的手段打击盟友，筑起自私自负的美国堡垒，放弃承担世界领袖的责任。自此，西方自由世界的联盟面临瓦解的危机，昔日盟友的友好合作变成了冷漠与仇视。

这令人想起英国作家威廉·高丁的经典小说《蝇王》。一群被困在荒岛上的孩子建立起一个脆弱的文明体系，由于人心的黑暗，这个文明体系被野蛮与暴力所取代。书中主要人物杰克是一个意志坚定、极端自我的男孩，他利用孩子们对野兽的恐惧建立起自己的权威。为了除掉对手，杰克下令点燃大火，烧毁了孩子们赖以生存的一棵棵野果树。

解释人的行为：价值取向与个人经验

面对川普——这个从小说《蝇王》中跳出来的老杰克，人们痛心疾首地问：他到底是为什么？为什么他要毁掉我们七十年来建筑起来的大厦？

每个人的行为都是由个人因素和环境因素共同作用导致的，都与其性格、人格特质、价值取向和个人经验有关。要解释川普退群的行为，我们需要从他的个性，认知，神经生理等各方面去分析。

第一，从世界观和价值取向上看"退群"。

川普的世界观和价值取向，是由他漫长人生的私商经历所塑造、并逐步定型的。这种非常狭隘的世界观在他《交易的艺术》一书里表露无遗。在他的词典里，没有普世价值和文明规则等词汇，一切都是赤裸裸的交易。即使是竞选总统这样特别需要世界观与价值观的大事，对他来说也只是一笔可勾兑的交易。

19世纪的法国社会理论家托克维尔曾去美国旅行，深入考察了美国的民主政制和道德民情，在《论美国的民主》一书中，他赞扬美国的平等，"其正义性使它变得伟大和美丽"。20世纪上半叶，瑞典经济学家贡纳尔·米达尔也研究了美国，他说美国的文明具有"启蒙气息"，并相信美国的核心是正直和善良。

然而，这些曾被欧洲人大为赞赏的美国人文传统，即被亚里士多德视为民主政治原则的"善和正义"，在当今美国总统身上已找不到半点影子。

从价值取向上看，川普一间一间地烧屋，是想要为美国人赚取更大的利益。按照他的谋利思维，那些代表国际秩序的机构和协议没有让"美国利益优先"，而且还需要美国支出费用，这就让美国变成"被他人抢劫的存钱罐"，成了"冤大头"。

更令川普无法容忍的是，在这些集体机构里，小国可以联合起来以多数票否定大国的意志。对川普来说，只有"一对一"地与各国打交道，美国的巨大优势才能让一个个弱势小国战栗，让他们俯首贴耳。失去组织的小国弱国再多也是一盘散沙，川普就可以不受任何约束地霸凌世界。

就这样，这位曾多次宣告破产并经常失信的商人成了美国总统，以他极度的自私与贪婪，把其无视正义、善于撒谎、反复无常等无赖作风用在对外贸易上，使之变成强食弱肉的交易"丛林"。利用美国的经济优势玩弄手段，川普有时虚张声势，口出恶言恫吓盟友，有时又阿谀奉承哄骗对手，满嘴跑火车。一个曾因价值观而伟大的国家，从此染上了令人厌恶的肮脏色彩。

第二，从认知能力与人生经验来看"退群"。

新加坡前驻联合国大使马凯硕（Kishore Mahbubani）在《西方输掉了吗？》一书中，以他深入的观察，做出了一个很准确的判断：川普"对世界一无所知"。

其实，从智力和认知能力上否定川普的，更多的是一些与川普近距离交往过的美国人。例如，沃顿商学院的市场营销学教授就曾评价说：川普是"我教过的最愚蠢的学生"。媒体大亨默多克曾在与川普通电话后说："真他妈是个蠢蛋。"前国务卿蒂勒森也曾在私底下称总统为"白痴"。

具体到"退群"这件事上看，川普确实存在一个智力和认知能力不称职的问题。作为国家领导人，他非常缺乏有关历史、经济和国际外交方面的知识。

这些被川普抛弃的机构与协议，都属于一个由美国倡导的"基于规则的秩序"。为什么美国要在七十年间创立这么一个秩序？这是因为，经历了二战的残酷与混乱，美国的政治精英产生了一个非同凡响的共识：要建立一个国际联盟来保障世界的和平与安全。同时，在全球推动自由贸易和民主，很符合美国的利益。正由于此，美国在做世界领袖的同时，也建立了其经济霸主的地位。

千万不要以为，美国的那些前辈政治家是一些空谈价值观的人，他们其实是精明的现实主义者。二战后美国登上世界领袖的位置，其优越地位使美元得以长期坚挺，在经济全球化中也获得巨大利益。可以说，战后西方一度共享和平带来的"红利蛋糕"，美国分得了其中较大的一块。

这就是川普那私商头脑难以理解的了。他只看到美国当世界领袖要承担义务，要缴纳费用，就误以为这是亏本买卖，误以为美国当了"冤大头"。他看不到的是：美国做世界领袖带来了巨大的回报，不但美元成为世界货币，美国在道义上的软实力，使世界各国心甘情愿地拥戴美国，充满信任感地与美国做生意，从而促进了美国的经济繁荣。

因此，即使川普为美国追求的只是金钱，这样大肆"退群"甩手走人，也是极不明智的，因为，美国几十年的经济霸主地位与其政治领袖地位息息相关。

由于缺乏国际外交等知识，这就使川普在"退群"时完全不顾后果。例如，他不知道美国在 WTO 的诉讼曾有 91% 的案件获胜，为了给"退群"找理由，他胡说"美国在 WTO 输掉了所有的案子"。又如，他撕毁伊核协议，被联合国秘书长认为带来了"战争风险"；他退出巴黎气候协定，被公认为是不顾子孙后代死活的做法。

此外，川普无数次指责欧盟对美国贸易顺差大，沾了美国的便宜。德国首相默克尔回应说：他的计算方法有错误，即只计算工业产品，没有把服务业的贸易算进去。如果算进服务业，情况就相反了。

当川普破口大骂北约盟友时，其说法也错误百出。美国对欧洲安全预算的贡献并不大，欧洲并没有"拖欠"其在北约应出的份额。北约各国本应由自己决定防御费。美国 3.6% 的国防开销主要是为了保护自己，例如打伊拉克战争就花费了两万亿。而那场无理的战争，是"老欧洲"国家朝野一致坚决反对的。

综上所述，川普之所以到处"退群"，是因为他在思维、判断方面都出现了重大毛病，这是一种严重的"认知障碍"。同时，他的人生经验也与此有关。人是自我经验的产物，家族企业老板出身的他，不具备基本的政治素养，不懂国际社会的复杂运作。他讨厌规则的束缚，一味随心所欲，采取私商做生意的方式蛮干，不在乎其行为可能带来灾难。

个性特质、集体心理与环境因素

第三，从个性特质与集体心理上看"退群"。

从 2016 年大选开始，就不断有美国顶尖的精神病学家就川普的人格障碍发出警告。被公认的一个看法是：他浮夸、自以为是，迫切渴望赞美。专家们认为，川普"常以狂怒作为反应"，"无法表现同情"，"会扭曲事实来适应他们自己的心理状态，并攻击那些说出真相的人"。

72

一年半过去了，已发生的现实印证了精神病专家们对川普的诊断："当这样的人掌握了权力，这种攻击会进一步升级，因为他那'自己至高无上'的执念得到了强化"。"川普的演讲和行为显示他情绪极度不稳，无法安全地履行总统职责。"

但我们要看到的是，川普的自恋性人格障碍之所以如此激化，这与美国人的集体自大症也有很大的关系。

新加坡前驻联合国大使马凯硕在他的书里指出："在1991年以前，美国并非全球霸主。在两极格局中，美国的军事力量受到苏联力量的制衡。苏联解体后，独霸世界的诱惑太过强大，再也没有什么能阻止美国实施像在伊拉克那样愚蠢的干预了。"这就指出美国患上自大症、当年拒绝"老欧洲"忠告擅自发起战争的原因。

"退群"也是出于这种妄自尊大的病态心理。在无知和怨恨的情绪驱动下，川普和他的追随者误以为全世界都欠了美国的，都必须听美国的。川普的一位高级官员说："总统相信我们是美国，人们要么接受要么离开。"他们强行要求世界各国屈服于美国意志，表现出一种江湖老大式的冷酷与傲慢。

早在川普上台前，布鲁金斯学会学者托马斯·赖特就在2016年1月的一篇文章中，预测到了川普后来的"退群"行径。他说："川普不喜欢美国的军事同盟，并会对盟友不利；川普坚信经济全球化对美国不公平。"他还认为川普对"铁腕独裁者"抱有天然的同情心。

川普的专制倾向是显而易见的，他把民主而良善的欧盟宣布为美国第一号"敌人"，却与东西方的独裁者们很合得来。在上周的赫尔辛基峰会上，我们见识了他在普京面前的温顺与驯服，俨然是那位俄国总统的"傀儡"。我们还瞠目结舌地看到，这位美国总统居然拒绝公开他与俄国总统的密谈内容，毫不理睬美国国会与人民所要求的知情权，从而损害美国的民主精神，并将国家安全置于危险的境地。

第四，从产生川普的社会环境上看"退群"。

社会心理学把人的行为当作一个复杂的体系，认为人的行为是由个人因素和环境因素共同作用而导致的。毫无疑问，川普的"退群"行为不仅有个人因素，更与他所处的社会环境紧密相关。

例如，川普退出《全球移民协议》，竭力主张反移民反难民，甚至拘留移民儿童。但是，川普家族的企业却一直雇用外籍员工，其中也曾有过非法移民。由此看来，移民对美国的不可或缺的作用，他是很清楚的。但是他需要选票，他的一些支持者——白人种族主义者与三K党党徒希望他高举反移民的大棒。

又如，在没有制订新的人权计划之前，川普政府就不负责任地宣布退出联合国人权理事会，其理由是：联合国人权理事会采取了一种"对以色列不利"的政策。这就表明，川普漠视全世界被迫害者的人权，只在乎以色列犹太人的利益。人们都知道，川普的女儿女婿都是犹太教信徒，在大选时，川普曾宣称将把美国驻以色列使馆迁至耶路撒冷，此举为他赢得了大量美国犹太人和基督徒福音派的选票。

这里还有一个经济环境的因素。川普的选民不少是美国铁锈带的，因为全球化和科技进步，这里的制造业和传统能源业工人失去了工作机会，他们希望川普能把制造业移回美国。此外，在宪法规定政教分离的美国，宗教居然也在政治上插一脚，美国福音派基督徒期望川普提名保守大法官，不惜牺牲原则。

这就意味着，川普不是原因，而是结果，美国确实具有支持川普"退群"的社会环境。在那里，利己的民族主义开始盛行，人性越发自负而排外，社会因此异化而暗黑，加上福音派基督教的堕落，这就使川普能够成功地煽动族群分裂，用部落思维代替美国的传统价值。这一切，导致了一个焚烧大厦煮鸡蛋的纵火者的产生。

美国时代落幕，历史并未终结

川普"退群"是一个标志，它标志着美国放弃了国际合作的责任，走回孤立主义与白人种族主义的老路。曾获普利策大奖的美国作家罗南·法罗说："美国的外交政策正经历可悲的变化，美国在世界中的地位已经永远地改变了。"

与川普对世界的巨大破坏性相比，他个人的腐败和道德败坏简直不值一提。他摧毁西方民主国家的联盟，完成使普京等独裁者高兴的一系列壮举，这样就加速了美国时代的落幕。

尽管美国"退群"，但世界各国的合作体系并未因此分崩离析。被川普污蔑、威胁恫吓的西方各国，认识到必须精诚合作，才能抵御川普的挑衅。

川普之所以自夸、好战并任意妄为，是因为他认为：美国具有无限的能力威胁其他国家。但是，当弱势的羊群聚集在一起，强壮的恶狼也不得不有所顾忌。为减轻川普"退群"所带来的损失，世界各国为自救而奋发努力，目前已经取得了一些合作成果。

例如，前不久联合国 192 个成员国（不包括美国）达成一项移民公约，以便更妥善地引导全球移民潮。不管美国是否真的要退出WTO，欧盟最近已带头改革世界贸易组织，以保护多边经贸体系。七月中旬，欧盟与日本签署有史以来最大的贸易协议，创造了一个覆盖 6 亿人口、占全球 GDP 近三分之一的贸易区。这个雄心勃勃的计划也将美国排除在外。将来世界贸易结算的货币，就不一定都是美元了。

正在自我孤立的美国将会走向何处？相信强权即公理、背弃盟友、鄙视国际合作的做法会有什么后果？美国会让种族主义者和民粹主义者长期操纵、从此丧失全球的支持、丧失道德力量和良善的价值观吗？美国摧毁了一些国际法规，是否会从此走向无政府主义丛林，从贸易冲突走向真正的战争？

美国前总统奥巴马说："我们国家的大多数人都不想看到一个所有人都活在愤怒之中相互恶斗的世界。"作为一个有坚定信念的欧洲公民，我仍然相信阿伦特的有关"政治共同体"的理念，相信我们人类彼此需要。尽管川普企图放火烧毁大厦，令世界历史发生了一个重大的转折，但人心仍然会向往自由、民主、团结与合作，历史并未从此终结。

川普灵魂中的女人

许纪霖

2017 年 1 月 20 日，川普宣誓就职美利坚合众国总统，一个保守主义时代正式拉开了帷幕。全世界都在观察这位口无遮拦、变化无常的新总统，试图理解、把握他的思想逻辑。

要了解川普，不得不提到一位女人，川普团队中有许多政府要员都是她的铁杆粉丝，那就是安·兰德。

在竞选最激烈的时候，川普面向狂热的听众，公开声明："我是安·兰德的粉丝！"据说几乎不读书的他，难得地提到安·兰德的代表作《源泉》："这是一本有关商业、美、人生、（内心）情感的书，里面几乎谈到了一切"。他还自诩为真实版的霍华德·洛克————小说中的英雄主人公，一位特立独行的天才创造者。

川普中意的新任国务卿雷克斯·蒂勒森是埃克森美孚石油公司的 CEO，也是安·兰德的粉丝，他提到安·兰德的另一部代表作《阿特拉斯耸耸肩》"是我最爱的一本书"，还直言不讳地说："我的哲学就是 Make Money。"Make Money 的直接意思是"赚钱"，按照安·兰德的哲学观，应该是"创造财富"。"赚钱"多少带有贬义，"创造财富"立即变得高大上许多。川普政府中的中情局长麦克·蓬皮奥声称："伴随我成长最严肃的一本书就是《阿特拉斯耸耸肩》，这本书对我的人生影响特别大！"被公认是安·兰德超级大粉丝的 BB&T 前 CEO 约翰·艾里森被川普提名为美联储负责银行业监管的副主席，他说："和很多财富 500 强企业的 CEO 聊天发现，《阿特拉斯耸耸肩》对他们的商业决策有很重大的影响，即使他们并不完全同意兰德的所有观点。"进入川普核心团队的硅谷创投之父彼得·蒂尔也是安·兰德的铁粉……本届川普政府团队，如果说有什么特征的话，除了亿万富翁，大概就是安·兰德的信徒了。

安·兰德入了白宫，入了川普的灵魂。这位富有神魅的女人，究竟是何方神仙？

1926 年 2 月 10 日，一条来自欧洲的德·格拉斯号游轮驶入纽约港。在甲板上欢呼跳跃的乘客中，有一位刚刚过了 21 岁生日的犹太女孩，她面对越来越接近的自由女神像，心中暗暗发誓：我一定要留在美国！安·兰德后来回忆刚到美国那个傍晚的兴奋之情："我第一次看到灯火辉煌的摩天大楼的时候，正在下雪，零零星星地飘着几个雪珠子，我哭了起来，因为在我的记忆中雪花和泪水总是掺杂在一起"。她的本名叫艾丽斯·罗森鲍姆，出生于俄国圣彼得堡一位犹太中产阶级家庭，从小就对浪漫的童话没有兴趣，爱看改变世界的英雄故事。她狂热地喜欢电影，九岁的时候立志要成为一名作家。读了大学之后，又迷上了哲学。她为好莱坞电影中的世界所倾倒，"那是一个我有朝一日一定得在其中成长的世界，一个我一定得接触的世界"。

来到美国之后，一贫如洗的她靠写剧本和小说谋生，改名为安·兰德，凭着自己的天分与努力一步步得到社会的承认，1943 年出版的小说《源泉》大获成功，随后又花了 11 年时间，创作了另一部小说《阿特拉斯耸耸肩》，虽然不为学院派和主流文学界认可，却赢得了惊人的市场效应，成为常销不衰的作品，发行量在美国号称为仅次于《圣经》，成为 20 世纪美国最知名的作家和思想家之一。她打出了客观主义的哲学旗号，创造了一个与基督教义相反的利己主义新宗教。这个世俗化的新宗教吸引了一大批门徒，布兰登和佩可夫先后成为安·兰德小团体中最忠诚的追随者和继承人，办学院、出版刊物、发展会员、周游全国演讲。她的信徒大多数是涉世不深的大学生、中产阶级精英，还有华尔街的银行家、笃信个人奋斗的创业人士。美国国会图书馆和每月好书俱乐部 1991 年联合调查的结果显示，她的《阿特拉斯耸耸肩》是"继《圣经》之后对当代美国人影响最大的一本书"。

有广泛信徒的新宗教，一定是通俗易懂、老少咸宜的流行思想。安·兰德虽然自称客观主义哲学，但她的思想体系并不复杂，快人快语、简单明了。《阿特拉斯耸耸肩》由出版畅销书出名的兰登书屋发行，在一次推介会上，一个图书销售员举手问作者："您能不能用单腿站立的时间把您的哲学本质讲清楚？"安·兰德不假思索，脱口而出："哲学是客观主义，认识论是理性主义，伦理学是个人主义，政治学是资本主义。"全场掌声雷动，庸众们最喜欢的，就是这种旗帜鲜明、朗朗上口的口号。安·兰德后来干脆将自己小说的主题提炼为"两个反对"：以个人主义反对集体主义，以理性主义反对神秘主义。

一个人的童年记忆可能会铸就她的一生，安·兰德的父亲是一位很有商业经营头脑的犹太药剂师，他在圣彼得堡拥有一家大药房，十月革命以后被布尔什维克充公了，后来全家迁徙到克里米亚，又开了一家药房，仍然难逃国有化的命运。从小在高亢的集体主义理想和缺乏安全感的个人恐惧之间挣扎的安·兰德，对以神圣的崇高名义而要求牺牲个人的各种集体主义乌托邦终身都心怀警惕，视为宿敌。她从仇视苏联式的极权主义而始，讨厌一切集体主义、利他主义，谈到它们，每每咬牙切齿，深恶痛绝。她说："所谓某一集体的'公共福祉'——种族、阶级、国家——是有史以来每一次暴政的堂皇借口和旗号。历史上每一次大恐怖都是以某种利他主义动机的名义犯下的。任何自私的行为可曾造成过由利他主义信条犯下的这些流血和屠戮？"稍微懂一点政治哲学的都知道，利他主义、集体主义和极权主义不能简单地划上等号，其中的差别大了去了。但安·兰德恨屋及乌，担心从慈善的利他主义会发展为福利国家，从福利社会主义又会蜕变为令她童年恐惧的极权主义，于是将它们一锅煮，将基督教、福利主义和极权主义统统装进一个集体主义（利他主义）的大箩筐之中，大加鞭挞。

与罪恶的利他主义相反，是安·兰德最为欣赏的利己主义。她直言不讳地说："人类（包括每一个人）本身是自己---而非别人---的目的，他为自己而存在，既不要为别人而牺牲自己，也不要别人为自己牺牲。追求合理的私利和个人幸福便是其生命最高的道德意义。"这类惊世骇俗的利己主义话语，在许多人看来是想得说不得，或做得说不得的，但安·兰德以一种人生哲学的方式，旗帜鲜明地亮出了旗帜，令他们感到酣畅淋漓，大快人心。

安兰德区别了两种不同的私利追求者，一种是在生产中追求私利，为人类创造财富（Make Money），另一种是在抢劫中追求私利，指那些躺在福利政策下不劳而获的寄生虫，这二种人在道德上是完全不同的。财富的创造者与财富占有者完全是两类人，前者是发明家、商人和企业家，他们支撑了整个世界。后者不从事生产，只是热衷于重新分配。将别人的财富转移到自己口袋。那些在抢劫中获得私利的寄生虫们，打着利他主义的旗号，毁灭的正是真正的利己主义所创造的世界与财富。安·兰德大声疾呼要颠覆传统的道德观，真正的有德者正是那些真诚为自我的利益创造财富的人，"人们被教导自我是罪恶的同义词，无私是美德的理想。但创造者是不折不扣的自我主义者，而所谓的无私者正是那种不会思考、感觉、判断和行动的人。"

可以想象，当川普与他的亿万富翁所组成的政府团队们，读到安·兰德的文章，会如何的会心一笑，而安·兰德若地下有知，晓得她的粉丝们入了白宫，又将如何的兴奋莫名，像川普这样的商人，正是她心目中的道德化身。她坚定地认为，自利和自私是经济理性人的首要美德，自私的意涵是关注自己的利益，这才是道德的本质。没有人能为了他人而活。他不能跟他们分享自己的精神，正如同不能分享他的身体一样。人的生存只能依靠自己的头脑，因此人本身就是目的，而不是手段，因此人生具有追求幸福——私利的权利，理性的"自私"是一种美德；要实现这一权利和美德，最完美的政治制度就是建立在利伯维尔场基础之上的自由资本主义。

川普说过，他当选之后的第一件事，是废除奥巴马推行的全民医保。安·兰德的忠实门生伦纳德·佩柯夫早就论证过：穷人的医保只能作为一项慈善事业，不能由政府通过法律强制推行。社会化的医疗保险不仅不切实际，无法运作，而且从理论上说根本是不道德的！佩柯夫也强烈敌视外来移民："如今，我们是福利国家，越来越多的试图成为寄生虫者会越过边境，以寻求政府的施舍物。对美国人来说，让外国人不受限制地进入就意味着邪恶的不公平---强制美国纳税人做出牺牲，以支持来自全球的卑鄙之人。"安·兰德与她的信徒们为川普在美国与墨西哥边境建造隔离墙早早准备了道德的理由，因为养活那些揩油的外国移民意味着"邪恶的不公平"！

反对利他主义，只是消极面，安·兰德真正要塑造的，是一个利己主义的个人英雄观。她说："我的哲学，实质上就是这样一种概念：人是一种英雄的存在，将他自己的幸福当作他人生的道德目的。创造性的成就是他最高尚的行动，理性是他惟一的绝对标准。"这里要注意的是两个概念，一个是"理性"，另一个是"成就"。安·兰德从小就是一个犹太中产阶级家庭出身的优等生，聪明、知性、能干，在智商上高人一等。她只相信自己的理性，自己就是理性的化身。德国大思想家马克斯·韦伯曾经区别过两种理性：价值理性与工具理性。价值理性与终极价值关联，区分是非、善恶、美丑，而工具理性则与价值剥离，只是通过最有效的途径，以实现一个个具体的"小目标"，以最小的成本，博取最大的收益。工具理性是资本主义的奥秘所在，而安·兰德所说的理性主义，正是韦伯意义上的工具理性精神。在她看来，理性的道德观不是划分善与恶，而是区别积极与消极。理性的人是积极的，是创造者、生产者、个人主义者，不理性的人是消极的，是寄生者、模仿者、集体主义者。显然，商人最符合资本主义的理性精神，他就是工具理性的人格化身。

矗立在曼哈顿 40 大街的川普大厦，就是"理性"与"成就"的物态象征，其器宇轩昂的外部身姿与奢侈豪华的内部装饰，没有丝毫精神与价值的成分，充满了资本主义的物欲气息。川普大厦虽然有形似哥特式教堂的高耸尖顶，但它并不通向上帝，只是人所创造的"客观"成就。这正是安·兰德哲学最欣赏的。她讨厌一切主观的、宗教的、乌托邦的元素，理性也罢，成就也罢，都是客观的物态所在，可以为独立于人的意志与价值偏好的客观效益所度衡。安·兰德自认为是美国资本主义的崇拜者，但她的哲学与英美式的经验主义和清教徒的宗教精神相去甚远。她来自于俄国，继承的是欧洲大陆的理性建构主义传统，是欧陆启蒙运动释放出来的理性狂人，对人的理性极端自信，相信能够凭借自己的聪明才智和规划能力，为天地立法，重绘世界蓝图。

资本主义是一种最彻底的世俗意识形态，以工具理性的自大，排斥一切乌托邦，无论是来自激进的社会主义理想，还是保守的基督教传统。安·兰德不相信各种神魅，她以极端的无神论姿态，对各种她称之为神秘主义的乌托邦左右开弓，今天激烈批评社会主义、福利主义，明天痛斥上帝与基督教。她反对一切宗教，因为她有自己的世俗宗教：美元教，诚如《星期六晚邮报》当年讽刺的那样："兰德小姐堪称自由企业的圣女贞德，只是用美元代替了十字架。"毋庸置疑，川普与他的政府团队们，信仰的也是这个美元教，没有任何神秘，拒斥一切超越的乌托邦，不要与我谈甚么普世价值与人类精神，唯一的度量衡，就是可以用美元来衡量的"客观"的物质"成就"。

安·兰德虽然标榜自己的哲学叫"客观主义"，却充满了尼采式的创造的个人精神。她说："创造者不是无私的。自足、自我推动、自我创造就是他们超人力量的全部秘密。"小说《源泉》中的主人公霍华德·洛克就是这样具有天才创造力的超人英雄。他野心勃勃，在大学时代就反体制，与一切墨守成规的庸人作对。洛克来到纽约闯荡，像尼采笔下的查拉图斯特拉一样，挑战生活中的各种困难，在凡夫俗子的包围之中显现出天才的本色，设计出举世无双的曼哈顿摩天大楼，在庸人们的妒忌目光之中，他将建造中的自己创造的杰作炸成一片废墟。在法庭上，这位尼采式的天才超人向世界痛陈个人创造的伟大意义，最后感动了陪审团，被宣判无罪，英雄终于赢得美人归，与崇拜他的心爱女人一起升向新的世界巅峰。川普曾经以《源泉》中的洛克自诩，自信满满的他，的确在世界"创造者"洛克那里看到了自己水中的影子，那样地笑傲江湖、睥睨庸众，将整个世界连同美人一起揽入怀中。

来自于俄国的安·兰德是一个奇怪的矛盾体，她的观念是理性的、冷峻的，气质却是浪漫的、激情的，在她生前最后一次公开演讲中，她引用《阿特拉斯耸耸肩》中的主人公高尔特的名言作为结束："你要捍卫自己的人格，捍卫自尊的美德，捍卫人的本质；至高无上的理性头脑，你应该无比坚定，完全相信你的道德就是生命的道德，为地球曾经存在的一切成就、价值、伟大、善良和幸福而斗争"。理性的头脑与浪漫的意志，在安·兰德身上奇妙地混杂在一起而不自知，她有着工具理性准确计算的冷静，又富于某种煽动性、启示性的先知魅力，让她的信徒们为了理性的信仰而如痴如狂。这种世俗性先知的神魅性，同样表现在川普身上，只要看看他在竞选演讲中，底下白人蓝领听众们如饥似渴的眼神，就可以明白，即使在一个世俗社会，宣传最世俗化的意识形态，也同样会激起原教旨主义般的狂热。世俗主义的狂热不比宗教的狂热更令人宽心。一篇《阿特拉斯耸耸肩》的书评尖刻地指出："她笔下那些戏剧性的商人实际上就是尼采式的超人"，与左翼一样可怕，"老大姐在看着你"。

《阿特拉斯耸耸肩》是比《源泉》更能代表安·兰德思想的反乌托邦小说，它虚构了在经济大危机时代，美国政府模仿苏联，实行社会主义的统制经济，搞得局面不堪收拾。这个当口上，愤而起来罢工的不是普通的工人，而是安兰德心目中的"创造者"：发明家和企业家。这些社会精英逃离到一个神秘的山谷，在工程师约翰·高尔特带领下建立了一个个人主义的乌托邦，冷看被集体主义主宰的现实社会自取灭亡。安·兰德花了整整二年时间，推敲"创造者"领袖高尔特的压轴演讲。长达 6 页的演讲稿体现了她的核心思想：财富是由少数精英人物创造，英雄的选择将拯救堕落的世界。

虽然安·兰德是一个激烈的无神论者，但她像俄国的革命者一样，其极端的反宗教姿态本身充满了东正教气息，相信自己就是弥赛亚，甚至上帝本身，当众生误入迷途之时，将降临人间拯救堕落的人类。优等生出身的安·兰德在气质上与英美的清教徒传统格格不入，她蔑视草根，讨厌平庸。清教徒的领袖是社会自治的产物，与家庭、宗教和社区有着血肉的联系，美国的建国领袖大多是从底层脱颖而出的乡绅，带有乡下人的质朴，他们信奉的也是庸常的经验，《独立宣言》与美国宪法就是一组盎格鲁·撒克逊历史传承下来的经验常识。

然而，安·兰德不同，她身上更多的是欧洲大陆的风格，不仅有法式启蒙运动的传统，相信理性与知识是人类的精华，而且更具有德国尼采的超人精神，坚信与芸芸庸众为敌的少数精英可以拯救世界。19 世纪俄国知识分子的大脑与心灵正是由法德两种文化勾兑而成，安·兰德无论如何膜拜美国的资本主义，她的全部身心早在少女时代就被她所痛恨的俄国文化所形塑。她笔下的那些拥有财富与智慧的"创造者"阿特拉斯，就是希腊神话中以双肩支撑苍天的擎天神，一旦得罪了他们，阿特拉斯们不高兴了，只要耸耸肩膀，罢工不干了，便山崩地裂，人类的末日来临。在安·兰德看来，资本主义的利伯维尔场就是由少数精英领导的，利伯维尔场和自由社会不是由多数庸众统治，他们只会压制少数创新者和知识巨人，将人们拉平到某种共同的水准。只有少数才华出众的人士出面领导国家，不断提升自己的同时，才能将自由社会提升到他们那样的水平。

1941 年，安·兰德模仿马克思《共产党宣言》的风格，发表了一篇长达 33 页《个人主义宣言》。她对个人主义（确切地说是精英主义）所具有的狂热，与清教徒的审慎与谦卑格格不入，对人性中与生俱来的贪婪和骄傲也缺乏起码的警惕。她相信理性拥有无远弗届的魔力，超人的意志将拯救堕落的庸众。安·兰德这种知性的骄傲，在华尔街和硅谷当中有广泛的知音，川普与他的富豪团队更是个个自命不凡，自信是拯救天下的不世英雄。川普在商场上是一代枭雄，也是美国社会家喻户晓的电视明星，本来已经无所可图，但实在对讨好"庸众"的奥巴马和同样平庸的政客们看不下去，认为他们将国家搞得一团糟。天将大任于斯人也，于是他出山竞选，许诺要以自己高人一等的聪明与才干，让美国变得"再次强大"。许多人认为川普太狂妄、太可笑，但按照安·兰德的精英政治逻辑，川普是给美国带来得救与新生的弥赛亚，不啻为现实版的霍华德·洛克与约翰·高尔特，而川普的确也是以霍华德·洛克自许。

既然安·兰德与美国的清教徒精神格格不入，为什么在美国她会大红大紫？这就要说到美国人性格中复杂的两面性。最早的美国人是坐着五月花号船来到新大陆的新教徒，他们对上帝有着虔诚的信仰，坚信自己是上帝最好的选民，而证明自己的最佳途径，是在现实社会中的世俗成功。然而，积累财富、拼命赚钱，不是为了满足世俗的欲望，只是为了向上帝证明自己对信仰的虔诚。第一代企业家都具有清教徒的"入世禁欲"精神，努力、勤俭、诚实，物质上无欲无求，甚至节俭到不近人情的地步。富兰克林是最早的资本主义人格化典范，他在日常生活中，谨守自己制定的 13 条美德：克制、谨言、有序、决心、俭朴、勤勉、诚恳、公正、中庸、清洁、镇静、节欲、谦虚。富兰克林像朱熹教育出来的儒教徒那样，每天晚上记功过格，检查自己一天的言行，是否符合美德的要求。他想通过自己的努力，让更多的年轻人相信，世界上没有其他品质像诚实、廉洁那样，可以让穷小子发财致富。

不过，原始的资本主义精神有宗教的性格，同样有世俗的一面。世俗的物质欲望，一旦被释放出来，就像跳出潘多拉盒子的魔鬼，就再也无法收回。于是，到了第二、三代之后，资本主义逐渐从"入世禁欲"蜕变为"入世纵欲"，上帝的神魅渐渐褪去，不再有宗教性，剩下的只是人性中的贪婪本性、对财富的无穷渴望。曾经对资本主义有过研究的两位德国思想家，马克斯·韦伯强调的是其"入世禁欲"的宗教性格，而桑巴特更重视的是"入世纵欲"的世俗一面，他认为资本主义是与清教精神冲突的，其产生于奢侈，17 到 19 世纪的富人们渴望通过奢侈性消费进入贵族阶层，获得上流社会的认同。桑巴特还认为，资本主义与犹太人古已有之的理性主义和商业精神有关，没有犹太教，就没有资本主义精神。犹太民族盛产大科学家、大银行家和大企业家，绝非偶然。安·兰德是来自俄国的犹太人，她对理性知识与金钱财富的膜拜，视科学家和企业家为世界财富的真正"创造者"，不能说与她的犹太背景毫无关系。

相比较欧洲，美国是最具有资本主义精神的一片国土，无论是它的清教传统，还是世俗性格而言，都是如此。安·兰德的继承人伦纳德·佩柯夫说："从本质上说，美国是由利己主义所创建。开国之父预想的这片大陆是自私自利和追求利润的---也就是一个自力更生者、个人、自我和'我'的国家"。这无疑是对富兰克林那第一代资本主义者的严重误读。海涅说：我播下的是龙种，收获的却是跳蚤。当代那些只关注个人利益的跳蚤们岂能理解当年开国龙种们的宗教情怀！然而不得不承认的是，历史上的美国，一无贵族传统，二无社会主义运动，美国人普遍相信个人奋斗，视物竞天择、适者生存为理所当然的天然法则。这就是安·兰德能够在美国走红的社会土壤，也是川普这位从无从政经历、私德上毛病多多的商人能够当上总统的渊源所在。一大批美国人不相信眼泪，只认成功。川普既然商场上那么出色，为何不能用商业的原则来治国？"让这个人试试！"，成为许多美国底层白人的普遍呼声。

美国一直拥有强大的保守主义传统，然而，小布什奉行的是宗教保守主义，其社会基础是美国南方和中部的基督教福音主义，而川普相信的则是世俗保守主义。虽然他也是一位基督徒，但无论是他的自传，还是演讲，很少有上帝的影子和宗教的气息，更多的是自我的迷恋和对商业精神的膜拜。可以想象，川普治理下的美国，将是一个商业共和国。

川普的思维、语言，都是商人的逻辑。商人以交易为最高美德，没有什么绝对的原则，更没有绝对的是非、善恶、正义或邪恶。一切皆可交易！川普对"一个中国"原则的态度，就是如此。不要与我谈什么政治与外交的底线，原则只是利益交换的砝码。政治是一门生意，外交要遵循交易的法则，即便道德与正义，对不起，也是可以交易的！因为商人的伦理，就是等价的利益交换，所谓正义，就是交易的平等。在全球化贸易当中。中国占便宜了，美国吃亏了，那就要推倒重来，哪怕玩一把火，以"一个中国"作为交易的砝码，也在所不惜。在川普这里，原则不过具有工具性的价值，是商业谈判的手段，可用可不用，无可无不可，一切原则都要服从最高的目的：自我利益的最大化。

自由交易是资本主义商业社会的核心，世俗保守主义者川普唯一信奉的，就是这一法则。川普的性格不难理解，在反复无常的表面背后，是对自我利益的冷酷坚守。他是透明的，从不假惺惺，以各种冠冕堂皇的理由为自我利益辩护。宁愿爽爽快快当一个真小人，也不吃吃力力做一个伪君子，这就是赤裸裸的商人性格。在川普自传出版的时候，美国各家报纸早将他看透了。《纽约时报书评》一言而蔽之："川普是为交易而生的"，《圣地亚哥联合报》评论说："正如狮子的属性是'肉食动物'，水的属性是'液体'，川普的属性，是'生意人'。"

川普与他的商业伙伴们，精通于商业上的交易，却不懂如何建立一个商人哲学。川普不会的事情，由安·兰德替他完成了。安·兰德哲学的全部核心，乃是彻彻底底的资本主义商业伦理。她坦率地说："我喜欢美元符号，因为它是自由交易的标志，所以，也是自由思想的标志。"《斯特拉斯耸耸肩》中有一位大企业家，如此说："金钱就是一个社会的美德的气压计……金钱是一种非常高贵的媒介，它不会跟残忍讲条件。它不会允许一个只有一半所有权、另一半靠强抢的国家生存下去"。

金钱拜物教，是马克思对资本主义社会最犀利的揭露和鞭笞，安·兰德虽然对资本主义的态度与马克思截然相反，但对其本质的认识却是高度的一致：一个以金钱为唯一度量衡的物欲化制度，与美国清教徒山巅之城的宗教理想差距甚远。金钱之国，是安·兰德对美国的最崇高赞誉，那是历史上第一次出现的人类光荣。她热情地讴歌商人的伟大历史功绩：商人是"是伟大的解救者，他们在短暂的 150 年的时间内，已经将人们从自然需求的束缚中解救出来；将他们从极度痛苦的、手工劳动日工作时间高达 18 小时的苦役中解教出来"。有史以来第一次，人的精神和金钱都获得了自由，统治社会的，正是人的最高级类型：拥有自我创造能力的美国企业家。

假如川普听到安·兰德的赞誉，一定会心花怒放，因为他正是她所倾心膜拜的"美国企业家"：一等的智商、一等的创造力、一等的经商才华，接下来，将证明给美国和世界看的，将是一等的治国能力。川普在自传中说："钱不是我生命的全部. 它只是衡量我成功的方式之一. 我真正享受的是赚钱的过程。"再过四年甚至八年，他或许会如此写到："权力只是衡量我成功的方式之一，我真正享受的是掌权的过程。"是的，商人对金钱的膜拜，政客对权力的追逐，其实都不在金钱与权力本身，而是对自我的迷恋，通过一等的成功，证明自己是人世的君王、世俗的上帝，这才是资本主义精神的奥秘所在。

安·兰德死后，被誉为"美国商业文化的代言人"，她的粉丝遍布华尔街与硅谷，多的是企业界、金融界和科技界的顶尖精英。他们喜欢读她的作品，从她的言论中获得精神的鼓舞和伦理的证明。在安·兰德宗教小圈子核心成员当中，有一位后来成为美国联邦储备委员会主席的年轻人，那就是格林斯潘。每个周末的小圈子聚会，格林斯潘必定到场。原来他最迷信的是经济学的数据，对他来说数据就是一切，他相信"数据不会欺骗自己，能让自己如愿"。他雄心勃勃地试图通过客观的数据，设计一个把握经济运作规律的"格氏模型"，就像牛顿发明的万有引力规律一样。但格林斯潘碰到了一个与牛顿同样的辣手问题：谁是经济运行的第一推动力？"上帝之手"在哪里？那是各种数据模型推导不出来的。格林斯潘认识了安·兰德之后，有醍醐灌顶、顿开茅塞之感，原来经济学世界的"上帝之手"就是像霍华德·洛克、约翰·高尔特这样天资卓绝、特立独行的精英创造者！他认定，安·兰德为资本主义的利伯维尔场体系奠定了道德基础。格林斯潘在任美联储主席期间，大力推进新自由主义政策，鼓励各种金融创新，最后酿成 2008 年因金融衍生品引发的的全球金融大危机。到了这一刻，自信的格林斯潘才对安·兰德哲学有了一丝丝怀疑：想到了人性的贪婪，没想到人性是如此的贪婪！

当年安·兰德的灵魂进入了美联储，今天百尺竿头更进一步，她的幽魂又入了白宫。最后结局如何？不免让人捏一把冷汗。安·兰德一直召唤所谓的"新商人"与"新知识分子"。在她看来，传统知识分子总是以反对商人为己职，"新知识分子们必须为资本主义而战，不是将其视为一种'实际'事务、一种经济事务，而是怀着最为正义的自豪作为一种道德事务而战。这是资本主义理应得到的荣耀。"新知识分子是自由资本主义的思想斗士，新商人则是新知识分子的观念实践者。一个是灵魂，一个是肉身。读懂了安·兰德，也就能预测川普将何去何从，会打什么样的牌，有什么样的未来。

（首发于"许纪霖之窗"公众号，2020/10/28）

从疫情到大选，为什么特朗普从不承认失败？

朱迪斯·巴特勒

白人至上是一种政治幻想，也是一种历史现实。在某种程度上，它可以被理解为拒绝哀悼白人至上主义的失败，而这正是黑人生命运动和种族正义理想所要求的。因此，现在是种族主义者哀悼这一失败的时候了，但他们是否会这样做值得我们怀疑。

唐纳德·特朗普（专题）既不与乔·拜登（专题）见面，也不承认在选举中输给了他，这也许并不重要。但是，如果拒绝承认失败与被称为特朗普的"逃生通道"的毁灭之路紧密相连，那该怎么办？为什么失败这么难？在这个时代，这个问题至少有两层含义。我们中的很多人都因为新冠而失去了亲人，或害怕自己及他人的死亡。所有人都在环绕自己的疾病和死亡中生活，不管我们是否为这种气氛和感觉取了名字。毫不夸张地说，空气中弥漫着死亡和疾病。然而，目前还不清楚如何指出或揣测这些损失，特朗普对公开哀悼的抵制来自并加剧了一种男权主义者拒绝哀悼的态度，这种态度与民族自豪感乃至白人至上主义紧密相连。特朗普主义者往往不会公开哀悼新冠疫情造成的死亡。他们通常认为这些数字是夸大其词（"假新闻！"），或者通过不戴口罩的集会和在公共场所劫掠来蔑视死亡的威胁——最近一次是他们身着动物服饰在美国国会大厦所做的暴行。特朗普从未承认美国经历的失败，也没有表示哀悼的意愿或能力。当特朗普提到失败的时候，一切并没有那么糟糕，疫情曲线变平了，疫情的流行会很短暂，这都不是他的错，是中国的错。他声称，人们需要的是回去工作，因为他们在家里"奄奄一息"——他的意思只是人们被家庭隔离逼疯了。

特朗普无法承认自己的竞选失败，与他无法承认和哀悼这场流行病给公众造成的损失有关，但也与他的破坏性路线有关。如果他公开承认自己的选举失败，那么他就是一个失败者。他是那种不会输的人，如果他输了，那就是有人抢走了本属于他的东西。但还有一个转折。冲进国会大厦的白人至上主义者也确信，不仅选举被窃取了，他们的国家也被窃取了，他们正在被黑人和棕色人种、被犹太人"取代"，他们的种族主义正在与这样一种观念作斗争，即他们正在被要求放弃他们的白人权利和至上观念。为了达到这个目的，他们把自己传送回过去成为了南方邦联军的士兵，他们迷恋电子游戏中有超人力量的幻想人物，他们穿得像动物一样，公开持有枪支，重温"狂野西部"及其对原住民的种族灭绝。他们也将自己理解为"人民"和"国家"，这是他们因重罪被捕时感到震惊的原因：如果他们只是在收回"他们的议院"，这怎么可能是非法侵入、煽动或阴谋呢？如果总统要求他们采取这些行动，这怎么会是犯罪呢？那些试图寻找、杀害或绑架当选官员的人显然有暴力计划，这些计划在他们的各个网站上都有详尽的记录，但与其串通一气的警方官员对此置若罔闻。对警察的袭击，甚至被踩踏致死的他们的自己人 Rosanne Boyland（特朗普支持者，在侵入国会大厦当天死亡的三人之一），在致命的胡作非为所带来的刺激中都被忽视了。

自 2020 年 7 月美国联邦政府恢复执行死刑以来，特朗普最后的杀戮狂欢夺去了 13 人的生命，也可能是另一个标志着这最后几天的杀戮准备就绪的例子。在如今拒绝承认生命损失的情况下，杀人大概会变得更容易。这些生命并没有被当作生命，他们的死亡也不算什么重大的损失。这样一来，特朗普的最后几天，包括国会大厦袭击事件，就成了对"黑命攸关"（Black Lives Matter）的充满暴力的反驳。在全球范围内，数百万人走上街头，愤怒地反对警察肆无忌惮地夺取黑人生命，形成了一场揭露历史和系统性种族主义的运动，反对警察和监狱轻易地处置黑人的生命。这一运动继续对白人至上主义构成全球性威胁，而至上主义者的反应是激烈而邪恶的，他们不想失去他们的至高无上地位——尽管他们已经失去了，并且将随着种族正义运动的持续推进而继续失去他们的地位。特朗普的失败就像他们自己的失败一样难以想象，这无疑是将他们与选举舞弊的虚假信念联系在一起（电视剧）的纽带之一。

2021 年 1 月 20 日，美国华盛顿特区，总统就职日当天早晨，唐纳德·特朗普和夫人梅拉尼娅离开白宫。

在国会大厦遭到袭击之前，特朗普疯狂地试图用任何可能的手段来扭转自己的失败，这无疑令人担忧，甚至有些滑稽。但是，如果我们考虑到一种普遍的无法承认失败/损失的情况，这就说得通了，弗洛伊德告诉我们，承认失去就是哀悼（mourning）。然而，为了哀悼，必须有一种方式来标识这一失去，有一种方式去表达和记录失去，从这个意义上说，它需要交流，至少需要有公开同意的可能性。这个准则是这样的：我不能生活在一个失去我所珍视的东西的世界里，或者我不能成为一个失去了我所珍视的东西的人。我将摧毁那个我已经失去的世界，或者我将求助于幻想离开那个世界。这种否认的形式宁愿摧毁现实，或幻想一个更好的现实，也不愿意对现实的损失做出判断。其结果是一种破坏性的愤怒，甚至懒得提供一个道德借口。这个问题不仅在一连串的死刑判决和国家准许的谋杀案中表现得很明显，也在大量死于新冠的人，特别是那些表明有色人种社区受到最为严重影响——包括这片土地上的土著居民——的数字之中。特朗普在他任期的最后几天里达成协议，摧毁亚利桑那州的圣地，以提高铜的产量，而公共政策的失败已经增加了这些社区的死亡人数。

白人至上主义现在已经在美国政治中恢复了公开的地位，特朗普主义将比特朗普更持久，并继续呈现新的形式。白人至上是一种政治幻想，也是一种历史现实。在某种程度上，它可以被理解为拒绝哀悼白人至上主义的失败，而这正是黑人生命运动和种族正义理想所要求的。因此，现在是种族主义者哀悼这一失败的时候了，但他们是否会这样做值得我们怀疑。他们知道，他们所想象的自然权利会被剥夺，正在被剥夺，而他们正在从事的斗争是历史性的。他们将实现自己的幻想，直到历史现实对他们进行检验。让我们希望，拜登不会以强化警察国家作为对此的反驳，如果那样的话，就太讽刺了。

首发于《卫报》，原题为：《为什么特朗普从不承认失败》（Why Donald Trump will never admit defeat）

川普时代的美国危机：关于西方民主制的结构缺陷以及新列宁主义模式的挑战

朱 其

随着 2021 年 1 月 6 日美国国会的总统认证事件以及权力和平交接的定局，美国大选基本上告一段落。经过 2020 年的新冠疫情、中美贸易战、美国大选以及中欧投资协定的签订，从美国战略格局看，中美欧的战略关系的微妙变化已拉开序幕，但并未冲击美国为主导的世界秩序。无论如何，美国大选及 1 月 6 日川普支持者非法闯入白宫的暴乱事件，将促使未来的美国秩序做出实质性的调整。

2020 年的诸多变局，不仅是一个美国秩序的战略转折，如果不纠缠于具体的缘由，总体上，这预示了至少三个层次的深层原因：首先，从英国大宪章运动和法国大革命以来西方的民主制度的结构缺陷，在中国挑战下暴露无遗；其次，美国内部白人占主导的希腊罗马-基督教的国家性质正在发生着历史转折，并出现肤色政治的回潮；第三，中国代表的冷战之后一种经过改良的列宁主义资本主义的崛起，与美国主导的西方体系形成一种不同于前苏联的新型的模式，这是中国与西方关于宪政资本主义与列宁主义国家资本主义新的亦是最后一轮意识形态的制度竞争。

在美国大选期间由自由派精英和中下层社会构成的华川粉现象，表现出的集体意识形态和在社交媒体上想象性的激进主义，反映了中国社会的变革焦虑以及 20 世纪从革命到文革的意识形态形态，在改革 40 年并未得到真正的解决。这是一个亟需启蒙性厘清的历史遗留问题，以为今后中国的变革奠定一个公共思想的基础。

肤色政治的内爆和中国新列宁主义的挑战

回顾一下从民粹主义旋风式的上台到系统舞弊指控之后的选举失败，川普执政的四年正好是美国危机的集中爆发，如果涉及新冠防疫混乱以及中欧投资协议，某种程度上，美国危机又重叠着一部分普遍意义上的西方危机。

川普在 2016 年的上台，其口号是"让美国再次伟大"，紧密相连的是"白人至上"，这正好构成川普当选以及 2020 年美国大选纷争的内外原因。从外部关系上，中国的经济崛起以及随之而起的政治、文化的延伸影响，构成了美国秩序危机的核心原因。经济上主要表现为中西部实业的空心化、公共基础设施的老化以及欧洲等盟国渐趋显示的离心力。

在美国内部，主要的矛盾是白人主导的希腊罗马-基督教传统的盎格鲁-撒克逊国家与非白裔比重不断扩大的世界主义公民共和国的国家结构的特性之争，并不是华川粉认为的美国面临资本主义和社会主义的历史十字路口。这一议题在亨廷顿的《我们是谁：对美国国家认同的挑战》（2004 年）一书中就有讨论，随着移民人口的不断增长，美国面临国家结构的质变，不仅非白裔人口比重不断上升，从而使美国可能改变人口结构，并由此延伸至政治结构的变动。这一进程事实上已经开始了，不仅非白裔精英大量进入美国的政治、法律、学术的高层，据最新统计，非白裔一代的大学入学人口首次在 2020 年超过白人子弟。

此即川普提出"白人至上"并受白人选民拥戴的背景。由于非白裔人口和权重结构的消长，政治结构跨肤色光谱的民主党所主张的移民开放和社会主义色彩的税收及民生政策，就构成美国内部之争的第二大原因。但民主党以桑德斯代表的社会主义倾向，以及克林顿、奥巴马时代以健保法案为主的改革诉求，试图将美国的民生政策改造为北欧的福利社会制度，但这并不是华川粉所误解的美国因而走向中国式一党制权贵资本主义。

某种意义上，亨廷顿的另一部著作《文明的冲突与世界秩序的重建》（1996）所预言的不同文明冲突，并未因 911 事件而对美国及西方构成实质的威胁，但肤色和种族结构对美国主导权的肤色政治的冲突，却提前发生于美国内部，并从美国内部造成初现端倪的撕裂和伤害。1990 年代的后殖民思潮一定程度消解了西方中心主义，消弭了文化差异对美国的文化融合的思想障碍，但未能解决美国从盎格鲁-撒克逊的白人主导国家向肤色平等主义的移民共和国过渡的症结。尽管在意识形态上，肤色政治在话语上早已是一个政治正确的禁忌。

中国崛起对美国的经济上的冲击，尚未达到川普阵营所说的威胁美国国力的地步。在经济上，通过 5G 的通讯应用、微信和支付宝的电子支付，以及捆绑一带一路建立人民币国际电子结算，在中低端国际贸易领域绕过美元体系。这一套经济上的资本输出、建立战略运输通道和另立国际结算体系，对美国的战后经济秩序构成替代性威胁，尚有很长的时日。但经济上对美国霸主的心理优势的打破正在开始。

2010 年以来一个显而易见的事实，中国在公共基础建设、互联网和人工智能应用以及全能主义政府的执行力，都在让美国感到尴尬。尽管在建筑品质、资源使用效益和集权制带来的低人权、低环保和分配不公，仍未体现现代性的文明水准，但毕竟开始影响美国的心理优势。中国 90 后、00 后一代到美国旅游，并没有觉得纽约、洛杉矶、旧金山一定比北京上海好，尤其是在机场、地铁、高速公路以及手机的电子支付等方面。

这就引出一个核心问题，中国是否对美国的霸主地位构成了威胁？应该说，中国确实对美国构成了一种挑战，但目前只是一种战略挑战，并不是一个马上到来的中短期威胁。列举一下美国的霸主优势：军事、高科技、金融和美元结算、石油控制、大学教育以及好莱坞等商业文化，美国仍然占据遥遥领先的优势。即便不久前的中欧投资协议和东南亚投资协议，仍难撼动欧美韩日基于二战及意识形态认同的政治和军事同盟。

中国正在打破美国对世界的经济秩序以及一部分的政治秩序的垄断。这不仅是一个经济体量上的威胁，根本上是一种制度模式的战略挑战。不同于冷战期间在经济活力上远不如西方的前苏联，列宁主义计划经济在总体上的制度劣势。对美国所主导的战后西方而言，中国的挑战在于出现一系列比西方更有活力的公共基础建设、资本和人力资源的集中布局以及集权制的行政效率。

在文化上，通过经济以及经济政治化的影响力，为列宁主义的资本主义模式建构新的国际话语的合法性，至少在中短期的话语策略上，建构一套与西方自法国大革命以来宪政资本主义并驾齐驱的新意识形态，并将列宁主义的资本主义说成是与西方各有千秋。

到 2010 年左右，中国借助一党制市场经济完成了中等工业化，与美国及西方的核心竞争在于高科技的竞争。但在科技竞争的背后，则是人类自法国大革命以来的宪政资本主义与列宁主义资本主义进入最后一轮的制度竞争。这一竞争的核心是中国要证明极权主义能促进资本主义的初级和中级阶段，并能在一党制的思想和教育管制以及政治集权下，能继续有效推动高科技创新，并将市场经济带入资本主义的高级阶段。

经济上的成就及其挑战力，其背后必然是一种制度和意识形态的竞争，就像中国的一部分体制精英普遍流行的一个官方话语：任何经济成就都有其背后的制度机制在起作用，假如中国的集权制真如西方说得一无是处，1979 年至今的经济成就该如何解释呢？难道都是靠美国的帮助和历史机运吗？这一话语逻辑挑战了西方自法国大革命以来二百多年的普世主义的现代性，即资本主义与宪政是一种必然的共生关系，没有宪政，就没有资本主义的繁荣和现代性神话。

西方有关政治和经济学的现代性理论，出于政治正确，回避了西方历史上专制政体与资本主义的真实历史。回顾一下资本主义的历史，民主制与资本主义正比的共生关系，显然并不是一种必然性。从 17 世纪荷兰诞生了现代资本主义的银行和公司体制，至法国大革命一百多年间，欧洲一直是君主专制政体，包括哥伦布发现新大陆、英国的工业革命、大英帝国与东印度公司等一系列的殖民地扩张，以及俄国沙皇亚历山大主导的工业化，从资本主义完成资本原始积累、工业化和殖民主义的全球化，这一切都发生于欧洲政体仍是君主专制时期。

在 19 世纪末晚清的洋务运动、日本的明治维新仍属于君主专制推动的东亚资本主义，战后日本和四小龙的经济起飞依托于宪政框架下政治寡头与财阀同盟的威权主义，中国自 1979 年至今完成的中等工业化，则是一种列宁主义市场经济模式。如果中国在一党制下仍能将资本主义和科技创新带入高级阶段，这至少推翻西方自 18 世纪法国大革命以来宪政资本主义的普世性。

历史上尚无先例，专制政体仍能实现高科技创新，并将资本主义带入类似西方的高级阶段。但中国从晚清的洋务运动至 2001 年加入世贸至今，通过君主专制和一党制所完成中等工业化以及一定程度的全球化资本输出，这一过程显然也并非由于"中国特色的社会主义制度"，实际上中国只不过重走了欧洲、俄罗斯、日本自 17 世纪以来早期和中期的君主制和威权资本主义的模式。

中国认为列宁主义市场经济能够继续实现资本主义的高级阶段，美国及西方也并无强有力的自信否认这一可能性。这就变成一种人类的现代性最后一轮的制度和意识形态的信念较量。这亦是美国主导的西方现代性面临新列宁主义的最后挑战。

西方民主制的结构缺陷及优化困境

2016 年川普时代的来临，挟民粹主义的选票政治，在"让美国再次伟大"及"美国优先"的口号背后，实质上是"白人优先"。后者虽未发展为种族主义，但肤色政治在川普时代及 2020 年大选正式呼之欲出。在民粹主义和白人至上的民意基础之上，川普时代的一个共生现象是其法西斯个性的人格机制导致的独裁冲动以及政治素人的乱政，对美国及西方民主制和国际战略的严重伤害。

不可否认，川普时代的美国所呈现的危机背后的深层原因，根本上在于美国及西方民主制二百多年来的结构缺陷以及中国的新列宁主义模式的挑战。川普的人格机制的个人因素，将这一切结构缺陷暴露所有，并加速了危机达到临界点。美国历代先贤设计的民主制以及宪政程序证明仍具有强大的纠正机制，但法国大革命至二战结束完善的西方民主政体，是否具有对中国新列宁主义模式的约束能力，这一战略前景的有效性并不乐观。

与德国、英国代表的内阁总理制不同，美国的总统制除了国会两院、白宫的立法和中央行政权并不统一，包括中央政府与央行的货币发行和金融权力的不统一，即央行性质的美联储不受中央政府的行政管辖，具有相对于白宫的金融决策的资本独立权。美国的总统大选不是由中央政府组织选务，而是属于州地方政府和司法的宪政机制。

川普时代的民粹主义兴起于 2011 年的"占领华尔街"运动，至 2016 年川普当选达到高潮。其原因在于华尔街和硅谷主导的经济全球化，导致华尔街不受约束的金融泡沫化以及经济全球化造成美国中西部的实业空心化、就业不足及整体经济的结构失衡。

1980 年代由乔布斯、比尔·盖茨等拉开的网络科技的硅谷崛起，促成了人工智能和虚拟网络为主导的后工业革命。这促成了克林顿时代的经济全球化计划的实施，即美国将中低端的实业转移到第三世界，美国本土保留军事、科技、金融和教育研发，作为全球化产业链的控制总部，通过输出产业、技术和提供金融融资以及军事保护，来遥控全世界的中下游产业链。

这个计划最初在美国的主导之下，表现为日本及四小龙在 1980 年代第一轮的经济起飞，围绕着美国为中心扮演全球化分工的中下游环节。在日本和四小龙进入中等工业化之后，全球经济分工的低端生产，正式由 2001 年加入世贸之后的中国接棒，并于 2010 年左右完成了资本原始积累和中等工业化，实现了东亚的第二轮经济起飞。但中国显然不甘于继续扮演全球化经济分工的中下游产业，而是试图升级包括高科技的全产业链。从 2012 年开始，随着一带一路资本输出、人民币的国际化和电子支付以及 5G 迅速的全球化布局，美国对经济全球化的进程出现一定程度的失控。

中国作为世界工厂的崛起，是否导致了美国中西部的实业外流？中国并不是起因。美国实业的外流，根本原因在于美国及西方在 1980 年代进入发达资本主义之后，导致人工高成本、福利社会造成人的懒散以及工会对于产业劳动制度的制肘。也就是说，即便没有中国的崛起，美国及西方也很难维持实业的运转。1980 年代的经济全球化分工，这是解决实业成本高昂的必然趋势。

事实上，中国并不是美国实业外流的动因，而是后果。那么造成美国经济结构的金融泡沫化和实业外流的两大失衡的基础原因是什么？核心原因在于自英国宪章运动和法国大革命西方民主制设计之初的结构缺陷。民主制包括两大部分：宪政和资本主义。二战后完善的民主制基本上解决了程序正义和法制的宪政部分，这次美国大选渡过了大选合法性认证以及和平交接的危机，正在于宪政机制的成熟。但美国并未解决资本主义的大设计缺陷，即西方民主制 200 多年来的经济不平等和金融不受中央政权约束的资本独立性。

华尔街对于白宫的独立性以及资本主义的企业自治，不仅使其与硅谷联手推进超国界的经济全球化，它在经济政治上的问题在于不能融入美国面对中国的总体战。华尔街和跨国公司超越国家的资本冲动早已有之，在克林顿时代形成全球化的战略实施，但面对中国崛起对经济全球化的主导权失控。美国显然未优化好资本和国家二元离心的内部结构，这一内部结构整合的合力弱化，在 2020 年中美贸易战中表现尤甚，显然川普总统未获得华尔街和硅谷充分的配合。

从 2016 年上任至今，川普背后民粹主义代表的民意，不仅在于中西部的实业空心化，更重要的是 2011 年"占领华尔街"代表的对金融资本主义及其垄断秩序的不满。这一问题自 19 世纪后期共产主义运动开始之初即已产生，二战后，西方对历史上的原罪财富采用了既往不咎、往后不许的清零政治，完善了宪政和法制，但未能约束金融资本的无节制发展。当然，只要人类尚未找到通过资本组织生产和社会生活的更好的替代方式，资本主义就仍然具有合理性。正如《帝国》一书作者奈格里的后马克思主义观点，在没有找到资本主义的替代方案之前，人类的变革只能在资本主义框架内进行。

从六、七十年代西方的社会运动之后，个人与国家、大公司之间的社团和社区以及民权运动等社会组织对国家变革的作用不断弱化。即便美国，越来越走向华盛顿和华尔街的政治与资本的权力集中，但同时社会流沙化、个人原子化逐步加剧。在民粹主义与政治和资本权力之间，中下层民意可以影响国家变革的唯一渠道是选票。通过选票甚至英雄主义的偶像型领袖专权来变革美国，这不仅是好莱坞电影的剧情，而是 2020 年大选危机的民粹心理及其背景所在。

从身份特性看，作为一个商人、试图颠覆华盛顿和华尔街的建制体系的政治素人、白人至上者以及偏执而狡诈的屌丝等特质，川普确实是符合经济全球化纠偏、民粹主义和维护白人优势等民意期待的最佳人选。显然除了民粹主义狂欢和以推特为媒介随心所欲的当代克里斯玛式政治秀，川普在战略外交和治国理政上素人水平低下，甚至举世看好其商人出身的经济治理能力亦让人大跌眼镜。

2020 年大选川普及支持者以系统舞弊拒绝承认宪政合法性，其对美国及西方民主制的伤害出乎所有美国政治精英的意料。托克维尔的《论美国的民主》（1835）一书中推断的民主制弊端，在 2020 年美国大选真实上演，并发展为一个短期难以愈合的致命破口。托克维尔认为，一人一票的民主制未必能选出最理想的人选，民主制在处理对外关系上也未必是强有力的。这两个民主制的致命缺陷不幸在川普的 2020 年演变为美国大选的危机以及中美竞争的结构困境。

自电视时代至社交媒体风行，媒体权力的天平似乎从寡头-资本倒向了民粹主义，尤其是在 2016 年。社交媒体将政治神棍、民粹主义以及普选制联结成一个新的狂热的民粹机制。若非脸书（Facebook）、推特（Twitter）最后阶段以 203 条款的媒体运营权进行限制，很难说美国的精英体系能阻止这场接近革命的民粹旋风。社交媒体助力的民主制的民粹主义化，事实上超出了托克维尔对民主制推选庸众领袖的忧虑，川普总统利用白宫权力无证据指控大选系统舞弊，以及 1 月 6 日煽动推翻选举合法性的冲击国会事件，达到了一种危及美国及西方民主制的准政变。在选举后期，美国民主的顶层白宫、国会几乎处于被民粹主义侵入的失灵状态，最终维护选举合法性的是州政府的宪政程序以及行政、司法的公务员精英体系的职业人格。

川普执政四年，说明西方民主社会也有个人崇拜和个人专权，也说明美国历代先贤设计的民主机制，有效约束了一个总统的胡作非为和法西斯个性的独裁冲动。尽管发生了冲击国会暴乱和西方盟国的裂痕，民主的分权制衡以及企业、大学、新闻和司法独立，有效止损了一个治国混乱的总统带来的对国家元气以及民主制的伤害。但川普仍伤害了西方民主二百多年的制度先进性的形象和信念制高点。

尽管民主制仍是人类目前相对最好的制度，但川普时代暴露了西方民主所有的结构缺陷，民粹主义可以通过选票把一个不适任的政治素人和胡作非为的神棍送入权力中心。另一个托克维尔式的结构缺陷在于对外关系的竞争，民主制的权力分散和经济、社会、文化自治带来的与新专制政体竞争的系统效力疲软，表现于 2020 年疫情防治的行政效率的低下，中美贸易战中金融经济的资本独立性导致的制裁合力的弱化。

这意味着冷战至今美国正在遭遇一个新的列宁主义模式的强有力挑战，即民主制的权力分散如何避免类似古代先进的农业文明屡屡被落后的游牧文明消灭的重演？虽然今天的高科技时代的战争并不依靠人力资源，但有可能重演 1946-1948 的国共战争，力量相对弱的一方，可以通过集权制集中资源握起拳头，对强的一方因为民主制捏不成拳头，以中拳头各个击破强的一方大手掌的十指。中国对美国的威胁，并不在具体的关税逆差或者孔子学院的铺天盖地开设，根本上是一种战略威胁，即两种制度的用力效应造成对美国的战略消耗，这一消耗持续的长期化，不排除最终的实力翻转的可能性。

在完成了资本积累和中等工业化之后，中国因为超级国家的体量和一党制新列宁主义模式，使美国对经济全球化出现失控。列宁主义市场经济制度凭借一种资源集中的总体主义制度操作，通过资本输出扮演世界产学研的全球化资源整合的模式；借助集权制集中资源，以利益分化美国内部以及美国盟友、以 5G 和一带一路建立绕开美元的人民币国际结算。美国虽然在国力上仍领先中国，但完成资本积累及中等工业化之后的经济国力，向政治影响的延伸以及与美国代表的西方民主制的角逐，正在拉开帷幕。

民主制并非没有针对国际冲突的权力集中和总体统辖制度，但它是一种危机性的临时授权。类似珍珠港袭击经过国会授权的战时机制，或者像新冠疫情时期的国防生产法，这一机制仍然是有效的。但中国以经济战先导的政治和文化的战略扩战，美国很难真正启动战时机制，仍需要在每一步政治和贸易冲突中不断进行效率低下的一轮轮政治协商。尤其华尔街和跨国公司在金融经济上的资本自治，美国政府难以建立一个华尔街和硅谷全力配合中美经济的总体战机制，但显然中国在这一对美国的战略超越中行政、经济和社会资源的总体动员行之有效。

从 2020 年的中美贸易战、新冠疫情和美国疫情的处理，暴露出美国正面临西方民主制在应对中国一党制市场经济挑战下的制度优化问题，即三权分立制、美联储以及州政府、跨国公司、大学、新闻等地方和社会自治，如何整合为一个总体行动的准战时的优化机制，这是中美博弈未来的战略重点。

华川粉现象：从革命到文革未完成的启蒙

2020 年美国大选的民粹主义和冲击国会的一个附属现象，即华川粉的激进主义和对系统舞弊指控的集体狂热。围绕着川粉尤其华川粉的问题，事实上已经不是一个有没有大规模舞弊的问题，而是整个川普支持者和华川粉对民主常识的认知缺陷，包括人类的历史和政治，政治与道德、民主与民粹的区别，以及宪政与革命的关系等问题上的无知或认知误区。

首先，政治不是道德。人类的制度史是一个政治史，但政治与道德的区别在于政治的核心是肮脏的，因而人类的政治制度及政治实践是肮脏与正义的一个平衡。这并不意味着人类没有希望，人类的政治制度的历史，尤其法国大革命以来，它是一个肮脏与邪恶不断收缩或萎缩的历史，民主宪政已经是一个人类二千年来邪恶和肮脏最小化的时代，但这不等于民主制度没有肮脏，民主制度的政治核心仍有肮脏的成分，但它已经是人类二千年来制度的肮脏度最小的制度了。

某种意义上，政治是一种需要道德鞭策但又不能过度道德化的领域，因而不能将政治道德化。川粉心中的美国总统似乎是一种好莱坞式敢挑战恶势力的道德理想主义，且不论川普的道德人格是否合格，即便合格，川普也不是一个合格的政治领袖，或者他不是一个合格的政治家。政治家首先要有平衡或摆平各方势力的能力，能驾驭格局并建立统一战线。在大选后期，川普面临副总统、共和党领袖、各州法官和州长以及欧洲盟友都不支持他的地步，实际上在政治上是非常失败和不合格的。如果在政治上出局了，一切理想无从谈起。

100

因而，道德不能替代政治。政治当然需要公众舆论不断的道德评价和鞭策，在政治的行动和实践上，不能用道德取代政治。对一个杰出的政治家而言，道德只是一个人格基础，但徒有道德是不够的。川普首先是政治素人，政治上，无论在国际外交的盟友关系和内政上跟各方势力的平衡，不仅幼稚，很多政治关系的处理甚至违背基本的政治常识。至于口无遮拦和没有事实根据的武断指控，除了博得支持者的性格崇拜，对国家政治不仅没有益处，而且伤害了美国乃至西方的民主。

第二，2020 美国大选的争端，核心不仅在于是否存在大规模系统舞弊，而在于是否可以仅凭无证据的舞弊指控就推翻州选务系统以及国会认证的合法性？即便提不出任何有力的证据，川粉仍相信存在舞弊。在宪政的框架下，川普和川粉们有质疑、继续诉讼、集会和抗议的权利。但前提是必须在和平法制下进行。从政治上说，美国即使存在如川普和川粉所说的系统舞弊，但目前这个系统完成了对拜登当选的认证，就至少要在制度上接受它的合法性。正如参议院议长麦康奈尔所说，如果选举失败，以相信存在舞弊就可以推翻选举的认证，西方民主的基础就将被颠覆。

这就引出了第三个问题，即宪政与革命的关系。川普及支持者是否可以在现有制度之外进行无政府暴力的"人民执法"？包括非法冲击国会以及扬言中的武装暴动、军队政变和革命。答案当然是否定的。革命的前提是所有宪政手段用尽之后，宪政制下的结社、言论自由被剥夺，或宪政制完全被废弃。但美国远远不到这一步。这次川普支持者及华川粉的激进主义，实际上是一场以"人民执法"概念的民粹主义的无政府暴力，即认为当民主系统存在大面积问题时，人民有权用暴力推翻现制度。这意味着川普支持者尤其华川粉的激进主义，仍持一种文革式的民粹主义狂热，混淆了民主与民粹的区别。

民主宪政与革命的关系，又涉及到民粹主义与民主的区别。自英国大宪章运动和法国大革命以来，民主的制度性质并不是"人民作主"，更不是"底层人民作主"，而是在法律面前一切人平等。这个"一切人"包括上流贵族、资本家、中产阶级和底层百姓，包括仍有政治权利的监狱服刑犯。民主制保护在言论自由和投票上以和平方式表达质疑和不服，但不能以暴力和反法制方式"人民执法"。如果一定要做，无论古今中外，结局是一样的，即成功了就是造反有理光荣革命；输了就是"叛乱"或"暴乱"。

从 1 月 6 日至今的表现看，川普希望支持者为其背书但又不想负责任，他当然希望全国为其选举问题闹出纷争甚至流血事件，他只是希望以不说出"暴力"二字煽动混乱，但未想到冲击国会的反弹后果如此严重。这一严重性不仅在于政治和法律后果，而是美国的资本系统对其经济封杀。资本控制的经济系统对川普及支持者的经济惩戒，比如禁止社交媒体账号、限制金融和商业服务以及航行、住宿等，这才是美国资本主义对一个人最大的灾难，这可能是华川粉体会不到的。

最后，就涉及一个根本问题，即英国大宪章运动和法国大革命以后至二战完善的西方民主宪政制度的结构缺陷，即西方的民主制度从英国大宪章运动开始，就包括两个部分，即宪政和资本主义。宪政部分从二战至今基本上完善了，宪政指的是程序正义和基本的公民权利和平等权利，但资本主义部分实际上至今并没有实现平等，甚至不受民主政治约束。这是一开始就这么设计的，即政治家可以周期轮换，公众有充分的结社和言论自由，但撼动不了资本的长期垄断和统治。就如每个公民有参选总统的权利，但没有钱就选不了总统。

美联储作为美国的中央银行，实际上是一个私人银行联盟，不受白宫或美国政府管辖的，华尔街是一个独立于美国政府的国中之国。当然，它不会乱来，它是一个由银行家大佬相互制衡的金融共和制，这个金融共和国控制了美国及世界的金融，美国政府只是负责国际外交、军事、社会。因为政治家 4 至 8 年换一波，但金融家族可以保持几百年垄断，政治势力的周期性更替，难以撼动几百年累积不被拆散的金融势力，因而真正影响美国的实际上是华尔街及其近 30 年崛起的硅谷的科技巨头。

那么，这就要回答一个终极问题，是否要推翻法国大革命以来的宪政和资本主义制度设计？答案暂时是否定的，因为人类尚未找出或进化到用金融组织人类经济和经济交换的更好的方式。19 世纪后期开始，人类曾经想用共产主义的反金融资本主义模式取代金融和

102

市场经济，结果均告失败。另外，人类是否能建一个完全平等公正的理想乌托邦制度，答案也暂时是否定的，因为这是上帝都不能解决的问题。看过《圣经》就知道，人性的天使与魔鬼的混合性以及大部分身上与生俱来的劣根性，使得上帝在以色列人身上所做的制度实验和人性矫正至今不成功。上帝亲自为以色列人制订戒律、建立制度并挑选国王，最终还是遭到人类的一再背叛。自从人类打开了欲望，上帝都无法将伊甸园变成永恒的理想制度，人类的自我设计能超越上帝？人类所能做的只是建立一个狗咬狗的制度。川粉的错误在于，不是把川普当成一条狗，而是看作当代的神子，这才是川粉乱象的根源！

　　川粉近乎形成了一个神信共同体。他们认定事实不需要证据，只要这个川粉同温层每人说一句有舞弊，靠同温层的说话人数重复率，就能认定事实，就像陪审团。川粉是一群简单认定事物的主观偏执症的人群，他们首先自我假设一套道德概念体系，并建构了一套"正义"话语：即世界已经不正义了，被少数权贵垄断了政治和经济，造成两级分化；川普的上台带来了改革的希望，能通过总统平台迅速扭转世界的邪恶。川普的理想遭到美国政治和资本系统的系统围歼，包括媒体封杀、选举舞弊操纵。选举因此被建制派夺走了，美国将走向社会主义。因而现在到了人民执法以及政变、革命和暴动的时刻。

　　川普与川粉的关系，实际上接近于一种德国纳粹的慕尼黑啤酒馆暴动和国会纵火的法西斯主义，以及中国文革的民粹主义暴力，意识形态的集体妄想症、偶像的个人崇拜和领袖的广场克里斯玛效应，以民粹主义、人民执法的无政府暴力来代替宪政和法制。今后将是川粉和华川粉一个长期的心理治愈过程，这一年，川粉们处于一种被附身的心理癫狂，陷入一种臆想、妄念、暴躁、疑心、革命甚至神巫的降神会信徒的叫魂状态。他们不断期待下一个神迹，但是一切都没有在实在界发生，发生的只是佛洛依德、荣格在一百年前精神分析关注的人类附魔后的心理癔症。理论上这不是一个新的现象，但人类中的一部分总是会在新的时代以新的方式一再被附魔，并因为互联网社交媒体和一个病态的巨婴占据了权力中心的白房子，产生了更大的叫魂效应。

103

与文革不同的是，互联网的社交媒体作为一种新的社群形式，加速了一种民粹主义的神信同温层模式的全球化。分散在世界各地不同地点的人，借助社交媒体，上午美国的自媒体发表的假消息或指控，下午在地球的另一端，中国的川粉一觉醒来，就会发出回应。由于互联网，空间分散的个人粉丝，即时形成同温层情绪和观念的发酵效应，并不需要外界的证据认定，仅凭社交媒体的"阴谋论"情绪以及无根据认同，就能使分散在世界各地的粉丝社群对某个指控深信不疑。这个同温层不仅意识形态化，甚至一定程度的宗教神信化，以占卦预测判定政治走向，甚至将川普这样一个反民主、歧视女性、种族主义、法西斯作风的人，看作上帝的神选之人。

华川粉是这次美国大选的一个令人惊诧的外溢效应，以及华人对政治现代性持续一个世纪的意识形态迷误的大规模爆发。这表明中国从共产主义革命至文革关于民主制、民粹主义及革命和宪政的认识，仍未完成现代启蒙。这不仅体现为民智未开，甚至知识分子和自由派精英仍未走出革命和民粹主义的意识形态误区，预示了中国未来的民主之路仍很漫长。

关于什么是社会主义、美国的宪政和选举制度、民主与民粹的区别，华川粉缺乏基本的常识，甚至很多错误理解。在大选中期，华川粉中流行一个普遍认同的说法，拜登和民主党若赢得选举胜利，美国将走向社会主义，因而2020年美国大选将是一场资本主义和社会主义的十字路口之争。这不仅是对社会主义概念的无知，且将中国政体经验硬套在美国身上。自克林顿、奥巴马时代，民主党试图吸收北欧社会主义色彩的高福利政策和全民医保、欧洲绿党的全球气候治理以及在加州推动的移民和教育上的种族比例平衡政策，这些政策属于左派和社会主义色彩。且不论中国当前的政体是否真正的"社会主义"，美国怎么可能走向中国式一党制社会主义？所谓美国处于资本主义和社会主义的历史转折，实是无稽之谈。

关于革命和宪政以及民粹主义的"人民执法"。华川粉中的激进主义不断叫嚣革命、军事政变以及川普支持者在宪政体制之外进行"人民执法"的暴动，推翻国会和地方选举人团的合法认证。这意味着中国自共产主义的革命暴力至文革民粹主义的"人民执法"的激进意识形态仍是一种广泛的集体潜意识，甚至追求民主的自由派精英，后者表现为通过海外的中文自媒体极尽政治造谣、假消息和意识形态煽动，成功的通过社交媒体，形成一个海内外中文自媒体假消息和意识形态的洗脑效应。

比起美国的川普支持者，华川粉具有中国变革语境下的社交媒体的意识形态的极端效应。虽大部分华川粉只是看客，大部分非华裔美国人不懂中文，加上有投票权的华人占美国人口比例不高，因而并不能左右美国大选。但中文自媒体在2020年美国大选中极端的意识形态煽动却非常成功，可以想见未来中国的第一场民主选举会是怎样一种民主制之初的过渡时期的民粹乱局。

结语

川普时代的四年乱政、美国大选的宪政危机以及民主制在新冠疫情、中美贸易战中的应对不力，既暴露了西方民主制所有的结构缺陷，亦放大了中国经济崛起的超级体量在新列宁主义模式未建立约束机制之前对未来全球秩序冲击的不可控性。

对美国应对中国的战略回应而言，除了强化高科技的国安机制、与中国在政治、经济和文化的对等交流、重建与欧洲韩日及五眼联盟的盟友关系，其战略核心是经济全球化不能再视为一种纯经济领域的中性的全球化。下一阶段的经济全球化，必然是设置意识形态的价值观门槛，对美国及西方民主制的结构缺陷进行制度优化，以应对法国大革命以来宪政资本主义与列宁主义国家资本主义最后一轮的制度较量。

中国的新列宁主义模式，不同于前苏联一边倒的经济僵化，其集权制优势是集中国力从事大规模的公共基础建设、对高科技进行长期基础投资，并扮演全球化生产组织者和发展为新的货币结算中心。在完成资本积累之后，全球化布局的新列宁主义模式，其制度软肋是思想、教育和意识形态的控制，而导致高科技的自由创新的钳制。法国大革命以来二百多年的现代历史，迄今尚未出现过专制政体仍能走向科技巅峰的先例。另外，中国自身亦需要建立自我约束的宪政机制，防止大国崛起后的法西斯冲动带来的人类灾难。

对中国知识分子而言，需要真正对 20 世纪的中国革命及文革的民粹主义狂热作出省思，并尽可能完成尚未完成现代性启蒙，在变革尚未到来之前，做好公共启蒙的知识梳理。

（2021/1/26）

美国大选反思

历史藏在细节中，川普是如何被拜登打败的？

阿 井

当我们谈论美国大选，究竟在谈论什么？是谎言？是撕裂？还是痛看昔日先锋拥抱保守？

生活在 1920 年代的巴黎、东京或者芝加哥的人们，会看到街上的 T 型汽车越来越多，楼越来越高，可以在某种新的大型店铺买到来自印度、中国的新鲜玩意。这些是随着铁路、海运与航空普及而带来的产物。

问题是，除了感受到技术与社会时空的剧烈且巨大的变化外，彼时的人们能看明白人类社会的深刻改变吗？比如能够预测 1930 年代的世界？恐怕很难。

今天我们遇到的问题和彼时差不多。2020 年，新冠病毒以平等而普世的姿势冲击着所有人，让人类命运共同体从书面报告走入生活的方方面面。这一年到底发生了什么？我们也不能真正看明白。

既然看不明白，我们选择梳理与记录。尤其是记录几个在现代化进程中处于突出地位的社会。看看它们这一年最值得关注的是什么。权力变迁、技术跃进、观念颠覆、社会动荡，还是抗击病毒？我们没有明确答案，只是希望多年后回头看 2020 时能够会心一笑，哦，原来是这样。

终于，一个短暂而疯狂的时代要划上休止符了。

2020 美国大选，全球瞩目。当"黑天鹅"起飞，依靠"无知少女"，拜登顺势而上，在南方翻了深红的佐治亚和亚利桑那，在北方拿下民主党上次失去的威斯康辛、密歇根、宾夕法尼亚，以 306 张选

107

举人票打败川普。

虽然川普现在还没公开认输，铁粉仍在苦寻翻盘之道，可这些小打小闹，已激不起大浪花。

如今白宫就像一个大铁笼子，1月20日，大门冲着街道打开，会把川普放出去。当有分量的盟友纷纷跳船，除了粉丝、债务、诉讼，川普所剩无几。

新世界在挣扎着诞生。

"为国家灵魂而战"

拜登其实是逆袭那一方。

今年三月之前，没人敢说拜登会赢。有如日中天的桑德斯和沃伦在，党内人士都不看好中规中矩的拜登。况且新冠袭来前，川普天天吹嘘自己治下的经济数据。那时，在很多人心目中，计划连任的川普是一个不喜欢但又干不掉的存在。

遥忆上届美国大选，大多主流媒体都觉得希拉里稳操胜券，不把素人川普放在眼里。不被看好的川普四处集会，到处拉票，天道酬勤，他居然入主白宫。

四年后，拜登起初也处于弱势，其竞选口号还是"为国家灵魂而战"——最初听起来还有些虚无缥缈。但到后期，当川普四处树敌，其攻击性的言论、反科学的举止、无止尽攻击对手，让传统被破坏殆尽，律法被践踏成泥，这时候，寻找"国家灵魂"就有了直刺人心地力量。

拜登的政治洞察力还不止于此，属于温和派的他，党内胜出后，第一时间跟桑德斯等人握手言和。这一点尤为重要，四年前桑德斯跟希拉里不睦，到民主党全国代表大会前一个月，桑德斯才勉强表态支持希拉里，那场党内分裂，让支持桑德斯的年轻人，转而给川普喂票。而今年，拜登提前3个月就搞定桑德斯，避免了党内内讧。

等到川普和拜登对决时，党内进步派为拜登踊跃站台。这说明，拜登或许不是今年候选人中最受关注的，可他做到了希拉里都没能做到的——分裂美国时下最需要的能力——团结一切能团结的力量。78 岁的拜登，老骥伏枥，在华盛顿混迹 47 年后终于开挂。

当"黑天鹅"起飞时

新冠大流行遇上总统大选年，美国政治迎来最大的变量。

2016 年，川普以反叛者姿态横空出世。趁着美国两党抛弃劳工阶级，穷白人失落了，打着"让美国再次伟大"的旗帜，试图对两党政治偏向做调整，赢得蓝领工人、郊区白人、福音派人士支持。执政后，川普以"美国优先"为行事依据，把产业链从全球撤回，满足国内劳工阶层就业需求，美国经济数据一度非常好。

但突如其来的新冠，使川普执政成果大打折扣。之前，用经济指标来考察得失不再有效。重大危机当前，作为一个素人政客，川普执政经验缺乏的劣势被无限放大。

美国政府各项系统非常完备，大流行病来临，只要依照常规处置，倾听专家建议，川普都不会失分太多。可惜，三年来所谓的经济数据高涨，让川普刚愎自用，其内阁政要来来去去，人才凋零，缺乏影响总统最终拍板的智囊。

今年三月，新冠已有抬头之势，美国地方开始紧张抗疫，但川普仍不重视。犹记得，加州公主号邮轮感染新冠时，他还把抗疫总指挥棒交给副总统彭斯。等新冠不断蔓延，川普几乎步步被动。他后来跟科学家福奇隔空互怼，跟媒体互骂等，都不妥。

一场新冠，暴露川普政府四年来的诸多矛盾。当所有归零，打败川普的并非拜登，其实是川普自己。后来，美国新冠死亡数不断上升，以及大选民调落靠后，不断炙烤着心急如焚的川普，他转而找人背锅泄愤，跟世卫组织闹得最难堪，最终竟宣布退出世卫。

美国本是世卫最大募捐者，通过世卫施加全球影响力，世卫虽有很多不足，但它确实是全球最重要的国际卫生机构。全球危机时刻，本是大国合作良机，可川普不断强化单边主义，狠狠地给自由派和盟友一记又一记耳光。

十月初，川普和白宫多位要人感染新冠的消息传出，全球哗然。总统感染新冠，这对国民心理防线是一个打击。白宫病毒围城，不能保护自己的总统，如何保护国民？川普的溃败，就在眼前了。

"邮寄选票"生死局

邮寄选票，作为大选的可选性投票方式，成了川普的生死劫。

美国地广人稀，有选民来不及到现场投票。如果大规模开始邮递选票，肯定会增加投票人数。尤其在中部摇摆州，一旦激活民主党支持者，对川普是当头一棒。

四年前，川普比希拉里少拿 300 万普选票，但赢下了关键州的选举人票。可惜这四年，川普不思进取，未意识到自己是少数派总统，不仅没有安抚社会矛盾和党派矛盾，还刻意挑衅对手。到最后，只勉强保住选举基本盘，新盘几乎没有开拓。

2020 美国大选，1.55 亿人投票，投票率 66.7%，至少有 5500 万邮寄选票。开票第一天，川普在美国五大湖附近选票领先，那时，川普阵营都认为他连任有望，随着剩下的几百万张邮寄选票被逐渐一一清点，拜登后来居上。

但川普有极强的政治嗅觉，知道邮递选票是自己罩门。从年初开始，他就反复强调邮寄选票有问题，"造假""欺诈""非法"这几个描述邮递选票的核心词汇，几乎没变过。直到九月底，总统电视辩论时，川普还在否定邮寄选票。

这些指控，为大选后系列诉讼埋下伏笔。哪怕如今拜登普选票和选举人票都大大超过川普，川普也不认输，甚至以此为借口，向支持者募捐，大选结束后月余时间内，川普还筹集 14 亿资金，打破历史记录。

"无知少女"搅翻美国

新冠是美国大选的黑天鹅，那"黑命攸关"运动就是黑天鹅下的蛋。

正值新冠蔓延，警察在明尼苏达州跪杀非裔弗洛伊德，饱受隐形歧视的非裔群体走上街头。当时，许多人失去工作，隔离的焦躁，生活的困窘，以至于压抑的怒火被点燃，全美各地掀起轰轰烈烈的平权游行，部分地方引发骚乱。

复杂声音涌来，民主党一次次隔空喊川普是种族主义者，历史细节被一再放大清算，有种族歧视瑕疵的名人的雕塑被推到……面对困局，川普无解，只有咒骂和情绪发泄，一次次叫嚣"法律和次序"，威胁用军队平暴，引发反感。

平权浪潮后，大多数非裔很自然的站到拜登一边。拜登手上的牌越来越多。多数美媒认为，无党派中间选民、知识分子、少数族裔、性少数、青少年、女性选民对拜上台贡献最大。取这些群体的关键字概括，就是"无知少女"。"无知少女"大选前为川普添堵，大选时为拜登拉票，大选后还被选为拜登未来的执政骨干。

今年美国女政客，最是群星璀璨：哈里斯将成美国第一个女副总统；佐治亚州前众议院少数党领袖史黛西，花几年时间，重塑非裔投票信仰，把 20 年深红的佐治亚搅个天翻地覆；国会女议员、印第安人哈兰德被提名为内政部长，有望成近 200 年，管理土著机构的第一位土著部长；众议院首席顾问、华裔戴琪被提名为美国贸易代表。

因为囊括多位女性、少数族裔女性、非裔、公开身份的同性恋政客等，拜登内阁还可能是美国历史上最多元的内阁班底。

"义乌指数"失效了

押宝美国大选，五月拜登胜利有望，到九、十月就能笃定拜登胜率更大些。

作为异类政客，川普挑战传统，也必被反噬。八月共和党代表大会上，川普全家上阵，虽现场声势浩大，可有分量的党内建制派大佬，似乎在做切割，并未前来捧场。这次党代会，就像会后的那场烟花，绚烂惊艳，却炸出了寂寞。

到八月九月，拜登当选的最好信号出现——团队筹集的竞选资金大大高于川普。美国大选，钱多未必当选，但是没钱肯定难当选。如今拜登筹款多，也算是美国人提前用钱给他投票。数据显示，一些华尔街财阀也抛弃了川普。

四年前，"义乌指数"一直预测川普会赢。今年大选前一周，《纽约时报》还说，"义乌指数"再次指向川普赢。有义乌商人说，川普帽子订单数"今年有数万个"，"拜登只有几千个"。

然而今年"义乌指数"魅力不再。原因很简单，因为消耗小对象最多的是竞选集会活动，新冠持续大流行，拜登一直都严格限制现场活动人数，哪来义乌商品的用武之地。

有义乌商人曾告诉全现在，这两年以来，美国客户流失很快，现在订单多来自欧洲。他说，许多美国老客户去了越南，加上中美贸易战影响，有买家怕中途生变，不敢发大订。

时过境迁，一个不能卖更多产品给美国的"义乌指数"，还剩多少可信度？

所以，我们谈论美国大选，究竟在谈论什么？

是谎言？是撕裂？还是痛看昔日先锋拥抱保守？

比起隔靴搔痒的东方玄学，真正的美国本土语境，包括大选民调，才更有参考价值。

跟四年前一样，今年美国摇摆州民调误差较大，备受诟病。隔岸看戏如我们，大多也对美国大选民调嗤之以鼻。但事实上，拜登今年超川普700万票，领先4.4%，加上2%左右的民调误差，对比选前民调，只要不是太有政治倾向的民调公司，全国民调失准率其实不大，有些还特别准。

民主制度的守望者

大选终战来临，因为邮寄选票点票延迟，总统选举日变成选举周。

少有美国总统大选，像今年一样跌宕起伏。直到11月8日，美国总统大选日后的第五天，宾州费城唱票结束，这个曾发表《独立宣言》的城市，才首次宣告拜登的选举人票超过当选需要的270票。

美国大选以后，川普眷恋权栈，不愿认输，又有疯狂支持者力撑，在别的国家，这或许会发生哗变，可是美国却依照选举流程，把有威权倾向的政客赶下台。尽管过程有波折，但拜登明年上台已成定局，美利坚选举制度的弹性再次得到检验。

今年六月，川普在白宫边驱赶抗议者，叫上军方将领作陪，被外界批评。等缓过神来，军方就开始抵制总统命令。随后军队高层公开警告，军队只效忠宪法，不效忠总统。而且，连一向都被川普视为自己阵营的司法部，其铁杆盟友——司法部长巴尔，都顶住压力，拒绝在大选期间调查拜登家人，从而影响大选走向。

美国联邦最高法院更是筑起一道高墙。大选之后，选举作弊诉讼要么被驳回，要么被多数大法官否决。九月，美国大法官金斯伯格去世，川普力推新法官巴雷特上位。保守派对巴雷特报以期望，但选后几桩诉讼，巴雷特坚守立场，并未完全站川普阵营。

保住底线——是今年美国民主制度的守望者，给复杂世界最大的馈赠。

包括美国自由派主流媒体，尽管遭到保守派的强烈攻击，仍坚持所信的普世价值。川普一举一动，都被媒体所审视：白宫的例行疫情会，成了媒体群责总统作为不力的大本营；大选前，美国多家主流媒体放弃多年以来的中立报道原则，公开发社论挺拜登；大选后，哪怕是川普拥趸的保守派媒体代表——福克斯新闻，同样拒绝修改亚利桑那州的大选结果。

明年一月，川普会走，但川普主义却会留下来。这四年，许多人已经厌倦——他所煽动的种族主义、孤立主义、对多元文化不宽容、对外来者的不信任、对科学的鄙夷、对阴谋论的偏执、对女性的歧视、对穆斯林的憎恶、对弱者的嘲讽、对政治强人的向往，对逝去荣光的缅怀……

四年沉疴，大道艰难，78 岁的拜登，美国历史上最年长的准总统，该如何肃清川普主义，弥合伤痕带领国家前行，全世界都在观望。

（首发于 allnow.com 网站，2020/12/27）

谈美国总统选举制度存在的问题

杜延林

川普的支持者们经常会说，川普是美国人民选出来的，是美国民意的体现。美国的总统选举真的是像他们说的那样每次都是多数人意志的体现？我们现在就以美国历史上总统选举的几起争议为例，来看一下美国总统选举人团制度存在的的问题。

美国的选举制度是所谓的间接选举，它不是按比例由公民直接投票选出总统，而是先由各州选出选举人，组成选举人团，然后再由选举人团投票选出总统。最开始设计这个制度的目的之一是要保护小州的利益。建国初期，州与州之间的人口差别非常大，像纽约这样的大州有几十万人，特拉华这样的小州人口只有几万，如果按比例分配，美国 13 个州中只需 5 个州就可以决定多数，小州的利益得不到保障。另一个原因是，像麦迪逊这样的开国先贤对普通民众的政治参与能力没有信心，由于美国地域辽阔，那时候通讯交通都不方便，普通民众参与政治的热情也不高，他们对总统候选人缺乏了解，如果让他们选出他们信得过的当地精英（选举人）来投票选举总统，更能保障选出所谓的"自然贵族"。那个时代，民主并不是一个令人向往的价值，开国先贤设计一种间接选举制度，恐怕也有对民众易被阴谋家煽动而出现狂热的多数暴政的恐惧。

选举人团制度，是按照各州参众两院的人数来分配选举人指标的。参议院每州两个名额，大小州相同。众议院按照人口比例分配指标，但最小的州至少有一个指标。宪法只规定选举人的指标和由选举人团投票选举总统及选票送达格式，但每个州具体怎么操作联邦宪法是不管的。联邦宪法中的联邦权力是州权的让渡，除了明文规定的联邦权力外，剩余的权力都是州的权力。

这样，后来选举人投票演变成赢者通吃就很自然了。比如某个州的选举结果是民主党候选人得票51%，共和党候选人得票39%，另外10%的选票投给了第三党或独立候选人。恰好这个州的参众两院最高法院法官多数和州长都是民主党人，他们就会改变选举规则，规定只要本州岛岛的多数人选择的是民主党候选人，那么选举人票就全部投给民主党候选人，这种赢者通吃就实现了党派利益的最大化。当一个州这样规定，其他州能不跟着效仿吗？因为每个州都有一个占多数的政党，看到某个州赢者通吃，其他州如果不跟进，其多数党就觉得自己吃亏了，因为他要把选举人票分给对手。如此一来，几乎所有州的选举人票最后都变成了赢者通吃，那么这就不再是一种间接选举，选举人团变成了仅仅是一个名额的概念。但是，它又不是真正的直接选举，起码不是按人口比例的直接选举，选举人团的名额分配跟人口比例极不相称。比如，罗德岛人口是加州的1/60，他的选举人票是加州的1/18，也就是在加州是60万人一个选举人，罗德岛18万人一个选举人，各州选民选票的含金量差别太大。这就是为什么有的总统候选人赢得全国总票数多数甚至超过半数，却输在了选举人票上，典型的代表就是2000年戈尔和小布什的选举，戈尔多出53万张普通票，却败给了小布什，小布什获得271张选举人票。从1961年，美国的参众两院人数就固定成538人不再增加，它的一半是269个人，也就是谁获得270张选票以上谁就获胜。当时小布什获得271张选举人票，只多出两张，获得了美国总统职位。这个过程非常复杂，经过了好几次来回的诉讼，最后由非民选的最高法院决定了总统归属，这不能不说是对美国民主的讽刺。

迄今为止，历史上发生多次类似情况。

第一次选举危机出现在1800年亚当斯与杰斐逊竞选美国第四任期总统时期。那时规定总统和副总统一起投票，托马斯·杰斐逊和阿隆·伯尔作为民主共和党候选人参选总统与副总统，约翰·亚当斯和查尔斯·平克尼代表联邦党人搭档竞选总统副总统，每个选举人可以投两张票，但为了防止地方主义，有一张选票必须投给非本州岛岛的候选人，得票最多且过半数者可以就任总统，得票第二者为副总统。

选举结果杰斐逊与伯尔得了相同的73张选举人票，亚当斯和平克尼分别得了65和64张选举人票。显然，亚当斯和平克尼落选，但因为杰斐逊和伯尔票数相等，而那时候选票并不区分总统副总统，这样谁是总统就成了问题。按照联邦宪法规定，当选举人票出现争议时，应该由国会众议院一州一票进行表决，过半数者当选。但如果众议院截至总统就职日（3月4日）（此时只剩两周时间）还无法决出胜负怎么办？联邦宪法并无规定。而且吊诡的是，联邦宪法规定国会会期是每年的12月份起，当时已经进行了国会选举，民主共和党大获全胜，但必须到1801年12月份才能开会。这样，决定总统命运的投票只能交给已经落选到期即将离任的联邦党人控制的国会去决定。联邦宪法实际上漏洞百出。问题是联邦党人的选项不止是杰弗逊和伯尔，一篇署名"霍雷休斯"的短文发表在《华盛顿联邦党人报》上，通过对联邦宪法进行解读和推理，得出结论：只有一种途径可以终结"总统难题"：如果众议院陷入僵局，行将离任的联邦党人国会和总统应该通过一个新的法律任命一位"美利坚合众国的官员"担任总统以取代托马斯·杰斐逊。这个官员应该是谁？霍雷休斯没说。但按照他的逻辑，最合适的人选应该是时任国务卿兼最高法院首席大法官的约翰·马歇尔。而后据考证，这篇匿名文章的作者正是此公。

对于联邦党人的阴谋，民主共和党人进行了激烈的反击，杰斐逊告诫亚当斯，此时一种非常危险的实验正在酝酿着，志在通过国会立法挫败总统选举……这一措施很可能导致武装抵抗，后果不可预料。实际上，民主共和党人控制的两个极容易组织起来向华盛顿进军的州长职位——弗吉尼亚州的詹姆斯·门罗和宾夕法尼亚州的托马斯·麦凯恩已经采取措施，筹建他们各州的民兵组织以采取有效的行动。虽然联邦党人的报纸叫嚣要"武装马萨诸塞州的六万民兵以摧毁那些来自宾夕法尼亚的外国人或者弗吉尼亚的一些气势汹汹的滋事者所形成的力量"，但鞭长莫及，新英格兰离得太远。对于联邦党人来说，更为不幸（却是美国的幸运）的是，本来在美国与法国冲突之际，汉密尔顿曾想组建一支常备军由他亲自指挥以应付法国可能的入侵，但由于亚当斯跟法国达成了和平协议而使这一动议搁浅。

在经过35轮投票后，杰斐逊一直以8票领先于伯尔（6票），那时共有16个州（两个州因两人得票持平而弃投），杰斐逊没过半数。此时，特拉华州的唯一的众议员联邦党人詹姆斯·贝亚德站了出来。如果继续僵持下去，一旦发生内战，特拉华州将成为战场，这是这个小州无法承受的，据说其通过私下与杰斐逊谈判，贝亚德在第36轮投出了支持杰斐逊的关键一票，使危机得以化解。

经过这一次争议以后，美国的国会开始修改宪法，增加了第12修正案，主要是解决总统和副总统分开投票问题，总统就是总统，副总统就是副总统，以防止再次出现类似情况，但这并没有解决其他的问题。

第二次选举危机出现在1824年昆西·亚当斯与安德鲁·杰克逊之间的竞选。昆西·亚当斯获得30.5%的选票，安德鲁·杰克逊获得43.1%的选票，杰克逊的选票数超过亚当斯，但是没有过半数。命运又一次交给议会，由议会来选出总统。因为第三名放弃竞争，转而支持亚当斯，这样亚当斯的选票就过半了，议会宣布亚当斯当选，这让杰克逊出离愤怒。民主共和党的创立人是杰斐逊，而现代民主党的创立人是杰克逊，是他分裂了民主共和党。这次倒霉的是民主党，但民主党的霉运才刚刚开始。

第三次选举危机出现在1876年民主党人蒂尔顿与共和党人海斯竞争总统职位中。蒂尔顿的选票多出海斯25万张，他的选举人票也多，获得184张选举人票，海斯是165张选举人票，但蒂尔顿落选了。奇怪蒂尔顿为什么会落选？因为他差一票（185票）才能过半，这个时候出现了争议。当时南北战争刚刚结束，南方党争激烈，南方的三个州（南卡罗莱纳、佛罗里达、路易斯安那）和俄勒冈报来的选举结果报告都有两份。本来，按照宪法规定，要有作为参议院议长的副总统在两院全体会议上当众拆封，宣布总统选举结果。但现在，如果由他来决定，肯定选择有利于自己党（共和党）的报告（当年杰斐逊作为参议院议长拆封宣布佐治亚州不太合规但有利于自己的选举结果报告有效，避免了更复杂化的局面的出现）；如果由民主党占多数的众议院决定，则肯定是蒂尔顿当选。于是国会就组成了一个15人（参众两院和最高法院各派5人）的选举委员会（其中，民主共和两党各7人，无党派的大法官1人），进行投票，1877年3月2日，离总统宣誓就职仅剩两天，委员会以8∶7裁定，海斯获得四个州的选举人票，以一票之先当选总统。

117

民主党在南方占多数，选举结果不利于南方，然而南方为什么会接受这一结果？因为他们达成一项肮脏的交易，总统给共和党的海斯，但是北方军队撤离南方，结束南方重建和对黑人的保护。一位历史学家评论说：两党"妥协的真正受害者是南部的黑人，因为它正是以他们为牺牲品而达成的，从而使写入第 14 和第 15 条宪法修正案的各项保证的实际施行，延迟了三个世代之久"。

为了弥补这一宪法漏洞，1887 年国会制定并通过了《选举人票计算条例》，规定某州的总统选举人票出现争议时，州立法机关应在选举团正式投票选举总统的前一个星期，按大选前制定的选举规则，解决争议，产生该州总统选举人名单，以免把矛盾推给联邦国会。这就是所谓的"安全期"条款。

第四次选举争议出现在 1888 年民主党人克利夫兰与共和党人哈里森竞选时。民主党人克利夫兰得了 5540050 张普通票，168 张选举人票；共产党人哈里森得了 5444337 张普通票，233 张选举人票，哈里森当选，受伤的又是民主党人。

2000 年共和党的小布什与民主党的戈尔竞选总统，戈尔的普通票多出了 53 万张，这不是个小数，但小布什以 271 张选举人票微弱多数当选美国总统。

国内有些反美人士曾经说，美国也是世袭制，因为老布什当完总统，其儿子小布什继续当，这种说法很无聊。戈尔跟小布什一样，也是政界元老的后代。小布什的爷爷是康涅狄格州国会参议员，父亲老布什是两届副总统加一届总统，小布什本人干了好多年德州州长，干得不错；戈尔的父亲是田纳西州的国会参议员，戈尔本人的政治经历也非常辉煌，28 岁当选众议员，后来当选参议员，当过 8 年的克林顿的副总统，不管是出身还是个人的经历都不输小布什。

美国的选举人团制度导致一个很有意思的现象，使得总统竞选的竞争主要集中在所谓的摇摆州。对于深红州和深蓝州，基本不存在竞争，比如纽约加州等这些大州，是民主党的票仓，有些州则是共和党的票仓，因此这些州也就没有多少竞选的价值。民主党票仓主要是北方几个比较开明的大城市，共和党的票仓主要是西南部这些偏远的落后的小州。那么为什么又会出现受伤的都是民主党现象？因为大州是民主党的票仓，民主党在总人口上是占优势的，而小州在选举人票上占优势的，至少每个州都有两个参议员席位。

2000 年大选前，双方算来算去，有三个摇摆州最关键，宾夕法尼亚州、密歇根州和佛罗里达州。11 月 7 日计票开始，选举结果很快出来了，双方都拿下了自己的"票仓"和预计获胜的州，同时戈尔拿下了宾州和密歇根州，如果再拿下佛罗里达州，民主党将入主白宫。计票截止日东部时间晚 9 点，媒体报道戈尔获胜。正当民主党欢庆的时候，晚上 10 点多，媒体宣布数据有误，佛罗里达是未定之州。到次日凌晨 2 点，CNN 宣称小布什赢得佛罗里达 25 张选举人票，最终获得 271 张选票当选。于是戈尔打电话祝贺小布什当选美国总统，然后驱车前往田纳西州议会大厦，准备公开认输。此时佛罗里达州检察长（民主党人）给戈尔打电话，通知他先不要急于认输，因为两人得票差距不到 0.5%。按佛州法律，如果两个人的选票差达不到 0.5%，可以重新计票。戈尔立即给小布什打电话，称现在不承认败选，要重新计票，刚才的祝贺作废。

11 月 8 日下午，佛罗里达完成了 67 个县的计票工作：在大约 6 百万张选票中，小布什赢了 2909135 张，戈尔赢了 2907351 张，其他候选人赢了 139616 张，小布什仅比戈尔多得 1784 张。票差不到 0.03%。按照法律规定，各选区（县）选举委员会必须重新机器计票，另外，候选人有权在选举结束后 72 小时内提出人工重新计票的要求，由县选举委员会决定是否可行。11 月 19 日，经过机器的重新计票，小布什比戈尔只多 327 张票，这下戈尔更不甘心了。于是戈尔方面要求对棕榈滩县等若干属于民主党势力范围的选区进行人工计票。

对于佛州的重新计票，小布什阵营非常不满。11 月 12 日，小布什方面向佛罗里达的联邦地区法院提出紧急申请，要求法院下令停止人工计票，但地区法院以人工计票属于州法管辖范围，联邦法院不能随便干涉为由，拒绝了小布什方面的要求。小布什方面决定向在亚特兰大的联邦巡回上诉法院提出上诉，16 日，该院以相同理由驳回。佛罗里达州务卿、共和党人哈里斯女士宣布，11 月 14 日（当选结束后第 7 天）是各县上报选举结果的最后期限，逾时概不接受。对此民主党人难以接受，因为棕榈滩等县的人工计票刚刚开始，不可能在法定时间内完成。棕榈滩等县向州法院申请宽限被驳回，它们立即上诉到佛罗里达最高法院，要求阻止哈里斯在法院判决前签署任何选举结果。此举终于成功。11月20日，佛罗里达州最高法院开庭。法庭辩论主要集中于两个问题：（1）县选举委员会是否可以决定进行人工重新计票；（2）州务卿是否有权拒绝逾期上报的计票结果。

11月21日，佛罗里达最高法院以7：0（法官中有6位民主党人）做出判决：首先，如果机器计票和抽样人工计票的结果出现差异，县选举委员会有权进行人工重新计票；其次，州务卿的确有权拒绝逾期报来的计算结果，但这一权力不是绝对的，而是有条件的。因为选举权是州宪法保障的最重要的公民权利，是其他公众自由的基础，必须得到尊重和保障，"技术性法律规定不能凌驾于选举权的实质内容之上"。为此，它宣布：棕榈滩等县可以继续进行人工计票，但计算结果必须在5日内（11月26日下午5时前）上报州务卿，后者必须将这些结果包括在大选的最后结果中。这一判决显然是民主党的胜利，但是5日内完成几十万张选票的人工统计，谈何容易。11月23日，迈阿密-戴得县选举委员会宣布停止人工计票，因为不可能在5日内完成计票工作。对此，民主党方面立即向佛罗里达最高法院提出紧急申请，要求其下令该县立即恢复人工计票工作，被驳回。截止到11月26日，只有一个县完成了人工计票。当晚，州务卿哈里斯正式签署了佛罗里达选举结果：布什赢得2912790票，戈尔赢得2912253票，布什领先537票。哈里斯拒绝了迈阿密-戴得和棕榈滩县的计票结果（戈尔在两县分别净增加168和215张选票），理由是前者报来的只是部分统计结果，后者则超过了截止时间。民主党不服，向佛罗里达巡回法院提出紧急请求，要求下令哈里斯接受上述两县的计票结果，并命令迈阿密-戴得县完成人工计票工作。法院作出判决：下令两县将争议选票运到法院备查，但没有同意恢复迈阿密-戴得县的人工计票。

戈尔方面又把这个要求上诉到佛罗里达最高法院，12月8日，最高法院以4：3推翻了佛罗里达巡回法院的判决：棕榈滩的计票结果和戴得县不完整计票结果都应该包括在最终的统计结果中（这样

使两人票差缩小到 154 票。）；另外，下令在全州范围内人工统计 6
万张漏选票。

布什团队立即上诉到联邦最高法院，要求推翻佛罗里达最高法
院的判决。最高法院以 5：4 否决了佛罗里达最高法院的判决，维持
佛罗里达巡回法院的判决。简言之，最高法院判决小布什赢得了大
选。5：4 阵营是这样划分的，投否决票的 5 个人中，有伦奎斯特首
席大法官、斯卡利亚大法官、托马斯大法官，这三个是保守派的大法
官，肯尼迪大法官和奥康纳大法官是中间偏右的大法官，所以他们支
持了共和党。理由之一，计票时间远远超出了 1876 年的《选举人票
计算条例》规定的时限；理由之二，要求对作废票进行重新审核并没
有统一标准，违反了第 14 修正案平等对待的条款。对立阵营中 4 位
开明派大法官，是史蒂文森大法官、布雷耶大法官、金斯伯格大法
官、苏特大法官。开明派的理由一，佛罗里达最高法院有权对佛罗里
达的选举法进行解释，而联邦最高法院无权干涉州最高法院对本州
岛岛司法的解释。因为佛罗里达最高法院并没有创设新法，只是在执
法。理由二，选举的制度就是由各州各县自己来决定的，本来就没有
统一标准，要求有统一标准并且平等对待，是很荒唐的；所以，要求
维持佛罗里达最高法院的判决。持续了 36 天的纷争，终于在 2001 年
1 月 6 日结束，尴尬的是由美国参议院议长戈尔宣布竞选结果，小布
什以 271 票当选美国总统，这就是布什诉戈尔案最后的结果。

于是问题出现了，美国最高法院该不该干涉美国的总统选举。最
高法院是是唯一非民选的机构，是总统任命的，是最没有资格干涉美
国总统选举的。按照最高法院的先例，它们一般是只涉及司法问题，
不涉及政治问题，因为政治是民主；虽然参众两院的选举也有一些问
题，比如单一选区的格里蝾螈问题，但毕竟是民选，而最高法院不是
民选的，最高法院只是执法，只是解释法律。在美国的传统上，即使
最开明的沃伦法院时期，也基本上不插手美国的政治，只是对宪法进
行解释，进行司法审查。

伦奎斯特首席大法官是一个保守派，伦奎斯特法院是个保守法
院，保守派更强调州权，更应该尊重州最高法院的判决。布什诉戈尔
案被大家认为是违反了保守派自己的司法理念的一个典型案例，干

121

预的原因可能是：一，这些保守派大法官本身是共和党任命的。二，他们面临着退休，最高法院大法官接任者将会由新任总统任命，这涉及未来最高法院将是一个保守的最高法院，还是一个开明的最高法院的问题。这本身就是党争，就是政治。而我们知道，开国先贤们在费城立宪时，是不可能预见到美国政党政治的，在总统选举制度设计上注重了对民粹的防范，却忽视了党争的危险。这就要求最高法院作为宪法的守护者，应该尽量远离党争，保持独立。虽然最高法院能够勇敢地站出来，去化解一场宪政危机，但是从长远来看，是福是祸，实难定论。因为，选举人团制度所体现出来的宪政危机是如此明显，已经不是一个宪法解释或司法审查的问题。不管是 1800 年杰斐逊与伯尔之争，还是 1876 年蒂尔顿与海斯之争，危机过后，国会都及时对宪法进行了修正或立法补救；但小布什和戈尔之争由最高法院解决，使得民选议会并未承担起宪法创制的责任，去解决这一宪法危机。布鲁斯·阿克曼谈到美国为什么可以屡屡化解宪政危机时，把原因归结为政治家的超凡能力和幸运；而这一危机在不久后的 2016 年总统大选中，以一种更为严重的姿态重新出现，不知道未来的政治家是否还有这种超凡能力，亦或幸运继续降临美利坚。

2016 年大选，民主党候选人希拉里·克林顿获得 65853514 张普通选票、227 张选举人票，共和党候选人唐纳德·川普获得 62984828 张普通选票、304 张选举人票。后者当选，前者多出接近 290 万张普通选票却落选。仔细注意一下会发现，两人选举人票之和 531 张，并不等于总票数 538 张。少了 7 张？这就是所谓的"叛票"——选举人没有投给赢得选举的候选人，而是投给了别人，比如本是希拉里的票却投给了桑德斯。这岂不荒唐？开国先贤设计选举人团制度本来是信不过民众，但现在却是你要不要信任选举人团的"精英"的问题。川普是人民选出来的吗？当然是，是美国 46.1% 的人民选出来的，同时也是 48.2% 的美国人民反对的（明确支持希拉里）。但问题在于，这 46.1%，可能就是开国先贤最信不过的那一部分。川普上任后的所作所为及其最近应对疫情的表现，就说明了这一选举制度带来的宪政危机，已经到了多么严重的程度。

选举人团制度的问题出在哪?

首先,从以上分析来看,美国开国先贤设计的这种间接投票,其目的并未实现,带来的一个直接效应却是对民意的极度扭曲。且不说选举人票数与按比例的普通票数的巨大背离;更为严重的是一种很奇怪的现象的出现,由于这种选举制度使得两党竞争战场主要设在了几个人口较少的摇摆州,使得深蓝州、深红州都没有太多争夺价值。也就是说,决定选举结果的,不是成比例的主流民意,而是摇摆州的"权重"民意,这样选出的总统就可能不是社会主流价值观的代言人,这就是哈耶克所担忧的"少数暴政"现象。川普就是一例。美国是一个以普世价值(决不是基督教)为立国根基的国家,但川普代表的显然是一种白人至上、宗教极端主义和市场原旨主义的极右保守主义思想谱系,这不仅扭曲了美国价值观,也影响了包括中国思想界在内的世界思潮,贻害无穷。而这些保守势力看中的是总统通过任命大量保守派地区法官和最高法院大法官,实施更长远的社会控制。

其次,这种赢者通吃的选举模式固化了前一缺陷,也固化了两党制,使得美国政治失去了更多的选择,妨碍了多党竞争。如果前一缺点是对主流民意的歪曲的话,此一缺陷恰恰是妨碍了多元化民意的政治表达。因为如果按比例计票,可能会有第三党或者独立候选人当选,如果州与州之间累加,可能在某个州第三党都是相对少数,但由于两大党竞争激烈,这个州共和党相对多数民主党是极少数,另一个州民主党相对多数共和党极少数,那么第三党或者独立候选人就可能变成第二候选人,全国的计票结果很有可能超过第一名,当选总统。但是按照现在这种赢者通吃的计票模式,票数不能累加,第三党或者独立候选人就无法当选,因为他们在几乎任何一个州都不会是第一,这样就使得美国永远是两党制。

综合以上两方面,随之而来的就是,由于主流民意的沉默和其他选项的阙如,党争造成的极化成为趋势,社会认同也会出现极化或者撕裂;而反过来,要想赢得选举,必须尽量争取极端选民。一个社会的稳定、进步和发展,依赖于拥有一个庞大的温和、稳定的中间群体,两极化是社会动乱的根源。社会严重撕裂和极化,是产生狂热分子的温床，同时也就成了煽动家引领民粹的战场。川普的言行就是最好的证明。而这恰恰违背了开国先贤设计这一制度的初衷。所以，布鲁斯·阿克曼认为，这是"建国之父的失败"。

那么，如何走出这一危机？或者回到前面我们的问题，通过最高法院大法官的司法审查解决类似危机是否是长久之策？

多年以来，在研习政治哲学的过程中，我一直有个疑惑，作为自由主义者，我赞同自由价值的优先性，特别是一些基本价值，比如言论自由、信仰自由等等，必须得到宪法的保护，不可商讨，当然不可以通过民主投票以多数名义随意剥夺。但同时，宪法的最终权威来源于哪里？当然是人民，人民主权，这是民主的第一要义。这是一个终极价值的悖论。

我在研究美国宪政思想史的过程中，发现他们和我一样纠结，这就是布鲁斯·阿克曼所谓的"一元民主论者"与"权利本位主义者"的对立。

前者的代表人物有伍罗德·威尔逊（美国第 28 任总统）、詹姆斯·赛耶、奥利佛·霍姆斯等。这些人认为，民主要求授予最近一次大选的胜出者以全面的立法权威——只要这次选举是建立在自由公平原则基础上，而且胜出者没有试图妨碍下一轮选举挑战。这里面蕴含着一个逻辑：当最高法院或者任何别的什么人宣布法规无效时，它就面临着"反多数难题"，这种难题只有在完善的民主制宣称能够容忍这种特殊行为时才能够克服。我们发现这一理论的最好诠释就是英国这样的议会制，选举赋予下院以绝对权威，而不像美国这样的体制，必须容忍一个强大的非民选机构——最高法院的桀骜不驯。这一派的理论受到另一些被称为权利本位主义者的挑战，他们认为美国宪法首先以及最主要涉及的是对权利的保护，这种权利不管是诺齐克的自由权、德沃金的平等权、罗尔斯的平等的基本自由权还是爱泼斯坦的财产权，亦或欧文·费斯强调的弱势群体的权利。对于最高法院的"难题"，权利本位主义者觉得并不可怕。相反，他们会震惊于这样的事实，民主的立法竟然赞同各种压迫行为——确立国教、允许酷刑等等。前者指责后者为精英主义，后者指责前者为民粹主义。

那么在有关选举人制度问题上，这两种理论的分歧会给我们什么启示？对于一元论者来说，最高法院干涉总统选举，甚至在某些情况下去认定议会制定的法案违宪是不可接受的，是对民主政治的不当干预。前几次危机的解决就是这一理念的体现，不管是第 12 修正案，还是《选举人票计算条例》，都是议会通过立法对宪法漏洞进行弥补，即以民主的方式解决民主政治问题；但这一解决方案面临着一个难题，就是美国宪法规定的修宪门槛过高，必须由 2/3 两院议员及 3/4 州的通过，才可以修宪，对于选举人团制度，受益方一直是共和党，除非民主党获得全面大胜，修宪基本不可能。2000 年布什诉戈尔案，联邦最高法院对佛罗里达最高法院判决的违宪审查确立了总统归属，但这是否符合权利本位主义的理念？这一判决维护了谁的、哪一项基本权利？反过来，倒是由于最高法院的保守派大法官通过判决，给了支持保守派总统继续任命保守派大法官的权力，使得最高法院继续保守化，未来有可能对一些已经被承认的权利法案构成威胁。比如福音派支持川普的条件，就是川普保证任命大量地区保守派法官及最高法院强硬保守派大法官，福音派针对的就是一些类似于堕胎合法化、同性婚姻等平权法案，最高法院不但不是自由的保护神，反而有可能变成自由的瘟神。回顾一下历史上导致了南北战争、判决黑人不是美国公民的斯科特案（1857），裁决种族隔离合法并确定"隔离但平等"的普莱西案（1896），和认可联邦政府无理拘留日裔美国人的是松案（1944），再看看大量的州（密西西比、俄亥俄、肯塔基、密苏里、佐治亚、阿拉巴马、路易斯安那等）已出台严格的反堕胎法案，而这些州多数都是历史上臭名昭著的蓄奴州。对于权利本位主义者来说，是否应该思考一下如何约束最高法院的任性？

民主一元论者与权利本位主义者的矛盾不是不可协调的，布鲁斯·阿克曼的"二元民主理论"就试图协调二者的矛盾。在阿克曼看来，对于常规政治时期，也就是两次大选之间或者没有宪政危机的常规选举中，民选的议会履行常规立法的任务，甚至公民在选举中可以不用过于积极地参与，更多的是通过法律维护自己的合法权利。最高法院则以其宪法权威，维护公民的基本权利，这时权利本位主义的权利优先理念得以实施。但如果出现了类似于南北战争或罗斯福新政时期的重大宪政危机，人民就要出场承担起积极公民的角色，行使人民主权，通过选举使自己的代言人进入国会，行使高阶立法权，不但可以废除旧法，而且可以创制新法。这时候最高法院作为非民选的机构，必须服从人民的权威。

美国选举人团制度走到今天，以 290 万张选票的误差，让 46.1% 的人民的意志凌驾于 48.2% 的人民的意志之上，选出了一个成事不足败事有余的总统，不仅仅破坏了美国的宪政体制，而且正在侵蚀美国的价值观，这既说明了美国的撕裂和极化，也说明了选举人团制度的失败。怎么办？一切取决于美国人民。2020 年 11 月份的大选，美国人民需要出场，用自己的选票向保守主义者和川普说不。人民从来不是一个集体概念，只能是一个一个的个人，当他们意识到自己的权利被侵犯，单凭个人却无法从现有法律得到救济时，他们就用选票结成一个坚强的集体：我们（合众国）人民。

我相信美国的未来，但对于最近期的未来信心不足。因为布鲁斯•阿克曼的理论仍然无法解决一个根本问题：人民愚蠢怎么办？那只有靠文明去战胜愚昧，这是人类长期的艰难使命。

（首发于"思想言说者"公众号，2020/5/25）

美国历史上 1812 年以来最耻辱的一刻

刘海天

【前言：在 1812 年的英美战争中，美国国会大厦在 1814 年 8 月 24 日遭到了英国的攻击和烧毁。昨天（2021 年 1 月 6 日）美国国会历史上第二次受到"暴徒的暴力攻击"，却是来自于本国公民，而以谎言煽动攻击的，还是居住在白宫的人，其目的是阻挠国会遵照宪法正在进行的大选结果认证程序，从而推翻 2020 总统大选的结果。如此行径的性质和后果是什么？笔者将通过事实和许多共和党（而不是民主党）的重量级人物的论述来分析。】

川普在这次攻击国会事件的角色

昨天（2021 年 1 月 6 日）晚上，在攻占国会暴徒们被清除之后，国会两院复会，继续 2020 大选结果认证程序。副总统彭斯（Mike Pence 共和党）和参议院多数党领袖麦康奈尔（Mitch McConnell 共和党）鲜明指出，这是美国国会历史上第二次受到"暴徒的暴力攻击"，而且坚持认证 2020 总统大选的结果是宪法赋予国会的神圣职责和权力。

内布拉斯加州共和党参议员萨斯（Ben Sasse）谴责川普煽动对国会大厦的骚动和暴力，"今天，世界上最大的自治政府美国国会大厦遭到洗劫，而自由世界的领导人则懦弱地躲在键盘的背后，发推文攻击他的副总统履行其对宪法的职责……谎言有严重后果。这种暴力是一个总统沉迷不断煽动分裂的必然和丑陋的结果。"

犹他州共和党参议员罗姆尼（Mitt Romney）在参议院发言指出："我们今天在这里辩论是由于一个自私的人受伤的自尊心以及他的支持者的愤怒，在过去的两个月里他故意误导了他们，并于今天采取暴力行动……今天发生的是美国总统煽动的暴动。"罗姆尼还警告同党参议员克鲁兹（Cruz）和（Hawley）等人，"那些选择继续反对合法民主选举的结果，企图以此实现其个人政治野心的人将永远被视为同谋，他们在美国历史上这一可耻事件中的作用将被人们铭记，这将是他们的历史污点……尊重选民的最好方式，就是对他们讲真话，拜登在大选中获胜，川普输了。"

在过去四年一直支持川普的南卡州共和党参议员格雷厄姆（Lindsey Graham）在参议院发言对那些选票舞弊谣言逐一反驳，最后说："够了（Enough is enough），该结束了！副总统彭斯，他们想迫使你做你做不到的事情，因为宪法说的非常清楚，我们没有权力改变大选结果……大选之前我希望拜登输掉这次大选，但是拜登和贺丽思是合法选举产生的下一届总统和副总统。"

在暴乱被平息，暴徒被清除之后，国会两院复会继续认证各州选举人票的程序。部分共和党议员对亚利桑那州和宾夕法尼亚州呈交的选举人票提出反对，参众两院分别进行辩论和表决。众议院先后以303票对121票和282票对138票否决了这两个反对，参议院则先后以93票比6票和92票比7票予以拒绝。随后，国会两院顺利完成认证拜登和贺丽思当选下届总统和副总统的程序。

其他共和党重量级人物的态度

前任总统小布什（W. Bush 共和党）1月7日发表声明中痛斥了暴乱者，称此事"令人心痛和令人耻辱"，并谴责"自选举以来某些政治领导人的鲁莽不负责任的行为"。

前司法部长威廉·巴尔（Bill Barr 共和党）可以说是川普最忠实的内阁部长，也发表声明，"川普组织暴民向国会施压是不可原谅的，是川普支持者的暴力暴乱席卷了美国国会大厦，川普如此行为是对总统职位支持者的背叛"。

川普的第一任国防部长马蒂斯（Jim Mattis 共和党）发表声明："今天对我们国会大厦的暴力袭击，是通过暴民统治来征服美国民主的努力，川普利用总统职位破坏了对我们选举的信任，并毒害了我们对同胞的尊重，如此虚伪政客的所作所为将会使得他的名字载入

128

历史耻辱柱。"

另外，包括许多保守派在内的两党议员，三位共和党州长，民选官员和社会各界人士，都要求启动宪法第 25 条修正案让副总统彭斯立刻接任总统，否则启动国会弹劾程序，罢免川普。根据富比士 1 月 7 日报道，美国工商界和金融界也都纷纷发表声明，谴责川普。全国制造商协会（National Association of Manufacturers）通电要求副总统彭斯启动宪法第 25 条修正案，罢免川普。连保守派阵营的新闻媒体旗舰《华尔街日报》在 1 月 7 日发表社论，谴责川普煽动暴乱，要求川普立刻辞职，以避免被美国国会第二次弹劾。

与此同时，多位川普内阁成员（都是共和党人）辞职，表示与川普决裂。其中包括：交通部长赵小兰（Elaine Chao）；教育部长德沃斯（Betsy DeVos），穆尔瓦尼（Mick Mulvaney）前白宫幕僚长和预算办公室主任，现任美国驻北爱尔兰特使；马修·波汀格（Matthew Pottinger），自 2019 年以来担任国家安全副顾问，等等。

一个保守派评论家的反思

布雷特·斯蒂芬斯（Bret Stephens）是《纽约时报》的保守派专栏评论家，他在 1 月 6 日的专栏中写道，国会应该立即对川普进行弹劾，将其立即罢免，因为"如果允许川普继续在任，无论多么短暂，都将国家的安全置于极度危险，使我们作为民主国家的声誉破烂不堪，并且回避了不可避免的事实，即对国会的攻击是一种暴力煽动的行为，是由一个无法无天，毫无道德和无恶不作的总统煽动教唆的。"

斯蒂芬斯指出，"其实从川普于 2015 年成为共和党的总统提名人的那一刻起，他到底是什么样的人，如果有机会，他将美国带向何处，就已经很明显。作为个人，川普是一个自恋型自恋者；作为生意人，川普是一个骗子；在人际关系中，川普是一个霸凌；在政治中，川普是歧视仇恨的煽动者。他没有原则，但是有野心；他没有盟友，但是有狂热信徒；他没有品格，但是有一种傲慢无比的无耻，而这种无底线的无耻也让他的追随者们也可以做到无耻。"

作为共和党人的斯蒂芬斯进一步反省，"五年来，共和党对川普破坏美国民主政治文化的肆意妄为视而不见甚至百般辩护；五年来，共和党放任川普对民主准则和体制发动攻击；五年来，共和党将他的不停的淫荡视为性格的怪癖，而不是此人不适合担任公职的证据；五年来，共和党把他的集会错当作民主的狂欢，而不是暴民统治的训练场。"

前车之鉴，后人须知

事实上，美国历史上就曾经发生过暴力叛乱推翻民主选举产生的政府。1898 年 11 月 10 日，北卡州威明顿镇的白人至上主义者（民主党）通过暴力来推翻了民主选举产生的，由进步主义白人（当时的共和党）和黑人联合当选组成的新政府，史称 1898 年威尔明顿叛乱（Wilmington Insurrection of 1898）。

昨天历史几乎在美国重演，川普企图通过他的 MAGA 暴徒们，例如 Proud Boys 和 Oath-keepers，攻击国会大厦，推翻大选结果。2021 年 1 月 6 日已经成为美国历史上又一个黑暗耻辱的时刻，也让美国在全世界面前，再一次蒙羞。美国新闻周刊（US News）1 月 7 日报道了世界各国对在美国发生这种以暴力推翻民主选举的事件表示震惊和谴责。这是川普自从 2015 年以来不断地颠倒事实，掩盖真相，否认科学，违背良知，煽动仇恨，鼓噪暴力，攻击民主，和践踏宪法的结果，也是许许多多的共和党政客对川普各种各样的无法无天的行为采取视而不见，甚至纵容帮凶的结果。而在 1 月 6 日晚上，暴乱被平息之后，国会两院复会认证大选结果的过程中，依然有 138 名共和党众议员和 8 名共和党参议员投票企图推翻大选结果。

林肯在 1838 年 1 月的一次演讲中说："如何预料什么时候我们国家会面临危险？我的回答是，这个危险肯定是来自于我们中间，而不是来自国外。如果毁灭是我们的命运，那么必然是我们自己启动，自己完成的。"

希特勒当年上台前后攻击摧毁魏玛共和的主要力量之一就是他的褐衫冲锋队（Stormtroopers），进行各种各样的街头暴力，威胁恐吓甚至殴打任何反对派人士，冲击政府机关，新闻媒体，犹太人商铺等等。历史无数次证明，只有独裁者才会煽动他的狂热信徒举着有该独裁者头像的大旗，攻击代表民意和民主政治心脏的国会大厦。只有丧失理性陷入宗教狂热式个人崇拜的人，才会高举某个人头像大旗。信奉民主宪政的公民，绝对不会举着某个人头像的大旗，更不会使用暴力参与叛乱。

以下是美国公共电视台挑选的 16 家报刊的在 1 月 7 日刊登的头条，作为历史的见证。

（来源：美国公共电视台 PBS）

2021 年 1 月 20 日拜登就职典礼在灿烂的烟花中顺利落幕。美国人民通过手中的选票捍卫了美国的民主程序，把一个破坏宪政制度的总统赶出白宫。众议院已经投票通过了对川普进行弹劾，参议院将会进行审判，结果如何，且让我们拭目以待。未来川普依然有可能东山再起，做出许多之前无法想象的恶行，继续破坏民主宪政，危害国家安全。如果对川普煽动国会山暴乱的行为继续放纵，不予追究，必然会有更多的川普式政治野心家在不久的将来出现，有恃无恐，以各种方式破坏美国的民主宪政制度。

（首发于《当代中国评论》特刊，2021/1/13）

后记：第二次弹劾川普的简要回顾和共和党的蜕变

2021 年 1 月 13 日美国国会众议院以 232 比 197 通过了对川普的第二次弹劾，罪名是煽动叛乱（Incitement of Insurrection），妄图推翻 2020 大选的结果。这个弹劾是历史性的：（1）川普是至今唯一的被国会弹劾两次，（2）这是历史上获得两党最高票数的弹劾，有 10 名共和党众议员投票支持弹劾。众议院共和党领袖麦卡锡（McCarthy）发言指出，"川普对周三（1 月 6 日）暴徒袭击国会的事件负有责任。"他称这次暴乱攻击是"不民主的、非美国的犯罪"。众议院共和党的第三号领袖钱尼（Cheney）投票支持弹劾："2021 年 1 月 6 日，一群暴徒攻击了国会大厦，以阻挠我们的民主进程，阻止总统选举人票的计算。这次叛乱在我们共和国最神圣的殿堂造成了伤害、死亡和破坏。总统召唤了这群暴徒，并点燃了这次攻击的火焰。随后发生的一切是他所为。川普本可以立即进行有力的干预，阻止暴力，但他没有这样做。川普对其职位和对宪法的宣誓的背叛是前所未有的。"

参议院在 2 月 8 日开始审判程序，众议院派出的代表向参议院展示当天的现场录影，陈述了川普煽动暴乱的无数言行证据。2 月 13 日参议院投票以 57-43 票判定川普煽动叛乱罪，七名共和党参议员与所有民主党和独立参议员一起投票给川普定罪，这是美国历史上对总统的弹劾定罪最高的两党共识投票。但是离宪法规定的三分之二多数 67 票还差 10 票，川普因此没有受到任何惩罚。共和党参议院领袖麦康纳（McConnell）在参议院发言指出："毫无疑问，川普在事实上和道义上对挑起当天的事件负有责任。"

值得注意的是，麦卡锡和麦康纳这两位共和党国会领袖在谴责川普之后，却又投票反对弹劾。前者的理由是弹劾只有 7 天任期的川普将会进一步分裂国家，后者的理由是川普已经下台了，因此无法弹劾定罪。如此逻辑，无异于告诉川普和将来的川普式野心家，一个总统在其任期最后一两个月内就可以有恃无恐地做出任何非法犯罪行为，国会都不能予以弹劾罢免，从而剥夺其今后竞选担任任何公职的资格。

事实上，在 1 月 13 日众议院投票弹劾川普的当天，当时还是参议院多数党领袖的麦康纳就宣布拒绝召开参议院紧急会议，造成参议院的审判程序只能是在川普下台之后开始。参议院这次弹劾审判只进行了 6 天，说明完全可以在川普下台之前完成审判。因此，老谋深算的麦康纳早就盘算好了如何玩弄政治权术为川普逃避弹劾定罪。而且，宪法规定对总统弹劾是针对其在任期之内的严重罪行（High Crime and Misdemeanors），与弹劾的时间点没有任何关系。

5 月 12 日，众议院共和党内部会议将切尼逐出其党团领导层，因为她多次揭露川普关于选举被盗的谎言，将他描绘成对美国民主的威胁，还发誓要阻止川普重新夺取总统职位。其实钱尼来自于共和党世家，其父亲是小布什的副总统，在绝大多数政策议题上都是实打实的保守派。另外，投票支持弹劾川普的共和党 10 名众议员和 7 名参议员都受到他们所在州的共和党党内会议的斥责（Censure）。

5 月 19 日，众议院投票以 252-175 通过了成立一个独立调查委员会的议案（其中共和党 35 票赞成），这个独立调查委员会完全按照 9/11 委员会的模式成立，接受了共和党的所有要求，确保公正透明非党派，其目的是全面调查 1/6 事件的前因后果。但是在 5 月 28 日，参议院投票结果是 54 赞成 35 反对（其中共和党 6 票赞成），没有达到 60 票的程序要求（Filibuster），于是少数的 35 票就成功地封杀了这个独立调查委员会。少数 35 票竟然可以压制多数 54 票，这完全就是荒唐的违反民主原则的议会操作，在此不予赘述。试问，共和党为什么要封杀这个的委员会呢？共和党为什么要害怕真相呢？如此害怕和封杀真相的行为，与某些政权有和区别呢？

1974 年 8 月 7 日，亚利桑那州共和党参议员巴里戈德沃特、美国众议院少数党领袖约翰罗德（共和党）和美国参议院少数党领袖休斯科特（共和党）到白宫向尼克松明确表态，因水门事件丑闻他已经失去了共和党在国会两院的支持，因此面临几乎肯定的弹劾、定罪和免职。次日，尼克松发表电视讲话，向全国民众宣布辞职。由此可见，47 年前的共和党以民主宪政为重，摈弃党派私利，非常值得点赞和致敬。

令人遗憾的是，1/6 事件以来的事实证明，今天的共和党已经完全变质，不再是一个尊重事实，遵守民主宪政的政党，而是一个狂热极端、个人崇拜的政党。首先，无视川普践踏民主宪政，想方设法地为其开脱罪责；其次，帮助川普掩盖 1/6 暴乱真相，继续传播川普的 2020 大选舞弊的谎言——5/17-5/19 的民调显示，53% 的共和党选民相信如此谎言——从而对民主选举产生怀疑，类似 1/6 暴乱颠覆民主宪政的事件就必然会再次发生，而且会更加严重。

这无疑是川普主义对美国民主宪政的又一个极其严重的破坏，而且留下非常危险的隐患。

（2021 年 6 月 18 日后记）

参考来源

1. https://en.wikipedia.org/wiki/Burning_of_Washington

2. https://www.youtube.com/watch？v=a6YreEKdYmA

3. https://www.youtube.com/watch？v=a6YreEKdYmA

4. https://thehill.com/homenews/senate/532996-sasse-blames-trump-for-riot-at-capitol-lies-have-consequences

5. https://www.youtube.com/watch？v=EfZDSbwjJgk

6. https://www.cnn.com/videos/politics/2021/01/07/lindsey-graham-capitol-certification-sot-vpx.cnn

7. https://variety.com/2021/politics/news/senate-certification-joe-biden-capitol-mob-1234880223/

8. https://en.wikipedia.org/wiki/Sturmabteilung

9. https://www.bushcenter.org/about-the-center/newsroom/press-releases/2021/statement-by-president-george-w-bush-on-insurrection-at-the-capitol.html

10. https://www.nbcnews.com/politics/congress/barr-says-trump-s-conduct-betrayal-presidency-n1253281

11. https://www.military.com/daily-news/2021/01/06/former-secdef-jim-mattis-denounces-pro-trump-violent-assault-us-capitol.html

12. https://www.vox.com/2021/1/7/22219192/trump-republicans-removal-resign-murkowski-toomey-hogan-kinzinger

13. https://thehill.com/homenews/state-watch/533232-three-republican-governors-call-for-trumps-removal-or-resignation-after

14. https://www.nytimes.com/live/2021/01/07/us/electoral-vote

15. https://www.forbes.com/sites/sarahhansen/2021/01/07/time-for-you-to-resign-business-leaders-condemn-trump-after-chaos-at-the-capitol/?sh=12d32332ff35

16. https://www.wsj.com/articles/donald-trumps-final-days-11610062773

17. https://www.nytimes.com/2021/01/06/opinion/impeach-trump.html

18. https://www.nytimes.com/article/trump-resignations.html

19. https://www.usnews.com/news/world/articles/2021-01-07/world-reaction-to-the-storming-of-the-us-capitol

20. https://www.usatoday.com/story/news/factcheck/2020/07/14/fact-check-abraham-lincoln-quote-fabricated/5420062002/

21. https://www.cnn.com/politics/live-news/house-trump-impeachment-vote-01-13-21/h_f1e00a85816688408edf920f22fa9de6

22. https://www.usatoday.com/story/news/politics/2021/01/13/liz-cheney-explains-why-shes-voting-impeach-president-donald-trump/6652418002/

23. https://www.vox.com/2021/2/13/22282034/mitch-mcconnells-speech-trump-acquittal-impeachment

24. https://www.reuters.com/world/us/liz-cheney-vote-us-house-republicans-reach-watershed-over-trump-2021-05-12/

25. https://www.cnn.com/2021/05/19/politics/house-vote-january-6-commission/index.html

26. https://www.cnn.com/2021/05/28/politics/january-6-commission-vote-senate/index.html

27. https://www.theguardian.com/us-news/2021/may/24/republicans-2020-election-poll-trump-biden

28. https://www.azcentral.com/story/azdc/2014/08/03/goldwater-rhodes-nixon-resignation/13497493/

拜登赢了,但民主党对比预期大失所望

刘海天

【前言:截稿为止,空前激烈的 2020 大选基本尘埃落定。拜登以明显优势获胜,但是民主党在众议院和参议院选举中的表现却远远不如拜登和大选之前的预期。如何解读这样"分票"结果?有没有大规模的选票舞弊?"黑人的命也是命""取消警察经费"和"社会主义"类似口号的弊端是什么?到底哪一个政党属于极端异类?民主党应该如何反思、吸取什么样的教训?】

拜登决定性地赢了

第三次竞选总统,拜登终于以 306 票选举人团票赢得白宫,而他的亲人好友团队也在 11 月 20 日一起庆祝他的 78 岁生日。拜登当选创下了好几个美国历史纪录:(1)第一次当选时最年长的总统,(2)唯一竞选三次,最终在第三次成功的总统,(3)获得最高的全国普选票,截止此文时间,8,128 万/51.3%,胜幅超过 706 万/4.5%。

(纽约时报截屏 2020/12/12,东部时间下午 4:44)

相比之下,2016 年大选希拉里林顿获得普选票 6,585 万/48.0%,比川普多了将近 300 万普选票,但是只得 232 张选举人票。

而川普却以普选票 6,299 万/45.9%就获得 306 张选举人票,从而进入白宫。

美国内战之后的 39 次(1868-2020)总统大选,先后有四位候选人输掉全国普选票,却靠选举人团制度从后门进入白宫,而且这四个候选人都是共和党的:1876 年海因斯,1888 年哈里森,2000 年小布什,和 2016 年川普。这也就是为什么笔者在《2020 年总统大选很可能是美国民主宪政的最后机会》一文预言拜登要至少胜出 500 万普选票和三个百分点以上才能赢得白宫。

另外,自 1992 年以来的八次总统选举,共和党候选人输了七次全国普选票,只有在 2004 年赢得普选票的多数,但在 2000 年和 2016 年通过选举人团制度夺得了白宫的钥匙,即是 2000 年以来大多数选民意愿被颠覆的发生频率高达 33%,尽管(1)独立宣言宣告的建国理念包括执政者的合法性来源于被统治者的认同,(2)宪法是以这三个单词"我们人民 We The People"开始的。

尽管拜登的胜利是决定性的,特朗普的败选也将载入史册:因为他是唯一的再连续两次大选中都输掉全国普选票,而且在整个四年任期内的民调支持率一直低于 50%。但是川普也获得了历史上第二高的普选票,7,422 万/46.8%,比 2016 年有显着增加。这是一个非常值得深思的现象,本次特刊已经有诸多大作分析,笔者不赘叙。

民主党比预期大失所望

令人惊讶的是,民主党的表现远远差于大选前的预期,并没有所谓的蓝潮(Blue Wave)。

在全国 435 个众议院竞选中,民主党总共获得 7753 万票/50.8%,而共和党则获得 7283 万票/47.7%。但是迄今为止,尽管 3.1%胜幅使民主党保住了众议院的多数党地位,但它净损失了 10 个席位。总统和众议院都是全国性的选举,比较之后就发现,大约有 375 万选民投票支持拜登,但没有投票给民主党的众议院候选人。

(纽约时报截屏 2020/12/12，东部时间下午 4:50)

参议院这次改选 35 席位，共和党 23 个，民主党 12 个，因此不是全国性选举。民主党只需翻盘 4 个即可赢得绝对多数。但是，迄今为止，民主党人只获得了一个席位。虽然拜登在缅因州和乔治亚州获胜，但是民主党的参议院候选人输了缅因州，在乔治亚州则要进行复选才能决定。

首先在缅因州，拜登以 43.5 万票/53.1% 的优势轻松击败了川普的 36.0 万票/44.0%；然而共和党的现任参议员柯林斯却以 41.8 万票/51.0% 击败她的民主党对手 34.7 万票 42.4%。值得注意的是，有大约 9 万拜登的选民没有选民主党的候选人。

其次在乔治亚州，拜登赢得 247 万票/49.5%，险胜川普 246 万票/49.3%；然而共和党的现任参议员珀杜获得 246 万张选票/49.7%，多于他的民主党对手 237 万票/47.9%。也有大约 10 万拜登的选民没有选民主党的候选人。

没有大规模选举舞弊的证据

如此多的"分票"情况说明什么？显而易见的第一个结论是，无论是民主党还是共和党，都没有进行大规模有组织的选举舞弊的证据。2020 年 11 月 12 日，由联邦选举基础设施官员和州选举官员组成的多个委员会发表联合声明，指出除了个别现象之外，2020 年选举是"美国历史上最安全的 most secure in American history""没有证据表明任何投票系统删除或丢失了选票，或更改了选票或以任何方式受到影响"。

川普对这个联合声明大为恼火，在 11 月 20 日解雇了联邦国安部负责网络安全和基础设施安全局局长克里斯·克雷布斯（Chris Krebs）。克雷布斯在 11 月 30 日 CBS 的 60 分钟专题采访中详细解释，2020 年选举中 95% 的选票都有纸质记录。2016 年只有 82%。有了纸质记录，就可以通过对纸张进行实际计数来验证点票机器的操作是否有问题。例如在佐治亚州重新点票，人工计票的结果与机器计票一致。

笔者曾在 2020 大选系列的《我输了，只能是因为选票舞弊，真相如何？》就介绍了纽约市的每一个选区的选票上除了总统，还会有该选区的联邦众议员，州议员，区长，郡的法官，因此不同选区的选票都是不一样的，而且每张选票都是有选举局特制的序列号，大规模选票舞弊的操作性几乎是不可能的。

另外，希拉里·克林顿（Hillary Clinton）在 2016 年大选后的第二天就有风度地发表了接受大选结果的演讲，而奥巴马则在大选后第三天邀请特朗普到白宫，拜登则欢迎彭斯（Pence）到副总统办公室。即是在 2016 年大选在民主党执政任期中举行，一名民主党候选人赢得了全国普选票但是输了白宫，从民主党在任总统到民主党候选人，再到普通民主党选民，都没有哭喊选票舞弊。

相比之下，在这次 2020 年大选，一位共和党候选人在其任职期间输掉了普选票和选举人票，但是他和他的许多选民却不愿意认输，哭喊选票作弊，到各地法院却又拿不出任何证据，被法官都一一驳回。截止 12 月 8 日，富比士报道川普已经输了超过 50 个选举诉讼。川普的首席律师朱利安尼（Rudy Giuliani）在宾夕法尼亚州的听证会上对法官最终不得不承认说："这不是欺诈案"。

最高法院更是在 12 月 8 日和 11 日先后驳回了川普和共和党的两次推翻大选结果的企图。说到底，民主选举是现代文明社会的游戏规则，需要参与各方的尊重，如果明明输了却耍无赖抹黑选举的合法性，这是对美国民主宪政最严重的损害和威胁。

显而易见的第二个结论是，超过半数的选民炒了川普的鱿鱼，但是在国会议员选举中 375 万的拜登选民没有选民主党候选人，而是选了共和党国会议员。这恐怕也是川普非常恼火的一个原因之一吧。

民主党面临的困惑

显而易见的的第三个结论是，民主党必须认真反思，为什么那些遍布全国的 375 万多选民为什么选拜登，但是没有投票给民主党的国会议员候选人呢？他们在填写选票的当时在想什么，导致这样的分票（split vote）选择呢？缅因，乔治亚两个州的 19 万名拜登选民没有投票给民主党的候选人，导致民主党还没有实现翻盘参议院的目标，不得不冀望于在 2021 年 1 月 5 日的两个复选中最后一拼。如果民主党不认真反省这个问题，那么到 2022 年将会有更大的麻烦，因为川普和共和党在这次选举中扩大了他们的票盘。

"黑人的命也是命"与"每个人的命都是命"？
"Black Life Matters" v. "Every Life Matters"

对于"黑人的命也是命 BLM"这个口号，熟读美国历史的笔者充分了解自奴隶制时代以来的历史背景以及近年来许多警察枪杀没有携带武器黑人的事件。但是不可否认的是，这个口号非常不利于争取其他社区的广泛同情和支持，不可避免地引起其他族裔社区的质疑，"这是否意味着我们的命就不是命吗？"；或者袖手旁观，"这是关于黑人的命，我不是黑人，所以与我无关"。

如此狭隘的口号无论是在战略和战术层面上，都是一个严重自伤错误，缺乏大局视野和团结联盟的深思熟虑。为什么民主党和许多民权组织没有想到引导"每个人的命都是命"呢？事实上，希拉里是对的，她在 2015 年的一次演讲中就说，"All Lives Matter"，完全符合每一个美国人都认同的美国建国理念："人人生而平等"。但是一部分听众却对希拉里表示不满，希拉里后来就再也没有使用 ALM 了。希拉里 2016 年获得 88%的非裔选民支持，比奥巴马 2012 年的 93%低了 5 个百分点，部分奥巴马选民的流失也是希拉里在三个战场州微弱失败的重要原因。笔者认为，希拉里应该更加鲜明地向公众宣示解释她的 ALM 才是所有美国人都应该一起努力实现的价值目标，从而可以争取更广泛的支持。

正如马丁路德金博士倡导的民权运动，是为所有人争取民权，而不仅是黑人。他的"我有一个梦想"演讲就涵盖了黑人和白人。如果以"每个人的命都是命"作为运动的旗帜号召，该运动就可能获得美国社会各界的最广泛支持，无论种族，性别，年龄，性取向等等，也就不会给别有用心的人歪曲抹黑，也不会给不明真相的普通民众造成误解。

"取消警察经费"与"公平法治"
"Defund the Police" v."Justice for All"

笔者也认为在美国目前依然存在根深蒂固的的种族歧视，而且对于许多非洲裔以及其他族裔的普通平民被警察枪杀却没有受到公正的司法程序而深感不平。但是"取消警察经费"（DTP）这一口号可以说是一个更严重的自我造成的错误。狭隘的BLM不可能获得广泛支持，而DTP这个口号则导致许多普通民众的疑虑恐慌，还会引起许多秉公执法的好警察的反感。

有些人可能会说，2014年的新泽西州的坎登市（Camden）就彻底解散原有的警察局。但是，事实是坎登市接着就招聘重建了一个全新的警察局。因此，这个实例实际上证明DTP不切实际，而且不负责任。"取消警察经费"的口号必然要面对一个后续问题：然后呢？解散警察局吗？谁来维持社区治安呢？迫切需要的是全面的警务改革，而不是取消警察。

虽然拜登许多次地谴责任何形式的骚乱暴力趁火打劫，而且也反对取消警察经费，但DTP这一口号使到川普能够借用尼克松的伎俩，宣称自己代表"法律与秩序"，并将拜登和民主党人抹黑未代表无法无天。

由拜登起草的1994年《控制犯罪法案》是克林顿执政时期民主党在控制犯罪这个方面做出的重大努力，迫使共和党不能够再抹黑民主党对犯罪软弱无能，使得犯罪在1996年竞选中就不再是一个焦点问题。但是在2020年民主党内部初选期间这个1994年的法案成为某些民主党候选人指责拜登的议题，从而又给了川普和共和党人结合五月底以来的BLM运动而大打"民主党对犯罪软弱无能"的牌。

其实，每个人都希望法治和正义适用于所有人。警察执法犯法地枪杀没有武装的黑人，正是违背了所有美国人都认同这两项基本原则。我们希望看到那些暴力执法的个别警察，和所有其他嫌疑人一样，受到公开透明正当法律程序的起诉，庭审，举证，判决，从而实现法治，为受害者及其家人声张公义。"取消警察经费"根本达不到这个目的。为什么不高呼"公平法治"或"司法公正"呢？

"社会主义"与"机会平等"

"Socialism" v. "Opportunity for All"

长期以来，使用"社会主义"标签攻击民主党一直是共和党的主要伎俩之一，川普只是使用这一阴招更加炉火纯青而已。的确，参加民主党初选的桑德斯宣称自己是民主社会主义者，但事实上他不是民主党人。令人遗憾的是，民主党在对付共和党/川普这一抹黑伎俩方面显得非常无能。

正如《纽约时报》在 2020 年 11 月 5 日报道的那样，尽管包括古巴裔在内的大多数拉丁裔都支持奥巴马医改 ACA，并从中受益。如同许多民意调查一样，凯撒家庭基金会的追踪民意调查（KFF）于 2020 年 10 月 16 日报告显示 ACA 获得的支持率越来越高，达到了 55%。但是佛罗里达州 52% 的古巴裔选民投票赞成川普和共和党，尽管正是川普和共和党一直企图废除 ACA。更令人困惑的是，许多委内瑞拉裔选民投票给川普，而川普是反对给与委内瑞拉移民的临时保护身份（TPS）。拜登和民主党人则支持给与委内瑞拉移民的临时保护身份，因为委内瑞拉持续的政治经济危机。

为什么这些古巴裔选民和委内瑞拉裔选民会投票给其实会伤害他们的政党和候选人呢？英文是"咬那只给你喂饭的手"。类似情况，笔者在自己的亲戚朋友以及社交圈里也亲身经历了。《纽约时报》记者解释说："其中一些选民真的害怕社会主义"，而在抹黑方面是真正的天才的川普看到了这是攻击拜登和民主党人的绝好机会，而拜登民主党却没有做出有效的回应。

不了解或者忘却历史的后果是很严重的。在里根-老布什执政的 12 年的期间，共和党非常成功地将民主党描绘为"对犯罪软弱"和"高税收的社会主义"。克林顿所代表的民主党温和中间派通过

"每个人机会平等，每个人承担责任"这两个所有美国人都能认同的两个原则，改变了民主党在公众选民心中的形象，占据了政治光谱的中心，从而使民主党重新执政了八年。

"每个人机会平等，每个人承担责任"意味着一个现代文明社会应该具有善良和同情，帮助那些有能力而且愿意努力奋斗的人。举例而言，民主党提出的公立大学的"免学费"这样的口号，就给共和党又一个攻击民主党是"浪费纳税人钱的社会主义"的口实。笔者认为，大多数人会同意让所有希望上公立大学的家庭能够负担得起，但不是完全免学费。为什么不考虑"无息学生贷款"（譬如毕业十年之内无息偿还）呢？这样的方案符合"每个人机会平等，每个人承担责任"的两个原则。笔者知道许多父母已经与他们的孩子达成了这样的免息协议，并且相信没有孩子或者选择不上大学的人也不会过于反对这个方案。毕竟，补贴贷款利息的成本远远低于免除所有学费的成本，因此对于政府预算而言更为可行，并且对于大多数，即使不是全部，纳税人而言也可以接受。事实上大多数父母也都认为，如果让他们的孩子知道了他们可以在大学校园度过四年而没有任何责任和后果，这很可能是一个糟糕的主意。

"每个人机会平等，每个人承担责任"也意味着一个现代文明社会应该具有法治公义，对于那些有权有势的但是犯法的人也要依法处理。奥巴马政府继承了自1930年代大萧条以来最严重的金融危机和经济衰退，不得不必须花纳税人的钱巨资挽救华尔街，以防止经济全面崩溃，否则将对各行各业的普通民众造成更大的破坏。但是，由于事后未能追究华尔街的责任，导致部分选民感到愤愤不平，迁怒于对奥巴马和民主党，引发茶党的崛起，于是川普和共和党又找到了一个攻击奥巴马民主党与富豪权贵勾结牟利的口实，虽然事实上川普和共和党与权贵阶层的勾兑比民主党更加厉害得多。从竞选献金来源就可以看出哪一个政党代表富豪阶层，川普共和党更多依靠富豪阶层的巨额献金，而拜登民主党则更多依靠普通民众的小额献金。

以上只是民主党及其盟友需要反思的许多例子中的三个。一个有效的选战口号首先（1）反映价值观念（例如，"每个人的生命都是生命""司法公正"和"每个人机会平等，每个人承担责任"），

143

其次（2）吸引最广泛的选民支持，最后（3）防范被误解或歪曲。根据这些基本的公众传播标准，"BLM""DTP"和"社会主义"的确是非常不明智的。

到底哪一个政党才是异类极端

冷战结束之后的美国历史进程显示，只有牢牢把握政治光谱的中间区域，民主党温和派才能争取最广泛的社会各阶层的公众支持，从而一步一步地推进社会改革。自从克林顿于 1992 年赢得乔治亚州和 1996 年赢得亚利桑那州以来，拜登是第一个赢得乔治亚州和亚利桑那州的民主党候选人，这绝非偶然，因为拜登一直就是克林顿那样的温和中间派民主党人。

川普共和党经常抹黑民主党是极左，事实如何？就以在美华人最关心的税率为例吧，我们不说北欧国家，就以笔者曾经工作生活六年的英国德国为例。在德国从 2005 年至今执政 15 年的基督教民主党就是德国的保守派政党，德国最高税率是 45%，英国保守党从 2010 年至今执政 10 年，英国最高税率也是 45%。而克林顿奥巴马拜登只是 39.6%，比这德国英国的保守党更加保守！

实际上，与发达民主国家的主要政党相比，美国共和党在许多重要议题上的观点立场比他们的保守党还要保守得多，可以说是属于异类极端，例如气候变化，累进税率，最低工资，同工同酬，妇女选择权，平等婚姻权，基本的医疗保健，枪支安全管制，平等的投票权，对竞选献金的控制，针对公共腐败和利益冲突的阳光法案等等。

民主党会及时吸取教训吗？

现在，乔治亚州有两个参议院席位复选，是民主党获得参议院控制权的最后机会，更是拜登内阁获得不被共和党掣肘有效执政的最后机会。共和党自从金里奇（Newt Gingrich）以来的政治权术伎俩是这样的：

1. 阻碍民主党的每一项方案，哪怕是奥巴马采纳了他们的想法，例如起源于罗姆尼医改的奥巴马医改，借鉴于里根的1986 年移民法案的 2013 年两党参议院移民法案，获得福特和里根支持的 1994 年联邦突击武器禁令，等等数不胜数。

2. 毫不妥协，将国会两院变成任何改革立法的坟墓，导致联邦政府功能无法最有效地发挥。

3. 拖延浪费时间到了下一次选举，就在选民面前倒过来指责民主党执政无方。

近年来最典型的例子就是 2013 年的移民改革失败。在参议院通过两党移民法案 68-32 之后，众议院议长共和党人约翰·博纳（John Boehner）完全封杀了这一参议院议案，不允许辩论和投票。为什么？因为他知道拿出来表决就会获得两党多数支持通过成为法律，这样奥巴马就又多了一项重大实绩，而且共和党就无法继续在移民问题上打击奥巴马和抹黑民主党是要开放边境，让非法移民涌入美国。事实是，奥巴马主政八年期间遣返了 300 万人，这是美国历史迄今为止的最高纪录。

这样的政治伎俩加上以上的种种抹黑手段，共和党已经玩了许多次了。问题是，民主党及其盟友什么时候才能吸取这些经验教训，全盘视野深思熟虑地对共和党种种抹黑做出有力有效的回应？他们会及时从这些教训中学会如何赢得乔治亚州的两次复选吗？

如果民主党还不能及时吸取教训，就无法赢得乔治亚州的两次复选，拜登内阁和民主党掌控的众议院将会被共和党掌控的参议院处处掣肘，使得整个华盛顿再次陷于四年的瘫痪僵局。那么美国就无法有效解决目前面临的四个严重危机：新冠危机，经济危机，种族危机和气候危机。

（首发于《当代中国评论》特刊，2020/12/12）

作者的 2020 大选系列：

1. 《2020 大选系列 01》美国新冠死亡人数突破 20 万！全球排名美国第几？

145

2. 《2020 大选系列 02》489 名退休将领和前国安官员支持拜登，反对特朗普

3. 《2020 大选系列 03》特朗普千方百计地掩盖个人财务和税表的危害在哪里？

4. 《2020 大选系列 04》美国新冠感染人数突破 750 万！全球排名美国落后的原因

5. 《2020 大选系列 05》一位 87 岁的退役老兵共和党选民在生命的最后时刻的最后抉择

6. 《2020 大选系列 06》2020 年亚裔美国选民调查报告（上）：参政意识依然有待提高

7. 《2020 大选系列 07》2020 年亚裔美国选民调查报告（下）：亚裔关心的议题和价值倾向

8. 《2020 大选系列 08》民主党和共和党，谁主政的经济业绩更好

9. 《2020 大选系列 09》民主党和共和党，谁更能创造就业，降低失业

10. 《2020 大选系列 10》为什么说 2020 年总统大选很可能是美国民主宪政的最后机会

11. 《2020 大选系列 11》民主党和共和党，谁更能降低联邦赤字和国债

12. 《2020 大选系列 12》民主党和共和党，执政实绩鲜明差别的根本原因

13. 《2020 大选系列 13》民主党和共和党，关于排华法案的历史和移民问题的事实

14. 《2020 大选系列 14》特朗普在 2016 年大选中作出了许多承诺，实际纪录如何？

15. 《2020 大选系列 15》民主党和共和党，两党主要施政纲领具体政策的对比

16. 《2020 大选系列 16》民主党和共和党，两党在国防外交贸易以及一些社会问题上的对比

17. 《2020 大选系列 17》特朗普总是说"我输了，只能是因为选票舞弊"事实真相如何？

18. 《2020 大选系列 18》拜登赢了，但民主党对比预期大失所望

19. 《2020 大选系列 19》50 个州新冠防控成绩排名，蓝州与红州孰优孰劣？

20. 《2020 大选系列 20》川普拒绝承认 2020 大选的长期后果是什么？

21. 《2020 大选系列 21》2020 大选出口民调所显示的民意和社会危机

22. 《2020 大选系列 22》全世界对美国 2020 大选的反应

23. 《2020 大选系列 23》川普自 12 月 22 日以来的大戏

24. 《2020 大选系列 24》美国历史上 1812 年以来最耻辱的一刻

25. 《2020 大选系列 25》"我有一个梦想" 一个漫长艰苦充满血泪的历史进程
26. 《2020 大选系列 26》回顾川普过去四年的实际纪录

参考链接：

1. https://www.nytimes.com/interactive/2020/11/03/us/elections/results-president.html?action=click&pgtype=Article&state=default&module=styl n-elections-2020&region=TOP_BANNER&context=election_recirc

2. https://www.nytimes.com/elections/2016/results/president

3. https://chineseamerican.org/p/14878

4. https://chineseamerican.org/p/33134

5. https://www.cisa.gov/news/2020/11/12/joint-statement-elections-infrastructure-government-coordinating-council-election

6. https://www.cbsnews.com/live-updates/2020-election-most-secure-history-dhs/

7. https://www.cbsnews.com/news/trump-fires-cybersecurity-chief-christopher-krebs/

8. https://www.cbsnews.com/news/election-results-security-chris-krebs-60-minutes-2020-11-29/

9. https://posts.careerengine.us/p/5fa58f237e7d467263556223

10. https://www.forbes.com/sites/alisondurkee/2020/12/08/trump-and-the-gop-have-now-lost-50-post-election-lawsuits/?sh=57011be82960

11. https://www.npr.org/2020/12/08/944230517/supreme-court-rejects-gop-bid-to-reverse-pennsylvania-election-results

12. https://www.npr.org/2020/12/11/945617913/supreme-court-shuts-door-on-trump-election-prospects

13. https://www.nytimes.com/elections/2012/results/president/exit-polls.html

14. https://www.nytimes.com/interactive/2016/11/08/us/politics/election-exit-polls.html

15. https://www.npr.org/sections/itsallpolitics/2015/06/24/417112956/hill ary-clintons-three-word-gaffe-all-lives-matter

16. https://en.wikipedia.org/wiki/I_Have_a_Dream

17. https://www.politico.com/news/magazine/2020/06/12/camden-policing-reforms-313750

自由主义论丛——第一卷 川普主义批判

18. https://www.reuters.com/article/uk-factcheck-biden-condemn-violence/fact-check-joe-biden-has-condemned-violent-protests-in-the-last-three-months-idUSKBN25V2O1

19. https://www.vox.com/policy-and-politics/2019/6/20/18677998/joe-biden-1994-crime-bill-law-mass-incarceration

20. https://www.nytimes.com/2020/11/05/opinion/sunday/trump-latino-vote.html?searchResultPosition=3

21. https://www.kff.org/health-reform/poll-finding/5-charts-about-public-opinion-on-the-affordable-care-act-and-the-supreme-court/

22. https://en.wikipedia.org/wiki/Venezuela_TPS_Act_of_2019#:~:text=Th e%20Venezuela%20TPS%20Act%20of,crisis%20in%20Venezuela%20in %20general.

23. https://www.nytimes.com/1996/08/30/us/clinton-s-speech-accepting-the-democratic-nomination-for-president.html

24. https://www.gov.uk/income-tax-rates

25. https://en.wikipedia.org/wiki/Massachusetts_health_care_reform

26. https://en.wikipedia.org/wiki/Immigration_Reform_and_Control_Act_o f_1986#:~:text=The%20Immigration%20Reform%20and%20Control% 20Act%20altered%20US%20immigration%20law,companies%20that%20 employed%20illegal%20immigrants.

27. https://en.wikipedia.org/wiki/Federal_Assault_Weapons_Ban#:~:text=T he%20Public%20Safety%20and%20Recreational,semi%2Dautomatic%20 firearms%20that%20were

28. https://en.wikipedia.org/wiki/Border_Security,_Economic_Opportunity, _and_Immigration_Modernization_Act_of_2013

29. https://www.cato.org/blog/deportation-rates-historical-perspective

为什么许多共和党人反对川普？

刘海天

【前言：笔者亲身经历的第一次美国大选是 1992 年，至今这是第七次大选。美国的民主是通过两个主要政党竞争的选举而实现的。因此，每逢大选，就如同两军对垒，民主党和共和党各有自己阵营，然后全力争取摇摆不定的中间派和独立人士。本系列前三部分比较了两党的执政实际记录，比较两个候选人提出的施政政策。本篇从部分共和党人和保守派人士的角度进行分析讨论。】

反对川普的共和党人

但是 2016 大选和以往的大选非常不一样的一个表现，就是许多共和党和保守派人士站出来反对川普，这是前所未有的。尊敬的读者，如果说民主党的支持者们反对共和党的候选人是很自然的，那么那么多的共和党人反对川普，这就非同寻常，很值得考究以下了。先来看一下哪一些共和党人反对川普：

老布什-第 41 任总统 G H W Bush - former president 41

小布什-第 43 任总统 G W Bush - former president 43

罗姆尼-2012 年共和党提名人，前马萨诸塞州州长 Mitt Romney-2012 Republican Nominee, former governor of Massachusetts

麦卡恩-2008 年共和党提名人，亚利安纳州联邦参议员 John McCain - 2008 Republican Nominee, Senator of Arizona

包威尔－前国务卿和参谋长联席会议主席（即是总参谋长，美国三军的最高军职）Colin Powell - former secretary of state and chairman of joint chief of staff

149

莱斯 - 前国务卿和国家安全顾问 former secretary of state and national security advisor

庞博 - 前纽约市市长，Michael Bloomberg - former mayor of NYC

亨斯曼 - 前美国驻华大使，前犹他州州长 Jon Huntsman - former governor of Utah

另外，据不完全统计，五个现任联邦参议员，七个现任联邦众议员，三个现任州长，超过 30 多名的前国会议员（公开信），50 位曾经在历届共和党内阁的担任外交和国家安全方面的高级官员和专家幕僚（公开信），还有数不胜数的共和党党内智囊团学者和策划者，还有著名的保守派电台主持人 Glen Beck，Charlie Sykes，都宣布反对川普，其中相当部分还进一步表示支持喜莱利。

值得一提的是今天的共和党几乎不会提林肯，TR 罗斯福，艾森豪威尔，老布什这些共和党前总统（因为他们都是进步主义或者是温和派！），而只会提前总统里根，奉为神明。可是他的两个儿子麦克。里根和罗纳德。里根二世（Michael Reagan & Ronald Reagan Jr.）也都是坚决反对川普，而且认为他们的父亲也不会支持川普。还有高华德（Barry Goldwater）是二战之后共和党提名的第一个保守派候选人（1964），他的遗孀和长子也都反对川普。

在以往的总统选举，工商业界和金融界向来多数会支持共和党。但是令人惊讶的是，根据华尔街日报 2016/09/23 的报道，美国前 100 强的首席执行官，没有一个支持川普，但是有 11 个支持喜莱利。另外根据 Huffingtonpost 2016/06/23 的报道，56 位工商业界领袖宣布支持喜莱利，如股神巴菲特，Netflix 创始人和 CEO Reed Hastings，惠普 CEO Meg Whitman，Delta Airlines 执行董事长 Richard Anderson，Costco 共同创始人和董事长 Jeff Brotman，等等。这些人当中很多是一辈子的共和党支持者，例如前通用汽车公司 CEO Dan Akerson。这位全球最大汽车公司的前掌门人在公开信中说我从来都是投票给共和党，但是这一次我不可以，因为一个优秀的领袖必须具备才干，正直，善良，同情心，良知和自我约束的能力，喜莱利具有这些品格，而川普没有。

150

2016/10/19, 140 多位保守派的作家，学者，评论家，历史学家发表公开信，指出川普是对美国建国理念的最大威胁，是对民主宪政原则，自由，公正，公平，诚信，基本人性良知的最严峻的挑战。

那么，到底为什么这么多的共和党人士，从民选政界，国防外交，工商业，金融业，到学术界，都站出来反对川普？各位读者，泡一壶好茶，接下来看以下的报道，注意，都不是来自于民主党人的哦。

媒体和社会各界的背书

以往的大选，美国很多的主流报纸都会发表社论，陈述支持某一个候选人。以下是 1972 至 2008 两党分别获得媒体报刊支持的对比统计。

Editor & Publisher's Count of Newspaper Endorsements

Election	Democrat	Republican	Third Party
2008	287	159	0
2004	213	205	0
2000	116	179	21
1996	80	122	1
1992	183	138	4
1988	103	241	0
1984	63	387	1
1980	129	444	43
1976	80	411	2
1972	56	753	0

在 2012 大选，支持共和党罗姆尼的有 105 家，支持民主党奥巴马的有 99 家。汇总一下，从 1972 到 2012，支持民主党只有 1409 家，相当于支持共和党 3144 家的 45%。所以，共和党保守派人士一向说媒体倾向民主党，其实是不符合事实的。

而 2016 大选到目前为止，支持喜莱利的超过 200 家，而支持川普的不到 10 家。这样的巨大差距是前所未有的，因为有许多的保守派报刊在反复的思考衡量之后，作出了反对川普的决定。

例如 The Arizona Republic 自从 1890 年成立 125 年以来，一直都是铁杆支持共和党的保守派报刊，但是这次史无前例地宣布支持喜莱利，指出川普既不是保守主义者，也不具备担任总统的人品，知识，阅历，和能力。

类似的保守派报刊还有 The Dallas Morning News（75 年来第一次），The New Hampshire Union Leader，Richmond Times-Dispatch（175 年来第一次）。

又如，全美国发行的今日美国 USA Today 创刊 34 年以来一直保持中立，从来没有在任何选举中发表支持某一方的社论。这一次，其编辑部对是否支持喜莱利有分歧，但是一致坚决反对川普，并且详细列举了理由：川普性格自大浮躁，缺乏作为三军统帅必备的学识和能力，散布偏见和歧视，他的从商记录充满争议，出言鲁莽张狂，将严肃的国家大事讨论带入粗野低俗，谎言连篇。

再如《外交政策 Foreign Policy》和《大西洋 The Atlantic》，这两家是关于全球事务国家政策方面属于最权威的杂志之一。外交政策杂志 1970 年创刊，从来没有发表社论支持某一方候选人。但是这一次不得不破例，因为川普将会不仅给美国，而且给全世界，都会带来巨大的危险。

大西洋杂志 1857 年创刊的 159 年以来，只有两次发表社论，1860 年支持林肯和 1964 年支持约翰逊。今年是第三次，社论指出川普是美国历史上最糟糕的候选人：缺乏任何思想实质，善于煽动歧视仇恨的排外情绪，侮辱妇女，对国际事务和经济民生政策一无所知，毫无羞耻的谎言，完全不能担任总统的重任。

就在 2016/11/01《华尔街日报》刊登了 370 名经济学家，包括八名诺贝尔经济学奖获得者的联名公开信，指出川普是一个对于美国极为危险和毁灭性的选择。

与此同时，另外 19 位诺贝尔经济奖获得者则发表另外一份公开信支持喜莱利，宣言到：我们虽然在很多政策议题上有不同的看法，例如政府在社会保障的作用，如何最好地刺激经济增长和创新，如何优化税收和社会保障开支，等等。但是我们决定表达我们的共识，喜莱利毫无疑问地能够胜任总统的重任，而川普则绝对不胜任。

2016/10/18，七十位在科学，医学，经济学等广泛领域的诺贝尔奖获得者，发表公开信支持喜莱利，反对川普，为了捍卫宪政，保护国家安全，确保每一个人都有机会为一个更好的未来而共同努力。2016/05/24，超过 600 位美国的作家，包括 Stephen King, Junot Diaz）联名发表公开信，表示毫无疑问地反对川普是一个良知原则的选择。

最后让我们来看看共和党的年轻一代吧。哈佛大学共和党俱乐部成立于 1888 年，128 年来一直都是投票给共和党候选人。在民意调查之后，10%不确定，80%支持喜莱利，只有 10%支持川普。因此发表宣言反对川普：他的观点不仅是不符合共和党的价值观念，也违背了我们美国的价值观念，他的政策将会给国家和世界带来灾难。哈佛大学整体而言，87%支持喜莱利，只有 4%支持川普。

捍卫人性良知和民主宪政

以前大选曾经有个别跨党的例子，如民主党 2000 年的副总统提名人利伯曼（Joe Liberman）在 2008 年大选支持共和党的麦卡恩。但是如此众多的共和党人士站出来反对本党的候选人，甚至跨党支持另一方的候选人，这是美国政坛历史上史无前例的。而从媒体，工商业界，自然科学界，人文科学界，压倒多数地反对一方候选人，而支持另外一方候选人，这也是美国历史上的第一次。

这些共和党和保守派人士在政策上与民主党喜莱利肯定有很多分歧，反对本党的总统提名人，在政治上没有什么好处，特别是会受到很多川普支持者的恼羞成怒。例如《The Arizona Republic》在刊登反对川普的社论之后，就收到了不少的愤怒电话和死亡威胁。

而各行各业，金融经济界，科学界，文艺界的人士一般会尽可能不大张旗鼓地介入政治，但是这一次都破例了。

为什么呢？从以上所有人士和团体的宣言中看出，川普的性格为人，言行举止，价值观念，政策倾向，都已经是突破了基本的人性良知的底线，破坏了基本的民主规范的底线，因而被视为是对国家和世界的巨大威胁和危险。

喜莱利当然不是一个完美的候选人，她有缺点也曾经犯过错误，例如"电子邮件门"，但是联邦调查局调查之后没有足够确凿证据予以起诉；班加西事件 Benghazi，共和党控制的国会历时两年花了七

153

百万美元进行了七次的调查，但是依然没有找到任何玩忽职守。从以上所有人士和团体的宣言中看出，他们中的绝大部分都认为，喜莱利具备了胜任总统重任的学识才干，性格品格，阅历经验，最重要的是，喜莱利具有对宪政民主有基本的尊重，对美国的建国理念有深刻的认同，对全球人类的未来有强烈的责任感。

尊敬的各位读者，兼听则明，三思后行，理性思考，慎重抉择。

（首发于"美国华人"公众号，2016/11/4）

参考来源：

1. http://www.nbcnews.com/politics/2016-election/meet-republicans-speaking-out-against-trump-n530696

2. http://www.latimes.com/nation/politics/trailguide/la-na-live-updates-trailguide-largest-group-ever-of-former-gop-1475767313-htmlstory.html

3. http://www.cnn.com/2016/08/08/politics/republican-national-security-letter-donald-trump-election-2016/

4. http://www.npr.org/2016/09/20/494585814/spurning-trump-self-styled-conservative-gatekeeper-finds-himself-on-the-margins

5. http://www.cnn.com/2016/06/11/politics/michael-reagan-donald-trump/

6. http://www.nbcnews.com/politics/2016-election/barry-goldwater-s-family-against-donald-trump-n542506

7. http://www.wsj.com/articles/no-fortune-100-ceos-back-republican-donald-trump-1474671842

8. http://www.huffingtonpost.com/entry/business-leaders-endorse-clinton_us_576c0b84e4b0b489bb0c9e91

9. https://www.washingtonpost.com/opinions/ive-always-voted-republican-until-now/2016/08/17/03a1b970-622d-11e6-96c0-37533479f3f5_story.html

10. http://www.politicususa.com/2016/10/19/conservative-scholars-writers-republicans-vote-trump.html

11. https://en.wikipedia.org/wiki/Lists_of_newspaper_endorsements_in_United_States_presidential_elections

12. http://fivethirtyeight.blogs.nytimes.com/2011/10/26/political-newspaper-endorsements-history-and-outcome/?_r=0

13. http://www.businessinsider.com/donald-trump-endorsements-newspaper-editorial-board-president-2016-10

14. http://www.politico.com/magazine/story/2016/10/donald-trump-newspaper-endorsements-214390

15. http://www.azcentral.com/story/opinion/editorial/2016/09/27/hillary-clinton-endorsement/91198668/

16. http://www.usatoday.com/story/opinion/2016/09/29/dont-vote-for-donald-trump-editorial-board-editorials-debates/91295020/

17. http://foreignpolicy.com/2016/10/09/foreign-policy-endorses-hillary-clinton-for-president-of-the-united-states/

18. http://www.theatlantic.com/magazine/archive/2016/11/the-case-for-hillary-clinton-and-against-donald-trump/501161/

19. http://fortune.com/2016/11/02/donald-trump-economists-nobel-laureates-letter/

20. http://blogs.wsj.com/economics/2016/11/01/prominent-economists-including-eight-nobel-laureates-do-not-vote-for-donald-trump/

21. http://www.nobellaureatesforclinton.us/economics/

22. http://www.nytimes.com/2016/10/19/us/politics/70-nobel-laureates-endorse-hillary-clinton.html?_r=0

23. http://www.nobellaureatesforclinton.us/

24. http://www.ipetitions.com/petition/WritersOnTrump

25. http://www.latimes.com/books/jacketcopy/la-et-jc-authors-against-trump-20160524-snap-story.html

26. https://www.washingtonpost.com/news/answer-sheet/wp/2016/08/05/ashamed-of-trump-harvard-republican-club-wont-endorse-top-gop-nominee-for-first-time-since-1888/

27. http://benghazicommittee.com/benghazi-by-the-numbers/

28. http://www.huffingtonpost.com/entry/hillary-clinton-benghazi_us_579137a7e4b0fc06ec5c57bd

为什么 KKK，ISIS 和俄国支持川普？

刘海天

【前言：上篇系列介绍分析了这次大选中出现两个前所未有的现象，许多共和党和保守派人士站出来反对共和党提名人川普，和绝对多数的社会各界精英反对川普，支持喜莱利。接下来讨论一下第三个前所未有的现象，支持川普的是哪一些团体和国家，以及川普的言行，商业和税务纪录。】

三 K 党和美国纳粹党支持川普的原因

据华盛顿邮报 2016/11/01 的报道，在仅有的不超过 10 家支持川普的报刊中，最突出的是三 K 党的喉舌"十字军"（The Crusader）。其首页全版的宣言："川普要恢复美国的曾经的伟大，那么我们要问自己，是什么使到美国曾经伟大？答案很简单，美国曾经伟大不在于我们的建国之父们做了什么，而是他们是什么人？……美国立国之本是白人基督教的共和国，因此而成为一个伟大的国家。"

川普竞选团立刻声明回绝了这个支持。但是，在 2016/02/28 共和党初选期间的 CNN 电视采访节目里，川普被问到"你是否回绝 David Duke 和其他的白人至上组织的支持？"川普回答"我根本就不知道关于 David Duke 的任何事情。"CNN 的节目主持人给川普三次机会澄清，但川普都含糊其辞，拒绝和三 K 党的党魁 David Duke 划清界限。川普这样的言论立刻遭到广泛的谴责，包括很多共和党人士。

从 2015 年六月参加总统选举，八个月之后的初选，还自称不知道 David Duke 是什么人，这就相当于二年级小学生还不知道 1+1=2，

156

这是十足的无知 ignorance 或者是不做功课。但是，事实是早在 1991/11/19 的 CNN Larry King 电视采访中，川普的回答就表明他知道 David Duke 是何人及其性质。2000/02/13，川普还发表声明表示他不认同改革党，因为该党包括了 David Duke，他是一个新纳粹分子。

这些事实证明川普公然说谎，但是为什么要说谎呢？因为在初选当中，他发现他的各种各样煽动性的种族言论会（1）得到媒体的广泛报道，也就是免费的竞选宣传（MarketWatch2016/05/16 的报道，川普得到将近三十亿美元免费媒体曝光），（2）吸引很多白人，特别是没有大学教育的白人日益成为他的铁票，而（3）因为共和党初选有多达 17 个参选人，因此只要在每一个州的初选中拿下 20% 左右就可以取胜。而川普早 2011 年的时候就开始传播奥巴马不是出生在美国，以此来暗示奥巴马当选总统是非法，这个谣言至今还有 20% 的美国人相信，这些就是川普的铁杆票盘。

类似三 K 党的还有 American Freedom Party（其党魁说多元化等于对白人的种族灭绝），美国纳粹党（其党魁说川普将会给白人至上主义运动带来一个绝好的机会），都不遗余力地发动他们的党徒支持川普。为什么，原因很简单，其实自从 2015 年六月参加竞选以来，川普发表的种族歧视性的言论实在是数不胜数，一开始还引起舆论哗然，但是逐渐地见怪不怪了，他竟然因此在共和党初选中胜出。他在宣布竞选的第一次演讲就说，"墨西哥人偷渡来美国，他们是强奸犯和罪犯……我们要在边境修一道很高的墙，然后让墨西哥付钱。"后来又说，"在我进入白宫的第一天，我就要动用联邦，州和地方的执法力量来遣返 1100 万非法移民。"

川普的言论将非法移民，特别是墨西哥和拉丁美洲来的，视为罪犯的这些煽动性的言论已经在美国各地，特别是在学校，造成了及其恶劣的影响。白人学生对其他族裔学生的威胁骚扰的事件日益增加。

北韩，俄国，伊朗强硬派，ISIS 支持川普的原因

路透社 2016/06/02 报道，北韩的官方媒体之一的"今日北韩人

民共和国"（DPRK Today）在其网站称川普是一个充满智慧的选择。

CNN2015/12/17 报道，俄国的普金对川普大为赞赏，称之为绝顶聪明，杰出人士，是总统选举中的绝对领先者。而川普则也回报赞赏普金是一个强有力的领袖，而奥巴马则是一个很糟糕的领袖。如果是一个民主党人称赞一个敌对国的独裁者，同时批判共和党总统，肯定会被谴责为叛国。但是共和党对于川普如此出格的言论却置若罔闻。的确，川普认为北约组织过时了，盟国如果不给钱，美国就应该撤军，这些言论对于俄国普金的确非常悦耳。

CNN2016/07/27 报道，美国的情报部门有可信度足够高的证据证明俄国是黑客偷窃民主党总部和喜莱利竞选团电子邮件的幕后操纵，然后交给 Wikileak，以此来让民主党喜莱利出洋相，从而影响美国大选结果。

值得一提的是，川普不仅称赞普金，也称赞其他独裁者，例如金正日，萨达姆侯赛因，阿萨德，卡扎菲，甚至墨索里尼，等等。这些说明了什么？最有可能的解释是，（1）川普因为一直是自己企业的大老板，从来是说一不二的，所以其思维已经习惯了独裁模式，（2）他对于这些独裁者犯下的各种各样的罪行和对世界和平的危害看来没有任何的反感。

川普和共和党的另外一个难以想象的盟友是伊朗的强硬派。2015 四月，经过漫长的谈判，伊朗和世界六强（美英法德俄中+欧盟）签订了伊朗非核武器化的协议。这是国际外交史上的一个积极范例。伊朗的核铀储被减少了 98%，被控制为期 15 年，而且国际组织有权做检查。但是川普和共和党，以及伊朗强硬派都想要破坏取消这一个和平协议。难道他们都想要在中东再次战争，入侵伊朗吗？

最让人不安的是，根据时代周刊，每日邮报，外交事务等多家报道，ISIS 也明显希望川普取得大选胜利。ISIS 的发言人写到，"我希望真主将美国交给川普"，另外一个 ISIS 的支持者则宣布，"帮组川普进入白宫是我们圣战者的优先目标。"

读者肯定会问 ISIS 为什么希望川普获胜呢？这就要回顾一下川普从参加竞选之后发表的言论了。

"实行全面完全的禁止穆斯林进入美国"。

"我们要将恐怖主义者的家属也一起杀掉。"

"反恐需要使用酷刑。"当被指出使用酷刑是违法的时候，川普首先是显然不知道酷刑是违法的，然后他的回答是，"我下的命令，他们（情报部门）是不会拒绝的。"这又体现了川普对美国宪政的无知和蔑视。

"我看见数以千计的人在新泽西州欢呼庆祝9/11世贸大厦被攻击"（100%的谎言）

"我有数以百计的朋友在9/11丧生"（100%的谎言）

川普的言论将所有的信奉伊斯兰教的人口都视为恐怖主义分子，这是ISIS等恐怖主义组织求之不得的"美国和西方世界在向伊斯兰宗教国家和平民宣战"的证据，作为招募新的圣战信徒的极为有力的宣传工具。这种以特定宗教作为怀疑指控的基础，不仅根本不具有任何实际操作性（全世界有超过17亿的穆斯林，超过250万在美国），而且将大部分的守法穆斯林置于监视和恐惧之中，造成穆斯林社区与其他族裔和警方之间的猜疑，矛盾，歧视和冲突，反而对防范恐怖主义的工作极为不利，更危险的是会使到年轻的穆斯林更加容易投向ISIS恐怖主义的怀抱。

川普的言行记录

川普在竞选中的数不胜数的粗言滥语，谩骂侮辱，大话谎言，甚至淫秽性攻击，对美国社会带来了的冲击是难以估量的。他肆意攻击了除了白人以外的几乎所有群体：西班牙语系的移民，残疾人，被俘虏的退役军人，为国捐躯士兵的父母（士兵穆斯林Khizr），墨西哥裔的联邦法官（父母是墨西哥合法移民，法官是美国出生），真实报道他的言行的新闻记者和媒体，共和党的其他候选人，所有的将军都没有他知道ISIS得多，等等。

值得一提的是，川普在2016/05/02就大肆攻击中国在贸易方面强奸美国。第一次总统电视辩论中也是一开始就攻击中国。另外还污蔑造谣说全球气候变化是中国制造的骗局。

更离谱和令人作呕的是，在共和党初选电视辩论中炫耀自己的生殖器硕大，嘲笑共和党的唯一女性参选人相貌难看因此不可以当总统；当女性主持人 Megyn Kelly 将他之前很多侮辱女性的言论重复，问他如何解释，他事后指控 Kelly 月经来潮故意刁难他；说他在第二次电视总统辩论中看喜莱利的背后，觉得是目不忍睹。

至于在竞选之前川普就更是为所欲为，肆意张狂，因为他相信只要能上媒体，就是好的(even bad publicity is good publicity)。

- 在 1994 年的电视访谈节目里，主持人问他一岁的女儿 Tiffany 长得像谁，他说"她有她妈妈的腿，至于她的胸部就要等时间了"。
- 在 1997 年自传里承认和很多女性包括已婚女性有染。
- 在 1997 年 Howard Stern 电台访谈里承认性病相当于他自己的越南战争。
- 在 2005 年 Howard Stern 电台访谈里，被问如果他的妻子 Melania 在车祸里被毁容了，他会还爱她吗？他的回答很简单"她的乳房怎么样？"
- 在 2005 年 Billy Bush 节目里自我炫耀如何去对女性进行性骚扰，强吻和摸她们的胸部和阴部，闯入环球小姐的后台更衣室去巡视正在换装的女生。
- 在 2006 年的电视访谈节目里，他说"如果 Ivanka 不是我的女儿，我可能会 date 她（意思不是约会那么简单）"

以上这些污言秽语说明了川普是什么样的一个人，世界上有几个作为丈夫和父亲的男士对自己的妻子女儿如此下流，读者明鉴。

川普的商业纪录和税务纪录

川普竞选最大的夸耀就是他的从商成功。但是他的公司先后申请破产六次。他的川普大学是一个大骗局。他的慈善基金因为很多违规而被纽约州总检察官勒令他停止运行。根据 USA Today 的统计报道，川普个人及其多家公司涉及于至少 3500 宗法律诉讼，其中包括数百案件是他拖欠拒付小承包商和劳工的服务。

在 1995 年的报税表里申报亏损$916 百万美元，足以使他可以不交联邦个人所得税 18 年。而他对此揭露的回答是"这说明我聪明 that makes me smart"。

交税是每个公民的应尽义务。共和党历来指责中下劳工阶层不交税是 freeloader，按照 2012 年共和党提名人罗姆尼，有 47%的人是占便宜。现在川普自我标榜不交税，共和党人反而说川普是天才。按照这样的逻辑，所有守法的，不去转空子的纳税人都是傻子了（sucker）。

最后值得一提的是，自从 1969 年尼克松（Nixon）公开自己的个人税表以来，历届总统副总统，总统候选人，都公布了自己的个人税表。在 2012 年，当共和党罗姆尼迟迟不公布税表的时候，川普在电视访谈中说应该要公布。今年大选，喜莱利公布了 1997 年-2015 年 18 年的个人税表，显示克林顿在 2015 年联邦税交了 34.2%，州市税 9%，另外捐献慈善 9.8%。但是川普始终拒绝公布，口称因为在被国税局审查（IRSAudit）。但是国税局立刻表示，没有任何法律禁止他公布税表。对于川普的私人生活，我没有兴趣。但是总统候选人公布税表，这已经是美国民主选举过程中的一个不成文的共同遵守的政治惯例，它可以让所有选民看到候选人有没有逃税漏税，有没有捐献慈善，有没有在海外的生意。川普死活不愿意公开税表，其中必然有非常严重的问题，更重要的是，违反了现有的游戏规则。

通过以上的讨论，相信读者现在能够更全面了解为什么那么多的共和党人，社会各界的精英阶层都站出来反对川普，也能明白为什么 KKK，纳粹党，北韩，俄国，和 ISIS 等等这些组织和国家会支持川普。

各位读者，可能疑问，笔者为何不讨论喜莱利克林顿。这是因为时间有限，而且她的缺点错误与川普恶劣品性的是不同性质不同等级的。例如关于班加西事件，共和党控制的国会花了纳税人七百万美元进行了两年七次调查，没有任何结果。FBI 联邦调查局对喜莱利电子邮件的长期调查之后，也是没有证据起诉。至于前两天 FBI 忽然写信给国会，说在进行新的邮件调查，这本身很有问题，（1）这些是喜莱利助理的前夫的电脑上发现的邮件，不是喜莱利的邮件（2）既然是依然在调查过程中，就应该按照 FBI 的惯例不动声色，（3）

在没有任何确凿证据的情况下通知国会和公众媒体，影响即将进行的大选，这是违法的 The Hatch Act。

其实关于喜莱利克林顿，不论是全球权威性的 The Economist 和 Foreign Policy，偏自由派的 The Atlantic 和 New York Times，中间派的 USA Today，还是许多保守派的 The Arizona Republic，和社会各界精英都已经给出了很好的陈述，笔者就不需重复了。

尊敬的各位读者，兼听则明，三思后行，理性思考，慎重抉择。

后记：笔者这次关于 2016 年大选的思考系列，至此完成。谢谢所有读者的垂注和反馈。

（首发于"美国华人"公众号，2016/11/5）

参考来源：

1. https://www.washingtonpost.com/news/post-politics/wp/2016/11/01/the-kkks-official-newspaper-has-endorsed-donald-trump-for-president/

2. https://www.washingtonpost.com/news/fact-checker/wp/2016/03/01/donald-trump-and-david-duke-for-the-record/

3. http://www.politico.com/story/2016/02/david-duke-trump-219777

4. http://www.marketwatch.com/story/trump-has-gotten-nearly-3-billion-in-free-advertising-2016-05-06

5. https://en.wikipedia.org/wiki/Republican_Party_presidential_primaries,_2016

6. https://www.washingtonpost.com/news/post-nation/wp/2016/08/07/top-nazi-leader-trump-will-be-a-real-opportunity-for-white-nationalists/?utm_term=.53371f68ca2c

7. http://time.com/4033161/obama-foreign-born/

8. http://www.huffingtonpost.com/entry/donald-trump-racist-examples_us_56d47177e4b03260bf777e83

9. http://www.realclearpolitics.com/video/2015/06/16/trump_mexico_not_sending_us_their_best_criminals_drug_dealers_and_rapists_are_crossing_border.html

10. http://www.thedailybeast.com/articles/2016/01/11/white-power-party-swears-loyalty-to-president-trump.html

11. http://www.nydailynews.com/news/politics/american-nazi-party-chairman-trump-real-opportunity-article-1.2741887

12. http://www.huffingtonpost.com/entry/donald-trump-racist-examples_us_56d47177e4b03260bf777e83

13. http://www.latimes.com/politics/la-na-pol-trump-immigration-deportation-20160822-snap-story.html

14. http://www.alternet.org/grayzone-project/trump-effect-schools-how-trumps-hate-speech-traumatizing-americas-children

15. https://www.washingtonpost.com/news/worldviews/wp/2016/05/31/north-korean-state-media-offers-support-for-wise-politician-donald-trump/

16. http://www.reuters.com/article/us-northkorea-usa-trump-idUSKCN0YN35S

17. http://www.cnn.com/2015/12/17/politics/russia-putin-trump/

18. http://www.cnn.com/2016/07/27/politics/dnc-hacking-emails-russia-white-house/

19. https://www.rt.com/news/360158-clapper-dnc-hack-russia/

20. http://www.nbcnews.com/politics/2016-election/donald-trump-s-history-praising-dictators-n604801

21. http://www.politico.com/story/2016/10/trump-praise-russia-iran-assad-criticism-229546

22. http://www.usnews.com/news/articles/2016-04-06/trumps-unlikely-iranian-fans

23. https://en.wikipedia.org/wiki/Iran_nuclear_deal_framework

24. http://time.com/4480945/isis-donald-trump/

25. http://www.dailymail.co.uk/news/article-3761267/I-ask-Allah-deliver-America-Trump-ISIS-jihadis-pray-Donald-win-election-great-recruitment.html

26. https://www.foreignaffairs.com/articles/2016-08-24/why-isis-rooting-trump-0

27. http://www.businessinsider.com/donald-trump-isis-candidate-analysts-2016-9

28. http://www.politico.com/story/2015/12/donald-trump-shutdown-of-muslims-216504

29. http://www.cnn.com/2015/12/02/politics/donald-trump-terrorists-families/

30. http://time.com/4247397/donald-trump-waterboarding-torture/

31. http://time.com/4244608/donald-trump-military-orders-illegal/

32. http://nypost.com/2016/09/01/trump-doubles-down-on-deporting-illegal-immigrants/

33. http://www.politifact.com/truth-o-meter/statements/2015/nov/22/donald-trump/fact-checking-trumps-claim-thousands-new-jersey-ch/

34. http://www.thedailybeast.com/articles/2016/09/09/15-years-of-donald-trump-s-9-11-lies-insults-and-slights.html

35. https://en.wikipedia.org/wiki/Islam_by_country

36. http://www.nytimes.com/interactive/2016/01/28/upshot/donald-trump-twitter-insults.html

37. http://www.cnn.com/2016/05/01/politics/donald-trump-china-rape/

38. http://www.cnbc.com/2016/09/26/trump-lashes-out-against-mexico-china-during-us-president-debate.html

39. http://www.politifact.com/truth-o-meter/statements/2016/jun/03/hillary-clinton/yes-donald-trump-did-call-climate-change-chinese-h/

40. http://www.usmagazine.com/celebrity-news/news/donald-trump-calls-sleeping-around-as-his-personal-vietnam-w432176

41. https://www.buzzfeed.com/andrewkaczynski/donald-trump-said-a-lot-of-gross-things-about-women-on-howar?utm_term=.nfzNpd84z#. kqp0E8or7

42. http://www.motherjones.com/politics/2016/03/trump-women-comments-misogyny-jennifer-lopez-melania-breasts

43. http://www.nydailynews.com/news/politics/trump-comments-1-year-old-daughter-breasts-article-1.2591961

44. http://www.mediaite.com/online/donald-trump-wont-stop-joking-about-banging-his-daughter/

45. http://qz.com/792387/presidential-debate-trumps-first-lies-of-the-debate-were-all-about-china/

46. https://www.washingtonpost.com/politics/2016/live-updates/general-election/real-time-fact-checking-and-analysis-of-the-first-presidential-debate/fact-check-has-trump-declared-bankruptcy-four-or-six-times/

47. http://www.newyorker.com/news/john-cassidy/trump-university-its-worse-than-you-think

48. https://www.washingtonpost.com/politics/trump-foundation-ordered-to-stop-fundraising-by-ny-attorney-generals-office/2016/10/03/1d4d295a-8987-11e6-bff0-d53f592f176e_story.html

49. http://www.usatoday.com/story/news/politics/elections/2016/06/01/donald-trump-lawsuits-legal-battles/84995854/

50. http://www.usatoday.com/story/news/politics/elections/2016/06/09/donald-trump-unpaid-bills-republican-president-laswuits/85297274/

51. https://www.washingtonpost.com/news/the-fix/wp/2016/09/28/donald-trumps-defense-of-not-paying-taxes-is-remarkable/

52. http://www.cnn.com/2016/10/02/politics/rudy-giuliani-trump-genius-taxes/

53. http://www.nytimes.com/2016/08/06/opinion/why-we-ask-to-see-candidates-tax-returns.html

2020 西方思想年度述评（上）：美国大选与民主危机

刘 擎

序言：漫长的告别

两个多月前，全世界无数人迫切期待的时刻来临了：我们终于告别了 2020，这活久未见之年。在一张日历翻过的瞬间，如愿以偿。

然而，这是一场漫长的告别，带着绵延不绝的尾声，在新的一年持续回响。一个时代蓄势已久的力量在去年集中爆发，但不会在顷刻间烟消云散，正如它并非突如其来。

于是，等到春天再来回望过去一年或许更加适宜。这份迟来的重访躲过了惊魂未定的慌张，也会在眼前的景色中察觉客岁的余晖。时间是一种距离，带来些省思的从容，虽然"密涅瓦的猫头鹰"不知还要多久才能等到它起飞的黄昏。

《时代》周刊在 12 月 5 日的封面上将 2020 年判定为"最坏的一年"，这是许多人心情的写照。在新冠肺炎疫情爆发的第一个月，全球确诊病例数只有不到一万，半年之内上升到一千万，一年之后突破一亿，累计死亡病例数超过两百二十二万（到今年 3 月已经达到两百七十万）。此外，澳大利亚发生了罕见的森林大火，法国经历了"黑色十月"的创痛，英国释然或惋惜地正式脱

《时代》周刊在 12 月 5 日的封面

离欧盟，美国见证了风起云涌的社会抗议运动，以及惊心动魄的总统大选。而一年多前签订的中美贸易谈判第一阶段协议，如今似乎已经

时隔久远而意义不明……

多么动荡而漫长的一年。那些惊慌失措中的猜测与流言，那些坚韧与勇敢的事迹，那些悼别逝者的时刻，都汇入了记忆的河流。但这一切经历究竟带给我们什么启示呢？

有悲观论者说，这"最坏的一年"或许会是未来"最好的一年"。有更多人强调其重要的转折意义。《纽约时报》的专栏作家弗里德曼（Thomas L. Friedman）在去年3月的文章中提出新的历史分期，他认为世界将被疫情划分为BC与AC两个阶段——"前新冠"（Before Corona）世界与"后新冠"（After Corona）世界。政治哲学家格雷（John Gray）4月发表文章，判定"这场危机是历史的转折点"，并预告"全球化的顶峰时期过去了"。当下的任务是让头脑清醒，"思考如何在一个改变了的世界中生活"。

这些断言或许正确，却过于笼统了。也许，记忆之河还需要更久的沉淀，才能凝结为更具启发性的经验和教训。但是，我们的记忆并不是从2020年才开始的，过去几年的历史不是早已显示危机的先兆吗？

盖茨（Bill Gates）在2015年的一次TED演讲中就曾预言，未来对人类最大的威胁，不是战争而是疫情大流行。至于美国的政治危机，从川普在2016年总统大选中获胜之后，就有难以计数的研究和评论发出过警告。而中美竞争的升级及其对世界秩序的冲击，也是过去二十年国际政治领域持久关切的核心议题。同样，全球气候变暖与各种"自然灾害"之间的相关性，一直有大量的研究与公共讨论。

震惊之感往往与健忘或漠视相伴。令人惊讶的2020年并非无踪可循，它只是加速了经年已久累积的危机，让困境与挑战以更加锐利的戏剧性方式呈现出来。如果探究其深层的逻辑，我们可以发现至少有两种长时段的原因，塑造了当今全球化时代的高风险特征。

在微观层面上，存在一个长程的趋势，可以称之为"生活本地性的瓦解"。传统的生活大多在一个有限而熟悉的空间中展开，具有鲜明的本地性。人们熟悉自己的环境和影响生活的主要因素，因为这些"变量"不太多、不太远，也不太复杂。生活的本地性具有相对自足的特征，人们也能够大体把握自己的命运。

166

然而，随着全球化的浪潮席卷了世界几乎每一个角落，巨大的流动性（包括人口、物资、信息、资本和技术的流动）对生活的本地性造成了严重的冲击。底特律汽车工程师的职业前途，可能取决于"通用汽车"海外公司的规模与效益，还有新能源汽车的发展趋势；而德克萨斯州的石油工人要评估自己的就业前景，可能需要了解科学家对碳排放问题的研究进展，政治家达成的共识，签订的国际气候问题协议及其对国内政策的影响。

影响生活的变量越来越多，也越来越遥远和复杂。投资、技术、设备、生产、经营和消费等要素，原本局限于本地、附近或本国内部，如今却来自世界的四面八方。将这些要素整合起来的过程和机制，不仅复杂到超出普通人的认识能力，而且往往不能够由本地甚至本国政府单独决定，因此也难以单独问责。

当然，这不是今天才出现的新现象。早在现代化浪潮的兴起之时，生活的本地性就开始受到侵蚀。但在最新一轮的全球化过程中，各种流动性的深度、广度和速度，达到了前所未有的极端状态，也造成了更加严重的冲击。这种趋势对人类应对大规模流行疾病带来了挑战。由于人口流动的规模和速度，防止疫情的跨地域传播变得格外困难。一个地区或一个国家防控疫情的有效性，不仅关涉本地居民，也影响到更广大的人群。

生活的本地性被瓦解了，这给许多人造成了难以估计的风险，对生活的掌控感处在莫名的威胁之中。因为影响你生活的变量是遥远、陌生而难以理解的，它们是未经你同意和授权的强大力量，却以不容分说的蛮横方式操纵你的愿望，支配你的命运，甚至剥夺你的权益，深刻地改变了你原有的生活方式。

同时，生活本地性的瓦解也威胁着基层政治的自治传统。托克维尔赞赏美国民主中的"乡镇自治"模式，这种自治依赖于社区成员之间对公共事务的商谈沟通。当一个社区难以理解也无法掌控过多的复杂变量，有意义和有效的商谈就变得格外困难。世界的许多地区正在见证生活本地性的瓦解，这种状况让越来越多的人感到挫败、委屈、沮丧，甚至怨恨和愤怒。

而在宏观的层面，全球化造成了国家政治与治理的困境。早在十年之前，哈佛大学经济学教授罗德里克（Dani Rodrik）提出著名的政治经济学"三元悖论"（trilemma）：超级全球化、国家主权和大众民主这三者不可同时兼得，只有"三者必择其二"的可能。2020年6月，两位美国学者在《开放经济评论》发表了一份实证研究论文，他们用1975年到2016年一百三十九个国家的数据检验了罗德里克的假设，肯定了三元悖论的有效性。研究结果还显示，民主化程度较高的工业化国家往往经历更多的政治不稳定。

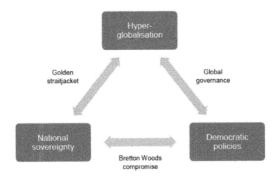

政治经济学"三元悖论"（trilemma）

就结构性约束而言，欧盟治理的困境、英国脱欧以及美国外交政策面对不断增长的国内压力等现象，都在某种程度上是这种三元悖论的征兆。这也意味着美国恢复原有国际秩序的企图将会遭遇持久的阻力。

无论是生活本地性的瓦解对于个人生活的冲击，还是三元悖论的结构对政治事务与公共政策的挑战，都会激发出反弹的力量，体现为近十年多来的"逆全球化"趋势。罗德里克本人并不全面反对全球化，他主张寻求一种更为平衡的选择，保持适度（而非"超级"）的经济全球化，同时维护国家主权和大众民主政治。

然而，不断超越地区性的全球化趋势仍然十分强劲，因为资本与技术的逻辑具有突出的"超地方性"倾向，两者都遵循一种"对事不对人"的普遍主义：资本总是倾向于流向收益更高的地方，技术也总在寻找生产性更高的地方。但是，这种基于工具理性的普遍主义逻辑往往与社会生活形成紧张。人的生活依赖于相对稳定的居住地、传统、语言和风俗等，总是具有无法彻底抹去的地方性。如果不受约束的资本和技术无情地摧毁生活共同体的根基，很可能会引发剧烈的冲突，导致失序的危机。

2020 年以令人难忘的方式突显了长期以来的全球化困境，也揭示了人类分享着共同的命运，至少在重大危机的时刻。这是无法在挥手之间轻易告别的时代挑战。它敦促人们重新思考共同体的价值和意义。人的生活总是共同的生活，每个人都从属于多种直接或间接的共同体，有些切身可感，有些更具有虚拟或想象性，而各种共同体之间又彼此依赖、相互影响和塑造。我们需要探索和建设一种更有生机活力、也更具适应性的共同体，维护其边界和自治，同时保持对外部的开放与合作。这是一场漫长的告别，只能在开启新的思考与对话中才会结束。

如期而至的政治危机

2020 年的美国总统大选是一场硝烟四起的"选战"，直到次年 1 月 20 日，当拜登宣誓就职的一刻，才尘埃落定。

在两周之前，川普的一些支持者攻占国会大厦，中断了国会两院确认选举结果的议程，最终导致五人死亡。这场骚乱震撼了全球各地的政要与观察家。许多人惊呼，1 月 6 日是"美国历史上耻辱的一天"，是美国的"水晶之夜"，"自由世界的灯塔熄灭了"……的确，如果在实况转播中观看川普的煽动性演讲，目睹国会山暴乱的场景，整个过程惊心动魄，当时感受的震撼会让人不禁惊叹"狼来了，这一次狼真的要来了"。

然而，这一切难道不是意料之中的吗？在根本上，这场危机并没有超出各种"剧本"的意料，无数"狼要来了"的警告早就不绝于耳。

自从 2017 年初开始，《华盛顿邮报》决定每天提醒读者"民主死于黑暗"（Democracy Dies in Darkness），将这句话作为铭文印在报头之下。2019 年（笔者曾在当年述评中介绍）就有学者预言，美国社会的对立正在演变为"政体分裂"，选举争议会导致"暴动"并引发宪政危机。2020 年 10 月 1 日 Politico 杂志发表戴蒙德

169

（Larry Diamond）等五名政治学家的联署文章，警告大选导致暴力冲突的危险正在急剧上升，并呼吁采取紧急措施，成立跨党派的专门委员会应对可能的暴力事件。而11月2日发布的一份民调显示，有四分之三的美国人对选举引发暴力的问题表示关切。甚至有评论认为，当前的美国处于南北战争以来最严重的社会分裂，"第二次内战"并非不可想象。

但是，内战最终没有爆发。川普在拖延了几个小时之后，发出了"和平回家"的呼吁，而不是"决一死战"的号召，也没有动用军队介入"选举结果的全面核查"。预想中更为惊恐的情节还没有发生，政治对抗止于"选战"，濒临崩溃的危机幸运地躲过了崩溃的劫数。

狼来过了，露出了狰狞的面目，但在嘶吼之后又迅速离去。国会山的暴乱更像一次象征性的休克疗法，让人们从"政治失忆症"中惊醒，重温历史教科书写就的常识：民主，尤其是美国民主，从来不是坚如盘石的大厦。

很快，重温历史的治疗努力开始了。1月8日著名美国史学者方纳（Eric Foner）在《国家》杂志发表文章指出，"熟悉美国历史的人都知道，这次国会山暴动并不是第一次以法外方式推翻民主选举结果的企图"。美国在"重建时期"以及随后的几年中，发生过许多类似的事件，有些远比1月6日的暴乱更加暴力。他列举了1873年和1898年武装白人推翻民选的黑人或跨种族的地方政府或官员的事件。他提醒美国人，"让我们不要假设，在国会山暴乱之前美国是一个运转良好的民主国家"，这是一个幻觉。

1月29日马萨诸塞大学政治学教授罗伯茨（Alasdair S. Roberts）在《对话》网站发表文章，题为"那些哀悼美国民主脆弱性的人们弄错了什么？"。文章指出，从第一次世界大战以来，在华盛顿特区部署军队来维持秩序的情况已经出现过四次，而针对总统和政要的暗杀事件也发生过多次。作者试图在历史的视野中，对美国的真实现状做出准确的判断。

在许多人看来，攻击国会山事件显示，美国民主已经变得脆弱，而这种脆弱性是新近的危险趋势。但作者认为这种看法有夸大其词之嫌，并不是因为它低估了危机的严重性，而是它忽视了一个历史事实："美国民主一直是脆弱的。"更准确地说，美国真正的困难在于它是一个"脆弱的联盟"，在历史上长期存在着各种矛盾和局部冲突，其中许多深层的裂痕并未真正弥合。"美国"（The United States）这个词（在字面上）是复数名词，直到南北战争之后，才在美国官方演讲中被确立为单数名词。

但美国政界常常将国家团结视为理所当然，许多新上任的总统都倾向于推行雄心勃勃的计划。这些计划激励了支持者，同时也激怒了反对者。但这种赢家通吃的方式可能会加剧分裂，而不是重建团结。自 1990 年代以来，旧的分裂开始重新出现，体现为所谓"红色"美国与"蓝色"美国之间的分野。这两个阵营对于什么是国家的优先任务，尤其是对于联邦政府的作用持完全不同的看法，导致了对政府的敌意，因而使政治陷入僵局。

民主的脆弱性并不新鲜，政治暴力与应对政治暴力的努力在美国历史上也屡见不鲜，人们对于民主的信心也是如此。在过去的一年中，人们对美国民主的信心遭到了打击。但在 1930 年代的大萧条时期，在 1970 年代的通货膨胀和失业大潮的困境中，人们对"民主的终结"也有过类似的恐惧。但这些历史经验的证据也表明，脆弱的民主政体能够在各种冲击下延续，也确实具有自身的适应性。最近美国总统大选以来的诸多事件令人不安，但这并不表示美国的民主即将崩溃。

文章在最后写道，仅仅在二十年之前，许多美国人坚信自己体制的优越性，"小布什总统甚至宣称，美式民主是'国家兴盛的唯一可持续模式'。相比之下，今天许多人担心这种模式正处在崩溃的边缘"。如果说当初的傲慢精神是误导性的，那么 2021 年的绝望也是如此。"与许多其他国家一样，美国正在为维护团结、遏制政治暴力，以及达至民主原则而进行永无止境的努力。"

在历史学家呈现的视野中，美式民主的"灯塔"寓言是一个短暂而过时的迷梦。而在政治理论界，从古至今严肃的学者，无论持何种立场，从未将民主视为一个神话。这不必回溯到亚里士多德或者托克维尔，当代支持自由民主制的政治理论家，对民主政治的现状与前景大多保持审慎或忧虑的态度。

171

早在 1975 年，一份题为"民主的危机"的报告提交给了"三边委员会"（The Trilateral Commission），作者是克罗齐（Michel Crozier）、亨廷顿（Samuel P. Huntington）与绵贯让治（Joji Watanuki）。他们针对当时西欧、北美和日本等国家对于民主的悲观论调，对民主政体面临的外部与内部的挑战做出分析，认为导致民主危机的主要原因在于民众对政府要求的增长与政府执政能力的不足。在 1980 年代，著名政治学家达尔（Robert A. Dahl）发表了《多元主义民主的困境》（1983）和《民主及其批评者》（1989）等论着，对民主政体的局限与弊端展开多方面的检讨评估并提出改良的构想，产生了深远的影响。这种对于民主的忧患意识贯穿于整个冷战年代。直到苏联解体之后，"历史终结论"等对民主的乐观论述才成为显学。

福山是西方民主政治最热衷的辩护者之一，但他在 2014 年发表了关于民主政治"衰败"（decay）的研究，并且特别针对美国的体制发出警策："思想的僵化与根深蒂固的政治势力形成一种结合，阻碍了这些体制发生改革。如果没有一次对政治秩序的重击（shock），无法保证这种局面将会有什么改变。"在 2016 年，福山在桑德斯和川普的崛起中看到了这种冲击出现的可能，两派的选民得以借助"激进的局外人"净化清理腐败的建制派。但他同时担心，"民粹主义者贩卖的灵丹妙药几乎于事无补……将会使局面恶化而不是改善"。

带着对政治衰败的关切，福山 2021 年 1 月在《外交事务》网站上发表的文章，考察"川普执政时期政治衰败加速恶化"的趋势，甚至怀疑这种衰败已经"败坏至核心"。在他看来，民粹主义的策略将川普送进了白宫，"恶化的进程以惊人的速度一直持续，扩展到当初难以预料的范围"，最终在国会山骚乱事件中发展到顶峰。危机过去了，但引发这场危机的深层状况仍然没有改变："美国政府仍然被强大的精英集团所俘获，这些集团为了自己的利益而扭曲政策，误解了整个政体的正当性，而这个体制仍然过于僵化以至于无法改革自身。"福山进一步指出，两种新现象的影响使局面更为恶化，一是新的通信技术加剧了"民主商议之共同事实基础的消失"，一是两党之间的政策差异已被凝固为文化身份认同的分裂。

民主理论家戴蒙德多年来深切关注民主的危机。他在 9 月的《大西洋月刊》网站上发表文章，分析美国选举制度的缺陷可能导致出现"双总统"的僵局，并引发宪政危机。在 11 月 3 号投票日当天，戴蒙德又在《纽约时报》撰文指出，美国民主制度有三大支柱，自由、法治与选举，前两项虽然遭受重创，但经受住了考验，但作为第三支柱的自由公平选举却面临威胁。

有评论说，这个"自由世界"的头号大国上演了第三世界国家才会发生的政治乱局。这似乎忘记了，老人常常会和幼童一样容易跌倒。在戴蒙德看来，美国民主的部分问题在于"上了年纪"。这个最早实行民主制的国家，其制度最初成形于广袤、分散和多样化的殖民地，更为关注"多数暴政"的危险，因此，美国的"宪政体制缺乏针对选举崩溃的预防措施，而这些措施在更晚近的民主国家中是常见的"。

实际上，对于美国民主制度的缺陷与弊端，学者与政治评论家展开过持续而丰富的分析批评，从总统制到选举人制度（选举院），从选区划分方法到竞选筹款规则。改革的呼吁与修宪动议也层出不穷，但在惯常的党派政治僵局中，变革的希望非常渺茫。那些不断发出警告的批评者，不仅难以触动政治精英的神经，反而被看作高喊"狼来了"的淘气孩子，只是虚张声势，因此不必理会。

那么，1 月 6 日国会山骚乱的冲击有可能激发变革的动力吗？现在还难以判断。但至少"狼真的来过了"，美国民主制的隐患与危机并不是理论家们杜撰的流言。

一个半世纪之前，诗人惠特曼在献给林肯的名作中将他称作"船长"，这同时包含着对这个新生民主国家的隐喻——美国是在风浪中航行的巨轮，总有遇到惊涛骇浪的危险。而这位"船长"在南北战争之前就预见了危险。1838 年林肯在青年学会发表《我们政治制度的永世长存》演讲，他相信美国政治制度的危险"必定发端于我们内部"，而他对于"应当如何防御危险"的回答是"捍卫宪法和法律"。林肯甚至呼吁"让法律成为这个民族的政治宗教（political religion）"。

至关重要的问题是：在林肯演讲一百八十多年之后，今天的美国人仍然信奉这个"政治宗教"吗？冷静考察 2020 年的美国总统大选，可能会得出一个失望与希望并存的答案。

美国的社会分裂与政治极化在近几年来不断加剧，这无可避免地将这次选举变成一场狭义的"选战"。选战在本质上是真实内战（物理性战争）的模拟物，因此具有"穷尽手段"与"法律约束"的双重性，这意味着竞争双方将穷尽一切法律允许的手段来谋求胜选。放弃"穷尽手段"就只是普通的选举而不足以成为"选战"，但突破"法律约束"则将使选战丧失其模拟功能而蜕变为物理战争。就此而言，川普及其支持者发起的抗议与几十起诉讼，即便违背了文明标准，仍然是穷尽合法手段的表现，直到公然抗拒依据司法程序审议的结果，才挑战了法律约束的边界。

然而，美国的法律制度绝非脆弱到不堪一击的地步。《经济学人》11 月 28 日刊登长文《民主的韧性》，指出"美国体制得到了其法官与官员的专业主义精神的保护。他们中间的许多人都受到前辈确立的标准束缚。因为有无数人坚守职责，川普推翻选举结果的企图失败了"。

的确，在对选票统计的争议与审理中，公职人员展示出高度的专业主义和尊重宪法程序的立场，这包括川普本人任命的三位最高法院大法官和其他联邦法院法官，他竭力支持的佐治亚州州长，他内阁中的司法部长以及国土安全部负责网络选举的负责人，这些共和党公职人员在总统和党派利益的压力下选择了忠诚于宪法和专业原则。另外，十位前任国防部长于 1 月 3 日在《华盛顿邮报》发表联合声明，呼吁军队保持中立，对选举结果不予介入。即使在 1 月 6 日占领国会大厦的非法行动中，暴乱者试图以极端方式改变选举结果，但他们要求的仍然是全面彻底核查选票，而不是废除民主选举程序。

在这场选战中，法律遭到了严峻的挑战，这是令美国人失望的现实。但这些挑战遭到了更强劲的反弹，这是希望所在。事实证明，选战实现了其模拟的功能，最终避免了内战。美国绝大多数公职人员与民众对于宪法和选举程序存在基本共识，守住了最基础的宪法底线——这虽然是"过低的"却仍然坚固的及格线。在这个意义上，林肯倡导的"政治宗教"在美国人的内心深处依然保留着神圣性。

如何判断美国政治危机的严重性？这需要一个评判框架。如果民主体制的健康运转依赖于民意的汇聚，那么共识程度的不同等级将会形成不同的政体稳定水平。

首先，在最理想的状况下，社会大众对政治原则与重要的公共政策存在广泛共识，容易达成一致意见。在此情况下，投票选举的主要功能是确认既有的一致意见，具有仪式性的象征意义。

其次，在通常状态中，民众对部分公共政策或议程出现分歧，通过协商、辩论和斗争达成部分的共识或妥协方案，对于无法妥协的分歧通过选举程序来决定。

再次，当社会对立与政治极化的程度严重，公众对多数公共议程都持有难以妥协的相反立场，无法获得实质性的意见共识，但仍然保持对民主原则与程序的共识，选举投票就具有决定性作用，也常常会演变为"选战"，政体处于危机状态。

最后，如果社会与政治分裂如此严重，以至于瓦解了对宪法原则与程序本身的共识，社会将会出现频繁与剧烈的大规模暴力冲突，甚至进入全面内战，这将导致政体崩溃。

按照以上四种理念型类别的标准来衡量，当今的美国政治已经偏离"通常状态"陷入政治危机，但仍然抱有对政体原则与程序本身的广泛共识，因此避免了政体崩溃。然而，如果法律与选举程序成为一个民主社会仅有的共识，那么政体稳定就仍然处在危险之中。

拜登在国会山事件之后的演讲中告诫，"我们历史上这悲哀的一幕提醒我们，民主是脆弱的，必须始终捍卫它，我们必须永远保持警惕"。民主从来不是一个神话，而是一项艰巨的事业。而事业（course）一词本身包含着"过程"的涵义，这意味着持续不断的修复与永无止境的再造。

川普现象的根源

拜登在竞选时曾说过，在未来历史的回顾中，川普会被视为一个"脱离常轨的时刻"（aberrant moment）。胜选之后他在 11 月 26 日的感恩节致辞中说："生活将回归常态"，这是对疫情之后生活的期

175

待，但许多人相信，这也是拜登对"后川普"时代做出的承诺。

对于饱受"异常"之苦的人们而言，"回归常态"的说法听上去令人向往，但深究起来不只天真而且危险。

首先，回归不是一个可欲的选项，那个往日的旧常态正是后来"异常"现象的孳生之地，回归过去意味着重返危险的起源；其次，回归也未必可行，美国社会与政治生态在过去四年中已经发生了深刻的变化，大约有三分之一的美国人是川普的坚定支持者，回归常态将会遇到强大的阻力；最后，回归的期望并不明智，轻率放弃了"异常"激发的反思契机，错失了可以汲取的深刻教训。

民主党期待的"大蓝潮"并没有出现，在目睹了国会山骚乱事件之后，更没理由陶醉于一场选战的险胜。作为败选的一方，川普获得了七千四百二十一万张支持票（百分之四十六点九的大众选票），这一事实过于醒目，难以忽视。罗德里克教授写道：虽然人们见证了"他公然的谎言、明显的腐败以及疫情控制的灾难，川普如何能够保持如此多美国人的支持，甚至获得了比四年前更多的选票？"

川普不只是一名卸任的前总统，还代表着一个重要的"现象"，在政治舞台中仍然醒目存在，甚至可能将长久存在。在这个意义上，大选的惊悚戏剧落幕了，但引发这场危机的根源并没有随之消逝。在谈论回归常态之前，首先需要探究"川普现象"的来龙去脉，并理解其中的挑战。

那么，什么是"川普现象"？几乎所有相关评论都指出了一种征兆：川普留下了一个极端分裂的美国社会。奥巴马在其自传出版后的一次访谈中承认，美国社会的分裂并不是从川普开始的，但他加剧了这种分裂。

早在 2016 年底，《时代》周刊选择川普作为年度人物，当期封面上称之为"美利坚'分众国'总统"（President of the Divided States of America）。到了 2020 年初，《经济学人》引用调查数据认为，美国政治极化的严重性已经可以被称为"非文明社会"（uncivil society）。

在注册选民关于对立党派的态度中，有六到七成认为对方是对"美国及其人民"的威胁，有半数认为他们是"彻头彻尾的邪恶"，有超过四分之一的人相信，如果对方行为不轨就"应当作为动物对待"，有近五分之一认为，"如果另一方赢得 2020 年大选，暴力可以被正当化"。

这种"非文明"的政治对立，并不是美国近几十年的"驴象之争"或"红蓝对立"的简单延续，它在相当大的程度上归因于川普的"创新"——以划分敌我的斗争性方式动员和凝聚此前相对沉默的社会人群，将其转变为获取自身政治优势的力量，从而加剧和深化了社会的分裂。

在川普难以计数的不实之词之外，至少有一句话道出了部分真相：如果奥巴马和民主党人做得好，"我就不可能进入白宫"。同样重要的是，如果传统的共和党建制派有足够的动员力，也无需求助这样一个"政治素人"来注入新的政治活力。

Uncivil society
United States, registered voters, February 2020
% agreeing

■ Republicans ■ Democrats

Opposing party is a threat to the United States and its people
69
64

Opposing party is not just worse for politics, they are downright evil
52
49

If opposing party is going to behave badly, they should be treated like animals
28
26

Violence could be justified if the other party wins the 2020 election
18
18

Source: Nathan Kalmoe and Lilliana Mason

The Economist

2020 年初，《经济学人》引用调查数据认为，美国政治极化的严重性已经可以被称为"非文明社会"。

川普现象的兴起，得益于两大政党的失败之处，缘起于政治建制派所忽视或无力感召的地域和人群——那些在经济与文化的主流趋势中被边缘化的地带，那些感到自己长期被漠视、被遗忘和被辜负的人群。

这并不是一个新鲜问题。在过去几年间，有越来越多的学术研究、评论文章以及纪实作品相继问世，探讨川普支持者的身份、处境与成因。从 2013 年《下沉年代》（The Unwinding），到 2016 年《乡下人的悲歌》（Hillbilly Elegy）、《白人垃圾》（White Trash）和《故土的陌生人》（Strangers in Their Own Land），再到 2020 年 PBS 制作的纪录片《美国大分裂》（America's Great Divide），所谓"被忽视的人群"不再是一个被忽视的盲点，甚至已经成为一个公众熟知的热点议题。

但熟知并不等于理解。川普的支持者究竟是谁？他们的处境如何？支持的主要原因到底是什么？对于这些问题，存在着不同的、常常相互竞争的阐释。学者、政治人物、媒体评论家以及社会大众，对此并没有形成共识。最为显着的分歧之一（以简单化的类别划分），是"经济解释"与"文化解释"之间的争论。

在经济解释中，川普的主要支持者来自经济低迷的锈带地区，他们是蓝领工人。美国制造业工作岗位的流失（其中许多被转移到海外）进一步侵蚀了他们的稳定地位。川普声称要站在他们一边，称赞他们是善良的普通美国人和真正的爱国者，誓言要为他们"找回工作"，因此获得了他们的拥戴。

相反，在文化解释中，许多人支持川普的动机实际上是渴望"复辟"，重新获得受到历史进步威胁的特权——白人至上的特权，基督教的特权，WASP 作为美国正统的特权。这些长期被抑制的反动观念被川普"解放"出来，得以死灰复燃甚至有恃无恐。

由此可见，经济解释暗示了社会底层针对精英阶层的抗争。这些被遗忘和辜负的底层人群选择川普，是在表达对建制派的愤怒，也是在维护自身应有的权利。但在文化解释中，反对还是支持川普是"进步的未来"与"守旧的过去"之间的道德战争，对这种复辟势力的反击而不是放任才是正义的事业。两种解释的实践意涵超出了学术之争，涉及道德正当性的分歧，也构成了意识形态的对立。

当然，两种解释模式的划分是过于简单化的表述。实际上严肃的评论与研究都不会陷入单一模式，但往往有各自的主导倾向。在公共舆论中，经济解释相对流行，但近来受到越来越多的质疑。

2016 年与 2020 年两次大选的证据都不支持单纯的经济解释。"出口民调"（exit poll）数据显示，川普在中低收入的选民中并不占据优势。在家庭年收入低于五万美元的中低收入选民（约占选民总数的三分之一）中，更大比例的选民投票给克林顿（2016 年）或拜登（2020 年），而不是川普，差距在百分之十左右。而在五至十万美元的中等收入人口中（约占选民总数的三分之一），川普在 2016年的得票率高出希拉里·克林顿百分之四，但在 2020 年比拜登低了百分之十五。

就最新的发展来看，《大西洋月刊》2021 年 1 月 12 日刊登题为"国会山的骚乱者们不是'下层'"的调查文章，作者指出，尽管抗议者中有一部分是"底层人群"，但参与暴动的主体是企业主、CEO、州议员、公务员，房产经纪人、警察、现役和退休军人等，属于中上阶层。他们不是出于"经济上的绝望"，而是来自他们的信念："相信自己有不可侵犯的统治权利。"

同样，1 月 19 日《波士顿评论》发表长篇分析文章《川普主义的生存之地》也质疑了经济解释。在 1 月 6 日国会对选举人票的确认审议程序中，有一百三十九名共和党众议员投票反对确认选举结果。通过对他们所代表的选区进行人口和经济分析，作者发现，这些选区大多是经济增长和人口多样化都较快的郊区，相对富裕的白人家庭与其非白人邻居之间的不平等差距正显著缩小。这些地区非白人选民的投票率较低，为共和党候选人带来了边际优势，以此反驳了流行的观点——川普运动的支持者是来自锈带地区或穷乡僻壤的经济受困者。

这些新近的调查分析并未覆盖所有的川普支持者，也无法完全否认经济解释的有效性，但试图揭示川普的一些极端支持者并不属于经济上被剥夺的人群，他们的政治动机更有可能出于原有的特权地位受到威胁，期望维护一种少数统治。

在文化解释方面，近年有多部研究论述"基督教民族主义"（Christian Nationalism）的著作问世，其中 2020 年 3 月由牛津大学出版社推出的《为上帝夺回美国》（Taking America Back for God）获得许多好评。作者怀特海（Andrew L. Whitehead）和佩里（Samuel L. Perry）是两位社会学家，在大量经验研究的基础上提出了他们的见解：基督教民族主义主要不是一种宗教愿景，而是一种政治意识形态，基于对美国建国原则的神圣化理解，主张"将美国的公民生活与特定类型的基督教身份和文化相融合"。这种意识形态体现出一种维

179

护种族与民族"边界"的强烈愿望，将白人基督徒（尤其是新教徒）传统视为美国民族精神的正统，倾向于将归属其他种族和宗教的移民视为"他者"，构成对美国文化传统的威胁。在基督教民族主义者中，有更高比例的人反对跨种族婚姻和跨种族收养，质疑警察执法中存在种族不平等的事实。这部著作的研究论证，基督教民族主义者"将川普视为他们受到威胁的权力与价值的捍卫者"，他们支持川普是为了以上帝的名义"夺回美国"，并维护自身正在失去的特权。

《纽约时报》2020 年 10 月 16 日发表的文章指出，在回答"为什么会有那么多人支持川普"这一问题时，"经济焦虑"还是"种族焦虑"是两种不同的解释，对此已经有相当多的研究问世，许多学者相信种族因素更为重要。但作者在访谈中发现，"这两种因素是很难拆解开的"。

实际上，经济与文化因素难以相互隔离，因为经济状况对政治态度的影响，依赖于人们对自身处境所讲述的"故事"。关于自我的故事并不是对事实的客观描述，而是对于事实的认知、感受与判断，这需要经过文化的"阐释框架"才得以形成。

社会学家霍赫希尔德（Arlie Russell Hochschild）在多年前就表达了类似的洞见。她深入到路易斯安那州"茶党"（Tea Party）的腹地，经过五年的考察访谈写下了《故土的陌生人》，试图理解"美国右派一边的愤怒与哀伤"。她在茶党基层成员那里发现了一个悖论：他们会支持有损于自身利益的议员和政策（比如深受环境污染之苦的人，却支持撤销联邦政府环保署的动议），这让人感到不可思议。她探索他们"看待世界的主观棱镜"，发掘了他们的"深层故事"（deep story）——这并不是他们处境的事实，而是他们对自身处境的"仿佛感觉"（feels-as-if）所构成的故事。

这个深层故事以"排队"的隐喻呈现出来：一群排队追寻"美国梦"的人，其中大部分是蓝领工人，也是白人基督徒，虽然努力工作但收入下降或停滞。队伍没有挪动，在付出极大努力和牺牲之后，他们开始感到沮丧。然后，他们看到了"插队者"——少数族裔、女性、移民和难民。在他们的主观棱镜中，大多数自由派提倡的促进正义的公共政策都是不公平的"插队"。同时，他们曾经感到自豪的价值与正派生活方式——基督教道德、异性婚姻、爱国的忠诚等等，在自由派主导的文化中成为"过时的"或"歧视性的"偏见，在政治上是不正确的。于是，他们感到自己是"故土的陌生人"。

可以想象，他们的愤怒与哀伤是真切的，来自对真实困境的主观感受，其中不乏固执的偏见，却并非不可理喻。他们构成了川普 2016 年竞选口号中所谓"沉默的大多数"。作者在书中有一封写给"右派朋友"的信，向他们讲述了"自由派的深层故事"，最后告诉他们"在左派一边有许多人也感到自己像故土的陌生人"。霍赫希尔德如此尽力地要越过"共情之墙"，因为她意识到弥合分裂的紧迫性。她回顾自己的研究后发现，"川普崛起的布景已经搭建完毕，就像点燃火柴前的蜡烛"。

霍赫希尔德的努力值得尊敬也令人深思。然而，文化解释与经济解释之间分野仍然显着，这既是社会分裂与政治极化的征兆，也是其构成性部分。这不仅导致了对川普现象的诊断分歧，也为应对方案的选择带来了挑战：什么样的政治论述和公共政策最有利于弥合美国社会的分裂？如何在刺激经济增长与促进分配正义之间寻求恰当的平衡？同样，面对"文化战争"的困境，在斗争与对话之间、在坚定与妥协之间应当作何选择？比如，文化精英把大选中支持川普的七千多万美国人描述为"投票反对他们自身利益的愚民"，或者断定"他们大部分是种族主义者"，即便可能是一个正确的判断，但其政治实践意涵究竟是什么？这会使"种族主义"这个词失去道德分量吗？会进一步加剧社会分裂吗？或者最终将推动社会进步？所有这些难题都具有挑战性。

罗德里克 11 月 9 日在 Project Syndicate 网站发表文章，题为"民主党人的四年缓刑"。他注意到，选举之后民主党内部的争论已经开始，但从这场险胜中很难获得明确的经验教训。在文化与经济这两个关键议题上，都存在意见相反的批评者："有人指责民主党人走得太远了，也有人指责他们走得不够远。"

在文化方面，美国社会的裂痕在"文化战争"加深，一方是保守的、主要是白人聚集的区域，一方是所谓"警醒"态度已成为优势的大都会区域。前者注重"家庭价值"，反对堕胎，支持持枪权。后者强调 LGBT 的权利，支持社会正义，抵抗"系统性的种族主义"。许多给川普投票的选民认为，民主党人支持去年反对警察暴力的街头示威，是在"纵容暴力，并给整个国家抹上种族主义的色彩"。虽然拜登曾谨慎地发言反对示威中的暴力，但民主党人仍然被指控为"道德哗众取宠、诋毁美国中心地区的价值"。但在另一些人看来，对川普的支持仍然持续存在，这本身清楚地表明种族主义与偏执习气是多么根深蒂固，针对这种倾向展开斗争是"民主党紧迫的要求"。

在经济方面上，许多观察者（包括一些中间派的民主党人）认为民主党"走得过于左倾而背离了保守派选民"。然而，共和党仍然在煽动恐惧——"对于高税收、有损就业的环境政策以及社会化医疗保障的恐惧"。在美国两大政党内仍然盛行"典型的美国神话：政府管得最少、独行的企业家做得最好"。但在进步派看来，拜登倡导的经济方案，若以其他发达国家的标准衡量，根本算不上激进，也许桑德斯（Bernie Sanders）和沃伦（Elizabeth Warren）更加强调就业、经济保障和再分配的想法才符合大部分美国人的愿望。

总而言之，这次大选显然没有解决长期的争论："民主党和其他中左翼政党是否应该为了实现竞选号召力的最大化来决定他们在文化和经济问题上立场？"大选也没有从根本上改变这些政党面临的挑战。在文章最后，罗德里克提醒左翼政党需要制定务实的方案来解决深层的经济问题，也需要建立沟通的桥梁来克服主要由文化精英造成的裂痕，"否则，民主党人可能会在四年之后再经历一次惊醒"。

偶像的黄昏尚未来临

在全球化与新技术的冲击下，当文化变得更加复杂多样，既有的本地生活模式被不断侵蚀，许多人陷入了经济与文化的困境之中。他们越来越难以理解自身的处境，更无从把握自身的命运，对于受教育程度较低的人群尤其如此。在无以名状的恐慌与失落中，他们感到挫败甚至生出怨恨。无论在道德意义上是否正当，他们的感受是真切的。当一个国家中相当大比例的人群感到自己被遗忘，而政治建制派忽视或无力回应他们的诉求，民粹主义的煽动家就可能应运而生。

德州大学政治学教授林德（Michael Lind）在 2021 年 1 月发表文章《治愈煽动性民粹主义之道》，他认为"作为一种政治形式，煽动性的民粹主义往往兴盛于这样的时候——当大量的公民群体感到传统的政客忽视了他们的利益和价值"。作者列举了许多历史先例，包括南北战争前美国南部的白人农民和工人，十九世纪晚期中西部的农民，二十世纪美国东北地区的欧美"白种人"，以及二十一世纪英国中西部和北部工业地区的白人工人阶级。对应于这些"被忽视的群体"，相继出现了一系列"自称代表无权者对抗腐败当权者的护民官政客"。这在美国历史上层出不穷，但此前主要局限于地方和州一级的政坛。川普是第一个成为美国总统的真正的煽动家。

但林德认为，川普无法与希特勒和墨索里尼等法西斯独裁者相提并论，他没有获得军方、官僚界和学界精英的真正支持。作者也反对将川普的民粹主义化约为"白人民族主义"。虽然他常常有偏执言论（bigoted remarks），但与 2016 年相比，2020 年川普获得白人选票的比例有所下降，而在非白人选民中的支持率有所上升。林德侧重于川普现象的经济维度。在他看来，工业离岸外包与移民产生了输家和赢家，而美国建制派精英拒不承认自由贸易和移民带来的负面问题，这给了川普可以大肆发挥的议题。

但是，历史上的"民粹主义煽动家，经常鼓吹一些不切实际的措施来解决真正的问题"，川普也是如此。比如，在美墨边境修建隔离墙，以及草率地使用关税，都是花招而不是可靠的政策。"美国历史表明，根除民粹主义最好的方式是把被疏离的选民纳入主流政治，并以精到的方法回应他们正当的诉求。"作者认为，罗斯福新政是一个可资仿效的例子。新政的改革者达成了许多民粹主义运动要求的目标，但并非借助煽动性的外来者，而是通过制度化的方法来实现。"民粹主义者往往是恶棍，但是他们的追随者值得被尊重和倾听。煽动性的民粹主义是代议制民主的一种疾病。治疗它需要真正具有代表性的民主。"

然而，林德强调的制度性原因只是煽动家兴起的必要条件，但如何理解他们能够如此深入地俘获人心呢？比如，即便在占领国会山事件发生后，大多数川普的支持者仍然坚定不移。皮尤（Pew）研究

183

中心在 1 月 9 日所做的调查显示，在支持川普的选民中，有百分之四十认为他无疑赢得了选举，有百分之三十六认为他大概获胜了，只有百分之七承认拜登赢得选举。要充分解释这一问题，煽动家的个人风格及其追随者的政治心理也是不可忽视的要素。

《经济学人》发表题为"川普的遗产"的长篇文章，其中一节的小标题是"给公众来一场歌舞"。文章评论说，虽然川普推行的政策与里根之后的所有共和党领导人有相似之处，"但在许多问题上，他都以异端、极端或两者兼有的方式脱颖而出，以一种其对手做不到的方式俘获了选民的想象"。

这种俘获方式要求一种特殊的"歌舞"才艺。著名作家布鲁玛（Ian Buruma）2021 年 1 月 8 日在 Project Syndicate 发表文章，着重分析了川普作为偶像的魔力。作者指出，"川普是一位演艺界的人才"，他在房地产行业实际上是个不断失败的商人，真正给了他名声的是一档电视节目，"他一直利用这个品牌，施展无与伦比的才华用于自我宣传"。

在这方面，川普让其他共和党政客望尘莫及。他以自己特有的才能"精明地利用了在他进入政界以前就已长期存在的问题与怨恨：日益扩大的贫富鸿沟、对移民的恐惧、对伊斯兰教的厌恶、对少数族裔的仇恨，大城市和金融业不断增长的支配优势，以及贫困的去工业化地区和乡村地区的衰败，等等"。这些问题都曾被其他政客所利用，但他们从未企及川普的"魔力"。

就此而言，川普不是常规的政客，而"更像是一名邪教领袖（a cult leader），一位超凡魅力的煽动家，向其追随者们承诺了拯救，要把他们从一个邪恶的世界（充满暴力和颓废的城市、自由派精英、黑人、同性恋者、移民以及其他有污染性的外来者）中拯救出来。许多人投票支持川普，因为相信他更像是一位救世主（messiah），而不是一名政客"。

布鲁玛的文章揭示了川普得以利用的社会问题，也发现了他特殊的煽动能力。但要成为一个"救世主"，他还必须给予"信徒"引导与爱戴。

实际上，川普的魔力还在于，他能够以最通俗和最简单化的方式，对所有难题给出明确的解释并提出有力的解决方案。就业有问题吗？那是因为"外国抢走了你们的工作"！福利有问题吗？那是因为"非法移民侵占了你们的权益"！相应的解决方案也就变得简单明确：以贸易战赢回"公平的交易"，以及彻底驱逐和阻挡"非法移民"。

川普用简化了的世界图景剔除了一切复杂性，让困惑者获得了确定感，用粗暴有力的措施回应错综复杂的难题，让挫败者看到了希望。而且他能以安抚的名义激发哀伤与怨恨，以道德的名义强化认知与道德的偏见，让所有的愤怒者荣获"真正爱国者"的美名，并唤起了斗争的意志，指向他揭出的"人民的公敌"，誓言要"抽干华盛顿的沼泽"，摧毁"深层政府"，从而"让美国再次伟大"。这一切才使川普赢得了狂热的崇拜，使他得以超越寻常的总统，成为令人着魔的偶像，成为一个救世主！

于是，追随他不仅意味着支持他主张的政策，而且要成为崇拜他的信徒。否则难以充分解释一些匪夷所思的现象。因为（除非另有图谋）只有对偶像的崇拜才能让人相信，造成近三千万人感染、三十五万人死亡的疫情灾难是虚假数据编造的"假新闻"，其中没有总统可以问责的过错。同样，面对司法程序对几十起"选票舞弊"起诉审议后的全部驳回，也只有出于崇拜才会断然否认，这个司法审议的结果是凡人社会可能获得的"最近似的真相"，因为信徒确信，川普凭借"超凡之眼"能够直接洞察全部真相。

对川普的崇拜现象已经受到许多评论家的关注，在 CNN、PBS、NPR、Vox 和《外交政策》等多家知名媒体中也出现了相关问题的讨论。《名利场》杂志 2021 年 1 月 21 日发表了对哈桑（Steven Hassan）的访谈，他在去年出版的著作《川普崇拜》（The Cult of Trump）近来引人注目。哈桑认为，对崇拜（或邪教）的判定在许多时候是困难的，因为名人常常会让人产生近似崇拜的献身倾向，而川普是"一个极为出色的营销者、品牌家和社会名流"，这与著名运动队或流行明星有非常相似的一面。名人确实会吸引崇拜者，但问题在于这些人是否被欺骗和被控制？

在哈桑看来，对川普的崇拜体现为"破坏性的权威控制"，包括四种相互交叠的控制，他称之为"BITE 模式"（其中 B 代表行为控制，I 是信息控制，T 是思想控制，E 是情绪控制）。这四种控制有可能将一个人转变为依赖与顺从的崇拜者。虽然川普不是一个宗教人物，但在他的基本盘选民中确实"有一些人以救世主的眼光看待他"。哈桑认为，"川普具有邪教领袖的所有特征，而他的追随者也具有崇拜者的品质"。他们始于对一个自恋者全情投入，后来每天吸收"另类事实"来对抗自己的认知失调。

《今日心理学》在 2020 年 11 月发表舍罗（Hogan M. Sherrow）博士的文章，试图更为严谨地探讨"崇拜"现象。舍罗指出，美国历史上出现过一些明星政治家，从华盛顿开始，有西奥多·罗斯福、肯尼迪和里根，一直到奥巴马，他们都被视为具有人格魅力的领导人。那么，给追随川普贴上"邪教"的标签是否公平呢？舍罗认为，川普的许多追随者"符合社会学、宗教和心理学界通常用来认定邪教的标准"：邪教是"一种极端主义或虚假的宗教或教派，受到一个专断的、魅力型领袖的指引，其成员对他表现出不变的、甚至是宗教性的崇敬"。在美国选民中，川普最忠实的追随者只占较小的比例。他们倾向于信奉一种非常特殊的爱国主义理念，其中包括孤立主义和仇外心理。他们渴望让一个所谓"上帝之选"的人物来引领他们。

舍罗进而通过具体例证的分析，论证川普及其追随者们为什么符合邪教的典型特征。追随者们相信，川普是关于真相的唯一权威，只有他能决定所有政策与实践。他们热情而无条件地忠诚于川普，把他的信仰和实践视为真理和法则，他本人也确认这种理念。追随者使用公开羞辱或惩罚来压制同伴中出现的个人主义和怀疑态度，任何对川普或其他追随者的批评或嘲笑，都会受到惩罚。追随者群体声称川普和他们比其他人优越，认为他们的道路是通往真理和救赎的唯一道路。

但是，"川普的拯救"失败了。拜登完全可以借用他的句式说："如果川普做得成功，那么我就不会进入白宫。"但这并不是值得庆贺的时刻，因为无论是经济与文化的争论，还是对川普的崇拜，都没有随着大选结束而告终。

在拜登宣誓就职的当天，川普终于离开了白宫，前往佛罗里达州的海湖庄园。但他并没有从美国的政治舞台真正退场，而且还有可能卷土重来。2021 年 2 月在第二次弹劾案审理结束之后，川普发表声明宣称，"'让美国再次伟大'的历史性爱国运动才刚刚开始"。2 月 28 日在"保守派政治行动会议"（CPAC）上，川普发表长达九十分钟的演讲，标榜自己过去四年的丰功伟绩，攻击拜登政府一个月以来的所有政策和措施。他再次声称自己"已经赢得了 2020 年大选"，而且将会"第三次击败民主党人"，并否认他将另外组建新政党的传言，这暗示在 2024 年的总统大选中，他将再次作为共和党候选人参加竞选。

据《纽约时报》当天的报道，在对 CPAC 与会者所做的匿名投票调查中，支持共和党继续推进川普政策和议程的人占百分之九十五，希望川普再次参加总统竞选的比例为百分之六十八。有百分之五十五的与会者选择川普为他们偏爱的候选人，位居第二的佛罗里达州州长德桑提斯（Ron DeSantis）仅获得百分之二十一的支持，而前副总统彭斯没有参加这次会议，仅获得百分之一的支持。数据表明，共和党内还没有出现足以与川普匹敌的政治领导人，至少目前如此。"偶像的黄昏"还需要多一些时辰才可能来临。

《纽约客》的资深作者格拉瑟（Susan B. Glasser）曾撰写每周更新的专栏"生活在川普的华盛顿"，在 2020 年底专栏即将结束的时候，她在结语中写到："直到并且除非我们对围绕川普发生的事情做出完整的解释，否则 2020 年就没有过去，也永远不会过去。我仍然不愿去想起，但我知道忘却不是一个选项。"

拜登尤其需要这个"完整的解释"。他承诺"治愈这个国家"，而达成这个目标任重道远。

（首发于《澎湃新闻·上海书评》，2021/3/22）

2020 美国大选中是否存在大规模舞弊？

余 智

2020 年美国总统大选中，川普竞选团队和美国乃至中国的部分挺川（川普，川普）人士，坚信大选中存在大规模、足以改变选举结果的舞弊。其理由主要包括：第一，美国自媒体中有大量关于选举舞弊的"爆料"；第二，在竞选过程中，川普阵营相对于拜登而言，表现了超高的人气，但选举结果与此违背，不符合常理；第三，在选举揭晓过程中，川普阵营一开始处处领先，但在最后关头被拜登阵营反超，即出现所谓的"拜登曲线"，也不符合常理。

笔者认为，相信美国大选舞弊的几个理由都不充分，其它相关逻辑与事实也不支持大选舞弊之说。

第一，美国自媒体中关于选举舞弊的大量"爆料"，不能作为相信大选舞弊的依据。

首先，这些"爆料"很少有被美国主流媒体正式报道的，其真实性存疑。在事实报道方面，主流媒体比自媒体更加可靠，因为它们经历了市场的长期认可，信誉程度更高。

其次，这些"爆料"中的绝大部分根本没有被川普阵营正式向美国司法体系提出起诉，这就表明它们仅仅只是怀疑甚至造谣；否则，在美国的新闻自由环境下，必然会被川普阵营知晓、采纳并提起诉讼。

再次，关于选举投票机多米尼（Dominion）系统被媒体"曝光"用于舞弊的报道，在系统制造商向相关媒体发起起诉之后，这些媒体已经宣布撤销有关报道，证明这一舞弊传闻属于谣言。

最后，其余少量被提起诉讼的"爆料"案件，均因各种原因被各级法院驳回。而且，很多案件都是支持共和党的法官、甚至是川普亲自任命的法官否决的。就连最后提交到保守派以 6∶3 占据绝对优势的联邦最高法院的诉讼，也被以7：2否决，而川普亲自任命的三名大法官都投了否决票。川普阵营发起的几十场选举诉讼，无一获胜，足以说明相关"爆料"缺乏足够的证据支持。

第二，双方竞选过程中的人气差异，不仅不能作为相信大选舞弊的依据，相反却可能是解释川普选举失败的理由。

拜登阵营在竞选过程中，基于新冠疫情防控的考虑，一直呼吁支持者不要大规模聚集，在小规模聚集中也都保持足够的安全距离。这就是为何其竞选聚会中参加者较少、看似"人气不旺"的原因。而川普阵营则几乎不考虑新冠疫情的影响，呼吁民众聚会表达支持，也没有采取安全距离防范措施，塑造了"人气超高"的表象。

这种由于竞选策略差异导致的表面上的人气差异，不能真实反映双方的实际支持率。更重要的是，在美国疫情防控效果不佳、死亡人数全球最高的情况下，川普作为主政者本身就很难完全推脱责任，被民主党与众多民众批评。这也是众多分析人士认为此次川普选举失败的主要原因。

如此高调的竞选聚会，更加为拜登阵营批评川普阵营提供了有力"炮弹"：为了自己的当选，丝毫不关心民众健康与生命安全。因此，这种表面上的"超高人气"，可能不仅不是支持舞弊怀疑的理由，反而可能正是导致很多选民反感川普、导致他最终选举失败的原因之一。

第三，选举结果揭晓过程中的"拜登曲线"，符合此次美国大选的特点，也不能作为相信大选舞弊的依据。

各类专业人士对"拜登曲线"已有众多解释。最重要的是，基于疫情防控的需要，美国此次大选中有大量的邮寄选票（符合美国相关法律规定，否则这种方式不可能被采纳，其票数也不可能被计入合法选票）。拜登阵营也是基于疫情防控考虑，呼吁支持者采取这种方式投票，而川普阵营则是相反。

邮寄选票需要一定时间到达计票站，特别是在邮寄选票如此众多且集中的情况下。因此，在计票的最后阶段，邮寄选票占绝大多数，支持拜登的票数占绝大多数，导致拜登得票在最后关头反超川普，完全符合此次大选的特点，不能作为相信选举舞弊的依据。

第四，从"阴谋论"的一般逻辑分析，也不应该相信大选舞弊之说。

自媒体"曝光"的各种耸人听闻的大选舞弊"阴谋"，如果真的广泛存在，必然有大量人士参与，需要精心操作。但在美国社会中，即使是很多家庭内部，某个人与其亲朋好友都可能支持不同候选人。如果有大规模选举欺诈，很难保证某些环节不出纰漏，参与者不被亲友与外界知晓，不被媒体披露。特别是，美国媒体对这样的爆炸性新闻具有天然的敏感与追逐。同时，美国的选举欺诈是重罪，一旦发现，必然被司法体系重判。

因此，从逻辑上分析，选举欺诈被发现的概率以及被发现后的惩罚力度都很大，犯罪成本很高。很少有人敢冒如此大的风险，承担如此高的成本，为支持自己的候选人而搭上自己的命运。而美国的主流媒体没有报道任何重大舞弊事件，司法系统也没有支持任何相关诉讼。这就说明关于大选舞弊的"阴谋论"说法，既不符合逻辑，也不符合事实。

第五，美国社会主流以及国际社会的反应，也间接说明选举中不存在大规模舞弊。

美国绝大多数政治人物与普通民众都未对选举结果表达异议。即使支持川普进行法律诉讼的共和党重要政治人物，在川普输了所有选举官司后，也都纷纷表示尊重选举结果。尽管有高达 7 千多万的选民（超过投票选民的 40%以上）投票支持了川普，但相信甚至始终坚信选举舞弊的是少数人。少数极端分子怂恿川普动用军事力量或者号召民众拿枪改变选举结果的声音，也因为明显违宪、支持者太少而未被采纳。

从国际社会看，其它西方国家的领导人在选举结束后不久，都陆续对拜登阵营发出贺电。他们的决定，应该是基于对国际媒体与本国情报系统信息进行综合分析、认为选举不存在舞弊后作出的。中国挺川派人士即使一开始相信自媒体的舞弊传言，也应该从美国社会主流以及国际社会的反应中，认清事情的真相。

（首发于《联合早报》，2021/1/11）

美国是否发生了严重体制危机或宪政危机？

余 智

此次美国大选后，部分挺川（川普，川普）人士认为：大选中暴露出的"舞弊"问题与其它问题，充分显露出美国民主体制的危机；认为美国民主体制足够强健、足以防范选举舞弊，是错误地将民主体制视为"万能"，没有认识到体制也是依靠人来维护的，好的体制也禁不起"坏人"的折腾，如同"美女"也会遭遇"坏人魔爪"的侵害一样；而美国体制经历了左派（"坏人"）几十年的折腾，已经出现了严重的体制危机与宪政危机，不能视而不见。

而部分不认可"舞弊"论的人士则认为：川普阵营迟迟不承认民主选举结果，通过系列滥诉阻碍政权和平交接，其支持者还呼吁川普动用军事手段"平叛"或号召民众"革命"（暴动）解决大选纷争，最后甚至暴力冲击国会，这才是真正的体制危机与宪政危机。

笔者认为，认为美国出现了严重体制危机与宪政危机的观点，既存在逻辑悖论，也不符合现实。从逻辑上说，人们之所以认为美国民主体制比较完善，核心理由主要包括两方面：一方面，这一体制的设计，本身就是以"人性恶"为前提，充分考虑了人性的阴暗面，以防范人性阴暗面可能对他人、对公权力运作、对社会的危害为主要出发点，也就是以防范"坏人"为出发点。另一方面，美国民主体制过去两百年的实践，已经充分证明其在防范"坏人"方面是有效的、成功的，而美国民众在维护这一体制方面也是兼具智慧与勇气的。既然如此，人们就不应该将这一体制看成是"弱不禁风"的"美女"，而应该看成是可以有力抵御"坏人"魔爪侵害的"壮汉"。

从此次大选纠纷看，美国民主体制的稳健性与有效性也得到了充分显示：

第一，从大选的公正性看。关于选举大规模"舞弊"的指控及相关的几十个法律诉讼，没有一起得到司法机构的认定，美国主楼社会、主流媒体与国际社会也都认为大选中不存在大规模"舞弊"，这就充分说明美国的民主选举机制没有被破坏。

第二，从川普阵营的抗争方式看。尽管川普阵营提出了很多关于"舞弊"的诉讼，但他们从总体上看是按照现行法律与宪政框架来解决纠纷的，没有采取逾越体制的手段（传言中的动用军事力量"平叛"或者拿枪闹"革命"）。只有最后1月6日冲击国会这一次明显违法，但没有对选举结果认证造成实质影响。

第三，从司法系统的独立性看。尽管面临挺川派的巨大民意压力，美国司法系统还是坚持了独立审判原则，驳回了他们的所有指控。就连川普亲自任命的多名保守派法官（包括联邦最高法院的三位大法官）也都没有支持川普阵营的诉讼。这就充分证明了美国的司法独立坚如盘石。

第四，从共和党主流的反应看。支持川普的重量级共和党政治人物，在川普连续输了多场诉讼官司、美国选举人团投票支持拜登当选后，大都宣布接受选举结果。特别是在1月6日川普支持者冲击国会事件发生后，部分共和党议员更是迅速与川普切割，干脆利落地通过了对当选总统拜登的认证。

第五，从军队的反应看。大选争端刚产生不久，川普就更换了国防部长。但十位前国防部长联名发表公开信，督促军队中立。现任参谋长联席会议成员则在1月6日川普支持者冲击国会事件发生后，发表声明予以谴责，宣誓效忠宪法，并确认当选总统拜登将成为新的军队总司令。这些都确保了美国军队在此次严重撕裂社会的选举争端中严守中立。

所有这些都表明，美国社会从上到下，民主素养都很高，能够坚定维护美国的民主体制，特别是三权分立、司法独立体制，以及军队不参与解决国内政治纷争的体制，充分说明了美国体制在解决民意争端方面的有效性，充分说明了美国民主体制依旧坚如盘石，没有发生体制危机或宪政危机。

但应该说明的是，川普在大选前后的诸多言行，充分说明他有破坏美国民主体制与宪政的危险性，包括：

- 在大选前匆忙任命联邦最高法院大法官，而在最高法院驳回川普阵营选举诉讼后，直接批评大法官不公正，直指其中一位大法官没有回报其当初的任命，还听由其私人律师抹黑一位大法官。
- 在大选结束、选举争端产生后，解雇了国防部长，更换了有关情报部门负责人；在下令司法部与联邦调查局调查大选"舞弊"，而司法部长经调查、表明没有大选"舞弊"的确凿证据并辞去职务之后，又批评司法部与联邦调查局工作不力。
- 在输掉了所有的选举官司之后，还不接受败选结果，继续鼓动支持者与民众，在本来只具有象征意义上的选举人团投票与国会认证过程中挑战大选结果，直接导致 1 月 6 日其支持者冲击国会的暴力事件发生。

以上这些行为，尽管都是他在合法地利用他的总统权力，但其背后的指向非常清楚，明显有利用司法甚至军事力量、煽动民粹势力、干预大选结果、破坏民主体制与宪政的意图。

类似地，部分极端挺川人士基于对大选"舞弊"的怀疑，不尊重司法体系的相关裁决，呼吁川普动用军事力量"平叛"，或号召民众暴力"革命"解决选举纷争，乃至最后暴力冲击国会，也是对美国民主体制与宪政的直接威胁。

川普与其部分极端支持者，之所以最终并未除了冲击国会以外的异常极端措施，可能不是基于他们不想采取，而是基于对形势的估计比较清醒。他们知道如果那样做，不仅违反美国法律的相关规定，也会招致社会各阶层（包括军队、两党高层主流、多数民众等）的普遍反对而不能成功，并会使自己面临牢狱之灾甚至生命危险，因为不敢铤而走险。"非不欲也，实不能也"。

从这个意义上说，川普本人及其少数极端支持者是有破坏美国民主体制与宪政的巨大风险的；正是美国民主体制与宪政自身的坚强，包括美国主流社会坚持这一体制的自觉与努力，避免了这种风险对美国民主体制与宪政的伤害，避免了美国体制危机与宪政危机的产生。

（首发于《中美印象网》，2021/01/13）

决定美国大选的 120 场诉讼

张千帆

诉讼并不决定大选，法官并不选择总统；总统当然是多数选民投票产生的，但是当许多人对选举结果和规则存疑甚至指责大选"舞弊"的时候，司法判决无疑发挥着定分止争的作用。

在民主政治中，司法的作用是不可替代的，因为人们期待独立司法能够超越政治党派之争，守住权力游戏的规则底线。

在美国历史上，2020 年总统大选争议的激烈程度是空前（希望也是绝后）的，至今简体中文圈里仍然络绎不绝地散发着各种"不服"。看看美国从各州到联邦数十个法院的数百个判决，或能帮助驱散许多人脑子里久久不肯离去的阴谋论。

在这个意义上，这些诉讼对于确认此次大选的合法性发挥了决定性作用。

我先汇报一下 120 这个数字的来历。这个整数多少有点是"凑"出来的。媒体或网络平台报道的大选诉讼数字不一，维基百科上写的是 86 起诉讼，川普"几乎完败"；从一个基督教友群里得到一个倾向挺川的网站链接，上面列举了 81 起诉讼，结论是川普及其支持者赢了经过实质审查的"多半诉讼"。

这个网站指向的案例来源是斯坦福大学和麻省理工合作的"健康选举项目"，后者的案例数据库里就不只是 80 来起诉讼了，而是有 350 个同样原被告主体的案例"家族"（case families），共 500 多起诉讼。原来这个数据库包罗了疫情期间美国大选的所有诉讼，最早的追溯到了去年 2 月。

事实上，大选诉讼早在去年 11 月 3 日投票之前就已紧锣密鼓地开始。这些诉讼都是关于选举程序规则。既然投票还没有开始，自然不可能涉及任何大选舞弊的实质问题。

01

既然我们的主要关注是大选舞弊，我这里选取的是"健康选举"数据库中 11 月 3 日之后的全部诉讼。这样的诉讼有 75 个"家族"，共 122 起。其中有 6 起诉讼没有结果，也没有找到司法判决，因而从中扣除。

还有乔治亚州一起指控大选舞弊的诉讼只有完整的起诉意见，也没有司法判决，或许是因为法院还没有判，因而也排除在外。我又选择了 11 月 2 日及之前不久提出的 5 场重要诉讼，其中有的判决对川普有利。

当然，如果继续往前追溯，还能发现更多川普团队胜诉的判例，但是它们大同小异，都只是涉及选举程序和规则，而不可能针对具体的大选舞弊事件，上述 5 场诉讼即足以代表。122-7+5，这就是本文"120 场诉讼"的来历。

这些诉讼足以说明此次大选的性质，尤其是争议最大也是决定选举结果的宾州、乔治亚、密歇根、内华达、威斯康辛、明尼苏达、亚利桑那等"摇摆州"是否存在大规模选举"舞弊"。

先交代这 120 场诉讼中川普胜诉或部分胜诉的 7 次诉讼。7 场胜诉中，2 场发生在 11 月 3 日之前，都涉及缺席或邮寄选票的接收截止期，也都发生在明尼苏达州。明尼苏达州法规定，接收缺席选票的截止时间是选举日当晚 8 时。

平心而论，这一规定不甚合理，因为邮寄选票显然需要额外时间才能到达政府工作人员手中。既然宪法或法律已经统一规定了 11 月 3 日为投票日，那么选民在那一天或之前填写的选票就是合法有效的；只要邮戳表明选票是在选举日当天或之前投递，邮寄选票的截止期应该被宽限几天。

2020 年早期，邮寄选票的截止期问题已经在明尼苏达产生了若干诉讼。州务卿依据关于这个问题的诉讼结果，和"退休美国人教育基金联盟"在州法院监督下达成协议，决定不执行州法的这条规定，而是变通立法规则，允许选举工作人员接收选举日之前投递但 7 日之内收到的选票。

02

川普团队挑战州务卿擅自延长邮寄投票的截止期，由此产生的卡森案算是一起重大司法胜利。联邦地区法院在初审中驳回共和党挑战，判决原告缺乏起诉资格。

但就赶在大选 5 天前，联邦第五巡回区上诉法院判决，共和党州议员和总统选举人有资格挑战州务卿的这份协议，而延长截止期"可能"违背联邦宪法第二条；"宪法没有疫情例外"，州务卿不得"推翻"州议会的法律。

早在 2006 年，最高法院的"珀塞尔原则"对选举确立了"反对改变现状的推定"，意思是法院不要"临阵换法"，在选举临近前改变规则，否则很容易在选民中间产生混乱。

按照这个推定，卡森案中法院似乎应该顺水推舟，不要急匆匆否定州务卿已经昭告全州选民的选举规则。但上诉法院却认为"现状"是指州选举法，而不是州务卿的变通规则，因而是州务卿改变了"现状"，法院则有义务恢复"现状"。

上诉法院命令州务卿隔离并封存选举日 8 点之后收到的选票，并暗示这些选票很可能无效。州务卿照办但不服，并"绝对保留选举日之后为保护选民而竭尽全力辩护的权利"。

在 10 月 28 日提出的诉讼中，川普竞选团队要求明尼苏达州隔离选举日当晚 8 点之后收到的选票。鉴于联邦第五巡回区法院已经判决了卡森案，州法院判决州务卿无权在没有立法授权的情况下延长截止期，因而必须分开保存选举日之后收到的选票。

其余 5 起胜诉发生在 11 月 3 日之后提出的诉讼，其中 4 次都发生在宾州。这当中有一次是也是关于邮寄投票截止期。宾州选举法允许缺席和邮寄投票者在 11 月 9 日之前补充提供身份信息，但是州务卿将这一日期延长到 11 月 12 日。

川普团队和共和党全国委员会挑战州务卿的决定，并要求法院禁止选举工作人员计入州法规定期限之后收到的补充身份信息的选票。州法院判决州务卿无权延期身份证明 3 天，并禁止计入相关选票。

另一项川普部分胜诉的相关诉讼涉及选票信息缺陷之纠正。宾州议会和联邦众议院的共和党候选人要求禁止州务卿允许带有缺陷的邮寄选票通过临时选票纠正错误，并禁止披露选票不符合州法规定的选民信息；否则，这些信息披露出去之后，政党与候选人就可能联系这些选民并督促他们及时纠正选票信息错误。

由于披露选票信息的合法性存疑，州法院命令选举日当天投递的所有临时选票和其它临时选票分离保存，等候决定这类临时选票是否有效。

另外 2 起川普胜诉的案件也涉及包含信息错误的选票是否合法有效，其中一起诉讼涉及的选票少了一个签名。宾州参议院候选人指控 Allegheny 县选委会接受了 270 张临时选票，上面有州法要求的签名，但是少了宣誓签名。

由于这一错误可能是选委会的规则解说误导了某些选民引起，宾州基层法院判决这些选票仍然有效。虽然选民确实应该签名两次，但是不能因为依赖了选委会提供的不准确信息而受到惩罚。上诉法院撤销判决，指出立法文字清楚要求两个签名，因而这 270 票不得记入。

另一起诉讼涉及的选票则多了一个签名，同一个原告挑战某县选委会计入 9 张没有密封的选票和 250 张临时选票。州法院判决，不得计入缺乏密封的临时选票。另外，州法要求错误签名两次的选票必须放弃一个签名，以保证一个选民只投一票。250 人中只有 46 人这么做了，其余 204 票必须被判非法，也不得计入。

最后一起胜诉发生在内华达州。该州某些投票站的投票机发生技术故障，延误了选民投票。川普团队和内华达共和党要求被影响的投票站延长 1 小时，到当晚 8 点截止。这一要求看似合情合理，也受到了州法院的支持。

从川普以上的 7 次胜诉，如何看待"几乎完败"的媒体评价？在仔细浏览这 120 场诉讼之前，我在反川群里也经常听到"数十场诉讼全部败诉"这样的"满话"。

一方面，这样的评价显然失实。即便在 11 月 3 日选举日之后，川普团队也赢过 5 场诉讼。由于美国总统大选是在各州。这些以及早先更多的胜诉判例解决了各地选举中存在的程序问题，为各地选举规则廓清了宪法底线和边界，甚至可以说为防止造假舞弊填补了程序漏洞。

另一方面，这些诉讼确实都是关于选举程序和规则，主要限于邮寄投票何时截止、某些包含信息缺陷的选票是否有效、能否延长补充选民身份信息的截止期、能否对外披露选票信息有缺陷的选民身份等技术问题。

首先，这些问题的缘起是对法律的不同理解。即便州务卿或选委会对法律的认知或采取的变通措施错误，那也是认知不到位，而不存在众多川粉指责的故意造假舞弊。事实上，从明尼苏达州的案例来看，州务卿的变通似乎更为顺理成章，反而是上诉法院的匆忙改判有政治倾向的嫌疑。

其次，这些胜诉案件涉及的选票数量很少，至多数百，无论如何判决都不可能影响大选结果。

最后，显而易见，川普胜诉的案件没有一起涉及造假舞弊的指控，各种指控大选"舞弊"的诉讼则没有一起胜诉。从大选舞弊的角度理解，"全部败诉"也不算夸大其词。

03

去掉上述 7 场胜诉，川普团队在剩余的 110 多场诉讼中不是当事人主动撤诉，就是法院明确判决败诉。不少败诉案件还标明"正在进行"（active），因为上诉到联邦最高法院还没有获得表态，因而有些人还怀有哪天意外"翻盘"的希望。但说实话，这些案件获得最高法院"垂青"的可能性几乎是零。

美国和中国一样实行"二审终审"，当事人的诉权止步于上诉法院。最高法院采取调卷令（writ of certiorari）制度，只受理意义重大的极小比例案件。

此次大选，最高法院驳回了几乎所有"加速受理"请求。当然，偶尔也会出手。

譬如那场轰动一时的"德州诉宾州"案，德克萨斯司法部长依据《联邦法典》28 U.S.C. sec.1251（a），起诉乔治亚、密歇根、威斯康辛和宾州以违反选举人条款的方式修改选举法、对民主党选民更有利、放松缺席选票规制，譬如签名核验标准，从而"稀释"了德州选票。

这起诉讼动用了最高法院必须受理的初审管辖权，法院别无选择、只能受理，但是对于这类违背法律常识的无理取闹，最高法院自然没有悬念地判决原告缺乏起诉资格，未能证明"对于另一个州的选举方式具有司法承认的利益"。

另一起联邦最高法院受理的诉讼涉及州能否认证大选结果的宪法疑点。宾州共和党议员要求宣布宾州关于邮寄投票的州法违宪，并禁止认证大选结果。宾州下级法院临时禁止宾州认证任何剩余的选举结果。

州务卿等州官上诉后，宾州最高法院一致撤销临时禁令，判决原告未能及时提出宪法挑战，因为有关立法早在一年多之前就已经颁布，而现在数百万选民已经邮寄投票；现在看到结果"不对"再来挑战，为时已晚。进一步上诉后，联邦最高法院也一致拒绝原告禁止宾州认证的诉求。

总之，最高法院该受理的已经受理；没有受理的说明问题不够重要，或下级或各州法院已经正确处理，无需动用联邦最高法院这把尚方宝剑。可以毫无悬念地说，现在还按常规慢慢走的申请全部会无疾而终。因此，这些败诉实际上是终局性的。

正副总统已就位履职月余，国会两院也是同一张选票选出来的。到了这个份上还对大选合法性说三道四，只能说是最高法院"不识相"；无论倾向自由还是保守，政治"智商"这么低的人也坐不上最高法院的宝座吧——当然，除非哪天某个"解密文件"又引爆核弹级"惊天黑幕"。你要愿意相信，可以继续等待。

川普 11 月 3 日之后败诉的一百多场诉讼中既有针对选举程序和规则的挑战，也有宣称大选舞弊的实体指控。即便在赢得 4 场诉讼的宾州，川普也是败多胜少。

宾州诉讼频繁涉及信息不全的选票是否合法有效，而法院一般判决非关键信息的缺失并不影响选票的有效性。譬如那位胜诉的宾州参议院候选人挑战县选委会接受了 2349 张没写日期的邮寄选票，而这次最终败诉了。

宾州基层法院判决，选票即便没写明日期仍然有效。全州选民统一登记系统处理所有选票，并在 11 月 3 日或之前加盖带日期的印章后送交选委会。州上诉法院则判决，州选举法要求选民声明需要写日期，没有日期的选票无效。

最后，州最高法院判决，对于选民在选票外封面的声明上签名却没有手写姓名、地址或日期的选票，只要不涉及舞弊或违规，选举法并不要求选委会认定这些选票作废。既然选举法的相关规定是指示性而非强制性的，而宾州法院的解释方法一直是挽救而非作废选票，州最高法院维持了基层法院的决定。

在涉及选票数量最多的一起诉讼中，川普团队挑战费城选委会计入 4466 张没有大写姓名和地址的选票。但是宾州法院判决，选举法并不要求外封面具备姓名等信息。事实上，事先打印的选票上已经包括这些信息，因而法院肯定了选委会决定。上诉后，宾州最高法院维持了地区法院决定。

除了选票信息之外，川普竞选团队也挑战此次选举和计票过程在其它方面的合法性。譬如一个在微信群广泛流传的诉讼是川普团队主张观察员距离选票太远，无法对计票过程进行有意义的监督。

虽然初审败诉，上诉法院认可了川普的诉求，要求观察员距离不得超过 6 英尺，但这起案件最后还是败诉了。

州选委会上诉后，宾州最高法院撤销了这一判决，认为州议会已将观察距离交由选委会决定，而选委会依法规定的观察程序并无不妥。联邦最高法院则否定了快速上诉请求。

另一起诉讼指控州务卿和县选举委员会违反宪法平等条款，理由是他们未能对缺席选票提供足够的投票站监督，也未做出任何有意义的努力防止非法或不可靠的缺席或邮寄投票；另外，宾州缺乏全州统一的纠错标准侵犯了选民的平等保护和正当程序权利，因而要求禁止认证宾州大选结果，或禁止认证包括原告观察员未能监督的缺席和邮寄选票的大选结果。

联邦地区法院判决原告缺乏起诉资格，但即便具备资格，也未能提出有价值的证据和法律论点，只是一堆基于猜测的指控。

上诉后，联邦第三巡回区法院驳回诉讼请求。Bibas 法官代表上诉法院 3 名法官的全体意见指出，川普团队试图指控州法构成违宪歧视，却从未指控任何人歧视了川普团队或选票，也从未主张具体的舞弊或任何非法选民投票，其所挑战的选票数量则远少于胜选的 8 万张选票差距。

正是这位川普总统提名任命的法官对原告诉求发表了犀利批评：

自由与公正选举是我们民主的命脉。对选举不公的指控是严重的，但只是说某个选举不公并不使之不公。（对宾州选举的）指控要求具体的主张及其证明，而本案什么都没有。

几乎所有指控大选舞弊的案件都和上案类似，除了富于想象的猜测之外"什么都没有"。

譬如密歇根选民指控底特律市计入不在《有资格选民文件》上的选民选票，指示工作人员不核验缺席选票签名，将缺席选票日期提前并处理这类无效选票，在选举前天天引导选民投票给拜登和民主党，因而要求审计并禁止认证选举结果。

州法院认定原告提供的所谓"证据"充满大而化之、主观猜测、道听途说并缺乏事实依据，因而不能作为认定任何舞弊的可靠依据。

04

有的大选"舞弊"故事像微信群里流传得那样相当"雷人"，但是大概当事人自己也觉得不对劲，之后自动撤诉。

譬如有威斯康辛选民认为此次大选有许多缺席选票，而这类选票必然和舞弊联系在一起，并声称发现了 3 个"死人投票"；乔治亚选民起诉县选委会成员、州务卿和州长，声称非公民也参与投票，选民登记超过了 100%；密歇根选民起诉州务卿和选委会，证据却引用其它诉讼中提出的主张，如县官计入非法选票和死人投票，还引用网上流言如投票程序错误、屡次邮寄投票、选民登记超过 100% 等。这些一度把大选"舞弊"炒得沸沸扬扬的诉讼都以撤诉告终。

除了一开始提到的乔治亚州尚未判决的诉讼之外，我没有看到任何诉讼提出微信群里津津乐道的神秘"曲线"作为"舞弊"依据。这起未决诉讼的上诉人主张，他们发现拜登选票突然增加 2 万张，并认为某些没有折痕的选票是伪造的。

另外，网上流传视频显示一口水井爆炸，部分工作人员离开了大楼，某些处理选票的人趁机违法扫描了数箱选票——说得有鼻子有眼，但我很不看好这起诉讼的前景。

亚利桑那曾有选民主张该州有数万虚假选票，多米尼 Dominion 投票软件也在帮助造假。但州法院判决原告缺乏起诉资格，因为她根本没有登记投票。州最高法院维持原判。

数起发生在乔治亚州的诉讼指控多米尼投票机"造假"，均被法院轻松驳回。乔治亚选民声称多米尼投票软件和硬件是委内瑞拉为了支持查韦斯操纵选举而设计的，导致若干县的舞弊。

联邦地区法院判决："原告寻求本院不能授予的救济——他们请求法院命令州务卿拒绝认证选举结果，好像这种机制存在似的，而我发现它并不存在。"联邦最高法院和第 11 巡回区法院都拒绝接受加速上诉申请。

总统律师林伍德要求停止乔治亚州参议院重新投票，宣称州务卿篡夺了州议会权力，制定有关签名验证规则、在选举日之前打开提前投票、安放投票箱并使用多米尼投票机。

联邦第 11 巡回区法院判决原告缺乏起诉资格，因为选票稀释是指违背平等保护的赋予选票不同份量，而不是他在此所宣称的自己选票被非法或无效选票所稀释。他从委内瑞拉操纵多米尼投票机，而得出自己受到个人伤害的理论则是"令人吃惊的猜测"。

内华达州的数起诉讼则指控某些县使用的 Agilis 计票机有问题。内华达共和党和川普团队要求立即停止克拉克县的计票，因为该县的邮寄选票没有人工核验签名程序，观察员也没有充分机会挑战工作人员的计票，要求法院禁止使用 Agilis 机器核验，保证邮寄选票核验的"有意义观察"，包括距离足够近、能够看清每个选民签名等。

州法院判决原告没有充分证据支持其事实主张，譬如他们不能观察计票过程或 Agilis 机器违法，因而拒绝颁发禁令。州最高法院同意下级法院判决，驳回了原告请求，但认可了原告的部分建议，让双方协调安排更多观察员。

华人当中一个普遍的抱怨是法院经常以程序性理由驳回选举诉讼，而不深入探讨舞弊是否存在的实质问题。许多诉讼以原告没有起诉资格（standing）或诉讼已经"过时"（moot）为由而遭驳回，让人感觉没有触及实际问题，有些人甚至可能认为法院是在找借口回避实质问题——舞弊究竟是否存在？

但这就是美国司法体制——司法是十分宝贵而珍稀的资源，是用来解决实际问题——诉讼是否会改变选举结果，而不是用来探讨当事人感兴趣的问题——譬如选举舞弊是否存在。

如果你是候选人，舞弊当然会影响你的利益，你有资格起诉；但如果你是选民指控其他人舞弊，虽然你的候选人落选也会影响你的利益，但是这种利益就未必足够直接，以使你获得诉讼资格。

即便你的指控可能找到确凿的事实依据，但是可能成立的那几起指控根本不足以改变选举结果，因而法院也不会给你想要的救济。既然不会改变结果，还费时耗力刨根问底弄清所谓实质问题，意义何在？美国的诉讼程序要求正是为了节省司法资源，防止此次大选出现的滥诉缠讼。

当然，美国法院的判决也非十全十美。个别判决确实显得浮于表面，说理不够充分。譬如乔治亚选民联盟主席 John Wood 指控州官接受扎克伯格的"技术与公民生活中心"支持选举的资金、对缺席选票签名提供更严格审查、记入非法选票，竟提出"违法选票"总数达20多万张，要求法院禁止州长认证大选结果并将此决定权交由州议会。

州法院判决诉讼为州主权豁免所禁止，州选举法禁止将州长或州务卿作为选举争议的被告。虽然原告指控狮子大开口，确实没有什么靠谱数据的支撑，州法院的这个结论法理上也成立，但看似有点敷衍，尽管我还没能找到法院判决的全文。

纵观美国大选之后的 120 场诉讼，并没有成功发现一起"舞弊"事件，更不用说足以影响选举结果的大规模舞弊。

历史这一页该翻过去了。

如果你之前不信美国主媒和选举，但还信任美国司法，那就请不要再疑神疑鬼、一惊一乍，煞有介事地咬定大选"舞弊"、拜登政府"非法"，而是要反思自己的认知模式出了什么问题。

当然，如果连美国司法都不信了，那么对你来说美国"灯塔"已彻底熄灭，拯救美国的惟一希望大概只剩下"大统领"再度出山打内战了。

（首发于《FT 中文网》，2021/2/20）

美国制度根基

美国制宪历程

杜延林

美国最高法院的法官在进行违宪审查时，经常会有一种对宪法的原旨主义解读，就是要看开国先贤们当初设计这一宪法条款的意图是什么。

举个例子，美国公民的持枪权问题，一直是一个争论不休的话题。持枪权到底是类似于言论自由这样的个人权利，还是一项其他类型的权利？美国《宪法》第二修正案是这样表述的：一支规范的民兵是确保自由州之安全所必需，人民持有和携带武器的权利不可侵犯。持枪权为什么神圣不可侵犯？因为必须保证各个自由州的安全。在那个时代，大家对常备军是有抵触心理的，美国在立宪的时候就有两种观点：一种认为联邦政府应该拥有一支常备军，唯如此才可保障联邦的统一；另外一种观点认为如果联邦政府拥有一支常备军，那么它跟英国政府有什么区别？都是对各州自由的压迫。不管要不要常备军，各州的民兵必须保留。当时的各州州长都有个军衔：准将，就是民兵的总司令，纽约州的州长乔治·克林顿还兼任海军总司令。所以，美国《宪法》第二修正案中的持枪权，是一项保证自由州安全的措施。明白了《宪法》修正案中所规定持枪权的这个前提，那么就应该明白，现在讨论持枪权的话，就要考虑这样一个问题，美国人还需要不需要每个州都有一支民兵部队？如果不需要，那么持枪权就要打一个大大的问号。它很可能不是一项个人基本自由，而是一项集体（州）权利。皮之不存，毛将焉附？

另外，很多中国基督徒会说美国是一个基督教国家，其根据之一就是美国总统就职宣誓时都会手按《圣经》。我们一般会反驳说，实际上很多美国总统宣誓时并未手按《圣经》。比如约翰·昆西·亚当斯宣誓时是手按一部法典，西奥多·罗斯福就职宣誓没有手按《圣经》。没有任何法律规定，总统宣誓必须手按《圣经》。实际上，立宪者甚至有相反的意图。立宪会议曾收到一位费城的犹太人的来信，对《宾夕法尼亚宪法》第十款的规定表达不满：该款规定每位议员就职时都得宣誓表示他信神，并且信《新约》和《旧约》都是神所默示的。这封信引起立宪者的高度重视，《宪法》第六条经过无数次修改后，严格规定联邦与州政府官员必须一律宣誓拥护合众国宪法，"可是却不得使用任何宗教性宣誓，作为合众国内任何职务或公器的资格规定"。由于存在很大争议，批准后的表述变成了"但绝不能以宗教信仰来考察担任联邦官职或接受公共信托的资格要求"，回避了宣誓仪式的宗教色彩问题。显然，如果按照当初立宪者的意图，手按《圣经》宣誓是宗教性宣誓，是违法的。

所以，要真正理解《联邦宪法》及美国政治，就必须了解美国的制宪历程。

《独立宣言》是 1776 年发布的，《联邦宪法》是 1787-1788 年讨论并最后通过的，中间隔了 12 年。美国在长达 12 年的时间内没有一个统一的政府。各州在 1777 年开始签订一个《邦联条约》，三年多后，直到 1781 年马里兰州最后一个签字后，《邦联条约》才生效。《邦联条约》第二条：各州保留其主权、自由和独立，以及任何未经本州岛岛联议会明确授予合众国的权力、管辖范围和权利。邦联议会授予合众国的权利是：解决边界争端，统一度量衡，统一货币；但是未禁止各州发行货币，并在各邦联所构成储备的基础上形成一个共同国库，用于支付战争开支。第三条：加入一个牢固的、彼此友好的同盟，以增强它们的国防，保障它们的公民权利，促进它们相互和共同的福祉，彼此约束，互相支持，共同对付以宗教、主权、贸易或其他任何借口对联邦或其中任何一州提出的威胁或攻击。

在战争和战后一段时间内，美国是由《邦联条约》约束下的一个联盟。其间，各州在遵守盟约上出现了很多问题。

问题之一，是战争军费和退役士兵的养老金问题。1783 年 1 月，以亚历山大·麦克杜格尔为首的一个军官代表团，向邦联议会递交了一封请愿书，要求后者支付拖欠一年多的薪水，要求邦联议会承诺的按薪水一半支付的终身养老金兑现。请愿书还描绘了大陆军的窘境——食不果腹，衣衫褴褛，他们担忧一旦战争结束，自己就会被遣散，像乞丐一样被送回老家。之后发生了"纽堡阴谋"，以霍雷肖·盖茨为首的一支军队的派系，要求召开军官会议，意图对一项反叛的提案进行投票，拒绝在宣布和平后放下武器，或如果战争继续，拒绝作战。这一动议被华盛顿拒绝，同时，华盛顿召集自己所有的 500 名军官召开会议，发表了重要演讲。这次演讲意义重大，它平息了叛乱，防止了共和理念演变为军事独裁。

由于邦联议会无法兑现一半薪水的终身养老金，甚至连改为一次性支付五年薪水的退休金都无力兑现，银行家罗伯特·莫里斯便用自己的钱开出三个月薪水的支票，称为"莫里斯券"。因为对"莫里斯券"不满，要求得到拖欠的薪水，300 名来自兰卡斯特和费城的士兵拒绝解除武装，一路行军至宾夕法尼亚大厦，包围了邦联议会，在群众的欢呼声中撤离。汉密尔顿非常愤怒，质问宾夕法尼亚行政委员会主席约翰·迪金森为什么不调动民兵驱散这只叛乱的部队。迪金森回答道：民兵倒是很希望参与兵变。

第二个问题，是《巴黎条约》的履行问题。这个条约有两大成绩：一是承认了美国的独立，二是承认了对位于北美大陆东部——加拿大以南、佛罗里达以北、密西西比河以东——占整个大陆三分之一土地的占领。当然这个条约也有很多义务，如偿还债务，不得没收保王党土地和他们的财产等条款。当时约翰·亚当斯在争取荷兰银行的贷款，如果美国不能够按时偿还债务的话，国际信誉就会一落千丈，将很难再获得国际社会的贷款。另外，如果不能遵守《巴黎条约》，像纽约这样的州继续没收保王党的财产，对维持和平状态将非常不利。英国就曾以各州没有遵守《巴黎条约》为借口，拒绝撤离驻防在西北部的军队，再加上南部西班牙驻军，和平局势异常脆弱。如果没有一个强大的联盟，各州安全无法得到保障。

尽管在阿巴拉契亚山脉以西拥有土地的各州都被要求将其土地让给邦联议会，以作为加入条件，但是，许多多地的州——其中以弗吉尼亚为最甚——坚持自己有权确定它们所让与土地的界线，以及有权废止土地公司在所谓的领地内与印第安人签署的所有条约。弗吉尼亚人已经习惯地认为，旧领地是属于自己的这个帝国的，俄亥俄河谷和肯塔基则是"大弗吉尼亚"的延伸。另外，佛蒙特问题也在三个州——纽约、新罕布什尔和马萨诸塞之间争吵不休。

　　领土争端、税收问题、货币问题、债务问题……各州站在自己的立场上各行其是，邦联议会无法拿出统一方案解决。很多人认识到，长此以往，邦联将难以逃脱解体的命运。在这种情况下，美国一部分人，我们称他们联邦党人，主要代表人物有詹姆斯·麦迪逊、亚历山大·汉密尔顿、约翰·杰伊（《联邦党人文集》即三人化名普布里乌斯发表），再加上军队中的一些高级将领如乔治·华盛顿等，主张建立一个统一的、强大的美利坚合众国。其实这部分人在美国是少数，大部分人坚持"1776 年精神"，反对一个凌驾于各自由州之上的遥远的政府和一支强大的常备军。

　　托克维尔的《论美国的民主》曾经谈到，几乎每个美国人都参与到了各个镇的自治管理，而镇的管理又会延伸到县和州。美国是一个自治的、民主的、平等的国家。美国没有贵族，也没有太多穷人。美国没有类似于法国的第三等级，也没有像法国那样的贵族。美国人非常珍视自己的自由传统，非常忌讳有一个强大的、统一的政府凌驾于自治的自由州之上。在当时人们看来，这样一个国家的存在，违反"1776 年精神"。

　　当各州派出代表参加制宪会议时，是要求他们修改《邦联条约》，而不是让他们推翻这个条约另立一个所谓的新宪法，更不是要建立一个统一的国家。大部分州议会，都有明确的授权。比如人口最少的特拉华，就明确规定代表只能接受各州在议会中有同等代表名额的议案。更极端的是罗德岛州，干脆就不派代表参会。以麦迪逊为代表的会议召集者非常清楚他们想要什么，所以正式开会之前，弗吉尼亚的代表先开了一个会，他们制定了一个《弗吉尼亚方案》，以年轻州长埃德蒙·伦道夫的名义提交大会，也叫《伦道夫 15 条》。整个会议前半部分就是以《伦道夫 15 条》作为蓝本一条一条的讨论、争论，会议从 5 月份开始到 9 月份结束，持续几个月，中间陆陆续续有地方议会成员到达，最晚的是 8 月中旬才到。有意思的是，以《伦道夫15 条》作为蓝本进行讨论，最后对宪法进行签署时，伦道夫本人却拒绝签字，理由是大会没有同意他提出的必须再召开一次大会进行表决的提案。还有一个拒绝签字的就是乔治·梅森，他的理由是大会否决了他提出的《宪法》中增加权利法案条款的主张。乔治·梅森是《弗吉尼亚权利法案》的起草人。麦迪逊认为没有必要在宪法中设立权利法案条款，因为宪法只是列举了政府可以做什么，没必要列举它不能做什么，凡是没有列举的，政府都不能做。汉密尔顿也认为，采用列举的方式，不可能全面列举出公民的权利，反而不利于权利的保护。现场还有一个不同意签字的，就是马萨诸塞州的代表艾尔布里奇·格里。后面我们会谈到一个词"格里蝾螈"，就是来自于这位格里。

美国制宪会议第一个争论，就是要不要建立一个统一的政府，要不要将主权收到联邦政府上来，统一主权，这是当时麦迪逊、汉密尔顿、华盛顿想达到的一个目的。如果直接提出把主权进行统一上收，各州是绝对不能通过的，独立战争的一个最重要诱因就是英国当局坚持主张对殖民地拥有统一的主权。所以麦迪逊只能模糊这个问题，称"我们合众国人民（We the People）"，这就回到了卢梭的人民主权的概念，麦迪逊不是有意这么做的，不是根据卢梭的人民主权理论——在宪法中设置主权归"我们合众国人民"。当然，这不妨碍麦迪逊、杰斐逊及后来的布鲁斯·阿克曼等对其进行重新解读。但在当时，是一个实际妥协的策略，而不是个理论问题。

反联邦党人所共有的一个理念，就是一个统一的主权国家违反了"1776 年精神"，是对美国革命精神的背叛。同时，麦迪逊借鉴了大卫·休谟《关于一个完美共和国的想法》中的思想——一个大的国家可能更适合建立共和国。用以有效反驳孟德斯鸠的一个理论——共和国只能在一个非常小的范围内建成，这个范围大小以亲情、友谊的有效凝聚为原则；范围太大，代表和选民之间就无法保持紧密的联系，也就没有了代表性。一般美国人的活动范围也就是几十公里，各州的共和体制，勉强符合孟德斯鸠的理论；如果扩大到美国 13 个州的整个版图，范围就太大了。

209

制宪会议第二个争论，就是建立什么样的体制，这个相对容易。约翰·亚当斯的两部著作《关于政府的思考》和《为美国宪法辩护》，为13个州的政治体制做出了规划。除了宾夕法尼亚采用一院制外，各州宪法均采用了两院制议会、行政当局及法院三权分立的体制；但是议会怎么产生是争论的焦点：是按人口比例、财政贡献还是各州均等，经过多次争论，最后确定采用"众议院按人口比例、参议院各州均为两人"的方案，方案一直延续到现在。

制宪会议争论的第三个问题是：要不要设置行政长官？要几个行政长官？应赋予行政长官什么权利？每一届多长时间？是否可以连任？有很多人反对设立单一制的行政长官，有很多人反对行政长官的任期太长。比如乔治·梅森就认为，如果选一位行政长官，而且权力过大，对议会的议案有否决权，又持续很长的任期，那无非就是另一个乔治三世，这实际上回到了英国的君主制。也有人提议选三个政府首脑，南部、中部、北部各选一个，各方利益都能照顾到；但有人反驳说荷兰最后的失败就是因为多头军事领导导致的，最后还是决定选一个最高行政长官，即总统。

另外，总统与议会的权力如何界定、总统对议会决议是否有否决权、议会对总统是否可以弹劾，大会对这些问题进行了反复争论。总统的产生方式，是各州议会推举，还是由人民直接选举？最后通过的方案是，各州根据人口比例选出选举人，再由选举人来选举总统。这个方案既体现了人民主权的原则，同时又体现了当时人们对于人民参政的顾虑。

前面讲过，《联邦宪法》将主权给予"我们合众国人民"，并不是基于卢梭的人民主权理念，而是一种让步，是一种模糊化策略。麦迪逊并不太相信人民，他认为人民素质还没有成熟到可以直接投票选总统。当时的选举人团制度和现在的不太一样。现在的选举人团制不过是一种名额制度或计票方式。举个例子，假设纽约州有10个选举人，那么纽约州某一个总统候选人获胜，这10个选举人票全给这个总统。而早期的选举人团制度是，纽约选出10个选举人，人民不直接选总统，这10个选举人再去投票选总统，选举人是可以自由投票的。如果选举人票出现相等，就由联邦众议院继续投票，票数最多的是总统，票数第二的是副总统。

第一任总统华盛顿毫无争议。第四届在亚当斯、杰斐逊和阿伦·伯尔之间竞争，很快亚当斯就掉队了，杰斐逊和伯尔选举人票一样多，按当时的规定，由议会投票确定。通过 36 轮的投票，杰斐逊当选总统，伯尔当选副总统。

亚当斯是第二任美国总统，但为什么连任时遭遇惨败？一个很重要的原因就是他签署了一个法案，叫《反煽动叛乱法案》。这个法案规定，发表、出版任何针对联邦政府、国会、总统的恶意、虚假、诽谤性的言论均构成犯罪，同时不得散布蔑视、丑化联邦政府、国会和总统的言论，或者煽动善良的美国人民对于联邦政府、国会和总统的仇恨。违者将被处以长达两年的监禁和多达 2000 美元的罚款。这一法案的通过，有对法国大革命雅各布宾派恐怖政策可能影响美国的恐惧，更为重要的是为了打击杰斐逊为代表的民主共和党人。但这一严重违反第一修正案的法案，并不是通过最高法院的违宪审查而是通过选举解决的。恰恰是这一法案，引发了有关言论自由的大讨论，使得第一修正案得到了广泛的重视。

制宪会议争论的第四个问题，就是奴隶制问题。《独立宣言》是反对奴隶制的，人人生而平等，不能把人当作财产。独立战争以后大家非常乐观，觉得这种理念很快就会落实。但是南方的几个州是不同意的，《邦联条约》签署的前提，就是刻意回避奴隶制问题。佐治亚和南卡罗莱纳的代表明确表示，没有奴隶制就没有佐治亚和南卡罗来纳。当然他们当时不会直接从法理上论证奴隶制的正义，从法理上论证奴隶制的正义是在几年以后，1790 年 2 月 11 日，在国会讨论债务接管和建都选址的问题时，两个"贵格会"代表团向国会提交请愿书，呼吁联邦政府立即结束非洲奴隶贸易。佐治亚州议员詹姆斯·杰克逊情绪激动地对"贵格会"教徒进行反驳，这是在美国历史上第一次利用《旧约》来论证奴隶制的合理性，富兰克林对此进行了无情的嘲讽。《联邦宪法》对奴隶问题继续采取回避策略，第一条第九款规定：联邦议会不得在 1808 年以前立法禁止任何一州现有并认为适当承认的人口迁徙和入境人口，但对入境的人口可征收税金或关税，每人征税不得超过十美元。

我认为，美国经历了三次革命：一次是脱离英联邦的独立革命，一次是建立美利坚合众国，一次是废除奴隶制。当然，有人认为后来的罗斯福新政也是一场革命。解放黑奴的革命留待后来南北战争，通过牺牲六十万人才完成。为什么建国初期不能解决奴隶制问题？当时需要考虑两个问题：奴隶主补偿和奴隶的安置。联邦政府必须出钱购买这些奴隶，当时财力不够。最根本的问题是，对解放了的奴隶怎么安置。包括杰斐逊这样的人，都认为白人跟黑人在智商、素质各个方面是有区别的，白人黑人不能混居。那怎么办？两个方案：一个是把他们遣返回非洲，这个方案是不可行的，英国这么干过，失败了。另一个就是在西部找出一片土地来安置他们，当时也不切合实际，因为向西的移民潮已经是不可阻挡。也就是说，当时没有解决这个问题，是因为他们的观念还没有达到现在这种水平，认为白人跟黑人生而平等，不仅仅是道德上的平等，而且是事实上的平等。

我们回过头来想，如果当时开国先贤们的观念能够再解放一点，超前一点，那么解决黑奴的问题会简单得多。因为那时黑奴没有那么多，最多的州是弗吉尼亚，黑奴的数量最大，但不再需要输入，所以他们当时反对继续奴隶贸易。实际上弗吉尼亚已经有一万多自由黑人，好多奴隶主已经主动解放了黑奴。在南方主要是佐治亚和南卡罗来纳两个州，完全不接受任何解决黑奴问题的方案，奴隶制问题越来越严重。因为南方一直在引进黑奴，随着美国国土的增大，农业州对黑奴的需要量越来越大，八十年后不得不打一场内战。实际上美国面临解体的事件，不止南北战争一次，只是这是最严重的一次而已。

制宪会议争论的最后一个问题，关于《联邦宪法》的通过，是由州议会投票还是由人民重新选举代表进行投票。最后确定，通过召集制宪代表会议投票通过。这是宪法中人民主权的落实，也是当时人们对州议会权力过大不满的反应。

首先通过的是最小的特拉华州，以 30：0 通过。特拉华州议会曾授权代表只能同意议员人数各州相等的方案，却是第一个全票通过的州。制宪会议开始就分裂成两大阵营：大州和小州。小州开始极力抵制《联邦宪法》的很多条款，他们顾虑大州会侵犯小州的利益。但麦迪逊反问他们：如果没有一个强大的政府，你们这些小州的权益如何保障？华盛顿曾说过：像佐治亚这样的州，如果不同意一个联邦政府的存在就怪了，它既要面对印第安人的进攻，又要承受着西班牙人的压力。宾夕法尼亚州是第二个通过的（46：23），整个过程经历了非常激烈的斗争，在宾夕法尼亚代表大会上，约翰逊进行了多次非常有水平的演讲，扭转了局面。在通过后的庆祝活动中，约翰逊差点被手持棍棒的反联邦党人打死。新泽西州非常轻松地以 38：0 通过。马萨诸塞在同意州长汉考克提出附加权利法案后，以 187：168 勉强通过。弗吉尼亚争论最激烈。可以看看弗吉尼亚反联邦党人的阵容：帕特里克·亨利、乔治·梅森、埃德蒙·伦道夫、亨利·李、詹姆斯·门罗。托马斯·杰斐逊并不是无条件的接受这个宪法，他很希望有几个州不通过，然后逼迫加入权利法案。经过激烈的争论，再加上前面的很多州已经通过，最后弗吉尼亚以 89：79 的 10 票之差通过。乔治·克林顿所控制的纽约州是反联邦党人的大本营，经过汉密尔顿的艰苦努力，再加上已经有超过 9 个州通过，最后以 30：27 通过《联邦宪法》。最后，罗德岛州和北卡罗来纳在面临脱离联邦的危险情况下，不得不以微弱多数通过《联邦宪法》，最后加入联邦。

本来麦迪逊是不同意在宪法中加入权利法案的，但通过与杰斐逊反复通信改变了看法。麦迪逊一旦意识到权利法案的重要性，就决定进入议会，亲自主持起草权利法案。

前面我们提到一个词叫"格里蝾螈"，是美国选举中一个非常有意思的现象。一个州的州长或议会利用手中的权力操纵选区划分，以有利于自己的政党。1812 年，为了让自己的党派获胜，马萨诸塞州州长格里把选区划分得状如蝾螈，因此得名。但最早实行这个策略的不是格里，而是帕特里克·亨利。为了不让麦迪逊进入国会，他动员杰斐逊的另外一个门生詹姆斯·门罗参选，并将弗吉尼亚的选区进行重新划分，但未能阻止麦迪逊当选。

麦迪逊顺利进入国会，并主持了权利法案的起草和通过，这个权利法案提交了很多版本，最后留下了十条，其中最重要的一条就是第一修正案，对后世影响巨大。

前面我们讲到，亚当斯任总统时，联邦党人为了打击杰斐逊为首的民主共和党人曾经出台过一个《反煽动叛乱法案》，这个法案的废

213

止靠的是选举，因为太不得人心，亚当斯在选举中败给了杰斐逊，后者上任后废止了这个法案。美国第一次通过最高法院的违宪审查废止一个法案，是始于"马伯里诉麦迪逊案"。由于党争的需要，亚当斯提名了42个清一色的联邦党人出任华盛顿特区内的治安法官，并于亚当斯卸任的当夜由即将换届的参议院通过，其中之一就是马伯里。后人挖苦这批法官为"午夜法官"。由于交接匆忙，很多法官的委任状没来得及发出去，包括马伯里的。新上任的总统杰斐逊命令国务卿麦迪逊扣押了这批委任状。事后，马伯里一纸诉状将麦迪逊告到最高法院，要求最高法院下达执行令。马歇尔大法官以最高法院的名义致函麦迪逊，要求他解释扣押委任状的原因，麦迪逊未予理睬。其实，杰斐逊领衔的民主共和党人已经下定决心，无论联邦党人控制的最高法院做出什么判决，他们都不会执行；因为宪法并未明确最终解释权的归属，联邦最高法院在当时是一个缺乏权威的司法机构。陷于两难的马歇尔经过半个月的苦思冥想，终于做出了判决："本院认为，委任状一经总统签署，任命即为做出；经国务卿加盖玉玺，委任状即为完成"；"因此，拒发他的委任状，在本院看来，不是法律所授权的行为，而是侵犯了所赋予的法律权利"。马歇尔笔锋一转，又引证宪法第三条第二款说："涉及大使、其他使节和领事以及一州为一方当事人的一切案件，最高法院具有原始管辖权。对上述其他所有案件，最高法院具有上诉管辖权"。也就是说，马伯里应该去联邦地方法院状告麦迪逊，上诉到最高法院，那时最高法院才可以开庭审理。马伯里的律师查尔斯·李抗辩道，之所以一开始就起诉到最高法院，是依据《1789年司法条例》第13款。马歇尔说，《1789年司法条例》第13款与宪法有冲突，宪法构成了国家的根本法和最高的法律，违反宪法的法律是无效的，断定什么是法律是司法部分的职责，如果法官不承担起维护宪法的责任，就违背了立法机构所规定的就职誓言。马歇尔正式宣布，《1789年司法条例》第13条因违宪被取消。这是美国最高法院历史上第一次宣布联邦法律违宪。当然，马伯里没有向联邦地方法院起诉，撤回了控告。表面看，马歇尔输了，实际上，通过这个判决，马歇尔向国家立法机关宣布，不仅宪法高于一切法律，而且判定法律本身是否违宪的权力和立法部门无关，只有最高法院才是一切与法律有关问题的最终仲裁者，宪法最终解释权属于司法部门。最高法院的裁决一经做出，即成为终审裁决和司法惯例，政府各部门和各州必须遵守。这个判决表面上限制了最高法院的管辖权，使得国会无话可说，又宣布了行政当局行为违宪，却并不下达执行令，让行政当局无法抵制。最重要的是，它在一个注重普通法传统的国家，确立了司法审查的先例和最高法院的权威。

第一次世界大战期间，蒙大拿州颁布了一部《蒙大拿反煽动叛乱法》，规定：在战争期间，凡"散布、印刷、撰写或者出版任何对政府、宪法、国旗或者美国军服不忠的、亵渎的、暴力的、下流的、蔑视的、丑化的或者辱骂的言论"，或者发布任何可推定为"藐视、嘲讽、侮辱、诋毁"言论的，均构成犯罪，处以最高 2 万美元的罚金及最长二十年刑期的监禁。一年中，有 79 人因各种言论锒铛入狱。蒙大拿的爱国主义狂热病仅是全国性症候的一例。威尔逊总统敦促国会以《蒙大拿州反煽动叛乱法》为蓝本通过了《联邦反煽动叛乱法案》，并修订了《反间谍法案》，这使得超过 2000 名美国人遭到起诉。二战期间，富兰克林•罗斯福总统曾经授权军事指挥官驱逐西海岸 20 万日裔居民，他们被隔离在荒凉的"再安置营"长长的铁丝网后面。升国旗仪式加入忠诚测试，拒绝向国旗敬礼的耶稣见证会信徒的孩子们被赶出公立学校的大门。而战后由于冷战及对共产主义的恐惧，哈里•杜鲁门总统推行了一次波及整个行政部门的忠诚度调查。参议员乔•麦卡锡为首的永久调查委员会进行了臭名昭著的"反共圣战"。我们发现，每到国家面临外部威胁，公民的宪法权利特别是言论自由就会遭受侵犯，而此时最高法院几乎无所作为。

最高法院的司法审查再次发挥威力，是 1964 年的"《纽约时报》诉沙利文案"。1960 年 3 月 29 日，《纽约时报》登载了马丁•路德•金的支持者们策划的政治宣传广告。广告指责南方的种族主义官员们正采取种种非法手段破坏民权运动。亚拉巴马州蒙哥马利市的市政专员沙利文起诉《纽约时报》犯有诽谤罪。亚拉巴马州法院主审法官沃尔特•琼斯裁定《纽约时报》的诽谤罪成立。这一案件打乱了金博士发起的全国反种族主义运动的部署，根本威胁到了第一修正案对信息传播的保护。《纽约时报》把官司一直打到最高法院。赢得此案的难点在于，直到那时，诽谤一直被排除在第一修正案的保护之外，《纽约时报》的律师赫伯特·韦克斯勒不得不推翻法律史上长久不变的传统。韦氏认为，此案与当年《反煽动叛乱法案》并无二致，虽然《反煽动叛乱法案》并没有在最高法院受到质疑，但1800年总统大选中选民拒绝亚当斯，而接纳反对这一法案的杰斐逊，已经用行动无声地证明了该法案的违宪性。最后最高法院支持了《纽约时报》的诉讼请求，明确了"原告想要胜诉则必须证明诽谤不实"的规则——并且还须证明所述不实系作者或出版商的过错，而并非仅仅出于某一无辜的失误，并在《反煽动叛乱法案》自动失效163年后被宣布违宪。

霍姆斯法官曾说过："那些为我们所痛恨的思想，同样自由。"那么对于那些仇视性言论，如种族歧视言论、法西斯主义言论，又当如何对待？在德国，展示纳粹党徽或者其他纳粹标志是一种严重的犯罪。此外，有十一个欧洲国家规定：否认大屠杀，声称德国没有在纳粹统治时期屠杀过犹太人，即构成犯罪。这一情形在加拿大也是如此。但对待歧视性言论，美国和几乎所有其他西方国家都有所不同。比如三K党人的一个头头说，"就个人而言，我相信黑鬼最好被遣送回非洲，犹太人该滚回以色列去"。最高法院毫无异议地推翻了对他的有罪判决，因为没有证据表明说话者在激起"当下的非法行动"或者将来可能发生类似行动。最典型的案例还是"斯科基"案的判决。斯科基是芝加哥近郊的一个村庄，1977年，该地聚居了大量犹太人，其中不少是从纳粹集中营的幸存者。美国纳粹党宣布将在斯科基举行游行示威，示威者还将佩戴纳粹标志。斯科基当局颁布一项条例，禁止传播包括标志和服装在内的任何"因种族、国籍或宗教差异而激起仇视"的东西。当局还向伊利诺伊州法院申请了一条相同效力的禁令。官司打到州和联邦法院，美国联邦第七巡回区上诉法院的终审判决认定斯科基旨在阻止游行示威的法令违宪。

通过对美国制宪历程的回顾，我们可以得出这样一些启示或结论：

一、美国宪法和美利坚合众国并不是一个水到渠成或自然而然的结果，并不是根据某种理论进行的简单设计，从理念上看，当时很多人认为其违反了"1776 年精神"，根据邦联议会的决议和各州议会对代表的授权范围，其在程序上也是违法的。美国宪法和美利坚合众国的产生无异于是一个奇迹，也是一场革命；《联邦宪法》的产生既非必然，联邦也多次面临解体，美国从一开始就面临激烈党争，联邦党人虽不占多数，但利用当时的危机赢得主动，幸运的是，这些党争被保持在了适度范围内。当弗吉尼亚州通过《联邦宪法》后，有些反联邦党人想继续抵制，帕特里克·亨利要求他们尊重投票结果，接受失败。虽然亚当斯曾经立法打击反对派，杰斐逊也曾出钱雇佣写手抹黑亚当斯，两人一度视若仇敌，但最后还是冰释前嫌。虽然"马伯里诉麦迪逊案"后，杰斐逊非常担心联邦党人掌控的最高法院会频繁使用司法审查权来推翻民主共和党人控制的国会通过的法律，但这一切并未发生。杰斐逊及继任者也保留了联邦党人对加强联邦权威的建树。没有原则，就没有美利坚，同样没有妥协，也没有美利坚。这一传统，不知道目前的两党是否能够延续下去？

二、美国宪法或美国的宪政体制设计并不完美，更不是自动发挥作用，实际上，第一修正案在很长时期内形同虚设，三权分立体制的制衡效果也是长期博弈的结果。正如法官勒尼德·汉德所说："我时常担忧，是否我们对于宪法、法律和法院不再抱有多大希望？没错，这些都只是虚假的希望。自由存在于每个人的心里，男人和女人。一旦信仰之火熄灭，便没有什么可使它复活——宪法、法律乃至法院，无论它们做什么都无济于事。而如若人们心中存有自由，则宪法、法律和法院都是多余的了。"这不是说制度不重要，但制度是由人制定的，最终也要人来维护，那种认为美国制度是完美的，谁上来都一样的观点，是既不了解美国，也不懂政治的表现。

三、我们时常听到一些保守主义的信奉者将美国的政治文化简单地看成英国政治文化的延续，宣称自由等于秩序，秩序优先，并因此完全否定法国大革命这样的激烈变革。殊不知美国革命除了保守的一面，还有激进的一面，美国革命是英国激进共和主义思潮的延续及其在北美大陆的实践。美国立宪历程是对"1776 年精神"中小政府理念的颠覆，一个强大的联邦是当时美国危机的反应。当一些国内学者似是而非地推崇所谓的保守主义理念，污名化欧洲对多元主义

217

的坚持及对歧视言论的打压为"白左"时，他们完全不懂这是欧洲人对二战惨痛教训的血泪总结。同时，美国人对第一修正案的坚守，甚至对歧视言论的容忍，也是美国历次面临外来压力时言论自由总是首当其冲被牺牲的一种过度反应，两害相权取其轻，孰是孰非，不能脱离情势与环境。我们研究美国的立宪进程，希望从中得到教益，无非是着眼于中国的未来，提醒切不可食洋不化，简单地拿一个"盎格鲁·萨克逊模式"一套了之。

（首发于"思想言说者"公众号，2020/3/20）

三种文化相遇的美国源头

郭学明

1

有人把"五月花号""五月花号公约"、清教徒和普利茅斯说成美国历史、美国文明和美国宪政制度的源头,这种说法夸大了"五月花号"的历史作用。

1620 年"五月花号"清教徒建立的普利茅斯殖民地只是美国的源头之一,既不是北美最早的殖民地,也不是最重要的殖民地,更不是美国文明的单一源头。

美国早期殖民地有三个部分:南部殖民地、北部殖民地(新英格兰地区)和中部殖民地。

南部殖民地的源头是弗吉尼亚的詹姆斯敦——英格兰人在北美建成的第一个殖民地,弗吉尼亚、北卡罗来纳、南卡罗来纳和佐治亚等南方殖民地的始点。

北部殖民地(新英格兰地区)的源头是马萨诸塞的普利茅斯——英格兰清教徒在北美建成的第二个殖民地,马萨诸塞、康涅狄克、佛蒙特、新罕布什尔、罗德岛和缅因等殖民地的始点。

中部殖民地包括纽约、宾夕法尼亚、新泽西和特拉华殖民地,分别是荷兰人、瑞典人和英格兰人建立的,后来都归属于英格兰人。

美国历史的第一个源头是詹姆斯敦,建于 1607 年,比"五月花号"清教徒 1620 年建立的普利茅斯殖民地早 13 年。

2

1957 年,詹姆斯敦殖民地建立 350 周年之际,在距离詹姆斯敦旧址 1 英里的地方,建立了詹姆斯敦历史文化博物馆,有一个约 4 千平方米展示实物、文献、模型和雕塑的博物馆（图1）。还根据遗址考古和历史文献复制了当年殖民者跨越大西洋的 3 艘木船；重建了詹姆斯敦印第安土著营地和英格兰殖民者营地。

图 1　詹姆斯敦历史文化博物馆

　　詹姆斯敦有个纪念碑（图2），纪念碑铭文说英国人的海外扩张，弗吉尼亚、美国和英联邦国家的历史，都是从詹姆斯敦开始的（图3）。

图 2　詹姆斯敦纪念碑　　　　图 3　詹姆斯敦纪念碑铭文

3

介绍詹姆斯敦的图册封面有"三种文化，一个世纪"的字样（图4）。三种文化？哪三种文化？

图册内文字写到："欧洲、美洲和非洲三种文化在詹姆斯敦相遇"。即欧洲英格兰人、美洲印第安-波瓦坦人和非洲黑人的文化，在詹姆斯敦相遇。

4

詹姆斯敦不是英格兰人在北美建立的第一个殖民地，而是建成的第一个殖民地。早在詹姆斯敦殖民地建立前22年，1585年，英格拉贵族沃尔特·罗利爵士（图5）在北美建立过定居点。

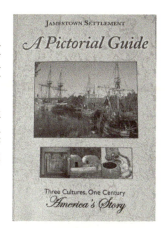

图4 詹姆斯敦介绍册的封面

罗利爵士是伊丽莎白一世女王的宠臣，这位比女王小19岁的爱慕者曾多次随哥哥到北美海岸探险，他把一片北美土地命名为"弗吉尼亚"，即英语处女的意思，以此向未婚的女王表达敬意和爱意。

1585年，罗利爵士带领107人在北卡罗来纳的罗阿诺克岛上建立了定居点，但第二年这些人都回英格兰了。1587年，罗

图5 伊丽莎白一世女王的宠臣罗利爵士

利爵士又送去110个殖民者，还包括妇女儿童。这些殖民者没有当地土著的帮助，无法解决吃饭问题，需要从英格兰运送给养。但1588年英格兰与西班牙无敌舰队进行海战，补给船没有去北美。等1590年给养船到达罗阿诺克岛时，殖民者全死了。这个项目罗利爵士损失了4万英镑。

5

罗利爵士的惨痛失败没有挡住英格兰商人到新大陆发财的冲动。西班牙人在中美洲南美洲发了黄金白银财，葡萄牙人在巴西发了

红木财，英格兰人相信在北美也能发财，能找到金矿或其他财宝。

1605 年，两伙商人成立了开发北美的股份公司。一伙是伦敦商人成立的伦敦公司，一伙是普利茅斯和布里斯托尔商人成立的普利茅斯公司。1606 年，这两家公司获得了英格兰国王詹姆斯一世（图6）颁发的特许状，获准开发北美大陆。

当年 12 月 20 日，伦敦-弗吉尼亚公司组织了第一批殖民者 105 人乘坐 3 艘木帆船前往北美，于 1607 年 5 月 13 日在弗吉尼亚登陆，建立了定居点。殖民者以詹姆斯一世国王的名字命名这个定居点——"詹姆斯城"，音译即"詹姆斯敦"。

图 6 詹姆斯一世国王

詹姆斯一世是英格兰斯图亚特王朝第一个国王，1603 年～1625 年在位。他和他的儿子查理一世国王是英格兰开发北美殖民地的"推手"，最初出于商业目的，后来则因为迫害清教徒，把许多追求信仰自由的人"推"到了北美。

6

詹姆斯敦第一批殖民者全是男性，青年人居多，有公司股东、管理者、随从仆役和招募来的"长期合同工"。

"长期合同工"被译成"契约仆役"，主要是 20 岁左右的年轻人。他们与公司签了 7 年合同。

"契约仆役"后来成为欧洲人移民北美的主要形式，移民者与中介或船主签订合同，以 7 年劳务换取去北美的路费和途中吃喝费用，中介或船主把"契约仆役"运到北美后，在成本基础上加价 50%，把这些人连同合同"卖"给殖民地需要劳动力的企业或个人。有书籍把"契约仆役"翻译成"契约奴"，因为在合同期内，他们没有人身自由。

无论是股东、管理者还是"契约仆役"，都是被财富诱惑或者说向往美好生活而敢于冒险的人。

北美殖民者除了为发财而冒险的人外，后来还有宗教迫害的避难者（清教徒）、欠债者、战俘和罪犯。罪犯中包括死刑犯，同意去北美可以免死。

北美殖民地建立后成了英国的罪犯流放地，直到 1788 年美国独立后，英国的罪犯了才被发配到澳洲。

7

詹姆斯敦第一批殖民者分乘三艘船——"发现号""好运号"和"苏珊·康斯坦斯号"（图7）——从伦敦驶向弗吉尼亚。105 名殖民者加上 40 名船员一共 145 人。

图 7 1957 年重建的"发现号""好运号"和"苏珊·康斯坦斯号"

从伦敦到弗吉尼亚的航程大约需要 2～3 个月时间，詹姆斯敦第一批殖民者的航行却用了 5 个多月。1606 年 12 月 20 日从伦敦出发，1607 年 4 月 26 日到达弗吉尼亚海岸，5 月 13 日登陆。他们的航线比较保守，先南下到加勒比海，补充给养后再北上到弗吉尼亚，整个航程 6000 英里（图 8）。

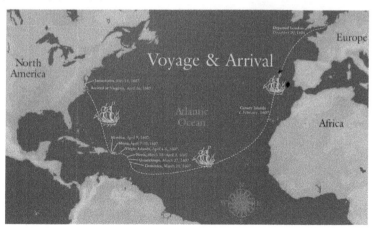

图 8 詹姆斯敦第一批殖民者的航线

跨越大西洋的航程非常艰苦。船小浪大，很多人晕船；航行时间太长，淡水被污染，食物变质发霉，腌制肉生了很多蛆；由于每天吃腌制品，没有蔬菜，许多人牙龈出血，得了坏血病；途中还死了1个人。到达目的地的104人都疲惫不堪，身体虚弱。

詹姆斯敦的码头停泊着当年帆船的复制品（图9、图10），讲解员穿着当年船员和殖民者的服装（图11~图12）。

图9 詹姆斯敦码头停泊着当年帆的复制品

图10 跨越大西洋木帆船的船舱

图11 穿着当年服装的老讲解员

图12 穿着亚麻布服装的年轻讲解员

8

1607 年 5 月 13 日，殖民者在詹姆斯敦登陆。他们登陆后的第一件事是竖起十字架。

尽管这些殖民者不是为宗教目的去北美的，他们不是追求信仰自由的清教徒。就是为了发财而去新大陆冒险。但上帝伴随着他们，给他们以信心和力量。

所有新大陆的入侵者，无论是西拔牙人，葡萄牙人、法国人还是英国人，都打着宗教旗号，认为对不以基督教为信仰的社会具有征服权。"这种权力使得欧洲在美洲的殖民占领合法化"[1]。如果是无主土地，就是上帝的赐予；如果是有主土地，就要让异教徒皈依。詹姆斯一世国王在颁发给伦敦公司的特许状中写到"要把那些住在这一地区的不信神者和野蛮人带到人类文明中来。"[2]

宗教不仅是入侵行为的伦理支撑，更是冒险的信念支撑。哥伦布首次向未知海域航行时，船员们每天多次跪在甲板上向上帝祷告，祈求平安。哥伦布 1492 年在加勒比海岛屿上岸后的第一件事，也是竖起十字架。

建立北美第一个殖民地詹姆斯的的英格兰人是圣公会教徒。

圣公会教派是英国国教，16 世纪 30 年代亨利八世国王与罗马教会因教皇不准其离婚而闹翻后，将英格兰天主教会改为新教，即圣公会教。虽然号称新教，圣公会教其实是介乎于天主教与新教间的教派，与天主教的主要区别是：

第一. 不承认罗马教会与教皇；
第二. 英格兰国王是教会领袖；
第三. 宗教语言用英语，而不是拉丁语。

詹姆斯敦复原建筑中，规模最大的建筑是教堂（图 13）。

图 13 詹姆斯敦圣公会教堂

由于圣公会教与天主教一样，举办一些宗教仪式，被纯洁的新教加尔文宗教徒所不齿，圣公会教徒也不无讽刺地称英国的加尔文宗教徒是"清教徒"。

9

人为财死，前赴后继。

北美早期殖民地的死亡率是非常非常高的。

在詹姆斯敦上岸的第一批 104 名殖民者第一年因痢疾和伤寒死了三分之一，第二年因饥饿等原因又有一半人死去，只剩下 32 人。

1609 年～1610 年又从英国去了 520 人，包括妇女。之后又有人去。但到 1618 年殖民地建成 11 年时，只剩下 400 多人。

从 1607 年到 1622 年 15 年时间，詹姆斯敦一共去了 6000 名殖民者，死了 4000 多人，活着的还不到 2000 人。又过了三年，1625 年，只剩下 1300 人。也就是说，詹姆斯敦殖民者前 18 年的死亡率高达 78%。

英格兰人的北美殖民地与西班牙人的中美洲和南美洲殖民地相比，早期死亡率高出很多。

为什么死亡率这么高英格兰人还前仆后继呢？

最初，殖民者梦想能找到黄金白银一下子能发大财，结果什么也没有，连生存都难。

但是，北美有土地！殖民地早期，为了留住干满 7 年的契约仆役，合同到期后会分给留下来的人 100 英亩（约 600 中国亩）土地。一个多世纪后的 1730 年，北美自由劳动者三个月收入就可以买 100 英亩土地。弗吉尼亚殖民地一般的种植园有 250～260 英亩土地，约 1500 多中国亩。如果干满 7 年劳役之后能活下来，就可以获得土地。

自由和土地的诱惑，使很多人认为冒险是值得的。

10

第一批殖民者的幸存者在当地印第安人的帮助下生存下了来。他们开荒种地，狩猎捕鱼，建造房屋。图 14～图 15 是詹姆斯敦历史文化博物馆复制的詹姆斯敦早期营地、建筑和作坊的场景。

美国制度根基

图 14 詹姆斯敦——用木板围墙围起来的社区

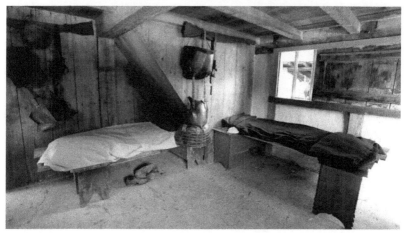

图 15 早期殖民者的卧室

詹姆斯敦最初 15 年只是实现了自给自足，个人没有发财，公司没有效益。直到 1622 年，才运到伦敦 6 万镑烟草。之后，烟草种植业成为北美南部殖民地经济发展的支柱产业。

11

詹姆斯敦殖民地的统治模式是依据特许状授权进行自治的模式。

特许状授权自治是中世纪城市自治的模式。城市市民承认土地所有者封建领主的主权，向其交钱，换来自治权。特许状就是主权者向城市颁发的自治授权书，是一种契约。

至今，美国联邦和州一级享有主权，州以下县、市都是依据特许状进行自治的模式。

詹姆斯敦殖民地最初的统治方式——詹姆斯一世国王向伦敦-弗吉尼亚公司颁发了特许状，授权公司自治；公司指定了7人管理委员会和"总督"，译成"总督"挺勉强的，其实就是外派团队的头，还是兼职的。

詹姆斯敦第一位总督是约翰·史密斯，一位勘探测绘工程师。因为殖民者是去找金矿银矿的，一把手必须懂业务。

1619年之前，管理委员会成员由公司任命。1619年，管理委员会由殖民者全体大会选出。由此，詹姆斯敦管理委员会被认为是北美第一个代议制立法机构；1619年被认为是北美殖民地议会诞生之年。这种说法言过其实。詹姆斯敦殖民是企业行为，管理委员会权力并不大，股东和公司决策机构掌握实权。但天高国王远，天高公司远，自治的事情多一些。

特许状授权下的总督+选举产生的"议会"，是北美殖民地自治模式的开端，也是北美殖民地的基本政治模式。美国地方自治和议会政治的源头，都可以追溯到詹姆斯敦。

有人说"五月花号公约"是美国宪政的源头，这不对。1619年詹姆斯敦选出"议会"时，"五月花号"还没有启航呢。

从詹姆斯敦发展起来的弗吉尼亚殖民地的主要经济是庄园种植经济，人口分散，城市很少，政治权力集中在种植园主和商人手里。

由于持续亏损，伦敦-弗吉尼亚公司难以为继。再加上1622年印第安人起义，杀死了近347个殖民者。詹姆斯一世1624年收回了特许状，由王室接管了詹姆斯敦殖民地，国王直接任命总督。那时，詹姆斯敦只有1千多人。

12

詹姆斯敦殖民地建立两年刚刚解决吃饭问题就开始扩张。1609年建立了里士满殖民地、之后是威廉斯堡，再之后蔓延到整个弗吉尼亚。图16是詹姆斯敦博物馆展示的弗吉尼亚殖民地扩张图。

美国制度根基

图 16 弗吉尼亚殖民地扩张图

在弗吉尼亚的带动和影响下,北卡罗来纳、南卡罗来纳和佐治亚殖民地也建立了起来。

13

在詹姆斯敦,来自欧洲的英格兰人与美洲原住民印第安-波瓦坦人相遇。

1万6千年前,詹姆斯敦所在的切萨皮克湾一带就有印第安人。英格兰殖民者到来时,当地的波瓦坦人大约有1万4千人,30个部落,进入了农业社会。

波瓦坦人实行一夫一妻制,部落首领有多个妻子。南美洲印第安人部落首领或勇敢武士也可以娶多个妻子。一夫多妻是激励手段。

波瓦坦男人狩猎捕鱼,女人采集耕种。农作物有玉米、南瓜、豆类,还种植烟草。狩猎对象是鹿和火鸡。

波瓦坦人的工具和武器用石头、木材和骨头制成。由于没有金属工具,制作独木舟的办法是先把树芯烧焦,然后用石片刮去烧成炭的树芯波瓦坦人还会编织渔网,会烧制陶器和制作木烟斗。(图 17~图 18)。

229

图 17 波瓦坦人用火烧法制作的独木舟　图 18 波瓦坦人的陶器和烟斗

波瓦坦人没有学会纺织,冬季穿鹿皮衣,夏季围鹿皮裙。波瓦坦社会有贸易,铜和珍珠是主要交易品。波瓦坦人的婚姻也有彩礼。

波瓦坦人与周围敌对部落之间会发生战争,或保卫领土,或抢女人儿童。部落内部也有刑罚。

波瓦坦社会有宗教,有祭司,有图腾,也有乐器和歌曲。波瓦坦人的房子用树皮、树枝和芦苇建成,用绳子绑扎连接(图19~图20)。

图 19 波瓦坦人的图腾木柱　图 20 用树皮、树枝和芦苇建的房屋

詹姆斯敦第一批殖民者的第一个冬天的食物是波瓦坦人接济的。波瓦坦人还教会了殖民者种植粮食和捕鱼,为他们在茂密的森林中指路。还教会他们用剥树皮的办法使树木干枯而死,再烧火开荒。没有印第安人的帮助,詹姆斯敦第一批殖民者是很难活下去的。

有种族主义者说白人给印第安人带去了文明,即使使用了暴力,也是历史的进步。美洲印第安人驯化的植物品种占全球粮食、蔬菜和经济作物品种一半以上。发现新大陆后,世界(包括中国)人口大幅度增长，与引进玉米、土豆等高产作物有关。盎格鲁-撒克逊人，乃至整个日耳曼民族，没有驯化出粮食、蔬菜和经济植物。说这些不是为了贬低日耳曼人，而是反对以肤色、人种和基于肤色的文化，去认定高低贵贱；反对白人种族至上论和白人文化至上论。

英格兰早期殖民者从很难生存到扎下根再到经济发展，都与印第安人创造的文化和印第安人的帮助分不开。弗吉尼亚的支柱产业烟草种植也是向印第安人学的。只是当地烟草"劲"太大，欧洲人不喜欢，殖民者引入了加勒比海西班牙殖民地的柔和的烟草品种。

14

在詹姆斯敦，来自欧洲的英格兰人与非洲黑人相遇。

1619 年，詹姆斯敦殖民地建立第 12 年，有 20 个黑人来到詹姆斯敦。1619 年是美国黑人历史的始点。与美国"议会"的始点同一年。这 20 个黑人来自安哥拉，被葡萄牙人贩运到美洲，在海上被英格兰人抢到手，送到了詹姆斯敦。

这 20 个黑人是奴隶还是契约劳役者，不是很清楚。卡恩斯/加勒迪的《美国通史》和詹姆斯敦博物馆的介绍都说不确定是不是奴隶。有的书籍断言是奴隶，把 1619 年视为美国黑人奴隶史的始点。

弗吉尼亚从 1640 年开始大量引进黑人奴隶。1660 年弗吉尼亚制定了有关奴隶制的法律。黑人奴隶不受法律保护，奴隶主可以对其施以肉刑甚至处死。当然，奴隶是奴隶主的财产，一般情况下奴隶主不会这么干。但有的奴隶不甘心被奴役终生的悲惨境地，进行反抗或怠工。哪里有反抗，哪里就有残暴！

在弗吉尼亚殖民地，黑人奴隶比白人长期合同工更受庄园主"青睐"。黑人奴隶的价格比白人长期合同工高很多。一方面黑人劳役是终生的，长期合同工只有 7 年；另一方面，对黑人奴役可以更"狠"一些，劳动时间更长，工作量更大。女奴价格最贵，不仅可以干活，还可以生育新奴隶，有升值潜力。

黑人奴隶对北美殖民地的经济发展作出了重大贡献，是美国文化的重要构成，黑人被奴役被歧视的历史是美国历史和美国文明的污点。

15

三种文化的相遇伴随着冲突。

波瓦坦人一开始对来自欧洲的殖民者的苦难予以同情和帮助，双方还有贸易往来，土著人用粮食、肉类和毛皮换殖民者的铁器和玻璃等。但随着越来越多的殖民者涌入，越来越多的殖民者需要土地，双方不可避免地发生了冲突。

1622年波瓦坦人起义（图21），杀死了347个殖民者，约占当时殖民者总人数25%。同一年，殖民者建立了民兵组织（图22），对波瓦坦人实施了持续10年的报复。

图21 波瓦坦战士　　　　图22 武装的殖民者

从1607年到1699年80多年时间，三种文化——英格兰文化、波瓦坦文化和黑人文化——相遇的结果：

英格兰人在波瓦坦人的帮助下度过了生存难关，从104人扩展到6万人。

波瓦坦人因不断涌来的殖民者的挤压，从1.4万人减少到600人。大多数人逃离了家园。

黑人数量从20人增加到6000人。他们是种植园经济的贡献者，更是被奴役者。

16

关于詹姆斯敦的归纳：

（1）美国历史的第一个源头是詹姆斯敦。

（2）詹姆斯敦殖民地的建立是出于商业目的。

（3）美国文明的源头不是单一文化，在詹姆斯敦三种文化相遇。

（4）基督教在赋予殖民者占领合法性和冒险信心方面有作用，但在道德伦理方面，殖民者对波瓦坦人的忘恩负义和对黑人的奴役，违背了基督教博爱的教义。

（5）詹姆斯敦的特许状授权自治+"议会"的模式，是美国宪政民主制度的源头。这个源头，又可追溯到源于中世纪欧洲的城市自治和大宪章以来的英国政治变革。

（6）对印第安人的掠夺、屠杀与驱赶，是美国历史抹不去的污点。

（7）种族奴役与歧视——持续几个世纪的不平等模式——是詹姆斯敦不光彩的遗产。

介绍詹姆斯敦的图册中有一段关于詹姆斯敦的遗产的话。提到"詹姆斯敦的殖民者通过他们的坚韧、信念和共同生活的方式，为美国的未来树立了一个模式。在今日美国依然有意义的思想——个人主义、法治、民主、自由企业等，都是詹姆斯敦遗产等一部分"。同时也说到，早期殖民者以破坏性的方式剥削人民和破坏自然环境，"并建立了一种种族不平等的模式，这种模式持续了几个世纪。"[3]

（首发于"文化佛跳墙"公众号，2021/2/2）

附注：

1. 《美国经济史》第 5 页【美】乔纳森·休斯 刘易斯·凯恩/着 格致出版社、上海人民出版社

2. 《美国通史》第 12 版第 27 页【美】马克·C·卡恩斯 约翰·A·加勒迪着 山东画报出版社

3. 《Jamestown Settlement A Pictorial Guide》第 15 页

参考:

1. "詹姆斯敦历史文化博物馆"展板说明

2. 本文所用照片:

图 4、图 5、图 6、图 7 共 4 张照片出自詹姆斯敦历史文化博物馆指南《Jamestown Settlement A Pictorial Guide》。

图 8、图 16、图 18、图 21、图 22 共 5 张照片出自"詹姆斯敦历史文化博物馆"展板。

其余照片为本文作者所拍(精选部分照片)。

"五月花号"细节

郭学明

1

有人说美国历史和美国文明的源头是"五月花号"清教徒建立的普利茅斯殖民地;强调《五月花号公约》的宗教性,把美国秩序的根基归于基督教清教。

通过本文呈现的"五月花号"细节,可以得如:

1. 美国历史和美国文明最早的源头不是"五月花号"。

2. "五月花号"上只有一半清教徒。

3. 《五月花号公约》是为了"去宗教化"而签订的。

2

即使不考虑印第安人农业和捕捞业对英格兰早期殖民者生存下来的决定性贡献,美国历史的源头也不能说成是"五月花号"。

英格兰人在北美建成的第一个殖民地是南部弗吉尼亚的詹姆斯敦,建于 1607 年。

"五月花号"是 1620 年抵达离詹姆斯敦约 500 英里的普利茅斯的。普利茅斯殖民地是英格兰人在北美建成的第二个殖民地,比詹姆斯敦殖民地晚了 13 年。

"五月花号"殖民者建立的普利茅斯殖民只能说是美国历史的源头之一,既不是最早的源头,更不是唯一的源头。

普利茅斯殖民地建立的前一年,即 1619 年,詹姆斯敦殖民地就召开了北美大陆最早的由民主选举产生的"议会",被认为是美国政治文明的源头。

3

"五月花号"本来是奔着开发詹姆斯敦的弗吉尼亚公司去的，特许状也是弗吉尼亚公司开的。英格兰人到北美建立殖民地，必须有英格兰国王颁发的特许状，否则不合法。

"五月花号"殖民之旅的发起者是来自荷兰莱顿的英格兰清教徒。他们1618年萌生了去北美的念头，找到弗吉尼亚公司，得到弗吉尼亚公司埃德温·桑兹爵士的许可。清教徒拿到了特许状。特许状规定的殖民点位置在弗吉尼亚公司有权开发的地盘的最北端——哈德逊河口，即纽约附近。[1]

弗吉尼亚公司虽然同意莱顿清教徒殖民北美，并开出了特许状，但不提供费用。莱顿清教徒自己没有钱，便找到愿意冒险投资的伦敦商人恩特·托马斯·威斯顿。威斯顿是个敢于进行风险投资的小五金商，他组织了70个投资商（也有说法是75个投资商）投资给莱顿清教徒，希望清教徒们到北美做皮毛和鳕鱼生意，为投资者挣钱。[2]莱顿清教徒从荷兰跨越英吉利海峡到英格兰的费用是自己出的，他们买了一艘小船开过来。而从英格兰到北美的费用，包括租船费和维持生计的费用，都是威斯顿组织的投资者出的。威斯顿与莱顿清教徒签了7年契约：扣掉生活基本费用，在北美获得的全部利润归投资者所有。

也就是说，莱顿清教徒在弗吉尼亚公司拿到了特许状，在威斯顿那里解决了资金，代价是为威斯顿等投资商做7年劳役。

4

"五月花号"一共有102人，途中死了2人，到达北美是100人，还有两只狗。这100人由4种人构成：

（1）来自荷兰莱顿的英格兰清教徒；

（2）伦敦投资者代表及仆人；

（3）伦敦投资者招募的7年合同工；

（4）五月花号船员。

这100人中有多少清教徒呢？

第一种说法是：清教徒约占50%，即50人。[3]

第二种说法是：清教徒有 35 人。[4]

不管哪一种说法，"五月花号"清教徒不超过一半。

这趟北美殖民之旅是莱顿清教徒发起的，为什么只有 50 人成行呢？

荷兰莱顿来自英格兰的清教徒一共有 400 多人，都想去北美。第一批计划去 125 人，安顿好后其他人再过去。但出发时只剩下了 50 人。于是，投资者威斯顿在伦敦招聘了一些合同工补缺。

威斯顿招聘来的合同工不是"分离主义者"清教徒，应当是圣公会教徒。

5

什么是"分离主义者"？

分离主义是指不承认英格兰国教圣公会教的权威性和正当性的清教徒。清教徒属于新教加尔文宗，因信仰纯洁，生活简朴，被贬称为清教徒。

清教徒主张简单的礼拜方式，反对圣公会教的《公祷书》和繁琐奢华的宗教仪式，反对教会等级制，反对英格兰国王为宗教领袖，反对坎特伯雷大主教的权威。这些清"教徒认为，为了正确地敬拜上帝，必须脱离圣公会教，必须分离。

1608 年，英格兰诺丁汉郡斯克罗比村的 100 多清教徒在牧师约翰·鲁滨逊和年长教友威廉·布鲁斯特的带领下，从英格兰乡村来到荷兰莱顿城。他们背井离乡到荷兰是为了与不纯洁的圣公会教分离，为了信仰自由。荷兰是宗教宽容国家，他们在荷兰获得了信仰自由。

6

英格兰清教徒在荷兰莱顿实现了与圣公会教分离的目标，获得了信仰自由，为什么 12 年后又要离开荷兰冒险去北美？

有两个主要原因。

一个原因是他们对荷兰莱顿的生活环境不满意。这些清教徒是农民出身，到莱顿后大多做纺织业工人，工作很辛苦，他们不适应。

另一个原因是清教徒看到孩子们受到荷兰"年轻人过分追求物欲的生活方式的影响"，担心孩子变"坏"，甚至连英语也不会说了，所以下决心去找一块"能拥有自由且生活得惬意的土地。"（5）还有一种说法是，孩子们大都做童工，非常劳累，清教徒们担心孩子们的健康，也不愿意他们忘记了英语和英格兰传统。

这些清教徒从英格兰到荷兰是为了宗教自由；而从荷兰到北美，最主要的目的是逃避工业社会，要回归农业生活方式。当然，也要远离英格兰国王和圣公会教。

但是，清教徒殖民北美，就不得不承认英格兰国王的权力，承认圣公会宗教领袖的权威，否则开不出特许状，殖民不具合法性。"清教徒被迫接受违背他们信仰的宗教原则，特别是国王与坎特伯雷大主教享有超越他们教会的至高地位。移民的部分代价是伪装自己的宗教信仰。"6

"五月花号"其他乘客——投资者代表和招来的合同工，冒险去北美的目的就是为了发财。

7

"五月花号"1620年9月6日从英格兰普利茅斯启航，1620年11月9日到达北美，航行了65天。他们把北美的登陆地也叫做普利茅斯。

图1 二十世纪五十代复制的"五月花号"

"五月花号"船员有 20 多人,分 4 班轮换作业。

由于船小浪大,乘客无法到甲板上,整天待在船舱里。大多数乘客晕船,痛苦不堪。一个年轻刻薄的船员整天嘲笑羞辱新教徒,说不等到达目的地,一些人的尸体会被扔进大海。没想到,这位船员自己得了病,没几天死去了,第一个被扔进大海。

一个名叫约翰·霍兰德的清教徒,是绅士约翰·卡佛的仆人,一个老实巴交的人。一次他在甲板上,赶上了巨浪,被卷到海里。他居然抓住了水手扔到海里的绳子在狂风巨浪中几经挣扎,爬回船上。大难不死!约翰·霍兰德后来为新大陆贡献了 88 个子孙。

最先被扔进海里的刻薄的船员和掉到海里大难不死的老实人的不同命运,在殖民者看来都是上帝的安排。

船上无法起火,一路上都是吃冷食,有咸猪肉、咸牛肉、鳕鱼、干面包、燕麦、干豌豆、水果、葡萄酒、啤酒、蜂蜜等。就是没有新鲜蔬菜。

图 3 "五月花号"船员的装束　　图 4 船长与绅士

"五月花号"的航行目标是哈德逊河口,但是他们在普利茅斯登陆了。为什么?

"五月花号"因逆风偏航，到达北美大陆的位置在哈德逊河口以北 220 英里处的马萨诸塞湾。当时，船上的给养不多了，特别是啤酒喝光了，许多人牙龈出血，得了坏血病。17 世纪时，英格兰水质不好，不喝啤酒就容易得坏血病。（怪不得现代英国人那么喜欢喝啤酒）。船舱里的水也存了两个多月了，水质很差。而且，已经死了 2 个人了。

船长琼斯没有从马萨诸塞湾到哈德逊河口的航海图，又到了风大浪多的冬季，他不敢继续航行了。大家讨论后决定，就近上岸。

由此，独立于弗吉尼亚公司之外的殖民地——普利茅斯——的历史开始了。

8

"五月花号"殖民者登陆前，在船上签署了《五月花号公约》。为什么签署这个公约？

本来，投资者威斯顿派出了管理者克里斯托弗•马丁。但由于要在特许状许可范围外的地方登陆，特许状失效了，克里斯托弗•马丁的管理权没有了合法性。

占殖民者 50%的清教徒是抱团的，他们 12 年前在英格兰诺丁汉郡时就是乡亲，在荷兰莱顿的 12 年即是工友又是邻居。最主要的，他们有宗教信仰的强大凝聚力。

那些招聘来的合同工一盘散沙，没有任何聚合力。这些人唯一的共同点是：不愿与宗教狂热者生活在一个社会。

清教徒的精神领袖约翰•鲁滨逊，就是把清教徒带到莱顿去的牧师，意识到聚合力的重要性——只有避免冲突，才能生存下去。清教徒必须与其他人共同生活，淡化宗教色彩和排外感。他特别清醒地意识到 "建立一个不以宗教为基础的政府的必要性"。投资者代表威廉•马林斯从经济角度思考问题，他认为若要取得经济上的成功，唯一办法是共同体成员签订一个公约。[7]

鲁滨逊和马林斯这样的既有声望又头脑清醒并有灵活性的智慧的人，在起草、签署《五月花号公约》，实行民主选举，团结了不同类人员的努力中起到了关键作用。

《五月花号公约》只有几行字,全文如下:

"为了上帝的荣耀,为了基督教信仰的发展,为了我们的国王和国家的荣誉,为已经踏上了的播种的旅程,我们,下列签字人,在上帝面前,彼此庄严盟誓签约,自愿联合结合成一个公民政治实体,以实施公正和平等的法律,(这些法律、条规)理应最能满足和最为便利于促进殖民地的一般利益。"

《五月花号公约》的起草者和签署人有这样的观念:一个社会应以一整套由其成员制定的规则为基础。这个观念在美国《独立宣言》中得到体现。[8]

《五月花号公约》有41人签字,9个有权利签字的人未签,他们或是船员,或重病在身。另外=50人是妇女儿童。[9]

图5 签署《五月花号公约》浮雕

签署《五月花号公约》后,殖民者们选举了"总督",约翰·卡佛,就是那个落水后大难不死的仆人的主人,被选为第一任"总督"。

签署《五月花号公约》和选举总督,有五个关键点:
第一:自愿结合的公民政治实体;
第二:由社会共同体成员制定规则;
第三:强调规则的公正性和平等性;
第四:强调规则是为了促进一般利益;

241

第五："总督"由民主选举产生。

（首发于"文化佛跳墙"公众号，2021/3/20）

注释：

1. 《美国通史》第 12 版第 30 页【美】马克·C·卡恩斯 约翰·A·加勒迪着 山东画报出版社。

2. 《美国经济史》第 22 页【美】乔纳森·休斯 刘易斯·凯恩/着 格致出版社、上海人民出版社。

3. 《THE MAYFLOWER AND THE PILGRIMS'NEW WORLD 》（《五月花号和朝圣者的新世界》）26 页。

4. 《美国通史》第 12 版第 30 页【美】马克·C·卡恩斯 约翰·A·加勒迪着 山东画报出版社。

5. 《美国通史》第 12 版第 30 页【美】马克·C·卡恩斯 约翰·A·加勒迪着 山东画报出版社。

6. 《美国经济史》第 21 页【美】乔纳森·休斯 刘易斯·凯恩/着 格致出版社、上海人民出版社。

7. 《THE MAYFLOWER AND THE PILGRIMS'NEW WORLD 》38 页。

8. 《五月花号公约》全文参见《THE MAYFLOWER AND THE PILGRIMS'NEW WORLD 》38 页和《美国通史》第 12 版第 30 页【美】马克·C·卡恩斯 约翰·A·加勒迪着 山东画报出版社。

9. 《THE MAYFLOWER AND THE PILGRIMS'NEW WORLD 》41 页。

普利茅斯殖民地的细节

郭学明

很多人不知道感恩节故事的悲惨结局。

第一次感恩节 55 年后，施恩者的后代与感恩者的后代打了一场残酷的战争。施恩者的后代失败了，或战死，或饿死，或被贩卖为奴，或逃离家园……

1

普利茅斯在波士顿南 40 英里处，是一座美丽的小城。海风习习，海浪轻轻，成群的海鸟欢唱着从头顶飞过。尽管，她们五音不全。

普利茅斯是"五月花号"殖民者登陆的地方，是北美北部殖民地——新英格兰——的源头，也是美国历史的源头之一。嗯，必须强调"之一"。

5 年前，我一个人在这座小城晃悠了一天。看复制的"五月花号"，看殖民者早期建筑复制品，看普利茅斯第二任总督威廉·布雷德福的雕像和印第安波卡诺基特部落酋长马萨索伊特的雕像。

中午，我在海边餐厅吃了一顿海鲜饭。可惜，没吃到龙虾。

很想吃普利茅斯的龙虾，不仅仅因为那里的龙虾比中国便宜很多，也不是因为馋，而是想获得历史体验感。"五月花号"殖民者能够生存下来，与印第安人教会他们种玉米捕鲈鱼捉龙虾有关。印第安原住民在普利茅斯海湾捕捉龙虾是一种仪式。

对殖民者而言，更重要的救命海鲜是鲱鱼，一种味道不太好吃的鱼，在中国叫青鱼。

2

1620 年 11 月 9 日，经历了 65 天航行后，"五月花号"抵达北美海岸。由于偏航，他们到达的地方距离计划目的地还有 220 英里。

由于寄养不足，没有海图，又是风大浪高的季节，殖民者决定就近登陆。他们在船上签订了《五月花号公约》，选举了总督，然后将船停泊在港湾，派人乘小船上岸，寻找适合建立定居点的地方。

找了一个多月后，12月12日，殖民者选中了一个地方——普利茅斯，那里有溪流（淡水），有土地（可耕种粮食），有高地（易于防守）。经过投票表决，殖民者决定在普利茅斯登陆建设定居点。

普利茅斯有一个建于20世纪50年代的登陆纪念亭（图1），远看像希腊多立克柱式建筑。走近看，柱子纤细，表面没有凹槽，不如多立克柱简洁有力，柱头造型也复杂了点，是在美国常见的新古典主义风格。

图1 "五月花号"登陆处纪念亭

纪念亭子里有一块石头，刻着"1620"（图2）。据说，这块石头是"五月花号"殖民者踏上普利茅斯的第一块石头。但在普利茅斯早期回忆录中，没有提到这块石头。可能是后人出于纪念目的指定的，未必就是当年的"处女踏"。

不管怎么说，"五月花号"殖民者在普利茅斯登陆时，有一块最先踏上的石头，纪念这个场景和瞬间，是回顾历史的方式。就像我要

美国制度根基

吃龙虾回顾历史一样。

3

普利茅斯景色宜人。但当年殖民者踏上普利茅斯土地后,面临的却是严冬和噩梦,死亡和绝望。

"五月花号"到来之前,1616 年到 1619 年,新英格兰地区海岸经历了一场惨绝人寰的大瘟疫。可能是在缅因海域捕捞鳕鱼的欧洲渔民把黑死病传染给了当地印第安人,大多数印第安人死亡。普利茅斯一带原有 1 万 2 千人的部落联盟,3 千多战士只剩下了几百人。

图 2 "五月花号"殖民者踏上北美大陆的第一块石头

普利茅斯是荒凉的,人迹罕见。没有现成的粮食。倒是经常能看到死于瘟疫未掩埋的尸骨。

1620 年 12 月 25 日,殖民者在普利茅斯开始建造的第一座建筑——只有 2 平方米的小木屋。那一天恰好是圣诞节。但圣诞节对清教徒意义不大,因为清教徒反对过圣诞节,他们认为过圣诞节是对基督教真理的亵渎。而小木屋的动工意义重大,这是他们在北美大陆定居的开始。两周后,小木屋建成了。

殖民者在当地没有找到粮食。几个殖民者曾在一个地方发现了印第安人存放的玉米种子,他们"拿"(实际是偷)了回来。"五月花号"殖民者有一半是虔诚的清教徒,另一半是圣公会教徒,都是信仰上帝的。按照十诫,基督徒是不能偷窃的。但是,生死存亡之际,求生第一。或许,他们准备以后有条件了再归还。

由于饥饿、寒冷、疾病,还有不慎落水,4 个月内,100 个"五

245

月花号"殖民者有一半人死去。开始死了几个孩子,后来一些成年人死亡。有时,一天内有两、三个人下葬。几乎每个人都失去了亲人。

"五月花号"船长琼斯没事,但船员们不是死了就是病了,"五月花号"一时开不回英国了。再说,在房子建好之前,"五月花号"既是住所,又是"城堡",也离不开。

4

就在"五月花号"殖民者因粮食匮乏面临灭顶之灾之时,救星来了!

当地印第安原住民远远观察他们几个月了,3月16日,印第安酋长派代表主动与

图 3 "欢迎你们,英国人!"

他们联系。一个名叫萨默塞特的人独自来到殖民者营地,用英语对他们说:"欢迎你们,英国人!"这是镌刻在北美殖民史上广为人知的一句名言。

萨默塞特在普利茅斯北面缅因海岸与来自英格兰的捕捞鳕鱼的渔民接触过,学会了简单的英语。他告诉殖民者,距离普利茅斯 40 英里的波卡诺基特部落酋长马萨索伊特是这一地区印第安人首领,他希望与"五月花号"殖民者建立合作关系,过几天会亲自来谈判。

5

印第安部落酋长马萨索伊特对欧洲人是仇恨的、恐惧的和警惕

美国制度根基

的，为什么主动来谈合作？

在"五月花号"殖民者到达普利茅斯之前，有多批欧洲探险者或捕鱼船来过这一地区。

"五月花号"抵达96年前的1524年，意大利探险家乔瓦尼·达·维拉萨诺到过这片海域。

1602年，英国探险家塞罗谬·戈斯诺德来过新英格兰。随后有欧洲渔船来这里捕捞鳕鱼。

1605年，法国人塞缪尔·尚普兰到过普利茅斯，还绘制了普利茅斯地图。那时普利茅斯大约住着两千人。

图4 印第安部落酋长马萨索伊特雕像

1611年，探险家爱德华·哈洛来到这里，抓走了6个印第安俘虏带回欧洲。

1614年，约翰·史密斯率领一支几艘船到探险队来到新英格兰。其中一艘探险船的船长托马斯·亨特抓了20个印第安俘虏，包括一个名叫斯匡脱的。这些俘虏在西班牙、英国和纽芬兰待了5年，由此斯匡脱会说流利的英语。

1616年到1619年，新英格兰沿海地区发生了大瘟疫，一多半原住民死去。

1619年，一艘英国船来到新英格兰地区，杀了一些马萨索伊特部落的人。

1620年，探险家托马斯·德莫带着探险队还有翻译斯匡脱来到马萨索伊特的地盘，马萨索伊特为前一年死去的同胞报仇，将探险队员大都杀死，并俘虏了斯匡脱。斯匡脱是随英格兰探险船回到家乡的，被同胞抓住，不被信任，因为他为英国人做事。但马萨索伊特留着他做翻译。

"五月花号"来到普利茅斯后，马萨索伊特一直关注着这些不速之客。这些人与以往的探险者和捕鱼者不一样，他们是携家带口来的，有妇女儿童。当不速之客开始在陆地建造房子时，马萨索伊特意识到：这些人要常住这里不走了。

马萨索伊特首先采用的办法是请最著名的巫师做巫术，希望把这些不速之客全杀死，但未见成效，他失去了信心。（"五月花号"死者都是偷偷下葬的，如果被马萨索伊特知道，他就不会失去信心。）

与入侵者打一仗，原住民使用的骨头、木头、石头兵器干不过枪炮，没有胜算。

那怎么办呢？

斯匡脱劝说酋长，最好的办法不是对抗，而是合作。况且，马萨索伊特部落因瘟疫死人较多，与相邻的印第安人宿敌比处于劣势，与英国人结盟或许能保证安全。

酋长与巫师和幕僚开会讨论并求问神意后选择了合作。于是主动派人与殖民者联系。

如果马萨索伊特知道五月花号殖民者面临绝境，没有他的帮助都会死去，是不会考虑合作并伸出援手的，不会把入侵者从危难中拯救出来。

3月22日，马萨索伊特酋长和部下带着毛皮、鲱鱼等礼物来到殖民者的营地，与殖民者进行了谈判，双方签订了互不侵犯，互相帮助的协议。

抵达北美5个月后，"五月花号"殖民者的生存前景透亮了。或许，这是上帝对信徒的恩典。

6

与印第安原住民建立合作关系前后，投资者代表克里斯托弗·马丁和第一任总督约翰·卡佛还有他的妻子相继死去。31岁的威廉·布雷德福（图7）被选为总督，他有幸活到67岁。但他的妻子早在12月12日就在下船时落水淹死了。

布雷福德是从英格兰诺丁汉郡到荷兰莱顿，又从荷兰莱顿到了普利茅斯的清教徒,他有写日记的习惯,写下了著名的被誉为17世纪北美最伟大著作的《普利茅斯垦殖记》,记述了"五月花号"和普利茅斯前30年历史。后人对"五月花号"和普利茅斯早期情况的了解,大多出自他的记述。

图5 普利茅斯遗址—印第安人装束与棚厦

与印第安人的合作解决了殖民者最大的困难——吃饭问题。

斯匡脱带着殖民者去捕鳗鱼和鲈鱼,教他们耕种玉米、

图6 普利茅斯遗址复制—印第安人的草棚

豆子、南瓜。最重要的是,在鲱鱼大量游进普利茅斯海湾时,斯匡脱教殖民者捕捞鲱鱼。普利茅斯土地贫瘠,没有肥料粮食长不好,把鲱鱼作为肥料与玉米种子一起播种才能获得高产。

"五月花号"殖民者从英格兰带来了大麦、小麦和碗豆种子,但当地的土壤不适应。幸亏印第安人教会他们种植高产的玉米,获得了丰收,才解决了吃饭问题。不然,所有的人都熬不过第二年,都会被饿死。

"如果没有马萨索伊特的帮助,殖民者第一年无法活下来"。[1]

7

1621年秋天,殖民者种植的玉米、南瓜等粮食作物获得了丰收,附近还来了许多候鸟,有野鸭子、野鹅和野火鸡。大约在9月底或

10月初,"五月花号"殖民者请来了印第安人,举办了感恩聚餐。马萨索伊特酋长居然带来了 100 人,客人是主人的一倍。他们还带来了 5 只刚杀的鹿。这就是第一次感恩节。

感恩节不是宗教仪式,而是世俗庆典,是英格兰传统的丰收节庆典,农民们在庆典上吃喝玩乐。而不像现在的感恩节,赋予了隆重的宗教仪式感。

图 7 普利茅斯第二任"总督"布雷德福

8

吃饭问题解决了,基本建设也开展了。殖民者用木栅栏建造围墙。第一年建了 7 栋木住屋,还有 4 栋木结构公共建筑,但没有像詹姆斯敦那样建造教堂。

殖民者建造了多功能会议室,兼做教堂。实行民主制度的社会共同体会议多于仪式。特别是清教徒,刻意淡化宗教仪式和宗教组织性。他们强调个人与上帝的关系。

有人说,清教徒"只有宗教,没有上级"。

在艰难的求生存的过程中,来自荷兰莱顿的清教徒与在伦敦招聘的合同工,这两个群体混为了一体。

头两年,殖民者过着集体生活,"大家都为公司工作,全部财产平均分配。1623 年定居们要求允许他们为自己工作,并且愿意纳税。他们觉得有些人劳动时出工不出力,因为他们看不到自己的劳动对个人的福利有什么直接对回报。结果,每户家庭分到一块田地,面积取决于家庭的大小。分到的田地只能供现在使用,不得传给子孙。""1627 年前,财产都是共同拥有的。向私有财产权的转变增加了殖民地的产出。"但投资者从未获得红利。[2]

"五月花号"分田到户使我想起了19世纪美国两个公有制实验。一个是摩门教的实践,一个是欧洲社会主义者欧文在美国做的实验。

摩门教本来实行公有制,但在建好盐湖城基本水利设施可以在盐碱地上种粮食后,就应教徒的要求改为私有制了,以纳税-再分配的方式实行互助和济贫。

欧文的公有制实验没有改弦更张,也没有强制实施,结果散伙失败了。

图8 普利茅斯定居点复制——住屋与菜地

图9 普利茅斯定居点复制——住屋室内

9

1621年4月,"五月花号"返回伦敦,投资者威斯顿这时才知道殖民者没有去预定的哈德逊河口,而是到了普利茅斯。他去枢密院补办了特许状。

图10 会议室兼宗教场所(室外)

随后,威斯顿又组织了一艘船"幸运号",载着36名(也可能是37名)新的殖民者,于1621年11月中旬到达普利茅斯。

威斯顿写信给普利茅斯殖民者,不立即运回毛皮,将停止供给。

1622 年春天,普利茅斯殖民地发回了一船雪松和海狸皮毛,但途中被法国人拦截没收了。

图 11 会议室兼宗教场所(室内)

1624 年,财务上支撑不下去的威斯顿与普利茅斯殖民者解除了合同,但有新的冒险家接单。(资本有时候也是"韭菜")。

据普利茅斯总督布雷福德估计,从 1631 年到 1636 年,大约有价值 1 万英镑的海狸和水獭毛皮运回英国。[3]

普利茅斯殖民地发展得很慢,1650 年,"五月花号"抵达北美 30 年了,居民还不到 1000 人,大部分人生活在原来教会控制地区之外。[4]

10

"五月花号"殖民者与印第安原住民的关系在早期还不错,和平相处,互相帮助。清教徒向印第安人传播基督教,也尊重原住民的权利。

但几年后关系就恶化了。主要原因是越来越多的殖民者涌入,"殖民者开始夺取更多的土地,而他们的牲畜毁坏印第安人种植的玉米和狩猎场"。[5]

1675 年 6 月,第一次感恩节 54 年后,感恩节参与者——感恩者和施恩者——的后代之间,发生了一场历时 14 个月的血腥战争,即美国历史上著名的"菲利普国王战争"。

"菲利普国王"其实是印第安部落酋长,他是帮助过殖民者并参加了第一次感恩节的马萨索伊特酋长的儿子。他率兵向英国殖民者发起进攻。

对战争当地印第安人有三种态度：一种是反抗殖民者；一种是中立；一种是与殖民者建立同盟。但是，来自英国王室的指示是，所有印第安人都应被视为敌人。

新英格兰地区有 100 多座城镇在战争中被烧毁。当地 2 万印第安人，战死 2 千（《美国通史》上说是 4 千），病死饿死 3 千，1 千人被俘为奴，还有 2 千人逃亡。[6] 殖民者也伤亡惨重，有 8% 士兵死亡。当然，由于武器先进，殖民者伤亡的绝对人数要少很多。

图 12 普利茅斯再现武装的殖民者

11

1676 年 9 月，在"五月花号"航行 56 年后，在第一次感恩节 55 年后，一艘叫做"海员号"的帆船，载着 180 名印第安人，驶向加勒比海的牙买加。

这些印第安人是第一次感恩节被感谢的施恩者的后代，他们是战争中被感恩者的后代俘虏的 1 千人的一部分，这 1000 个俘虏都作为奴隶被卖到牙买加。但"海员号"这 180 人运到牙买加后没有买主，（可能是过剩了）。最后，他们被运到非洲卖掉了。[7]

1620 年，"五月花号"载着 102 名殖民者跨越大西洋，这些人的后代成为普利茅斯的主人。

56 年后的 1676 年，"海员号"载着 180 名普利茅斯原住民跨越大西洋，他们作为奴隶被贩运到非洲。

这一定不是仁慈的上帝的本意，更不是文明的荣耀。

（首发于"文化佛跳墙"公众号，2021/3/28）

注释：

1. 《THE MAYFLOWER AND THE PILGRIMS'NEW WORLD 》前言（美国关于五月花历史的畅销书，可译为《五月花号和朝圣者的新世界》）。

2. 《美国经济史》22 页 【美】乔纳森·休斯 刘易斯·凯恩/着 格致出版社、上海人民出版社。

3. 《美国经济史》23 页 【美】乔纳森·休斯 刘易斯·凯恩/着 格致出版社、上海人民出版社。

4. 《美国通史》第 12 版第 31 页【美】马克·C·卡恩斯 约翰·A·加勒迪着 山东画报出版社。

5. 《美国通史》第 12 版第 21 页【美】马克·C·卡恩斯 约翰·A·加勒迪着 山东画报出版社。

6. 《THE MAYFLOWER AND THE PILGRIMS'NEW WORLD 》305 页。

7. 《THE MAYFLOWER AND THE PILGRIMS'NEW WORLD 》312 页。

从塞勒姆追溯到日内瓦

郭学明

ISIS 斩首"异端"是令人发指的残暴罪行。

清教徒在塞勒姆绞死"女巫",加尔文在日内瓦烧死"异端",是不是令人发指的残暴罪行呢?

T・H・马特森 1853 年创作的塞勒姆审判女巫的油画《巫术审判》

1

1629 年,"五月花号"殖民者建立普利茅斯殖民地 9 年后,一批来自英格兰多尔切斯特城的清教徒,在普利茅斯北面的塞勒姆建立了新英格兰地区的第 2 个殖民地。

多尔切斯特清教徒与"五月花号"的莱顿清教徒不大一样,他们不是"分离主义者",在宗教问题上,他们"既想让国王满意,又要让自己问心无愧。"[1]

但 1625 年查理一世即位后强化思想统一,反仪式化的清教徒要么按圣公会教的仪式敬拜上帝，要么入狱。多尔切斯特清教徒的"东食西宿"路线走不通了，于是，为了信仰自由，他们步"五月花号"的后尘，来到了北美，创建了塞勒姆殖民地。

塞勒姆在美国历史上非常有名，但不是好名声，而是因"女巫"事件恶名昭著。

"女巫"事件发生在 1692 年，塞勒姆殖民地建立第 63 年。那一年 1 月，有 3 个十来岁的孩子胡言乱语，被医生诊断为"中了魔法"，是"邪恶之手"的杰作。

谁施了魔法？一个乞丐、一个卧床不起的病人和一个来自加勒比的黑人女奴被控告审讯。黑人女奴名叫提多巴，是两个"中了魔法"的女孩家的奴隶，她在审讯中承认了自己是巫师。

随后，"女巫"事件发酵，多达 150 人被控犯有巫术罪，28 人被定罪，19 名"女巫"被判处死刑绞死，还有一个女巫的丈夫被判处死刑，用大石头压死。

所谓"女巫"多是"身份高贵的寡妇和拥有财富的年长女性"，有些则是"用草药和其他技艺给人治病的人。"[2]"女巫"的罪名是强加的，包括提多巴在内的认罪者之所以认罪，是诱供和逼供的结果。

制造冤案并残暴地剥夺了这些女性生命的塞勒姆清教徒，未必是邪恶残暴的人，只是他们对信仰过于虔诚，过于纯洁，容不得任何"异端"。这些虔诚的清教徒在英格兰时没有信仰自由，到新大陆后获得了自由，但他们却不允许其他人有信仰自由，残暴地剥夺所谓"异端"的生命。实际上，那些被处死的"女巫"并不是异端，她们也是清教徒，"女巫"事件是极其荒唐的冤案。

女巫事件发生时，塞勒姆人口估计只有一两千人。这么小的社会共同体，一次性控罪 150 人，判处死刑 20 人，比例是非常大的。

之前半个世纪，马萨诸塞殖民地——包括普利茅斯、塞勒姆和波士顿的清教社会，共有 15 人被处死，其中有 4 名贵格会派教徒，2 名"女巫"和 2 名通奸者。[3]

2

搜捕处死"女巫"并不是北美殖民地的首创，而是源于欧洲。

16～17世纪，新教教会和（天主教）异端裁判所发起了邪恶的"搜捕女巫"运动。"许多巫师和女巫们屈打成招，承认犯下了可诅咒的、罪恶滔天的行为，乃至被处以火刑。"[4]

所谓巫术，其实是基督教以前的宗教习俗在民间的延续，或者说是传统习俗的残余，包括宗教庆典、丰产崇拜、草药治病、医师占卜等。被控罪的人往往是在严刑拷打下才坦白自己是"撒旦的奴隶"。所有的招供全是假的，审讯者暗示什么，被审讯者就承认什么。[5]

3

塞勒姆清教徒对"异端"的残暴行为可以追溯到约翰•加尔文那里。

英国清教徒和法国胡格诺派，都属于新教加尔文宗，即加尔文创立的新教教派。加尔文从1541年到1564年担任日内瓦宗教领袖，也是政教合一的神权共和国的首领，统治日内瓦23年。

在加尔文统治期间，日内瓦没有言论自由、思想自由和宗教信仰自由。达尔文的逻辑是，反对圣经就是反对上帝，反对上帝就是敌人，是比谋杀还严重的罪行，因为这种罪行伤害人的灵魂。加尔文借用上帝的话说：任何城市，假定背弃真理，你们就可用剑将他击灭。

问题是，什么行为算反对上帝，是加尔文定义的。同是基督教教徒，宗教观点与加尔文不一样，就被认为是上帝的敌人。

加尔文统治的日内瓦有新闻检查制度，有禁书，对加尔文不敬也是犯罪。通奸和偶像崇拜会被处死，反对"三位一体"和主张"再洗礼"都属于异端，都会被严厉惩罚。

加尔文统治期间，只有1.6万人口的日内瓦处死了58人，放逐了76人。有一年，有14人在火刑柱上被烧死。

4

加尔文下令烧死米歇尔•赛尔维特，是基督教历史和欧洲历史上的重要事件。

米歇尔·赛尔维特是西班牙人,一位自然学家,医生。他认为"三位一体"——即圣父、圣子和圣灵一体——是荒谬的。赛尔维特否认婴儿洗礼入教的有效性,主张成年之后有了思想和判断力再洗礼入教,即所谓的"再洗礼"。赛尔维特因为宣扬这些观点被加尔文处死。

关于赛尔维特之死有两种说法。

一种说法是,加尔文与赛尔维特是朋友,加尔文向法庭检举了赛尔维特,后者在里昂被法庭判处火刑,他逃到日内瓦投靠加尔文,却被加尔文下令烧死。

另一种说法是,加尔文与赛尔维特是书信

被慢火烧死的西班牙医生米歇尔·赛尔维特

辩论对手,加尔文向法庭做证赛尔维特有异端思想,后者被里昂法庭判处火刑,他逃到日内瓦被认出,加尔文将其判处火刑烧死。

赛尔维特的火刑是 1553 年 10 月 27 日执行的。刑前赛尔维特恳求加尔文斩首自己,不要用火刑。但加尔文不同意。赛尔维特被慢火烧了半个小时,也有说法是两个小时。

"三位一体"是基督教内部争论了千年的话题,"再洗礼"也是基督教内部的不同观点,赛尔维特仅仅表达了自己的观点,就被活活烧死。而且,慢火烧灼的死亡过程极其痛苦。

理查德德德·亨利·托尼感慨道:加尔文建立的日内瓦神权社会,"用死刑处罚异教徒","因为一个孩子打了其父母就砍去他的脑袋,在 60 年间烧死了 150 个异教徒,这是可悲的。宗教竟然能导致如此恶行。"6

加尔文之前,瑞士苏黎世的宗教改革者乌尔里希·茨温利处死了 4 个再洗礼派教徒,再洗礼派的创始人康拉德·格雷贝尔也被茨温利囚禁,死于狱中。

5

从苏黎世的茨温利，到日内瓦的加尔文，再到塞勒姆的清教徒，对所谓的"异己"都是极不宽容极其残暴的。

新教徒追求信仰自由，却不给其他人信仰、思考与表达的自由。

宗教信仰具有排他性。当宗教组织掌握权力即政教合一时，就会限制他人的信仰自由，限制异教徒的自由，限制"巫师"的自由，限制贵格会派的自由，限制反"三位一体"者的自由，限制"再洗礼派"的自由，限制与自己观点不同的任何人的自由。

6

一些人强调现代政治文明与秩序基于新教，特别是加尔文宗。

加尔文宗去仪式化，去层级组织化，没有"上级"的观念，客观上解构了教会权力，也解构了君主权力。

加尔文宗主张信徒个人面对上帝，是个人主义哲学的体现，与资本主义精神契合。

由于新教徒自己面对上帝，自己查经，拉丁文《圣经》被翻译成各国文字，客观上大幅度提高了识字率，有助于知识的普及。

但新教以及加尔文宗并不意味着必然的政治文明。茨温利、加尔文、克伦威尔、塞勒姆审判者、普鲁士国王……这些新教徒和清教徒，都有过反政治文明的恶行。

无论什么宗教什么教派，只要政教合一、政教合作、或宗教依附于权力，只要坚持原教旨主义或宗教极端主义，都是不宽容的，都是政治文明的反动，都可能生成野蛮和残暴。

（首发于"文化佛跳墙"公众号，2021/4/6）

附注：

1. 《美国通史》第 12 版第 32 页 【美】马克·C·卡恩斯 约翰·A·加勒迪着 山东画报出版社。

2. 《美国通史》第 12 版第 58～59 页 【美】马克·C·卡恩斯 约翰·A·加勒迪著 山东画报出版社。

3. 《美国法律史》45 页 【美】劳伦斯·弗里德曼著 北京大学出版社。

4. 《宗教思想史》第 3 卷 1135 页 【美】米尔恰·伊利亚德著 上海社会科学出版社。

5. 《宗教思想史》第 3 卷 1136 页 【美】米尔恰·伊利亚德著 上海社会科学出版社。

6. 《宗教与资本主义的兴起》83 页 【英】理查德德德·亨利·托尼著 上海译文出版社。

挥之不去的 2020 与美国的基督教国家主义

临 风

【导读：上个世纪 70 年代兴起的"宗教右派"已经主导美国政坛的议题有 40 多年了。宗教右派被美国共和党玩弄于股掌之上，他们更是共和党的铁票仓。在川普的熏陶和煽动之下，这个群体的价值观更是有了极大的变化，特别是竞选年。（本文写于 2021 年 1 月，2021 年 5 月更新）】

"庆祝 2020 自由主日"（Celebrate Freedom Sunday 2020）

达拉斯第一浸信会的主楼前景，播放音乐的喷泉由电脑同步控制
（图片来自维基）

为了庆祝国庆，达拉斯第一浸信会从2020年6月28日（周日）开始，举办了为期一周的巨大庆祝活动，称为"庆祝2020自由主日"，典礼以爱国为主题。

达拉斯第一浸信会是"美南浸信会"（Southern Baptist Convention，SBC）中最大的教会之一。这座坐落在达拉斯市区的教会有超过150年的历史，会众有12000人，主堂可容纳3000人，教会

罗伯特•杰弗里斯牧师为川普总统祷告
（图片来自公共电台 PBS）

的建筑群跨越了6条街。在现任的主任牧师罗伯特•杰弗里斯（Robert Jeffress）的领导下，教会的事工蒸蒸日上。

6月28日的活动包括爱国音乐的混合曲献唱，高呼"美国"，挥舞国旗，以及副总统彭斯30分钟的"讲道"。由于新冠的缘故，不论是唱诗班还是现场观众的人数都受到限制，不过似乎很少人带口罩。杰弗里斯牧师估计，大约有2200名崇拜者参加了这次礼拜，53.5万人在网上观看。

在介绍彭斯副总统的时候，杰弗里斯说："副总统先生，就像我一样，这个国家有千千万万的基督徒希望，当你在2024年完成了副总统的任期后，你不要搬走。我们在祈祷，我们希望你继续发扬那位在历史上对信仰最友好的总统的遗风。"

彭斯一开始就说："圣经告诉我们，基督为了让我们获得自由而释放了我们"。副总统最后还分享了他如何在一场基督教音乐会上

认信基督。

在讲话中，彭斯称川普是"我们今天早上在这里的庆祝活动的伟大拥护者，也是信仰之人的伟大拥护者。"

彭斯并称赞川普推动了美国经济的发展，促进了国内外的宗教自由，保护了人类生命的神圣性，任命了200名保守的联邦法院法官，重建了美国军队，支持以色列，并曾帮助美国牧师安德鲁·布伦森从土耳其的监狱获释。

彭斯多次表示，现在是"充满挑战的时代"。他鼓励教会信徒"坚守自由。但我们也要坚守（基督的）信仰。"

针对那些怀疑这是个竞选活动的人，杰弗里斯说："对任何将这个庆祝活动归类为竞选集会的人，我只想说，我从来没有见过一个竞选集会给出获得救赎的步骤，并为那些想要信靠基督的人提供救赎的祷告。"他告诉美南浸信会新闻部说，这次崇拜聚会有将近1000人在网上决志信仰基督。

教会网站截图

网上贩卖庆祝活动的DVD磁盘
（亚马逊网站截图）

庆祝大会的会场（教会网站截图）

爱国者教会

今年9月,肯·彼得斯(Ken Peters)牧师在田纳西州诺克斯维尔市郊的一个谷仓里创办了一间"爱国者教会"(Patriot Church),屋顶上涂着一面60英尺长的美国国旗。这是他开创的第二家"爱国者教会",第一家在华盛顿州的斯波坎市(Spokane)。

《华盛顿邮报》的宗教专栏记者Sarah Pullman Bailey在2020年秋参加了这个崭新教会的一次聚会。她报道说:会众们围在牧师周围,彼得斯牧师举手祷告。他宣告说:"共产主义、社会主义、变性人、同性恋和堕胎在这片土地上没有出路。"

他祷告说:这个国家的"基督教根"将被保留下来,耶稣基督的教会将成为一个"制约的力量。……上帝啊,这个国家就是你所行的神迹。你拯救了我们,我们的独立有你的美意和目的。"

"爱国者教会"是个不断发展中的创启聚会网络的一部分。他们不属于任何宗派,他们存在的目的就是要"为上帝夺回国家",只有耶稣基督的教会可以拯救美国。在这里政治和宗教是分不开的。他们具有浓厚的危机意识,认为政府正在扩大干预个人自

成人诗班献诗

向军人致敬(采自达拉斯第一浸信会的教会网站)

由，基督教正在受到攻击，他们的信仰自由正受到威胁。限制教会的正常聚会、打疫苗，这些都是违反宗教自由的举措。使用口罩就是缺乏信心，它被嘲笑为"脸皮尿布"。

彼得斯牧师告诉会众，如果拜登当了总统，那么"耶洗别的灵"（反上帝的邪灵）将会传遍美国，因此，对待左派不能手软："左派从根本不爱这个国家。左派把自由当作他们的价值观，然而自由是上帝赐给我们所走的道路，左派的自由观是反圣经的。圣经才是答案，耶稣才是答案。"这些口号（狗哨）只有内行人才听得懂。

彼得斯离开华盛

"爱国者教会"牧师肯·彼得斯正在举手祷告，呼求上帝让川普在选举中取得压倒性的胜利。（《华盛顿邮报》10月26日报道截图）

爱国者教会网站截图

顿州的斯波坎市的时候，他给那里的"爱国者教会"找到了一位牧师马修·谢伊（Matt Shea）来接替。谢伊本来是华盛顿州的州参议员，共和党籍，因为声名狼藉被赶了出来。谢伊牧师利用选举日之前的周日的崇拜来讲选举，他举出五点理由反对民主党，其中一条就是社会主义，他把右派的法西斯和左派的俄共都列为社会主义。总之，他用各种谣言和扭曲解读的方式来证明他的观点。

谢伊牧师在讲道结束时说:"罗纳德·里根成为这个国家的总统,那是为了打

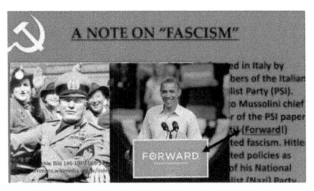

奥巴马是社会主义者(谢伊牧师讲道截屏)

败国外的敌人;川普总统成为我们国家的总统,那是为了打败国内的敌人。"他立刻又面带诡秘的微笑说:"我不会告诉你该投谁的票,我真的不会。"(担心国税局?)

谁是敌人?民主党就是教会的敌人,拜登就是敌人,是耶稣基督的敌人!

基督教的美国,还是美式基督教?

从上面两个例子让人不禁要问,这些教会的表现到底代表的是基督教的美国,还是美式基督教?他们是美国政教不分的典范。它在白人福音教会(以及北美华人教会)中十分普遍。然而,就如一位著名演员在推特上所表达的:"耶稣基督从一个卑微的、赤贫的仆人形象,一下子蜕变为代表拥枪权、成功神学、反科学、有限政府(忽视赤贫者)和极端的国家主义的象征,这真是人类历史上最奇怪的转变。"

不过,这种政教不分的表现并非川普时代的新发明,"公共宗教研究所"(PRRI)的负责人罗伯特·P·琼斯(Robert T. Jones)曾经讲过这样一个故事:

在 2012 年大选过后的感恩节前,那时奥巴马刚刚获得连任,琼斯收到了从"美国基督教联盟"(Christian Coalition of America,由帕特·罗伯逊牧师成立于 1987)寄来的电子新闻信。信上有张图片,

美国制度根基

描绘宾州一个白人家庭1942年的感恩节景象。

为什么是1942年？因为美国当时正处于二战的深渊之中。这个图片明显是模仿诺曼·洛克威尔（Norman Rockwell）1942年画的一幅画，只是原意改了。洛克威尔表达的是美国四大自由中免于饥饿的自由，"美国基督教联盟"表达的是白人家庭传统的宗教信仰，特别是在国难中。

"美国基督教联盟"的新闻信在图片下面说："美国是唯一的一个将感恩节植根于'犹太-基督教传统'的国家。……大多数美国人把这个节日看作是他们信仰的一种表达。"说的基本没错。

然而话锋一转："我们很快将庆祝第400周年的感恩节（还有9年），上帝仍然没有收回他对这个国家的祝福，尽管我们现在应当承受天谴。我们有很多事情要向上帝祈求，保护我们不受那些希望毁灭美国的敌人的伤害，包括国外的和国内的。"

印在T-恤衫上的图像，可以网购

"美国基督教联盟"2012年感恩节发送的电邮，感恩节餐前祝谢（琼斯自己的截图）

显然在"美国基督教联盟"的眼中，民主党代表危机，即将连任的奥巴马是美国的内在敌人。可见这个语境老早就在宗教右派的圈子里传开！

对基督教国家主义的新视野

最近讨论"基督教国家主义"的文章和书籍很多，似乎大家的注意力都放在：美国是否以基督教立国？或，美国是否是基督教国家？但是，这样的讨论似乎都没有触及痛点。

《免于饥饿的自由》，洛克威尔，《周六晚邮报》封面，1943-3-6

2020 年中有本根据大规模数据化分析的书出版了，对美国目前政教不分的现象提出有实证的解读：《为上帝夺回美国：美国的基督教国家主义》（Taking America Back for God：Christian Nationalism in the United States）这本书是两位社会学家安德鲁·L·怀特海德（Andrew L.Whitehead）和塞缪尔·L·佩里（Samuel L. Perry）的研究成果。

该书指出，探讨美国是否是基督教国家这个问题的现实意义不大，关键是美国有不少人如此相信，而这种信念带来了诸多的问题。他们指出，今天真正的问题不是宗教，而是"基督教国家主义"（Christian Nationalism），这两者并非同一个事物的两面，虽然有惊人相似的语境。

什么是"基督教国家主义"呢？

该书如此定义"基督教国家主义"：它是一个文化框架，一个集合迷思传说、传统、符号、叙事和价值体系的组合，它理想化并倡导基督教与美国公民生活的融合。……'基督教国家主义'的'基督教'不仅是个宗教，它包括本土主义、白人至上、父权制和异性恋等前提，以及对专制控制和军事霸权的神圣认可。它是种族、政治与宗教的结合体。"

作者的研究是根据两组数据，第一个是"贝勒大学宗教调查"的十年（2007-2017）调查问卷的综合资料，并选择其中六个具体性问题作为分析的基础；第二个是对50位具有代表性的人做深度访问。

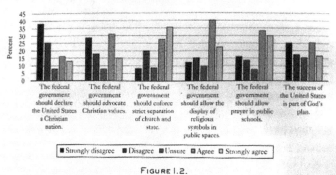

2017年问卷对六个问题回应的百分比（书中照相截图）

作者把美国分割为四类人群，右端是基督教国家主义的人群，作者称之为"大使们"，他们是坚决的基督教国家主义者。他们认同政治上的保守主义，相信对圣经的字句解读就是上帝的话，他们版本的上帝建立了一个具有特殊使命的美国。然而美国正处在道德败坏的边缘，那些不认同的"他者"正在败坏美国。他们相信的末世论让他们支持以色列，反对气候变化。这个群体大约占美国19.8%的成年人口。他们大部分比较贫穷，教育程度不高，以白人为主。平均年龄最高，54岁。

左端是世俗主义者，他们不一定没有宗教信仰，但他们坚决支持政教分离。作者称他们为"拒绝者"，坚决拒绝基督教国家主义。这批人相信科学，善于批判性思考。这个群体大约占美国成年人口的 21.5%。他们大部分比较富裕，教育程度高，以白人为主。

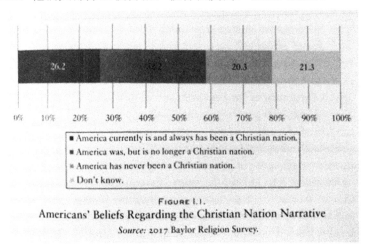

2017年美国四类人群的人口分布图（书中截图）

另外还有两个居中的族群，一共占美国成年人口的 58.7%，属于政治上的温和派。

靠近"大使们"的族群被称作"适应者"，占美国成年人口的 32.1%。他们倾向于"基督教国家主义"，但又同时对其持有矛盾心态。平均年龄次高，为 43 岁，女性也较多。他们有宗教信仰，但倾向于政治上的温和派。"大使们"加"适应者"占成年人口 53.1%，超过半数，说明目前美国人口倾向于保守。

靠近"拒绝者"的中间族群被称作"抵抗者"，他们占美国成人的 26.6%。除了受教育程度稍低于"拒绝者"之外，他们与"拒绝者"有着许多相同之处，例如，主张世俗政府。"抵抗者"比"拒绝者"更有宗教性（80%的人相信有更高的力量，"拒绝者"中只有40%）。虽然"抵抗者"对宣称美国是个基督教国家持怀疑态度，但他们对公共场所的宗教符号能够容忍。

该书的一个主要论点是：宗教信念并不总是基督教国家主义的

载体。事实上，基督教国家主义"经常利用与传统宗教信念完全相反的理念来影响美国人的观点和行为"。调查问卷暴露了基督教国家主义和宗教信念之间的强烈对比，这些调查分析澄清了这两个群体间道德优先秩序的差异。

从统计数据来观察，基督教国家主义和基督教的差距相当大。基督教信念的实践包括：关爱病人和贫困者、经济正义和减少消费。但是基督教国家主义者认为，这些道德立场并不重要，甚至是负关连。基督教国家主义者认为服兵役是"做好人"的重要成份，这点与宗教实践者大相径庭。

基督教国家主义者自认是以圣经为依据，构建了一个"种姓制度"，最高等级是白人基督徒男性，女人其次，"黑人、原住民、有色人种"（BIPOC）和新移民则是再次等阶级，其它同性恋、双性恋和变性者就更等而下之了。最高等级的自然有优越感，认为自己有资格垄断权力，控制社会和政治机构。当这种霸权主义的文化权力受到质疑时，使用武力是一种可行的选择，以遏制反对意见。

"大使们"和"适应者"更有可能相信，男人在情感上更适合从政，学龄前的孩子如果妈妈工作就会受苦，妇女照顾孩子是上帝的旨意，丈夫的工资应该比妻子高。当这种重男轻女的世界观受到挑战时，美国就是道德沦丧，会受到上帝的审判。

基督教国家主义者重视旧"秩序"。他们关心的不是宗教复兴，而是保护社会权力和特权的稳定。他们坚持，传统的角色就是要维护社会（旧）秩序。相对而言，宗教上积极的美国人坚持，传统的角色是为了让人们从他们的罪恶观念中转变过来。

作者们发现：对于川普主义、反黑人情绪、仇外心理、抵制种族公正和否定女性从政等，这些议题，一个更有力的预测因素是基督教国家主义。调查说明，宗教信念会产生相反的反应，反而会谴责基督教国家主义的这些立场。

对权力的痴迷解释了为什么"大使们"和"适应者"在 2016 年支持川普，却忽视川普个人的言行与基督教伦理道德相悖的诸多方面。在他们眼中，川普个人的宗教虔诚度也不重要，重要的是他拉动了"正确的"意识形态的杠杆，将美国描绘成基督教国家主义的形象，寻回过去的迷思。

怀特海德和佩里发现，批评川普的不道德和腐败并不是抵制基督教国家主义的有效策略，因为对于基督教国家主义者来说，川普是"完全正统"，并且获得了他们最想要的东西：权力。这种对权力的陶醉危及了民主的根基，因为"大使们"相信，如果"他者"不再存在，国家会更好。

长久以来，主流文化一直以为福音派失去了道德感，然而，从作者们的研究发现：作为基督教国家主义者，一个人不必去教堂，也不必坚持正统基督教信仰。这批人是从基督教国家主义这个意识形态汲取养分，而不是从基督教的教义寻找养分，圣经的词汇不过是个好使的武器。我们必须认识，基督教国家主义不代表基督教，而且经常与基督教的道德教训背道而驰。

然而在福音派的领导阶层中，不少人的确已经被基督教国家主义的意识形态所蒙蔽，这批人需要回归自己的信仰。基督教的"好消息"不是说耶稣正在为上帝夺回美国，好消息是：和平之主耶稣基督，他的真门徒们正在努力参与建造一个关心人类共同繁荣的社会。

耶利哥行军

2020 年 12 月 12 日周六，成千上万支持川普的人们蜂拥到华府参加"耶利哥行军"（Jericho March）的游行活动，他们宣称：选举舞弊偷走了川普的连任。"耶利哥行军"的典故来自旧约《约书亚记》：

耶利哥行军网站附图

根据上帝的指示，期望进入迦南地的犹太人围绕耶利哥城行军若干圈，耶利哥的城墙于是就在犹太人的号角声中颓然坍塌（选举翻盘？）。

他们的网站使用基督教的语境来表达基督教国家主义的诉求："美国是座山上之城，我们照亮其它国家，上帝的恩惠仍在美国身上。……我们为开国元勋所建立的治理体系感到骄傲，我们不会让全球主义者、社会主义者和共产主义者通过在这次选举中的欺诈和非法活动，绕开我们的法律，压制美国人民的意志，从而摧毁我们美丽的国家。"

这个"行军活动"更是充满了基督教的语境。大会由一位歌剧演唱家高唱《万福玛利亚》（Ave Maria）作开始。唱完后她对众人说："你们听到了我所听到的吗？我听到一支天使大军从天而降，帮助我们美丽的总统赢得这场正义与邪恶的战争。"

著名保守派作家、"耶利哥行军"大会的司仪埃里克·梅塔克萨斯（Eric Metaxas）说："当上帝给了你一个异象时，你不必知道其他的事情。"

该活动的联合创始人之一，罗伯特·韦弗（Rob Weaver）说，在协助组织游行活动之前，他亲自从上帝得到行军的异象。他表示不接受美国各级法院的判决："我们

"耶利哥行军"中有人吹羊号角以模仿犹太人的历史（《耶路撒冷邮报》截屏）

参与"耶利哥行军"的川普粉丝们（2020-12-16 的《基督教箴言报》截图）

相信，上帝呼召我们和整个教会要关注'天上的法庭'以及'舆论的法庭'。"

明显地，只有他们站在上帝的一边，上帝亲自对他们说话，他们真理在握，为什么还需要去了解事实真相？他们已经超越真相、超越科学、超越宪法、超越一切！他们所信奉的是极端的基督教国家主义，他们不但可以牺牲美国的民主制度，也可以牺牲基督教。川普就是他们的金牛犊，他们把这位"神选之人"绝对化了！

《耶稣和约翰·韦恩：白人福音派如何腐蚀一个信仰，分裂一个国家》（Jesus and John Wayne: How White Evangelicals Corrupted a Faith and Fractured a Nation）的作者杜梅兹（Kristin Kobes Du Mez）教授说："这批人（行军者）的诉求反对任何'共同福祉'或'爱邻居如己'的可能，也没有'普遍恩典'的存在（注：这些都是基督教的核心价值）。他们无法接受一个现实，那就是，在他们的教会、教派和基本盘之外还可以有真理、有善、有人类繁荣的存在。"

这就是今天围绕在川普周围的极端基督教国家主义的表象。我们如果不认识它的本质，彻底扫除他们的偶像心理，美国就无法向前迈进。但这个谈何容易？或许，这就是未来十年基督的教会最艰巨的使命。

（首发于《美国图解》公众号，2021/1/3）

如何看待美国制度与基督教、保守主义与自由主义？

余 智

围绕 2020 年美国大选的激烈争端，不仅涉及到左右两派的政策主张之争，也牵涉到制度根基、宗教信仰与价值观之争。部分挺川（川普、川普）基督徒特别是华人基督徒认为：美国民主制度的根基是基督教信仰，尤其是"保守主义"的传统价值观；川普是这一根基的坚定捍卫者，是"天选之子"；民主党大量引入各种非基督徒，推广"自由主义"观念，是从文明方面摧毁美国制度根基；因此，此次大选关乎美国"国运"与制度存亡。

笔者不赞同这种认知，而认为美国制度的根基是政教分离、宗教信仰自由而非基督教信仰，核心是与宗教信仰无关的三权分立宪政制度，在价值观上更偏向"自由主义"而非"保守主义"，此次大选也不涉及制度存亡，基督徒应保持态度与认知谦虚。

要理解美国制度与基督教信仰、保守主义与自由主义的关系，必须追溯到 16 世纪的欧洲宗教改革。一方面，这场改革打破了传统基督教即天主教的主导地位，确立了现代基督教即新教的主导地位；推动了宗教自由与宽容，既包括基督教内部不同教派之间的宽容，也包括基督教对其它宗教的宽容。

另一方面，宗教改革瓦解了天主教会主导的政教合一体系，奠定了政教分离的现代社会基本原则，促进了现代民主政治的产生与发展；打破了天主教的精神束缚，促进了重视现世生活的人文自由精神的发展，推动了资本主义经济与文学、艺术、科学、哲学、教育等领域的空前繁荣。

应该说明的是：宗教改革是基督教的内部改革，打破的是天主教廷（本质是控制教廷的那部分基督教徒）对上帝、教义的解释垄断权，而不是基督教的上帝信仰自身，因此，它破除的是对人的崇拜，

275

而非对神（上帝）的信仰。

现代西方国家的基督教信仰的主体，包括西欧、中欧、北欧、北美（美国与加拿大）、澳洲，是经过宗教改革之后的新教，而非传统的天主教。只有南欧的西班牙、意大利与拉丁美洲国家，以天主教为主体。

据此可以分析美国制度根基与基督教文明、保守主义与自由主义的关系。

第一，美国制度的根基是政教分离、宗教信仰自由，而非基督教信仰，基督教只是美国的主流宗教信仰。这是因为，美国社会占主导的宗教信仰是宗教改革后的新教，而宗教改革确立了政教分离这一现代社会基本原则，且提倡基督教对其它宗教的宽容原则。美国宪法第一修正案明确规定，禁止美国国会制订任何法律以确立国教或妨碍宗教信仰自由，正是对这些原则的具体落实。

有人认为：美国公职人员就职时一般都手按《圣经》宣誓，领导人讲话时一般都以"上帝保佑美利坚"为结束语，这些都表明美国的制度根基是基督教。但这些都只是基督徒公职人员的惯例，而不是法律的强制规定，不能作为美国制度根基的依据。

第二，现代民主制度的核心是以自由、民主与法治为主要内容的三权分立宪政制度，其在国际范围内的实施与宗教信仰无直接关联。这一制度不仅存在于白人、基督教占主导地位的欧美国家，也存在于种族肤色、宗教信仰各异的亚非拉国家（尽管部分国家民主制度还不完美），各国内部的宗教信仰也是纷繁复杂。这正是现代民主制度的巨大魅力与吸引力所在。

第三，美国制度根基的政教分离、宗教信仰自由，不否定基督教的传播推广。基督教的传播推广，应主要通过其教义的说服力量、教徒的言行表现来吸引更多信奉者，而不是依靠政权的强制力量。否则，就可能重蹈中世纪政教合一、教廷或政府借上帝之名、钳制民众思想甚至迫害不同宗教信仰者的不堪历史。

第四，即使认为美国的制度根基是基督教信仰，此次美国大选也不是关于美国制度存亡的纷争。这是因为，美国两党主流都是基督教新教信仰者，两党之争不是基督教与其它宗教的纷争，而更多的是关于世俗政治的左右之争，最多包含"保守主义"与"自由主义"之间的价值观纷争。

第五，美国主流价值观是更符合新教精神的"自由主义"，而非"保守主义"。这是因为，强调遵循传统价值观的"保守主义"更符合天主教的基本精神，强调尊重个性解放与自由等现代价值观的"自由主义"更符合新教的基本精神，而美国是一个新教占主导的国家。

第六，"保守主义"与"自由主义"之争是正常的观念之争而非"正邪之争"。不能将川普理解为代表正义的"天选之子"，而将其竞争对手视为"邪恶力量"。只有一种主张走向极端时，才会滑向邪恶：如果"保守主义"滑向将尊重个人选择的一切主张都视为异端而要加以清除甚至武力征服的原教旨主义，或者"自由主义"滑向主张没有任何道德与法律约束的放纵，那才是走向了"邪恶"。

此次美国大选中，华人挺川派中的部分基督徒，经常表现出基督徒的身份与认知优越感，认为中国温和自由派知识分子如贺卫方、张千帆、张雪忠、张鸣等之所以反川或不挺川，在于其缺乏基督教信仰。这样的态度与认知是不正确的。基督徒不仅在外在姿态上、更应该在内心认知上要保持谦虚。

首先，个人对上帝、对世俗事务的认知都只代表自己，而不代表上帝的判定。根据基督教教义，只有上帝是全知全能的，人类只具备有限认知能力，何况个人。如果一个人认为自己的认知就代表上帝的判定，甚至以此判定"正邪"，那本质上就是把自己当作上帝了，与宗教改革之前的罗马教廷以及从古到今偏执狂热的部分宗教教徒没有区别，甚至会走到唯我独尊的邪教道路上去。

其次，个人成为基督徒，只代表自己对上帝的认知、崇拜与非基督徒不一样，而不意味着他们对世俗事务的认知高人一等，甚至比相关领域专家学者更深刻。否则，岂不是只要信了基督教，有了基督徒的身份，就可以在各个领域成为专家与智者了？这既是一种虚妄的认知，也是一种懒惰的态度。

总之，基督徒应该保持态度与认知谦虚，而不能仅仅依据自己的基督徒身份而产生傲慢，从而导致谬误。

（首发于《联合早报》，2021/1/18）

什么是美国的宗教立场

张千帆

自从 2016 年川普当选以后，国内也掀起了一股对福音派关注的热潮。某种程度上，川普的当选可以被认为是福音派的一次胜利。但我对这个事件的解读是有点复杂的，我不认为这是一次简单的宗教运动的胜利。如果说我们解读成一种宗教胜利的话，我担心它会变成我们在极权思维影响下的另外一种中国式误读。福音派 2016 年获胜了，今年 11 月美国又要大选，福音派也许获胜，也许不会获胜；川普、彭斯也许会继续当选，也可能会落选。至少 8 年以后，他们就没有机会了，到那个时候，我们对福音派又是一种什么说法？

由于长期受极权思维的影响，我们比较容易把政治和宗教挂得过分紧密，把某种宗教力量在政治中的影响解读为一种基督教的原教旨主义，这样就会偏离宪政民主的基本原则，尤其是宗教自由和政教分离。如果做这样的解读，仍然没有跳出中世纪的框架。近几年，原教旨主义居然在无神论中国兴起，好像还是由一些未必信教的自由派人士提出，我觉得比较耐人寻味，也有点令人担忧。

许多的解读到了中国，都被放大或扭曲了，好像美国福音派的时代来了，以后就是福音派的天下；好像福音派和自由派是天敌；好像自由派主张的世俗国家是地狱；好像美国社会当今经过这么多年自由派洗礼以后，信仰很乱……其实这种"乱"，美国社会早已很习惯，它就是一个思想多元的必然产物。但在我们看来，好像人类前途反而成了启蒙运动以前的中世纪。我觉得这些说法都是没有根据，这样的理解实际上没有跳出我们长期以来政教合一的极权主义思维。

我在前些日子的一个讲座里面提到，中国原先受极左思维的影响，现在特别容易受极右思维的影响，极左和极右对我们的国民相继

278

前后进行洗脑，实际上他们的思路是一脉相承的。它的逻辑就是，只有一种正确或先进的价值观念，而且很致命的是，必须要有这种价值观念统治国家，否则就国将不国、天下大乱等等。这种思维会把美国的立国看作是一种宗教立国，好像美国是一个唯一以"正确"的思想、"正确"的信仰建立的国家。但这显然是对美国立宪的一个本质性的曲解，这样去理解美国，那就不是美国，而是中国。

所谓宗教立国的国家其实不仅是美国（当时基督教占绝大多数），历史上甚至今天都有太多太多。远的不讲，西班牙以及它的拉美殖民地原来都是清一色的天主教国家，这些国家都不算是成功的国家，但他们对宗教的执着程度也不亚于美国当年立国的时候。近一点，像有些非洲国家、中东国家也都是清一色的宗教国家，只是不同的宗教——伊斯兰教，但它的纯度也一点不亚于美国建国时期。很多国家的人口都是90%以上、甚至99%的宗教信徒。这些国家的转型之路并不顺利，譬如"阿拉伯之春"后的许多中东国家。它们对宗教都很执着，而立国却很失败，难道这只是因为这些国家的宗教信仰不够好、不够"正确"、不够"保守"吗？

美国的特点是什么？社科院美国研究所的刘澎教授曾经提出，最早坐"五月花号"漂流到美国来的，可以说是一种"难民"，但他们不是其它意义的难民，不是政治难民、不是经济难民、不是战争难民，而是"宗教难民"。我觉得这个定位非常准确。但美国的宗教难民非常说明问题——他们不是无神论造成的、也不是伊斯兰教、甚至不是天主教造成的，他们恰恰是当时的英国国教——英国公教——造成的。那么这些人为什么去美国呢？恰恰是他们不愿意接受英国的国教——也是新教的一个分支——统治，不愿意被它强加信仰，所以来到美国建立了美国。

那么美国是什么？美国何以成为美国？美国恰恰是因为坚持了自由主义，才成为今天的美国。自由主义首先体现在什么地方？首先体现在美国宪法的第一修正案。第一修正案规定了两条，一个是重要得不能再重要的言论自由，但在言论自由之前是宗教自由。它还排在言论自由之前，可见宗教自由在美国立宪者心中的地位。宗教自由又分两条，一个是宗教活动自由、一个是政教分离。这才是美国立国的基础。

我们知道，美国当时基督教占的人口比例非常之高；我们要看到美国立国者的高明之处，不是在于他们信奉了某种特定的宗教，并把它奉为唯一正确的"国教"；而是恰好相反，他们在受到了国家的迫害之后，下决心禁止国教。

其实，宗教自由对宗教本身显然是好事。美国的基督教不是正统、不是国教，却得以长盛不衰。正是禁止国教、保证宗教自由，才维持了美国宗教的长盛不衰。可以说，世界上任何宗教长寿的国家都是宗教自由的国家，因为宗教的生命是在于自由竞争。宗教的繁荣和经济繁荣是一个道理：中国几乎所有做得好的企业都是私营企业，有几个是国有企业？

这样一来，大家肯定会有个问题：怎样来对待我的信仰？任何一位有信仰的人，都会把自己的信仰当作是一种绝对真理，不是绝对真理是不会去信的。这意味着什么？是不是就要把我信的这个宗教当成国家的立国之本？这里最关键的一点，一定要区分私域和公域，私人的场所和公共的场所。在私人空间里面，信仰是绝对的；这是我的信仰，我不允许别人干预，但是我也不能把这个信仰强加于别人。

在国家这个公共领域，不论我自己信什么，甚至我不信什么，我都要坚持世俗国家这个基本理念。大家不要误解，以为世俗国家就是没有信仰，就是无神论。世俗国家（secular state）不是无神论。实际上，无神论是另一种信仰，甚至可以说是另一种宗教，因为肯定或者否定神的存在都不是我们在经验世界能够做到的，都要进入到一个超验世界。无神论也是一个超验命题，我就不具体展开了。世俗国家的理念不是指无神论，认为宗教信仰是"迷信"，这样就不会有宗教自由了。它是指国家这个层次不得干预宗教，对各种宗教一视同仁，既不能去压制任何宗教，也不能去支持任何宗教，而是要保证公民私人的信仰自由，不管他们信什么。否则，公域就侵占了私域。

在私人领域，信仰是我的；我作为一个负责任的人，我应该有信仰，但是我不能把这个信仰强加于这个国家。否则，私域就侵占了公域。这是一个基本的区分，大家一定要有这个区分，因为这是政治文明的一个基本原则。

我刚才提到美国第一修正案规定的两个方面，宗教自由和政教分离二者是紧密结合在一起的。如果说你政教不分的话，那么这个国家必然会成为一个神权国家，也就是一个极权国家。所谓的"宗教自由"就成了你自己的自由，而不是别人的自由。这就不是宗教自由了，而是宗教不自由。我们看到很多国家都重蹈了这个覆辙，就是某一种宗教或者有某一个教派控制了政治、控制了国家，再用国家的力量去打压其他的宗教。这样做，宗教自由就没有了.

因此，我们一定要区分公域和私域。不论我信什么，我都不能坚持这个国家必须要建立在某一种先进的或者正确的思想和信仰之上。再说，我怎么能够保证自己的信仰能够成为国家的信仰呢？这种可能性其实是很小的，而别的宗教成了正统、压迫我的信仰的风险则是巨大的。我们即便是为了审慎的缘故，也一定要去权衡一下这样的风险。如果说在宗教这一方面过于执着的话，最后反而会让我们自己的宗教自由都得不到保障。

因此，宗教和政治之间是个什么关系？二者之间要分开。《独立宣言》的起草人杰弗逊有一句名言：国家和宗教之间要有一堵高墙，叫分离之墙（Wall of separation）。当然，区分二者也很难，因为宗教立场也是一种政治偏好。但不管这个好分也好，难分也好，我们一定要保持警惕，我们可以有坚定的宗教信仰，但不能成为宗教的原教旨主义者。我是一个教徒，我也是个公民；作为公民，我要参与政治，我也会按照自己的偏好去选择国家的领导人或者我的议会代表，但我不能用宗教去干预政治，尤其不能去干预、扭曲保证宗教自由的宪政制度。这样就使得宗教和政治关系比较敏感，它处于一种若即若离的关系，但宗教还是要和政治保持适度的距离。

法国著名思想家托克维尔有一个观点：政教分离对宗教本身是件好事，因为政治的生命是很短暂的，而宗教的生命要比它长得多。我们看看世界上几大教，包括基督教，2000多年的生命力。政治呢？川普或不论是谁，他的政治生命注定是很短暂的，更不用说宪法规定了任期。所以托克维尔的这句话很有意思，信教的朋友一定要有远见，不要把自己的信仰绑在这一具死尸上。因为政治很快就会死掉，我们不要让自己陪葬。尤其是不要被这种政治算计、政治精明所耽误。任何有生命的宗教都是博大宽厚的，不能聪明反被聪明误。

我不太同意一种说法，好像某一次选举就是关系到某一个宗教的生死存亡之战。今年不怎么做，这个宗教就会怎么样怎么样，福音派就会大势已去，等等。宗教最好是局限于私人领域，不要去干预其他人的信仰自由。这样，我们自己也会省却很多烦恼，自己的信仰也会长寿许多。当然，教徒应该有积极传教的自由，但那是靠说服和自愿接受。千万不要指望把自己的信仰变成某种正确的正统，靠国家来帮你普及信仰。

总结起来，我认为美国的超越之处不是在于特定的宗教，而正是在于克服了人们这种很自然的政教不分的冲动。第一修正案让美国踏入了政治文明的门槛，我们也很遗憾地看到伊斯兰教等世界上其它的宗教还没有，迄今为止很多都没有达到美国立宪者两百多年的境界，所以他们仍然在前现代的泥潭里挣扎。天主教现在改革变好了，但是拉美国家仍然没有脱离传统的阴影，政教不分的传统对它们来说仍然是有很大的拖累。这些都不是我们今天的榜样。

我们的榜样是什么？我们的榜样是新教革命。新教革命的意义就在于斩断宗教和政治之间的联系，让宗教获得自由。2017 年，我正好在柏林做访问研究。当年正好是路德发起的新教革命 500 周年，这是所有事件当中意义最重大的一次事件。新教革命的本质是回到耶稣的原始教诲，那就是把属于上帝的还给上帝，把属于凯撒的还给凯撒。我认为这是基督教的"基因优势"，基督教天生就有这个优势，因为我没有从其他的宗教或者哲学当中看到这样睿智的教诲。

真正的基督教徒千万不能丧失这样的优势。如果我们还是认为只有某一个特定的宗教，甚至是其中的某一个教派，比如说福音派执政，那对于一个国家来说其实是非常不福音的。

（首发于《FT 中文网》，2020/5/7）

美国宪法上的政教关系

张千帆

美国又将面临四年一度的总统大选，轰轰烈烈、热闹非凡。总统大选确实重要——这本身可能就是一个问题，总统或任何一个人都不应该那么重要的。近年来，美国社会两极分化越来越严重，左的越左，右的越右，和中国社会有点类似。美国大选的重要性也许被我们夸大了。这里有人认为，如果川普当选，美国会"国将不国"，因为他破坏了新闻自由、民主原则等等；又有人认为，如果川普落选，美国就"国将不国"，也许不能再振雄风、实现"美国第一"，也许不能帮助我们对抗极权，云云。

这些观点各有各的道理，但恐怕实际上都没有想象得那么重要。美国大选的结果主要还是取决于它自己的国内形势。当然，这次选举的中国因素会变得更重，但毕竟是美国公民选自己的总统，决定公民选择的主要因素是影响其日常生活的国内而非国际政策。只要保证言论自由、新闻自由、集会自由，集会基本和平而不发生大规模暴力，保证选举的普遍性和真实性，防止结果过分扭曲（选举院制度存在"胜者通吃"的问题），选民积极参与，不要有太多的人放弃投票……那么什么样的选举结果都是不可怕的。

真正重要的不是谁当选，而是多数选民是否作出了自由和知情选择，而这取决于选举是否符合言论自由、新闻自由、普遍选举、自由选举、平等选举、政教分离等"政治自然法"原则。如果违反了这些原则，后果会比选错一个人严重得多。

一、第一修正案、政教分离与世俗国家

本文讨论其中的一个原则——政教分离或"世俗国家"。这个话

题最近在中国也比较热。改革四十年，政府实际上放松了宗教管制，信教的中国人——包括基督教徒——占人口比例不断上升。这是一件大好事，我先不说这件事情有多好；我今天要说的是问题的另一面，那就是有些教徒和学者似乎没有很好理解政教分离原则。

尤其是 2016 年川普—彭斯搭档当选以来，因为基督教福音派发挥了相当大的作用，有些中国学者和基督教徒一厢情愿地认为，美国宪政是建立在基督教基础上的。这样的说法不仅是完全错误的，而且带有很大的误导性。美国立宪的时候，基督教徒确实占了人口的绝大多数。在这个意义上，基督教肯定对美国立宪产生了重要影响，但这并不表明美国宪法就是建立在基督教的基础上，甚至美国就是一个"基督教国家"。

恰好相反，美国和当时其它基督教国家的本质不同正是在于它是一个政教分离的世俗国家。这一点决定了，美国在建国两个多世纪以来从来没有发生过宗教战争。美国建国至今，只是在 1860 年代发生过一次伤亡惨重的内战，那是因为它的种族问题没处理好，和宗教无关。美国的宗教关系一直非常和谐，不像之前的欧洲国家或之后的拉美国家那样，成天为宗教纠纷打仗。

美国是如何做到的？秘诀简单得不能再简单——第一修正案。美国 1788 年制定联邦宪法，三年后修宪，1791 年通过了《权利法案》，其实就是宪法的前十条修正案。其中的第一条规定了两方面内容：一是宗教自由，一是言论自由，二者都是和平立国和治国重要得不能再重要的原则。宗教条款又分为两个分支，一是宗教活动自由，另一个就是禁止国教、政教分离，也被称为"立教条款"（Establishment Clause）——更准确地说，"禁止立教条款"。

这才是我们要学习美国的地方。之所以说美国立宪者"高瞻远瞩"，是因为他们"不按常理出牌"——按常理，基督教占了当时人口的绝对多数，至少 90%以上，那还不让宪法规定基督教为"国教"？他们绝对有政治实力这么做，但美国立宪者恰恰没有，因为他们的先祖之所以移民到美洲，正是因为他们受够了英国和欧洲大陆的"国教"。按常人思维，现在"媳妇熬成婆"了，原来受迫害的你成了美洲多数，你迫害别人的机会来了。这正是美国立宪者崇高的地方，他们拒绝了魔鬼的诱惑；宪法不仅没有规定"国教"，而且明确禁止国家设立任何一种宗教为正统教派。

这是多么神奇的一件事？就是第一修正案当中那半句话，保证了美国社会的长治久安，以至从建国到现在没有发生过一次宗教战争。中国俗话说，"半部《论语》治天下"；美国第一修正案中的一半（宗教自由）中的一半（立教条款）即解决了一多半问题，奠定了美洲政教关系的世纪和平。否则，政治和宗教搅合在一起，宗教可以利用国家机器压迫其它教派，那只能是无穷无尽的宗教战争。那样的美国就不会是美国，而是政教关系剪不断理还乱的拉美。

所以我想强调，"政治自然法"这样的概念不是学者制作出来吓唬人的，而是可以有严重后果的。你千万不要不信邪，以为国家违背了其中一两条没事，违反任何一条都不会逃过自然规律的责罚。美国宪法一开始种族平等没有做好，几十年后就爆发了内战，直到今天还时不时发生种族骚乱，为立宪者的"原罪"买单；拉美的政教关系没有处理好，后来就爆发了无数场宗教战争，教会作为一种政治势力一直不愿意放弃特权、退出历史舞台。宗教自由和政教分离是所有立国原则当中最最重要的，其重要性不亚于言论自由。而且对于任何国家都是如此，没有哪个国家能违背这些政治自然法则而逃之夭夭，中国绝不例外。

近年来，国内"保守主义"思潮有一股力量试图模糊政教分离原则，值得警觉。宗教信仰确实很重要，但这并不表明任何特定的信仰是绝对正确的权威。如果把任何一种宗教当作绝对真理，并让国家来扶持它，那么这个国家就不再是世俗国家。然而，人们对于"世俗国家"（secular state）有许多误解。宗教人士认为"世俗国家"就是无神论、反宗教，这个误解首先需要澄清。

中国是不是一个"世俗国家"？表面上看，中国自 1949 年以后主张无神论。1982 年制定的现行宪法序言规定了"四项基本原则"，其中包括马克思主义，而马克思主义就是反宗教的无神论，认定宗教是麻痹劳动人民"鸦片"。但无神论并不等于世俗国家。事实上，无神论和有神论一样，都是一种超自然信仰，前者否定、后者肯定而已。

285

如果我信仰某种特定的宗教，那么我必然预设了某种超自然的神存在。反过来，如果我断然否定神的存在，这同样是一个关于超验存在的判断。所谓"超验"，就是超越经验和理性；神是否存在，不是通过我们感官获得的经验就能判断的。从我们看得见、摸得着的经验，我们既不能肯定、也不能否定神的存在，因为祂超越了我们感官经验的判断能力。

这也是为什么任何信仰都不可能绝对和普遍正确。所谓"信仰"就是你必须信才行，神存在与否不是逻辑三段论，也不是 1+1=2 就能证明出来的，不能通过经验和理性证明其存在或不存在。这是为什么马克思主义无神论也是一种"信仰"，而这也是中国官方自己不断强调的。

这就是人的认知特征，你也可以说它是人的认知局限。我们都能接受三段论或 1+1=2 等逻辑或数学命题，它们之于我们是普世正确的。你可以认为上帝是存在的，你的上帝就是普世真理，但是你并不能像 1+1=2 那样说服我接受你的上帝也是我的真理；我可能有我的上帝，或根本不认为神是存在，而你也不能用 1+1=2 说服我是错的。从认识论的角度来讲，比较合理的立场是不可知论：对于神是否存在这样的超验命题，我们只能老老实实地说"不知道"。

既然缺乏认识论的基础，国家显然不能硬性规定有神、无神，更不能规定哪个神才是"真神"，因为这类问题没有标准答案，因而根本不是一个问题。你尽可以信你的神，国家无权说你的信仰是错的，正如它无权告诉你正确的信仰是什么。否则，即便你信"错"了，你信了 1+1=3，国家说你错了，1+1 应该等于 4。这不是以荒谬对荒谬吗？

所谓"世俗国家"，就是国家和宗教无关，根本不得涉及宗教。这就是美国第一修正案的政教分离，禁止国家设立正统信仰。否则，宗教国家其实和无神论国家性质一样，因为无神论也可以成为宪法规定的正统信仰。二者的差别在于一个规定 1+1=3，一个规定 1+1=4。看上去水火不容，实质是一致的，都构成国家对个人信仰的粗暴干涉；这种干涉必然是简单粗暴的，因为它在理论上没有任何依据，在实践中则危害巨大。

宗教信仰是个"好东西"，但是"好东西"也不能吃太多。什么时候就"太多"了？当我们把这种东西和国家勾连起来的时候。回到我以前提到的"公域""私域"之分：信仰是我们自己的事情。我的信仰对于我来说是一件绝对的事情，对于你则只是一个"教条"；我可以尽量说服你自愿接受我自以为正确的教义，但无权强迫你，更不能通过国家强迫你。

因此，世俗国家不是无神论，不是反宗教，而只是要求国家必须要宽容和平等对待所有的信仰，不论你信还是不信，也无论你信什么。落实到宪法上，公民有信教和不信教的自由，有信什么教的自由。实际上，中国宪法第36条也是这么规定的，而且规定的还比较详细。所以虽然宪法序言里有马克思主义，也不能说现行宪法就规定了无神论。第36条虽然没有"政教分离"这几个字，却明摆着规定了信仰自由和世俗国家。

换个角度理解，"世俗国家"就是比较"俗"，国家只是管我们的吃喝拉撒，不管我们的信仰、思想、言论这些比较高大上的精神领域的事情。国家和宗教没有关系，既不得支持某种宗教，更不得压制任何宗教，包括无神论——因为无神论也可以被视为一种"消极宗教"。信不信神、信哪个神，这类事情完全交给个人，国家无权干涉。国家的立法、行政、司法只处理世俗的事情，不涉及宗教信仰，因而必须平等对待所有的信仰（或不信仰）。国家要对你做什么事，只能根据你的行为——譬如你杀人放火了，而不能根据你的信仰——你杀人究竟是为了共产主义还是为了让人在你的极乐世界里"圆满"？世俗国家追究的是行为犯罪，和信仰无关。

在这个意义上，政教分离和宗教自由是一致的。如果一个国家的宪法规定了特定的国教，其实就等于剥夺了你的信仰自由，因为你的信仰必须要跟着国家走；如果说你的信仰不符合国家的正统信仰，那么你就是一个异教徒，就是"邪教"成员。你在这个国家说轻一点就是一个"二等公民"，在一切待遇上低人一等。只有切断国家和宗教之间的联系，我们的信仰自由才能得到保障。

二、政教之间为何有一堵"分离之墙"

回到美国，刚才讲到美国立宪者的高瞻远瞩：虽然美国立宪时有一个主流宗教，但是美国宪法始终没有将基督教定为"国教"，而且明确禁止设立国教。当然，政教分离在基督教义本身就能找到渊源，那就是耶稣的"将属于凯撒的还给凯撒，将属于上帝的还给上帝"。我甚至认为，这是基督教优于其它宗教的"基因优势"，但是这种优势只有在信徒恪守政教分离原则才能体现出来。如果某些原教旨主义信徒克制不了政教不分的冲动，对于宗教干预政治喜形于色、欲罢不能，那么我只能说他们不仅未能"免俗"，离美国立宪者在两个世纪前的境界还相差太远，而且也未能领会基督教的内在精神。

美国宪法可以说是在这一点上秉持了基督教的政教分离精神，但是如果你还要更多，硬要说美国宪法就是建立在基督教基础上，甚至美国就是"基督教国家"，那就反而违背政教分离了。第一修正案的第一句话就是"国会不得制定涉及宗教之建立或禁止其自由活动的任何立法"，一语奠定了世俗国家和宗教中立的基础，既禁止国家干预宗教，也不允许宗教干预政治。用《独立宣言》起草人杰弗逊的话表达，宪法在政府和宗教之间建立了一堵"分离之墙"（wall of separation），使政府不能以任何方式插手宗教事务。

顺带提一句，虽然许多自由派认为美国革命和法国革命是两类本质不同的革命，也确实产生了截然不同的后果，但是这种看法忽视了两次革命在目标上的共同之处。至少在世俗国家这个问题上，两国是高度一致的。和第一修正案相比，法国1958年第五共和宪法规定得更为详细清楚："法国是一个统一、世俗、民主和社会的共和国。它应对所有公民保证在法律面前的国籍、种族或宗教之平等。它应尊重所有信仰。"

政教分离并非没有反对者，反对意见认为国家有义务扶持宗教事业。首先，一种常见的观点认为，既然宗教对于社会道德和秩序发挥如此重要的作用，既然维护社会秩序和道德是国家的基本义务，那么国家有必要明令公民信教并禁止对于社会极其有害的无神论。其次，作为社会价值立场的一种体现，宗教介入政治活动不仅很正常，也无法界定并限制，譬如西方社会保护生命、反对堕胎的政治主张就带有强大的宗教支持。最后，由于宗教是非赢利事业，只靠自己的力量难以维持。国家应该通过财政等手段积极支持有益的宗教活动，譬如给教会免税、资助修建寺庙等，帮助宗教文化发扬光大。

这类观点显然忽视了政教不分在中外各国历史上造成的严重危害。首先，宗教当然可以参与民间政治活动，甚至作为政治党派参与竞选，争取最大多数的选民接受自己的政治主张。譬如德国《基本法》第33条第3款明确保护公民的政治平等权利："对民事和政治权利之享有、获得公共职位之资格以及在公务中获得的权利应和教派独立，任何人不得因其信奉或不信奉某个教派或学派而遭受任何损失。"中国宪法第34条也规定："公民不分……宗教信仰，都有选举权和被选举权。"因此，政教分离显然不是剥夺宗教主张参与政治竞争的权利，而是指国家不能在立法或财政上偏袒任何宗教并产生政教合一、神权政府的任何嫌疑。由于宗教无权将自己的世界观强加于世俗国家，即便宗教党派赢得了议会多数选票，也不得宣布自己为"国教"（state religion）或以任何方式偏袒自己的宗教。

其实即便国家明确规定宗教正统并强迫公民信奉"国教"，这种规定也是完全徒劳的，而且只能培养虚假的"信仰"。信仰是人的内在思维状态，只有通过自然而然的说服和潜移默化才能逐步建立起来，外部强迫只能导致反感。正如麦迪逊在《教税抗议录》中指出："每个人的宗教信仰必须被留给每个人的信念和良知，且按照良心的命令进行宗教活动是每个人的权利。这项权利在本质上是不可剥夺的权利。它是不可剥夺的，因为人的见解只取决于他们自己的思想所考虑的证据，因而不能服从其他人的命令。"更何况由于政府不可能知道人的真实信仰，政府命令很容易遭到"阳奉阴违"的处理——人民口头上表示服从，但是口是心非。长此以往，则不仅国家的宗教政策并不能得到落实，而且也滋长了虚伪和欺骗的社会习惯，结果反而使人民背离宗教道德信仰。由于国家不允许其它宗教的合法存在，其它宗教不能公开活动并争取信徒皈依，最后使整个社会陷入宗教真空状态，进而失去对人性中私欲和傲慢的道德控制。

其次，除了强迫信仰适得其反之外，政教合一还将加剧宗教纷争。就和打击压制宗教一样，国家支持宗教也会产生各种政教纠葛，并使教派本身的关系复杂化。各种宗派为了争取国家支持明争暗斗，最后使国家卷入"剪不断、理还乱"的宗教矛盾。在中世纪，西欧国家因明确支持或反对某个教派而直接卷入宗教冲突的旋涡，给社会带来了动荡和灾难。

例如在当年的美国殖民者中，许多人正是因为不满意英国政府对其"国教"的支持和对"异教"的压制而远渡重洋的。麦迪逊在《教税抗议录》中指出，国家设立正统宗教"将摧毁众多教派之间的适度与和谐，后者是我们的法律通过自我克制而不干预宗教所产生。世俗权力要通过禁止宗教见解的所有分歧而消灭宗教争吵的努力是徒劳的，反而使旧世界血流成河。"美国的制宪者深知政教合一与宗教迫害对社会的危害，因而将政教分离与宗教活动自由作为宪法保护的首要对象；和言论自由一样，第一修正案对宗教信仰的保护甚至是更为绝对与无条件的。

事实上，人不仅对知识和道德具备天然的诉求，而且对信仰也存在自然的渴望；只要国家不压制，人在受教育过程中自然会形成一定的信仰。当然，不同信仰之间存在竞争，因而和"观念市场"一样，不同教义也应该处于一个自由竞争的"信仰市场"。就和竞争力强的商品一样，任何有生命力的主要宗教信仰都不需要国家保护，凡是需要保护的都是缺乏号召力的次要信仰。因此，国家保护宗教的实际效果就如同是在保护次等商品。如麦迪逊在《教税抗议录》中指出，国家建立宗教垄断的后果是"在所有地方，多多少少都有教士的骄傲和懒惰、平民的无知和鄙俗，而两个阶层都存在迷信、偏激和迫害。"

最后，政教不分不仅损害国家，而且对正统宗教本身也不好。《论美国的民主》作者托克维尔认为，宗教的力量恰恰来自其超越政治的地位。与当时欧洲的宗教相比，美国的宗教之所以有活力，正因为它脱离政治。在欧洲，宗教和政治纠葛在一起，不同的宗教势力总想获得官方的认同，甚至获得惟我独尊的垄断地位，进而压制其它信仰，彼此之间争斗不断，宗教纷争沦为是以宗教为名的政治权力斗争。然而，一旦卷入政治，宗教就将面临衰亡，因为政治是一种世俗力量，它可能一时强大，但其寿命是短暂的。因此，如果和政治发生联系，宗教虽然可能分享其一时的强盛，但必然摆脱不了和其一同衰落的命运。设想美国基督教的某个教派和共和党发生了联系，那么它固然能随着共和党总统的上台而获得好处，但也必将在4年或8年后随着总统易位而受到冷落。因此，宗教要长盛不衰，不仅不能寻求国家帮助，而且必须割断和政治的纽带。宗教"长寿"的秘诀最终在于政教分离。

三、"莱蒙法则"及其应用

虽然政教分离在理论上没有问题，由于基督教的巨大社会和历史影响，它难免会体现在政治实践当中。所谓的"分离之墙"究竟有多高、多厚？宪法在多大程度上允许国家和宗教之间发生勾连？当然，明目张胆的"立教"肯定是不行的，但是除了"立教"之外，还有形形色色不那么明目张胆的行为，譬如在公立学校教室挂十字架、在公用土地上放置宗教碑石、用公款资助通常带有基督教背景的私立中小学。这些行为是否可以？另外，众所周知，圣诞节、感恩节等法定假日都是基督教节日，美元上印有"我们信任上帝"，总统宣誓就职时手按《圣经》……这些现象是否表明美国是"基督教国家"？

以上政府行为是否符合第一修正案，必须具体情况具体分析。在历史上，美国联邦最高法院对"立教条款"的含义发展了丰富的案例法。从中也可以看到，至少联邦政府从来没有公然违背"立教条款"。绝大多数情况下，法院都是在处理我们眼里算不上个事的鸡毛蒜皮，因为政教分离、世俗国家原则在美国早已确立，根本不会出现令人脑洞大开的事件，更不用说国内某些人想象的"基督教国家"。

1971年的"莱蒙案"是美国政教关系的里程碑案件，显示了美国法院对政教分离原则的把握是多么严格。最高法院系统提出了用"立教条款"检验立法合宪性的"三步曲"标准：

第一，立法必须具有世俗立法目的；第二，其主要或首要的效果必须既非促进亦非抑制宗教；最后，立法还必须避免和宗教形成"过分的政府纠葛（entanglement）

伯格首席大法官的多数意见指出：我们必须承认，"分离的界线远非一堵'高墙'，而是取决于特定关系的所有情形的模糊不清且可变的屏障。"按照上述"三步曲"，多数意见判决州政府对具有教会背景的私立学校资助违反了第一修正案。

1984年的"宝塔基圣诞塑像案"再次运用"莱蒙法则"，不仅细致展示了"三步曲"标准的具体应用，而且显示了政教关系的宪法定性的复杂性与争议性。在每年的圣诞节，罗德岛的宝塔基（Pawtuchet）市政府总要在市中心的公园里举办圣诞展览。和全美许多城镇的展览一样，这一展览包括圣诞树、圣诞老人的屋子、"节日问候"的大横幅等，以及本案所考虑的焦点：有关耶稣诞生的塑像（creche），其中包括婴儿时期的耶稣、玛丽和约瑟夫、众神和国王们、牧羊人及一些动物。所有展览品都属于市政府。地区法院判决市政府在展览中包括这些塑像违反了"立教条款"，第一巡回区法院维持了这一判决。

然而，最高法院以5：4推翻了这一判决。伯格首席大法官（C. J. Burger）首先指出了判决的困难：在每一个有关立教条款的案件中，法院必须防止教会或政府彼此之间的侵犯，但两者在现实中却不可能完全分离。杰弗逊的所谓"分离之墙"是"有用的形象性语言"，但"对于教会与国家之间实际存在的关系而言，这一比喻本身并非是对实践层面的完全准确之描述。"社会生活的方方面面都相互联系在一起，并都离不开政府的调控。根据伯格法官的理解，联邦宪法并未要求政教彻底分离，而是要求达到所有宗教之间的宽容与调和，并禁止对任何教派进行歧视。在美国历史上，社会生活确实和宗教有着种种紧密联系。不论在美国的国父们还是领导人的讲话与文件中，都能发现对宗教价值观念的频繁引用。通过官方宣布，美国总统和国会把基督教的圣诞节和感恩节宣布为全国节假日。在每张美元纸币上，都能发现"我们信任上帝"这一立法规定的美国座右铭；在向美国国旗的"忠诚誓约"（Pledge of Allegiance）中，也出现了"在上帝之下的统一民族"。鉴于宗教在美国公众生活中的广泛影响，法院不能机械、绝对地解释"立教条款"。

因此，在审查受到挑战的政府立法或行为时，法院所决定的是它们是否确实要设立一种宗教或信仰，或至少具备这种倾向。在这一界定过程中，法院所探询的是这些立法或官方行为是否具备世俗目标，其主要效果是不是促进或打击宗教，以及它是否在政府和宗教之间产生过分纠葛。首先，对于这项"莱蒙法则"的目的探询，法院只是在肯定立法或行为完全被宗教动机所支配时才推翻之。本案中的圣诞塑像并不能被认为是市政府有目的要对某种特定的宗教信仰表达官方支持。相反，这里的塑像只是以往节日庆祝的传统节目。市政府所举办的展览只是为了描绘圣诞节的来历，因而具备世俗目标。

其次，法院多数意见也不同意少数意见和地区法院认为塑像有利于基督教信仰的判断。比较法院以往在这方面的案例，多数意见认为塑像在此为某种特定的宗教所赋予的利益即使有，也只是"间接、遥远与偶然的"。最后，多数意见同意地区法院认为本案并不涉及宗教和国家之间任何直接的"行政纠葛"，但不同意它认为本案的诉讼本身因产生"政治分裂"而导致"过分纠葛"；诉讼人并不能通过起诉而造成分裂表象，并利用它作为纠葛的证据。

4名法官的反对意见则认为多数意见的审查标准过于宽泛，没有适当维护宗教和政治的"分离之墙"。布仁南（J. Brennan）法官的反对意见指出，耶稣诞生塑像在"莱蒙法则"的所有3个方面都未能通过审查。首先，如果宝塔基市政府具备任何有效的世俗目的，那么所有这些目的都能轻易通过其它手段达到。市政府宣称它具有庆祝节日和促进零售的世俗目的，但这些目的显然不能包括这里反映宗派排他倾向的圣诞塑像。其次，塑像所产生的主要效果是对其所体现的宗教信仰表达政府的官方认可，对属于少数的宗教团体以及那些不属于任何宗教团体的人表示其观点并不值得公共承认与支持。最后，市政府在展览中包括圣诞塑像也构成了"过分纠葛"的显著威胁；由于社团中存在着不同的宗教派别，对地方政府是否可采用宗教（基督教）象征的争论将因此而持续下去。

少数意见进一步反驳了多数意见的两个论点：第一，通过把注意力集中于节日庆祝的世俗背景，多数意见淡化了圣诞塑像的宗教含义；第二，一旦发现把圣诞节法定为全国性节日是合宪之举，多数意见即认为政府参与节日庆祝的任何形式就都是合宪的。少数意见指出，在美国文化中，圣诞节同时包含了世俗与宗教成分。政府可以参与这一庆祝活动，但这并不表明政府可采用任何形式。在本案，耶稣诞生的塑像显然来源于有关圣经故事；它是基督教信仰的主要象征，为拯救和赎罪照亮了道路。"对基督徒而言，这条道路是唯一、高贵与神圣的。"但对于那些不分享这些信仰的人而言，对耶稣诞生故事的官方认可却不时提醒他们的信仰与基督教的差别。"被一个民选政府基于宗教理由而如此排斥，构成了立教条款到今天为止仍不能支持的侮辱与伤害。"

少数意见承认，政府确实可以在某种程度上为宗教信仰的实践提供某种机会而不违反立教条款，例如宣布 12 月 25 日为公共节日；在此，政府仅使公共活动的日历适应了许多美国人的期望，他们想在那一天访问亲友、参加宗教仪式并从一年的繁忙中获得休息。第一修正案的"自由活动条款"并不要求政府这么做，但政府以世俗方式庆祝这一节日（如在公共场所装饰花灯与圣诞老人）并不侵犯"立教条款"。另外，即使节日的建立在一开始具有宗教目的和意义，但如果现在已经因世俗化而完全失去了宗教含义，那么政府仍然可以从事这些活动（例如感恩节）。

最后，由于政治与宗教在美国文化传统中和社会活动紧密相连，不可能完全禁止政府在公共活动中承认某些宗教信仰的影响，例如在美元上印有"我们信任上帝"或"忠诚誓约"中出现的上帝字眼。但是这些行为之所以未触犯立教条款，是因为它们在近于机械的不断重复中已完全失去了宗教含义。它们唯一剩下的只是一项必要的世俗职能，那就是让公共活动变得更为庄严肃穆。但本案的耶稣诞生塑像并不适合以上几类活动的任何一种。少数意见把它定性为"用公共设施和资金去支持宗教象征"的强制性步骤，目的是"在忽视少数人的前提下建立多数人的宗派偏向"。

以上五比四的判决是一个极为接近的表决（close call），表明"分离之墙"确实具有一定的不确定性。多数和少数意见双方都有一定道理，表明对于某些宗教色彩不那么浓厚的政府行为，不同法官的判断可能是见仁见智的。然而，所有法官在大的原则上是完全一致的，只不过政教分离原则在此类案件的适用结果出现了分歧而已。由于欧美国家具有悠久的宗教传统，宗教在历史上必然对政治和法律产生直接或间接影响，而某些宗教象征随着时光流逝逐渐世俗化，从而对其宗教性质产生见仁见智的判断。这些宗教性质存疑的象征其实离第一修正案所禁止的"立教"行为相差甚远，正反双方的争论只能算是一种防微杜渐的努力而已。

在美国，即便再保守的法官也不会挑战政教分离原则，更不敢宣称美国是什么"基督教国家"——这已经不是"政治正确"，而是涉及原则正确；如果原则不正确，只能说明这个人根本不适合做法官或任何公职人员，因为他对美国这个国家的性质发生了根本误解。不论是自由派还是保守派法官都认为，国家任何行为都不得带有宗教目的，也不能在效果上促进或打击宗教信仰，譬如政府不得直接和教会发生任何接触，不得对任何教派或宗教事务表态，不得存放明显的宗教象征……正如布莱克法官在 1947 年的"中小学交通补贴案"指出：

第一修正案的"立教条款"至少意味着这些：不论是州还是联邦政府都不得设立教会。哪一个都不得通过法律以援助一个宗教、援助所有宗教或对一个宗教比其它宗教更有利。哪一个都不得强迫或影响任何人在违反其意愿的情况下去或不去教堂，或强迫他信奉或不信奉任何宗教。任何人都不得因信教或不信教、参加或不参加教会活动而受到惩罚。不得为支持任何宗教活动或机构而征收任何数量的税，不论是多是少，也不论这些机构被称做什么或采用什么形式传教或信教。不论是州还是联邦政府都不得公开或秘密参与任何宗教组织或团体的事务，反之亦然。用杰弗逊的话说，禁止通过法律立教的条款之意图是"在教会和国家之间建立一堵分离之墙"。

（首发于《FT 中文网》，2020/9/16）

中美关系问题

余智答美联社记者问：美国大选与中美关系

余 智

【采访人】章卫群，美联社北京分社，记者、制片人
【受访人】余智，中国人民大学商学院，经济学教授
【时间】2020 年 10 月 30 日
【地点】美联社（Associated Press）北京分社
【概要】2020 年美国总统大选揭晓前夕的 10 月 30 日，中国人民大学余智教授接受了美联社北京分社 zzzz 的采访，就有关美国大选与中美关系的以下七个问题，进行了分析与解读：（1）中国民众为何高度关注此次美国总统大选；（2）中美关系过去几年急剧变化的原因及川普个人的影响；（3）大选结束后中美双方启动第二阶段经贸谈判的可能前景与议题；（4）美国大选结果对中美关系的总体影响；（5）中美关系如果继续恶化对中国普通民众的影响及中国的"内循环"问题；（6）中国民众对川普个人的认识分化；（7）川普如果再次当选对美国与中国相对国际地位的影响。

【受访人声明】本次答记者问，只代表受访人对相关问题的事实分析与判断，不代表受访人对中美双方及其政策的价值评判，也不代表受访人对美国两党候选人、中美两国左右两翼民众的价值评判。

【采访报道与视频】
链接：https://pan.baidu.com/s/16kOjN3AzacL-hQmm6AZ9BQ
提取码：hy3d

【采访文字稿】

1. 中国民众为何高度关注此次美国总统大选？

美联社：余教授，此次美国总统大选在中国民众中引起了高度关注，您觉得是什么原因？

余智：我认为主要有两个原因：

第一个原因是，现任总统川普自身是一个特立独行的人，在美国也有很大的争议，因而此次美国大选在美国自身乃至全世界范围内都引起了高度关注。而美国是当前全世界最强大的国家，所以这次选举当然也引起了中国人的强烈关注。

第二个原因是，在川普总统现任任期内，中美关系可以说是发生了翻天覆地的变化。我前段时间发表了一篇文章（《中美关系进入第四阶段》，链接：http://m.uscnpm.org/wap/article.aspx?d=99&id=22111&from=groupmessage），认为中美关系已经从新中国建政以来的第三阶段——美国对中国的融合与同化阶段，正式转移到了第四阶段——重新恢复遏制与围堵的阶段。这个变化是在川普总统现任期内发生的。中国民众，无论对这种变化持何种观点，都非常关注川普是否会继续当选，还是会换一个总统上台，他们预期不同总统可能会对中美关系带来不同的影响。

我认为这第二个原因是中国民众对此次美国总统大选关注程度非常高的最重要的原因。

2. 中美关系过去几年急剧变化的原因及川普个人的影响

美联社：您刚才谈到，过去几年中美关系发生了急剧变化——可以说是转折性变化，您认为主要原因是什么？川普个人在其中是否起到了什么作用？

余智：中美关系急剧变化的直接原因，是大家都能直接感受到的：一是中美长期的贸易不平衡与贸易摩擦的积累，以及双方对贸易不平衡原因的认知不一样；二是今年"新冠"疫情带来的重大影响，以及双方对疫情责任的认知不一样。这是两个浅层次的原因。

中美关系变化深层次的原因则在于，在美方的观念中，中国的发展方向不太符合美方的期待，美方认为中国在贸易自由化方面、经济市场化方面、政治开放化（"民主化"）方面，没有达到美方的希望。美方对此有不满。（补充：中方经济实力的日益增强，则加剧了美方对中方的疑惧心理。）

中方在某些方面，主要是经贸方面，做出了一些让步，但在另一些方面，主要是政治方面，则拒绝做出妥协。这是深层次的原因。这个深层次的原因非常重要，因为这涉及到中国未来的发展走向问题。

至于川普本人，我认为他在中美关系变化中的影响是非常重要的。首先，川普总统的认知与众不同。他对中美贸易不平衡、美国制造业工作岗位流失的原因的认知，与中方很不一样；对这两个问题的容忍度非常低，与美国以前很多总统也很不一样。这是他的认知方面——我在此只指出他的认知的与众不同，不评价其好坏。

第二个方面，川普的个人风格与众不同。大家知道，他是一个特立独行的人。他在中美双边关系中，追求"看得见、摸得着"的立竿见影的结果，作风非常强悍，这与美国以前的总统也不一样。

我认为，这两个方面，对近年来中美关系的急剧恶化是有直接影响的。当然，这只是浅层次的影响，更深层次的原因则是我前面讲到的。

3. 大选结束后中美双方启动第二阶段经贸谈判的可能前景与议题

美联社：2019年年底中美达成了第一阶段经贸协议，当时大家对中美关系充满乐观。但今年疫情来临后，双方摩擦全面加剧，经贸议题从双方主要议题退居次要地位。您认为，总统大选之后，双方是否会启动第二阶段经贸谈判？

余智：至于中美双方是否会启动第二阶段经贸谈判，我个人不做主观判断。但我作为一个学者，认为双方应该坐下来谈判。原因在于：中美作为世界第一、第二大经济体，双边经贸关系非常密切、重要，启动第二阶段谈判对双方经贸关系发展是有利的。

中美第一阶段经贸协定只就一些浅层次的问题达成了协议，包括中国降低贸易壁垒、加强知识产权保护、稳定人民币汇率（补充：不搞竞争性贬值），但对一些深层次的问题还没有谈妥：一是中国的产业政策与补贴问题；二是中国的国有企业问题。这两个问题是联系在一起的，因为在美方看来，中国产业政策的补贴主要是提供给国有企业的，他们认为这对美国企业造成了不公平竞争。这两个问题都是第一阶段谈判中美方重点关注的，但中方很难做出妥协，没有达成协议。我认为，如果双方启动第二阶段谈判，双方会就这两个问题展开磋商。

应该看到，双方在这两个问题上的谈判难度是相当大的，因为中国将产业政策视为中国赶超发达国家的一个重要手段，而国有企业则被视为中国执政党的执政基础之一，所以中方很难做出大的让步。

但是，这两个问题存在现成的国际规范：一是在产业补贴方面，世界贸易组织有《补贴与反补贴协议》（补充：中美双方都是签字国）；二是在国有企业方面，西方国家长期有"国有企业竞争中性"规范，而中国中央政府在 2018 年的年底通过中央银行行长易纲表态接受了这一原则。既然如此，我认为，双方在这两个经贸问题上是可以谈、并且能够达成一定的共识的。

美联社：问题是，双方的领导人是否有政治意愿来达成这种妥协或协议？

余智：坦率地说，我认为，我们中方是有这个意愿的。迄今为止，我们中方都是将美国当作最重要的经贸伙伴的，我相信我们中国政府与中国领导人，也是意识到了中美关系对中国经济发展的重要性的。所以，我认为，中方在主观上是愿意与美方保持一个良好的经贸关系的，不希望贸易战持续下去——第一阶段的中美经贸协定，并没有将双方的贸易战完全停止，只是将其限制在了目前的范围与强度；很多人都认为中美贸易战已经停止了，但实际上没有。中方希望贸易战完全停止，将目前双方加征的关税完全取消，双方可以继续合作。因此，我认为，中方是有动机启动第二阶段经贸谈判的。

但是，我个人判断，美方的意愿相对来说要弱一点。这是因为，美方的认知与我们不一样。美方有一些人认为，美国与中国的长期经贸往来中，中国的贸易体制、经济体制不是完全市场化、自由化的，与中国打交道对他们造成了损害，甚至认为中国借双边经贸关系，壮大了自己、削弱了美国力量。（补充：这些人想与中国脱钩）所以，我认为美国的主观意愿相对来说要弱一些。但美方是否就完全没有这种意愿、非得要与中方完全脱钩不可呢？我知道有这个说法，但我也不能完全判定，我相信不同的政治家对此会有不同的判断。我只是把中美双方的主观意愿做一个客观对比。

4、美国大选结果对中美关系的总体影响

美联社：您认为川普或拜登当选会给中美关系带来什么样的影响？或者更直接地说，会对中国产生什么样的影响？

余智：我认为从大的方面说，无论是川普继续当选，还是拜登当选，都不会对中美关系带来实质性的影响——因为川普第一任期内对中美关系的一个重要影响是，推动美国两党形成了对华强硬的共识。美国民主党反复、多次说过，他们在很多议题上的看法与川普几乎是完全对立的，但在对华关系的看法上是支持川普的。由此可以看出，美国两党在对华强硬上，总体上是一致的。特别是，我前面提到，无论是共和党还是民主党，都希望中国在贸易的自由化、经济的市场化、政治的开放化或者说"民主化"方面有更大的步伐。中国在贸易自由化、经济市场化方面与美方有不同观点，这些方面还可以谈判；但在政治方面，中方已经坚决、明确表示拒绝做出妥协，并认为美方的期待本来就是不合理的，不应指望中国发生他们希望的政治体制变化。这样一来，双方的深层矛盾是难以得到根本解决的。无论是川普还是拜登上台都难以改变这一点。

但是，不同领导人对具体问题的具体认识可能不同，每个领导人的行事风格也不一样。所以，在中美关系中的一些细节性问题方面，在双方互动的顺利性方面，不同领导人上台还是会有不同影响的。但我认为这一影响只是细节式影响，不是战略性影响。

5、中美关系如果继续恶化对中国普通民众的影响及中国"内循环"问题

美联社：中美关系已经对很多中国普通民众特别是中产阶级的工作、生活甚至生计产生了影响。如果中美关系继续恶化，将会对他们产生什么样的影响？

余智：首先，如果中美关系继续保持不好的势头，与美国有直接往来的中国民众与企业会受到直接影响，譬如中国赴美留学的学生与家庭、与美国有贸易与投资往来的企业等。如果双方关系进一步恶化，对他们的冲击会更大。

其次，对于与美国没有直接往来的中国民众与企业，如果中美关系持续恶化，也会对他们有间接的影响。这是因为，长期以来中国经济的内循环与外循环是交错的，外循环也会影响内循环。

中国现在已经提出了"以国内循环为主"的战略方针。坦率而言，这一方针对中国这样的大国经济而言，是没错的，是符合国际经贸规律的。如果中国真正将内需扩展起来了，是可以提高对外部环境恶化的冲击的抵御能力的。但内需的扩展，有很多前提条件，譬如政府需要将民众的各种社会保障做好，如养老、失业、医疗保险等，帮助老百姓解决后顾之忧，让他们可以放心花钱，这样才能将内需扩展起来。内需扩展后，抵抗外部冲击的能力是可以提高的。

当然，如果没有外循环的有力配合，民众的生活水平肯定还是会受到影响。中国改革开放以来民众生活水平的提高、生活质量的改善，与我们引进、消化、吸收国外先进技术与设备、并以此带动自己的技术发展是密切相关的。如果我们的对外关系恶化，即使普通民众的基本生活不受太大影响，我们的生活质量的提高也是会受到影响的。

6、中国民众对川普个人的认识分化

美联社：您认为谁会当选？根据我的观察，很多中国人特别不喜欢、甚至讨厌川普，因为他给中美关系带来了很多负面冲击。很多中

国人寄希望于拜登与民主党上台，来改变这种情况。您怎么看？

余智：对于前一个问题，很抱歉我没有好的答案，因为我对此没有深入研究，而且我从美国、中国得到的很多信息都是互相矛盾的。很多人认为川普会继续当选，另一些人认为拜登会当选。对此我没有很详细的研究，不好回答。但我想指出，应该将两个不同问题区分开：一个问题是你希望谁当选，另一个问题是你觉得谁会当选。前一个问题是你自己的喜好，第二个问题实际上大众喜好的一个平均，这两个问题应该区分开。在我看来，美方与中方很多民众，往往将这两个问题混淆，总是认为自己喜欢的候选人会当选。我认为这是一个典型的"观察者认识偏差"问题，也是我们经济学中面临的一个问题。

对于后一个问题，我想指出一点，中国有很多民众不喜欢川普，但也有很多人喜欢他，从网络民意中可以看出这一点。这就如同美方一样，有很多人反对他，也有很多人支持他。无论是喜欢、支持还是不喜欢、反对他的人，都有两个方面的出发点。一个出发点是对川普的国内施政有不同看法。中国人也很关心川普的国内施政，有支持的，有反对的——支持他的人很多是支持他反对美国的"政治正确"，反对的人则恰恰认为"政治正确"是正确的。另外一个出发点是对川普对中美关系的影响有不同看法。很多中国人认为，川普对中美关系造成了不利影响，因此不喜欢他。但也有一些中国人认为，美国对中国的部分期待，也是中国改革开放的方向，他们甚至将川普视为中国改革开放的"总倒逼师"——这是一个形象的说法。这是中国内部有自由派倾向的部分知识分子与普通民众的看法。至于这两部分人谁多谁少，我没有具体数字。但坦率地说，这两部分人都有。

（补充：至于一些中国人指望拜登上台后改善中美关系，我在前面已经提到，对此的期望值不能太高，因为美国两党对华强硬共识已经形成，即使拜登上台也不会从根本上改变这一点。）

7、川普如果再次当选对美国与中国相对国际地位的影响

美联社：还有一部分中国人认为，川普如果再次当选，会摧毁现在美国体制中的精英阶层，就像中国的"卧底"一样，造成美国的分

裂甚至崩溃，为世界带来新的秩序，这种新秩序下中国会是最大的受惠者。您如何看待这种观点？

余智：我理解这种观点，也听说了一些，也能想象出来。我对此有两点看法。第一，认为川普的当选会导致美国分裂甚至崩溃的观点，不仅部分中国人有，部分美国人也有。但我对这个问题始终有不同看法。我认为，在美国的选举体制下，应该说它的每次选举都是分裂的。你看美国以前的总统选举，譬如小布什与克林顿的副手戈尔竞选的时候，川普上次与希拉里竞选的时候，以及其它每次选举的时候，美国民众都是分裂的甚至高度分裂的。民众的民意永远是分裂的。但民主体制的特点就在于，大家都认同选举机制、选举结果，由当选领导人去制定国家的方针政策，当然也要受到反对党的制约。川普若再次当选，这种分裂的表象也不会从根本上改变美国的政治体制。如果认为甚至期待川普的当选所带来的美国的分裂表象会导致美国的崩溃，我认为这种想法是不切实际的。

第二，如果认为中国就可以借此机会做世界的老大、取代美国的地位，或者至少是相对于美国的领导地位上升，我觉得这种想法是不准确的，主要原因如上所述——川普的当选不会从根本上改变美国的体制与其在世界上的地位。另外，我认为，中国更应该思考的是：如果将来中国在世界上的地位相对美国上升——我相信中国作为世界第二大经济体，人口基数又大，只要发展得当，将来这一点是可能发生的——我们应该以什么样的方式更好地融入世界，让世界更好地接受我们，而不是指望美国的领导地位下降，我们去取代它。我觉得这是我们中国更应该思考的问题。我反对民粹主义倾向。

（首发于《中美印象网》，2020/11/6）

美国过去的对华接触战略失败了吗？

余 智

此次美国大选中，很多华人自由派挺川（川普，川普）人士之所以积极甚至狂热支持川普连任，重要原因是他们特别支持川普的对华强硬政策。他们认为：正如美国部分战略界精英与川普政府的数次官方文件以及高级官员所言，美国自1970年代尼克松访华以来的对华接触战略已经失败，中国并没有沿着美国期待的方向发展，实现经济市场化与政治民主化。

他们进一步认为：中国巧妙利用了美国对华接触战略，通过对美开放增强了自身实力，近年来更是对内趋向左转，对外扩张影响力，反过来威胁与挑战美国领导地位与西方体制优势，这是美国对华接触战略"绥靖"的结果；而川普及时扭转了这一战略，重新对中国进行遏制与围堵，只有这样才能遏制中国的对内转向与对外扩张势头。

笔者认为：川普执政之前美国两党都曾执行的对华接触战略，无论是在经济、政治还是文化与意识形态领域都取得了显著成效，不能视为失败；中国前些年的内政外交转变主要是内部因素作用的结果，不能归因于美国对华接触战略的所谓"绥靖"。

（一）美国对华接触战略是美国两党的共同战略

美国对华接触战略始于1970年代初期的共和党总统尼克松访华，其大背景则是中国与前苏联这两个社会主义国家的交恶。当时美国对华接触战略的根本目标是拉拢中国、对抗前苏联，进一步分化社会主义阵营，因此可视为"拉拢与分化"战略。这与中国当时对抗前苏联的目标完全吻合，但中国当时还是要坚持传统苏联式社会主义制度。这一阶段两国之间是一种互相利用的关系，美方有意识形态考虑（削弱社会主义阵营），但中方没有。

304

1979 年民主党总统卡特执政时期，正式与中国大陆建立外交关系。此时，中国在邓小平主导下开始实行改革开放战略。对内改革的核心内容是经济市场化与政治民主化，尽管经济市场化的最终目标直到 1992 年邓小平南巡后才正式确立，而政治民主化的目标则几经变化、现在尚未最终确立。对外开放的重心则是对以美国为首的西方国家的开放。

在这一阶段，中国领导层有向西方国家借鉴（当然不是照搬）经济市场体制与政治分权体制的意愿，而美国则有借机引导中国实现经济市场化与政治民主化的意图。因此，此时美国的对华接触战略可视为"融合与同化"战略。中美双方都有意识形态考虑，且有相互重合的成分（当然不是完全重合）。美国的这一战略尽管经历过 1989 年中国政治风波等事件的影响，但从总体上看一直持续了近 40 年，直到最近几年川普实现对华战略的大转变。

应该说明的是，美国对华接触战略始于共和党的尼克松与民主党的卡特，中间还经历了共和党的里根、老布什与小布什，民主党的克林顿与奥巴马。因此，美国对华接触战略是美国两党的共同战略。部分自由派挺川派人士批评美国对华接触战略是对华"绥靖"，并将这一战略怪罪到民主党头上。姑且不谈这种批评本身是否合理，将这一战略单方面算到民主党的头上，就是完全不符合实际的。

而且，在美国对华接触战略的后期，也就是民主党的奥巴马当政时期，美国对于这一战略已经进行了微调。这主要是由于中国经济与军事实力的日益强大，而在经济与政治体制方面并没有过渡到美方希望的状态，因而对中国有了警惕之心。基于此，奥巴马政府提出了"重返亚太"的"亚太再平衡"战略，本质是联合亚太地区的其它国家，平衡中国的战略影响，对中国进行约束。经贸方面的 TPP 即"环太平洋伙伴关系计划"可以说是这一战略的重要组成部分。但奉行单边主义的川普上台后，美国立即退出了这一计划。

（二）美国对华接触战略的成效

美国近半个世纪的对华接触战略，是否已经失败了呢？无论从经济、政治、还是从文化与意识形态领域来讲，答案显然都是否定的。

从经济领域看，美国对华接触战略不仅促进了中国的经济增长与繁荣，也有力地促进了中国经济体制的市场化与开放化。1980-1990年代，中国在对美国与西方扩大开放的过程中，逐步从"计划经济"过渡到"有计划的商品经济"，再进一步过渡到"市场经济"。2001年美国协助中国加入世贸组织之后，为了履行相关协议，中国经济的市场化进一步加强，市场在资源配置中的作用越来越强。

在西方看来，中国现在的市场化程度与它们的期待还有较大差距，近年来可能在某些方面还有逆转趋势。美欧日三方迄今都未正式承认中国的市场经济地位，在过去两年也曾连续八次发表针对中国经济"非市场化导向"问题的联合声明（热别是集中在产业补贴与国有企业问题上）。但从总体上看，改革开放以来中国经济的市场化程度有了很大提高，现存问题也可通过中外进一步协商谈判、逐渐加以解决。不能说接触政策已经失败了。

从政治领域看，美国对华接触战略促进了中国政治民主化程度与政府治理水平的提高。1980年代，在与美国的良好互动过程中，中国政治体制改革曾有重要进展，摆脱个人崇拜与个人集权，从领导职务终身制过渡到任期制，推动党政分开与政企分开，并开始探索进一步深入进行政治体制改革的路径。

经历了1989年的政治风波之后，政治体制改革的步伐的确明显放缓，方向也有了调整，在1990年代后重点转向了行政体制改革，但仍然有一些进展，例如：试行村级管理人员的民主直选，推行党内高层与政府官员的内部民主推选，拓展民众与媒体对官员的监督与问责，等等。当然，这些在西方世界看来，也许都是微不足道的改革，但其方向是正确的。

从文化与意识形态领域看，美国对华接触战略大大推动了中美之间的人文交流，促进了中国社会思想观念的多元化。大量中国留学生赴美学习，无论是在自然科学还是在社会科学领域，无论是留美还是归国，都推动了国内民众的思想观念多元化；大量中国官员、企业家、学者赴美参观访问或交流培训，也促进了国内政界、商界、学界的思想观念多元化；两国民众的双向旅游，两国新闻记者的相互报道，美国非政府组织在中国公共领域的广泛参与，也都带动了中国民间思想观念的多元化。

现在的中国，社会思潮非常多元。任何一个公共事件，都可能引发舆论界的不同声音。中国社会从上到下，也存在着大量的对美国抱有友好态度的人士。即使在最近几年中美交恶的过程中，官方与民间都有很多支持中美友好交流、主张中国继续向美国学习的人士积极发声，有力反制了部分狭隘民族主义情绪。这些都是美国接触政策的正面结果。

当然也应该看到，以上所说的中国经济市场化、政治民主化、社会思潮多元化，不仅有美国对华接触政策的功劳，更是中国自身主动改革开放的结果。这两方面是互相促进、相辅相成的，很难、也没必要仔细区分两者作用的主次与大小。但显而易见的是，美国对华接触战略根本没有失败，而是取得了显著成果。不能由于中国目前在各方面没有完全达到美方的所有期待，就否定甚至全盘否定美国对华接触战略。川普政府相关报告文件、内阁高官以及中国部分挺川人士对于美国对华接触战略的全面否定，是非常偏颇的。

（三）中国内政外交变化不能归因于美国对华接触政策的所谓"绥靖"

毋庸讳言，中国前些年的内政外交发生了众所周知的一些重要变化。

一方面，在内政上向传统社会主义模式有所回归。在经济方面，强调国企"做大做强"而非"抓大放小"，加强某些传统集体经济形式如供销社的地位，强调国有经济对民营经济的引领作用，节制民营资本坐大的影响，更多地依靠政府产业政策指导产业发展，等等。

在政治方面，重新强调权力的集中统一（"四个意识"），并进行了相应的法律与制度调整，强化执政党对社会各方面（"东西南北中"）的全方位领导。在意识形态方面，强化传统革命意识形态教育（"不忘初心"）以及对现行体制与道路的认同教育（"四个自信"），并将其重点贯彻到教育与思想领域，强调防范西方思想的渗透与冲击。

另一方面，在外交上，从"韬光养晦"的"隐忍外交"转向"有所作为"（甚至"大有作为"）的"大国外交"。通过"一带一路"、亚投行、金砖五国、G20 等宏大项目或国际组织，扩展对外投资与经贸合作，对外投射国家硬实力的影响力；并积极对外宣传"中国模式、中国智能、中国道路、中国方案"，推动中国文化的海外传播，对外投射国家软实力的影响力。

上述重要变化，的确是 1980 年代中国改革开放以来少有的重大改变，超出西方的预估，也很显然违背它们的期待。因此，美国战略界有相当一部分人，包括川普政府的一些高官，认为美国的对华接触战略失败了，甚至认为正是这一战略对中国的"绥靖"，增强了中国实力，刺激了中国的"雄心"与"野心"，以致于现在要反噬美国与西方的领导地位与意识形态。

中国前些年的内政外交转变，不能说没有美国对华接触政策促进中国实力提升的影响。然而，应该看到，中国实力的提升并不必然导致中国内政外交的转变。中国前些年内政外交的转变，更多的是中国内部因素作用而非外部因素影响的结果。这些内部因素的作用，既有必然性的一面，也有偶然性的一面，但都不能归因于美国对华接触战略的所谓"绥靖"。

首先谈必然性的一面。从内政变化看：经济市场化与政治民主化的过程是"双刃剑"，既在一定程度上有利于提高公权力掌握者的执政合法性基础与声望，也会直接冲击他们的社会掌控力；因此，公权力内部出现一定的反弹，并通过一定的组织与政策形式表现出来，这是任何改革过程中都会出现的，是可以预期的。但这种反弹与美国对华接触战略没有直接关联，也不是这一战略所支持或"绥靖"的。

从外交变化看：中国对外影响力的提高，几乎是所有国家实力增强后的必然结果，无论主动还是被动；这一点，是美国对华接触战略的设计者们一开始就应该设想到的，也不能称为"绥靖"，否则美国就不用执行任何可能导致中国强大的接触政策了。但实际上，正如美国历届政府包括川普政府所声明的，美国是支持中国的强大的，只要其符合经济市场化与政治民主化的方向，美方只是反对不符合这一方向的中国崛起。

其次谈偶然性的一面。中国内政的方向，在很大程度上决定了其在外交上投射国际影响力的内容与方向：是更多地宣传或推广与欧美社会相一致的价值观与体制，还是自身的特色成分。而中国内政与外交的方向，都带有中国现行执政核心领导层的鲜明色彩，包括他们的出身背景、成长环境、所受教育、个人理念与执政风格。

众所周知，中国每一届执政核心领导层的产生，都是中国现行特色政治体制运行的结果，带有一定的偶然性。更重要的是，这一过程与外部因素特别是美国的对华接触战略没有直接关联，甚至是美国难以准确预测的，更不能说是其战略的"绥靖"结果。

总之，中国前些年的内政外交转变主要是内部各种因素作用的结果，有其必然性与偶然性色彩，但与美国对华接触战略没有直接关联，更不能归因于这一战略的所谓"绥靖"。

那么，川普上台后彻底改变美国的对华接触战略，开始对中国进行全面遏制与围堵，其效果又如何呢？笔者将另文分析。

需要说明的是：本文只是从事实上客观分析美国过去的对华接触战略是否、在多大程度上达到了其战略目标，而无意对这一战略目标自身进行价值评判；同样地，本文对于中国前些年内政外交转变的分析，也只是为了说明它与美国对华接触战略没有直接关联，而无意对这一转变自身进行价值评判。

（首发于《FT 中文网》，2021/2/4）

如何看待所谓的中美"勾兑"问题？

余　智

此次美国总统大选中，很多华人自由派挺川普人士经常指责美国民主党高层长期与中国执政当局暗中"勾兑"，为了个人或家族私利而不惜"出卖"美国的国家利益，危害美国与西方世界的安全。

笔者认为：关于美国民主党与中国"勾兑"的指控带有强烈"阴谋论"色彩；其中双方公开或秘密管道的合法沟通，两党都有，属于国际上的外交惯例与维护本国利益，无可厚非；而关于美国部分政治人物或其亲属与中方进行非法交易、危害美国国家利益的传言，在有确凿的司法起诉与判决之前，不应采信；中美双方的相互"渗透"不必否定，但有关非法指控还是应尊重司法系统裁决。

首先看双方公开或秘密管道的合法沟通。

这样的沟通，无论是民主党还是共和党，无论它们当政还是在野时，都是存在的，不独民主党及其政治人物而已。其中通过秘密渠道进行的部分，有部分外交工作的策略考虑；而在野党成员参与时，要么是基于其与中国的特殊历史联系，要么是基于在野党在美国国会也拥有强大力量，也可视为"民间外交"的一部分。这样的沟通本属于国际上的外交惯例，属于维护而非"出卖"本国的国家利益，无可厚非。

这样的例子历史上很多。譬如，民主党的克林顿当政时，中美关系经历过 1999 年中国驻南联盟大使馆被美军"误炸"事件，当时双方曾通过公开与私下管道进行沟通，促成了事件解决。再如，打开中美关系大门的共和党尼克松政府，首先是派基辛格秘密访华进行准备。而尼克松与基辛格卸任后，都曾多次访问中国，为中美双边关系出力。其中基辛格的角色与影响一直持续到川普政府，甚至跨越两党政府。按照挺川派的说法，这些其实都是"勾兑"。

310

其次谈谈关于美国部分政治人物或其亲属与中方进行非法交易、危害美国国家利益的指控。

这对政治人物而言，实际上就是"腐败"甚至"叛国"指控。美国对此有严格的法律规定与惩罚。美国是一个两党制国家，两党之间互相盯着对方，如果一方重要人物有这样的腐败或叛国嫌疑，一定会被对方牢牢抓住不放，并诉诸严肃的法律制裁。但美国同时也是一个司法独立的国家，如此严重的腐败与叛国指控，在有确凿的证据、司法起诉与判决之前，公众不应该轻易采信。

例如，挺川派声称，拜登之子与中国存在非法交易。对这一传言，至少应该分清四个层级的问题：第一，这样的交易是否确实存在、是否非法；第二，拜登之子的行为与拜登本人是否有直接关联；第三，中方参与人背后是否有公权力部门的背景；第四，相关交易是否影响了美国对华政策、损害了美国国家利益。

如果以上任何一个环节的答案是否定的，有关拜登本人腐败甚至叛国的指控都是难以成立的。然而迄今为止，以上任一环节都没有被川普政府掌控的司法部门起诉，更不用说审判与认定了。因此，至少从目前来看，这一传言是没有被坐实的。

同时，部分挺川派还指责克林顿、希拉里、奥巴马等民主党前领导人与中方存在非法交易。甚至，参议院共和党领袖麦康奈尔在美国国会选举人团确认拜登当选、向拜登表达祝贺后，也被部分挺川人士认为是由于其华裔妻子赵小兰家族与中国存在不当交易。

这些指责，没有任何证据支撑，更没有被司法机构调查或起诉，却被挺川派传得神乎其神，完全是"阴谋论"的套路。而因在川普"通俄门"事件中撒谎而被起诉与定罪（最近被特赦）的弗林将军，则被挺川派视为"被陷害"的英雄。这些挺川派的标准，的确令人惊诧。

另外指出两点：第一，美国外交政策方针的决定过程中，有影响力的不仅仅是美国总统与国务院，还包括其它有关部门与美国国会；其它国家要想通过贿赂等非法方法影响美国外交政策，其运作成本、被发现的概率、被发现后受惩罚的力度都是很高的。

第二，部分政治人物或亲属，如果在该政治人物在野时与外国存在利益瓜葛，在其当政后也会特别小心谨慎。川普本人在未当政时，与中国也有商业方面的业务往来，但在当政后就与其商业业务切割了。美国在这方面有严格法律规范，又有两党互相监督，局外人士真的不必为其操心太多。

再看不久前一个关于中美"勾兑"的特大传言。

前不久一位中国著名学者在一次公开演讲中声称，中国在美国高层"有人"（有关系），可以在关键时刻帮上忙。这一说法引起全球舆论轩然大波，更被华人挺川派、美国右翼挺川媒体、甚至川普本人用来大做文章，支持他们关于民主党高层与中国"勾兑"的指控。

但如果仔细看下他所举出的例证，只不过是美方在一次公开活动的场地安排上提供的区区"小方便"而已，也没有说明是民主党人士所为，完全可以归结为上面的第一类即双方的公开渠道合法沟通，甚至算成"勾兑"都有点儿过分，更不涉及非法腐败行为，有何值得大惊小怪的？

除此之外的所谓"证据"，该学者都故作神秘地宣称"你懂的"而不肯说明。实话实说，就算双方真有什么不法"勾兑"，也不是他这个层级的学者所能掌握的。笔者认为，他的说法只不过是一位哗众取宠者为了抬高自己身份的故弄玄虚而已，完全不足为信。

最后谈谈双方的相互"渗透"问题。

以上这些，是否说明中方或美方完全没有通过各种途径对另一方进行各种"渗透"、影响对方外交政策的动机或行为呢？当然不是。实际上，在国际关系中，特别是在意识形态比较对立的两个国家之间，这种相互"渗透"与影响是很常见的，甚至双方都是心照不宣的。这里面，既有符合对方法律的公开行动，也有不符合对方法律的隐蔽战线斗争，不必否定。

对于后者，双方都会认真防范。但如果涉及到"非法"指控，还是得回到前面所说的，有一分证据说一分话，尊重司法系统裁决，而不能从"阴谋论"角度自然采信某种说辞。即使是怀疑与指控，也不能随意全部针对自己不喜欢的那一派政治势力。1950 年代美国麦卡锡主义造成的"人人自危"，是历史丑闻，在美国主流社会也是被否定的。这一历史教训应该被汲取。

（首发于《FT 中文网》，2021/2/22）

如何全面评判川普的对华遏制战略?

余 智

很多华人自由派挺川(川普,特朗普)人士在此次美国大选中狂热支持川普,是因为他们特别支持川普过去几年的对华强硬政策。他们认为:美国 1970 年代以来的对华接触战略已经完全失败,中国不仅没有实现美国所期待的经济市场化与政治"民主化",反而利用美国这一战略壮大了自身力量,反过来威胁美国领导地位与意识形态;川普及时扭转了美国对华接触战略,重新对中国进行遏制与极限施压,有力阻止了中国前些年的对内政策转向与对外扩张趋势。

笔者曾在《美国过去的对华接触战略失败了吗?》一文中论证了如下两个核心观点:美国以前两党都执行的对华接触战略,无论是在经济、政治还是文化与意识形态领域都取得了显着成效,不能视为失败;中国前些年的内政外交转变主要是内部因素造成的,不能归因于对华接触战略的所谓"绥靖"。

本文将进一步论证如下核心观点:部分华人自由派挺川人士对川普对华遏制战略的偏好,过于简单化了;应该全面评判这一战略的产生背景、多重影响、历史延续性及其与中国发展进步的关系。具体而言:

第一,川普的对华战略转向,在经贸方面具有主动性,但在政治方面具有被动性。这与其"美国优先"的"孤立主义"理念有关。华人自由派挺川人士对他的过高政治期望可能是"所托非人"。

第二,川普的对华遏制战略,存在方向不同的多重影响:既在较大程度上遏制了中国国际影响力的扩展、在某些方面"倒逼"了中国的经济改革与开放,也在某些方面导致了中国经济的"自力更生"与"内循环"、在一定程度上导致了中国对内管控的强化、在较大程度上刺激了中美两国的民族敌对情绪。这一战略对中国发展进步的总体影响是正是负，很难准确评估。而它对中国经济与社会的负面影响，则主要是由普通民众而非既得利益阶层承担的。

第三，川普的对华遏制战略，在今后一段时间内，从总体上看会被拜登政府延续，但部分策略可能会有所改变：两国政治对抗会延续、经贸对抗会缓和，实质对抗会延续、口头对抗会缓和，双边对抗会延续、多边对抗会增强。

第四，中国这样的大国的发展进步，应该主要依靠本国民众的自身努力，而不能过分寄希望于外部压力与帮助，特别是某个国家、政党或政治人物，尤其是那些缺乏"普世主义"理念的外国政党与政治人物。

（一）川普对华战略转变的主动性与被动性

川普的对华战略转变的主动性，主要体现在经贸方面。中美之间的贸易不平衡与摩擦由来已久，已经持续了 30 来年。但川普以前的各届政府，总能与中国达成某种妥协。川普政府与此前几届美国政府的最大不同，是对于对华贸易赤字的极低容忍度。

川普在其任期开始之前的竞选中，就威胁要对中国的"不公平贸易"采取严厉行动。上任之后则积极"兑现诺言"，对中方采取了极限施压策略，并最终与中方开展了前所未有的贸易战。在这方面，川普政府完全是采取主动进攻态势的。这与两个因素有关：

一方面，川普的主要支持者是美国中西部地区的中低收入者，他们受中美经贸关系的负面影响最大：一是他们受雇的企业受中国廉价出口的严重冲击，二是他们所在的相关制造行业的资本大量向中国转移，导致工作岗位流失。

另一方面，川普个人对贸易逆差问题的认知比较粗浅，认为贸易逆差就是"亏本"买卖，而没有意识到它会给国内消费者带来巨大利益，这种利益甚至可能超过其生产商的损失，只是其国内不同利益群体的再分配而已。

当然，川普最终对于美国对华贸易逆差采取强硬措施，也是国内不同利益集团博弈的结果：从中国廉价出口中受损的单个美国制造业企业及其员工所遭受的损失，远超从中国廉价出口中受益的单个美国消费者的获益，因此前者比后者有更强的动机游说政府，对华采取强硬政策。

在双方的经贸摩擦中，美方始终是主动性的、进攻性的，直到2019年年底双方达成第一阶段协定。但协议涵盖的主要内容还是浅层次的（包括中方扩大服务业对外开放、加强知识产权保护、承诺不进行人民币的竞争性贬值），深层次的问题（产业补贴、国有企业问题）不包括在内，有待今后的谈判解决。

川普对华战略转变的被动性，主要体现在政治方面。中国改革开放以来，战略走向一直是向美方靠拢，而美方是支持这种靠拢的。这种情况在川普上台执政之前的几年中发生了一些变化：一是中国在内政方面向传统社会主义模式与意识形态有所回归；二是中国在外交方面从"韬光养晦"向"大国外交"转型，并对外大力宣传中国的特色体制优势。这引起了美国战略界的高度重视。部分战略界人士发表文章，指责中国没有发生美方期待的改变。而川普任期第一年即2017年年底公布的美国国防战略报告中，则将中国列为头号战略竞争对手。

2018年上半年，中国内政发生众所周知的重大改变，国际社会与美国都高度重视。在随后启动的中美贸易战中，美方将首轮打击重点对准了中国的高科技产业（"中国制造2025"）与战略企业（如中兴、华为），通过贸易战打压中国崛起的政治战略意图非常明显。贸易战的这种政治战略意图一直延续至今。在当年年底，美国副总统彭斯在哈德逊研究所发表演讲，重点批评中国的战略发展走向，提出希望中国"重回"邓小平的改革开放道路。

2019年香港发生了震惊全球的"反修例"事件，中美双方的政治对抗也因此加剧。2020年初，在中国首先爆发的新冠疫情扩展到美国并迅速蔓延之后，川普政府对中国的抨击迅速升温，双方为此龃龉不断，从互相口头攻击发展到互相驱逐新闻记者、关闭对方领事馆，并在南海与台湾海峡频频发生对峙，双方关系急转直下。同时，川普政府高官纷纷直接出面，强烈抨击中国执政党与基本制度，将两国关系推向了激烈对抗。

综观川普任内中美两国的政治对抗过程，可以看出：川普政府对美国对华政治战略的改变，带有较强的被动色彩，多为因应中国内政外交的变化，相当于"对手变，我亦变"。如果担任美国上届总统的不是川普，而是希拉里，美国政府的对华战略转变也是大概率事件，尽管其转变方式可能没有川普激烈。从某种意义上说，川普只是"因缘际会"，充当了这一被动转变的操盘手。

当然，川普任期最后一年即 2020 年疫情之后的对华政治攻击，既有被动性，也有主动性。但这明显带有由于疫情控制不力而"甩锅"中国、为竞选连任造势的策略考虑。这是对川普寄予政治厚望的华人自由派应该注意的。

同时还应该看到：中国各界对川普是否具有强烈政治价值观一直存在较大争议。川普本人在中美关系方面，对经济问题的强硬表态很多，但在政治方面的强硬表态不多。政治方面的强硬表态，往往是其他美国高官所发表的（当然，对于这些表态是否是川普本人授意的，社会上存有争议）。而且，川普在香港问题上的表态（尊重中国的处理方式）与美国政府其他高官乃至国会的表态基调都非常不同。这也是对川普寄予政治厚望的华人自由派应该注意的。

此外更应看到：川普最重要的政治理念是"美国优先"，在外交上奉行的指导思想是"孤立主义"而非"普世主义"。这既可以解释他与西方盟国在经济贸易利益、军事成本分摊等问题上斤斤计较的作风，也可以解释他在对华问题上为何一开始"经硬政软"、甚至对香港问题表态"软弱"，只是在最后疫情影响其连任、不得不找外部因素作为甩锅对象时，才开始在对华政治表态上异常强硬。这都说明了川普在对华政治战略上的投机性。华人自由派挺川人士对川普寄予过高的政治厚望，的确有"所托非人"的嫌疑。

（二）川普对华遏制战略的多维度与多方向影响

笔者认为，热朗普的对华极限施压，至少存在以下五个方面、方向各不相同的影响。本文侧重客观描述这些影响，而不是对它们进行价值评判。从不同利益主体的角度来看，对同一影响的价值评判可能很不相同甚至完全相反。

第一，在较大程度上遏制了中国国际影响力的扩展。

在川普实现对华战略转变之前，中国积极对外投射国际影响力：一方面通过"一带一路"、亚投行、金砖五国、G20 等宏大项目与组织平台，对外投射经贸与政治硬实力；另一方面通过宣传"中国模式、中国智能、中国道路、中国方案"，对外投射体制与文化软实力。

但在川普对华实行战略转变、重新遏制与极限施压之后，中国上述两方面的国际影响力扩展都受到了很大打压，开始从战略"扩张"转向战略"收缩"。

首先，从经贸与政治硬实力的国际影响力看。对外投资受到严重影响。其中，面对发达国家的、以获取国外高新技术为目标的海外投资受到西方联合"狙击"，面对发展中国家、以获取资源与战略位置为目标的海外投资受到部分国家的警惕乃至拒绝，而普通海外投资则不得不更加慎重考虑国际通行投资规则（如反腐败）。以华为为代表的战略企业的海外市场扩张受到严重影响，甚至由于关键部件与技术受到西方的"卡脖子"而面临国内发展困境。部分在美上市的战略企业受到美方调查甚至摘牌处理，国际融资受到重创。美国联合西方国家对中国实施的强力"狙击"，也让中国的对外政治影响力受到负面重大冲击。

其次，从体制与文化软实力的国际影响力看。由于受到美国为首的西方国家的正面强硬"狙击"，中国不再宣传 G2（两国集团，即中国与美国）、"中美国"等与美国平起平坐、共治世界的提法，转而强调无意挑战美国的世界领导地位。中国也弱化了"中国模式、中国智能、中国道路、中国方案"的对外宣传，转而强调不对外输出发展模式，尊重各国自主选择发展模式与道路。中国的海外文化拓展重要项目"孔子学院"在美国与其它西方国家被迫缩减甚至停止运营。

第二，在某些方面"倒逼"了中国的经济改革与开放。

这主要是中美贸易战带来的结果。

首先看内部改革方面。美国强烈反对中国依靠政府主导发展战略产业的产业政策，特别是重点针对国有企业的大量产业补贴，指责

317

这些对国际市场上的西方国家企业造成了"不公平竞争",并联合欧盟与日本连续八次发表针对中国经济"非市场导向"的联合声明。基于这一外部压力,中国降低了以"中国制造 2025"为代表的产业政策的宣传调门,降低或取消了部分行业的产业补贴,并对外公开承诺对国有企业实行"竞争中性原则"。这些本质上就是更加依靠市场机制、遵循国际通行规则来发展经济,对维护与加深中国经济的市场化是有帮助的。

同时,由于中美贸易战带来的外部经济环境恶化,此前几年由于片面扶持国有企业导致的国有企业扩张、民营企业收缩的局面,进一步带来了经济的不景气。国家领导层审时度势,分别于 2018 年年底、2019 年年底召开专门会议,强调对民营企业的支持政策不变,并出台了一系列扶持民营企业发展的新政。尽管这些政策的落实效果还存在争议,但其总体方向是符合经济市场化原则的。

其次看对外开放方面。在川普政府对华贸易战的压力下,中国在扩大对外开放方面也取得一些进展:一是进一步降低了面向所有国家的最惠国待遇关税(当然中美之间由于贸易战相互加征的额外关税不在此列);二是降低了部分非关税进口壁垒;三是降低了部分服务行业的进入壁垒;四是通过举办进口博览会、扩大对美采购等方式,增加进口;四是在国内各地推广自贸区,并试办海南自贸港;五是利用美国退出《环太平洋伙伴关系协定》(TPP)以及与欧洲国家的矛盾,与周边国家签署了《区域全面经济伙伴关系协定》(RCEP),与欧盟完成了《中欧全面投资协定》的谈判。这些都在不同程度上扩大了中国的对外开放。

第三,在某些方面导致了中国经济的"自力更生"与"内循环"。

川普政府对华发动贸易战之后,又联合西方国家共同围堵中国。其重要表现是全方位打压中国高新技术与战略产业的发展,限制中国相关企业的对外投资,并加强出口管制,限制中国企业获得国外高新技术产品。这迫使中国为了防止被西方国家"卡脖子",下决心在相关行业"自力更生""自主创新",甚至启动"举国体制"、投入巨资发展相关核心技术。

应该看到:一方面,与通过正常国际分工、发挥比较优势、重点发展部分核心技术、与它国进行交换的发展模式相比较,在众多核心技术上都要防止被其它国家"卡脖子",都要搞"备胎",这种发展模式的成本是非常巨大的;另一方面,通过"处处开花""举国体制"的方式发展高新产业的核心技术,其效果如何,历史事实已经证明不太理想。

新冠疫情爆发、中美关系全面恶化、中国出口短暂受阻后,中国进一步提出了"以国内循环为主"的对策。对于中国这么一个大国而言,以"内循环"为主本来是正确的发展方针,中国过去二三十年过度依赖外贸的发展战略也的确需要调整。问题在于:以"内循环"为主的总体方针,应该是大国经济常态,应该与符合比较优势原理的正常国际分工合作并存;如果它是与外部关系不和谐、关键技术频繁被外国"卡脖子"后而被动采取的对策,对经济发展是不利的。

无论是被动的"自力更生"还是被动的"内循环",都有无奈色彩,与扩大对外开放存在一定程度的矛盾,都对中国经济发展有不利影响。这种不利影响,中国的既得利益阶层当然要承担一些。但为此而买单最多的、受负面冲击最大的,还是中国的普通民众(俗称"韭菜")。

中美贸易战以来,特别是疫情导致中美关系全面恶化以来,中国外贸企业与上下游企业,相关高科技与战略行业的企业,上自企业高管,下到普通从业人员,其切身利益都受到了很大冲击。外部经济环境恶化导致的整体经济的不景气,也给普通民众的生活带来了切实的负面影响。

第四,在一定程度上导致了中国对内管控的增强。

川普政府对中国进行全面极限施压,并在意识形态上激烈批评中国执政党与基本制度。但这并未能改变中国的政治现状,反而增强了中国公权力掌握者的危机意识,进而强化对内舆论与意识形态管控。中美持续交恶以来,中国内部对言论与意识形态的管控更加严格,对主张中美、中西方友好的人士(其中包括挺川的自由派人士)的相关言论的宽容度也显着降低,部分媒体甚至将他们称为中国的"投降派"而痛加批判。这都对他们的生存环境造成了很大负面影响，使他们的发声更加艰难。

第五，在较大程度上刺激了中美两国的民族敌对情绪。

川普政府对华发动贸易战并进行全面、极限施压之后，一再声明其对华施压只针对中国的公权力机构，而不是中国普通民众。但这样的声明在中美两国所起的作用都很有限，两国的民族敌对情绪都被中美的高强度对抗调动起来了。

从美国方面看，美国社会对中国乃至对在美华人的不友好甚至敌视程度都在增加。特别是，川普政府对中国留学生、访问学者、在美华裔学者的大规模的"间谍"指控、调查，很多并没有充分证据与理由（有媒体披露很多这样的调查只是为了"调动"对华裔人士的怀疑氛围），但在美国社会造成了对华裔人士的极大偏见、不友好乃至敌视，颇有 1950 年代"麦卡锡主义"的气氛。这也被很多美国有识之士所批评。

从中国方面看，中国社会的对美敌对情绪也在显著增强。尽管部分自由派人士特别看重美国的对华极限施压对"倒逼"中国改革开放的作用，但很多中国普通民众并不这么看待，而是相信部分媒体的宣传，认为美国的打压就是基于担心中国超越美国，就是为了遏制中国的崛起，因而对美国抱有深深的怨意，甚至进一步迁怒于中国主张中美、中西方友好的人士，对他们进行人身攻击。

总之，从以上各个方面看，川普政府的对华遏制战略，对中国的影响是非常复杂、多元，是多维度、多方向的。这一战略对中国的发展进步，到底是正面作用还是负面作用更大，是很难精确判断的。但它在经济与社会方面的负面影响，主要是由普通民众包括自由派挺川人士承担的。部分华人自由派挺川人士对川普对华遏制战略的偏爱与"衷情"，未免过于简单化了。

（三）川普对华遏制战略在今后的延续与调整

一方面，从总体上看，川普的对华遏制战略在今后一段时间内将会被拜登政府所继承并延续。这一判断的依据包括几个方面：

第一，中美双方的战略目标已经摊牌，没有缓和的余地。

中国 2010 年代以来的内政外交转变，已经让美国两党与战略界形成了高度共识：无论是从正面还是从负面来评价 1970 年以来美国对华接触战略的成效，中国目前的经济与政治发展方向都是美国各界所不希望看到的。美国各界都已经明确表达了美国对华接触战略的根本目标，那就是希望中国朝着经济市场化与政治"民主化"的方向发展，本质是希望中国采纳西方的制度模式。

而中国已经明确告诉美方：美方应该尊重中国的制度选择，希望通过对华接触来改变中国的基本经济制度与政治制度，本来就是不应该有的幻想与企图。基于前几年美方对中国的强力打压，中方已经不再对外宣传"中国模式、中国智能、中国道路、中国方案"，而是强调尊重世界各国的模式与道路选择。但中国自己则是表示要坚决走自己的道路，不会"照搬"西方的模式。

因此，中美双方实际上都已经将自己的战略目标清晰地表达出来了，不再有任何模糊；而且，双方的目标是直接冲突的：美方想按照自己的意图改变中方，而中方拒绝进行这种改变。在这种双方战略目标明晰化且直接矛盾的情况下，美方不可能再回到原先的对华接触与友好战略，而只会回到此前的对华遏制战略。这是对双方总体战略态势的一个判断。

第二，中方的综合实力已经发展为全球第二，美方已经不得不高度重视。

中国改革开放初期，积极向美靠拢，加上综合实力不强，美国积极通过接触战略，对中国进行融合与同化；即使美方对中方的期待不能完全实现，中国对美国的威胁也不大。但现在中方已经明确表达了不会朝着美方期待的方向发展，而且综合实力已经全球第二，仅次于美国，有潜在能力挑战美国的领导地位。因此，美方对中国必然高度警觉，不会再支持中国的"反向"崛起，而会采取一切可能措施阻碍中国的这种崛起。

应该说明的是，在奥巴马执政时期，由于中国综合实力日趋强大，尽管中国的内政外交转变还不太明朗，美国实际上已经对中国开始有了警惕心理。因此，奥巴马提出了"重返亚太"口号与"亚太再平衡"战略，从经济、政治与军事各方面对中国加以防范。此后，中国的内政外交转变日渐明晰，且综合实力进一步增强，发展到了世界第二，对外影响力也日渐增加，美国两党与各界终于形成了新的对华战略转变共识，不会因执政党的改变而改变，除非中国的内政外交方针出现重大改变（而这种可能性从近期看也是很低的）。

第三，近年来民主党与拜登团队多次明确表示赞同川普政府对华战略。

川普执政时期，民主党国会议员与重要政治人物多次公开表示，他们几乎在所有内政问题上的主张都与川普非常不同，但在对华战略上高度支持川普的强硬立场。近年来，每当中美产生激烈冲突时，特别是在关于香港、南海、台湾、新疆等政治议题上，美国两党的对华立场都异乎寻常的一致，民主党的表态有时甚至比共和党与川普政府更加激烈。

拜登团队在此次美国大选的竞选期间，也多次表明将对中国采取强硬立场。拜登所任命的国家安全团队重要成员，包括国务卿、国家安全顾问、国家情报总监等，在国会的任命听证会上，都纷纷表示中国构成美国的重要战略威胁，将对中国采取强硬政策，其中国务卿布林肯更是明确肯定了川普政府的对华政策。拜登的就职典礼邀请了台湾代表参加却不邀请大陆代表参加，并在就职后一周内，史无前例地派出四艘航母在南海游弋，更是集中表达了其对华强硬立场。

另一方面，拜登政府对川普政府的对华政策也将做出策略性调整。从目前各方面透露出的信息看，这种调整可能包括但不限于以下几个方面。

1. 政治对抗可能延续，经贸对抗可能缓和。

拜登本人的政治价值观比川普更加鲜明。中美双方今后在政治议题上，包括人权、香港、台湾、新疆、南海、中国与周边国家的关系、中国国际影响力的投射等问题上，对抗将会持续甚至加剧。

而在经贸议题上，拜登政府可能不会采取川普政府那样与中国激烈对抗的方式，而是会有所缓和。譬如，川普的关税战没有达到降低美国对华贸易赤字的效果，原因包括：疫情导致美国从中国的医疗产品进口大幅增加；美方关税针对中国生产商价格征收，而后者只占相关产品最终消费者价格的小部分，因此加征关税对中国出口品的最终消费者价格影响不大。近期内拜登政府可能不会取消川普政府对华已经加征的关税，以便将其作为第二阶段中美经贸谈判的筹码，但也不会加大关税战，但今后通过谈判降低关税战广度与强度是可能的。

再如，拜登政府对于国际分工与资本流动带来的美国制造业外流中国，可能不会像川普政府那么极端反对，不会采取极端措施迫使制造业从中国回流，而会更加尊重市场规律（包括比较优势原则）与企业自主选择。相应地，对于制造业外流中国给美国中西部"铁锈区"带来的负面影响，可能会通过其它经济手段（如增强对失业工人的职能培训、促进当地产业升级等）予以解决。

此外，拜登政府在部分不涉及政治与意识形态的经贸领域，可能不仅不会与中方对抗，而且还会与中方加强合作。例如，在防疫物资的互通有无上，在减轻温室气体排放的经贸规则上，双方都可能会加强合作。

但是，在与政治、军事、国防相关的高科技与战略产业领域，美国对中国的打压应该不会放松。譬如，对中国相关产业的技术出口限制，对中国相关领域企业在美国市场上的销售扩张、投资与融资的限制，可能都不会降低，甚至在某些领域还会增强；对中国在相关领域可能通过学术交流或秘密战线等渠道获得美国相关技术的防范力度也不会减弱，但会防止其发展为对华人的种族歧视。

2. 实质对抗可能维持，口头对抗可能减弱。

在前述政治领域以及与政治相关的经贸领域，中美双方的实质对抗会延续。但拜登政府可能不会再向川普政府那样，在口头上激烈批评中国，以避免过度刺激中国。例如，美方可能会批评中方在很多问题上的具体做法，但可能不会直接、激烈批评中国的基本制度、执政党甚至国家领导人，不再赤裸裸地宣称谋求改变中国的基本制度与政权。再例如，美国可能会采取一些实质性措施，支持台湾与大陆的对抗，但不再发表有关明示或暗示支持台湾与大陆分离、近似于制造"两个中国"的有关声明，等等。

3．双边对抗可能维持，多边对抗可能增强。

美国作为西方国家的领头羊，在与意识形态和政治制度高度对立的中国的对抗中，一定会继续处在最前沿。加上民主党与拜登个人的鲜明价值观导向，美国也会在西方国家与中国的对抗中，继续担任领导者角色。因此，美国与中国在上述政治领域以及与政治相关的经贸领域的双边对抗，会继续维持。

川普政府的对华遏制战略，带有很强的双边色彩。特别是在经贸方面，川普政府既与中国开展贸易战，也与其西方盟国如欧洲、日本、加拿大、澳大利亚搞贸易摩擦，这就无形中削弱了西方国家对中国的"统一战线"。而且，川普刚上任就退出了 TPP，也削弱了与日本、澳洲等盟国对抗中国的阵线。这些都为中国达成 RCEP 与中欧投资协定创造了条件。

川普政府在经贸方面搞"统一战线"的唯一成果，是美欧日三方连续八次发表的关于中国经济"非市场化导向"的联合声明，但不具有强烈行动约束力。但在高科技产业、政治与军事领域，川普政府在联合西方盟国围堵中国方面，的确取得了不小进展，特别是在新冠疫情爆发以后。

拜登政府与川普政府的显着差异，在于更加强调与其西方盟友的合作，共同应对他们的外部"威胁"，这也是拜登团队一直所强调的。因此，拜登政府会加强与其西方盟友的沟通，采取更加协调一致的行动，对中国进行遏制与围堵。中国要想利用西方国家的内部矛盾对其进行分化与合纵连横，在拜登政府时期可能会难以达到目标。

拜登政府对华战略的策略变化，具体内容如何？效果如何？尚需实践检验。全球各国、社会各界包括笔者，都需要且行且看。

（四）中国发展进步的内部因素与外部压力

华人自由派挺川人士狂热支持川普的对华强硬政策，对其促进中国发展进步寄予过高期望，甚至因此从感情上不愿意美方改变领导人。这种情绪化的态度与认知是欠缺理智的，至少没有意识到以下几点。

首先，中国这样的大国的发展进步，内因始终是主导，外因只能通过内因起作用。

从理论与逻辑上说，大国相对于小国而言，体量大，惯性大，复杂程度高，其发展进步，很难完全依靠外力的强迫改造，而只能依靠内部因素的综合作用，也就是民众自身的努力；外部因素要想起到应有作用，也必须通过影响内部因素来实现。

从中国近现代历史与现实看，事实也的确如此。中国近代以来被西方列强用坚船利炮强制打开国门，但列强却始终没有完全征服中国、将其制度强加到中国身上。当然，这可能不是由于当时的列强没有这一能力，而可能是由于那样做的成本太大、效果也不会理想，因而得不偿失。

中国近代以来的进步与现代化之路，包括共和取代帝制、经济与社会的发展、思想与观念的开放与进步，都主要是依靠民众自身的努力而完成的，外部压力或帮助也是通过影响内部因素而实现的。

上个世纪 1950-1970 年代，中国曾与西方发达国家基本处于隔绝状态。以美国为首的西方国家对中国的遏制、围堵与封锁，除了加剧了中国的封闭与落后，并没有真正改变中国，也没有迫使中国打开国门、对西方开放。

1970 年代末中国开始的改革开放，是邓小平意识到传统发展模式只能导致落后，因而主动采取措施改变现状的结果，而不是西方国家集体施压的结果。1992 年邓小平南巡重启改革开放，2001 年中国加入世界贸易组织，也是由于中国领导人已经通过前期的改革开放，认识到了实现经济市场化、加入国际经济大循环的好处，而主动采取的措施，而不是西方国家施压的结果。

美国 1970 年代以来的对华接触战略，包括 1979 年与中国建交、2001 年协助中国加入世贸组织，都只是因势利导，顺应并帮助了中国的改革开放，而不是中国改革开放的根本动因。而且，这些帮助也是在中国当时的领导层愿意接受的情况下，通过中国内部因素而发挥作用的。如果中国的领导层与多数民众没有改变现状的意愿，外部的压力或诱导都很难起到作用。

其次，外部压力的作用效果本身也是复杂的，措施的强烈程度与效果的好坏大小并非直接挂钩。

正如前文第（二）部分所言，最近几年来川普政府的对华强硬施压政策，固然在较大程度上遏制了中国对外影响力的扩展，并在一定程度上"倒逼"了中国的改革开放，但同时也加剧了中国经济的"自力更生"与"内循环"，导致了中国对内管控的加强，并刺激了中国国内的民族情绪，其对中国发展进步的总体影响到底是正是负，是难以准确衡量与判定的。

特别是，新冠疫情爆发以来，中美关系全面恶化，川普政府无所不用其极地对中国进行极限施压，但这并没有进一步"倒逼"中国的改革开放，没有动摇中国决策层的内政坚持，反而导致中国正式提出了"内循环"的方针，加剧了两国的直接对抗，甚至一度导致了两国之间的剑拔弩张乃至军事冲突风险。

由此可见，外在压力与措施的强烈程度，并非与其效果的好坏与大小存在直接关联，"适得其反"的可能性是存在的。政治是复杂的，动机、手段与效果之间的联系，有时并非那么显然。"政治是艺术，而不是科学"，诚哉斯言！

再次，对外部影响不能过度寄希望于某个特定国家、政党甚至领导人。

即使对外部压力推动本国的发展进步寄予厚望，也不能将全部希望寄托在某个特定国家甚至某个政党与领导人身上。世界上任何一个国家，包括美国这样的"理想主义"非常浓厚、积极对外推广"普世价值"的国家，在外交战略上都要首先考虑本国的利益；在为其它国家的发展进步出力时，也要量力而行，考虑收益与成本，而不会不惜一切代价。

任何一个国家，包括美国在内，其中的任何一个政党与政治人物，哪怕是价值观与意识形态极其浓烈，在考虑外交政策纲领时，也要首先考虑其本国民众的认可程度，而不是外国民众的喜好，因为其能否有机会实现自己的外交理念，取决于本国而不是外国民众。作为华人，对美国的某个政党或政治人物投入太多的感情偏好，对其对华外交战略寄予过高的期望，本身就是非理性的。

总而言之，对中国这样的大国而言，自身的发展进步应该主要依靠本国民众的努力，而不能对外部压力或帮助寄予过高的期待，更不能过分寄希望于某个特定国家、政党或政治人物，尤其是那些奉行"本国优先"与"孤立主义"、缺乏"普世主义"情怀与理念的外国政党与政治人物。

最后，笔者特别强调：本文侧重从事实层面客观分析川普对华遏制战略的产生背景、多元影响、历史延续性，以及中国发展进步的内因与外因的关系，以此论证部分华人自由派挺川人士对川普的政治期望可能"所托非人"、对川普对华遏制战略的偏爱过于情绪化与简单化，但笔者对川普对华遏制战略自身、华人自由派挺川人士的价值观自身，以及与此相关的中国内政外交政策方针，不进行价值优劣评判。笔者欢迎学术性的理性、温和探讨与争鸣，但希望这样的探讨与争鸣不附带人身攻击或上纲上线的批判。

（首发于《联合早报》，2021/1/25）

川粉思想根源

华川粉现象的意识形态根源

杜延林

美国的川普支持者，川普确定败选后，有人默默摘下了支持川普的旗子，承认败选，虽然他们文化程度不高，但在民主制度的浸淫下，每两年一届选举，他们已经习惯了接受失败。而我们发现华川粉却是另一番景象。华川粉的构成极其复杂，包括了中国的大部分公共知识分子、人权律师及海外民运的所谓领袖或成员，以及大部分时政圈向往自由民主的普通网民。这是一种让人匪夷所思的现象。我有一个错误判断，以为大选结果出来后，他们也会接受现实，毕竟人应该有底线，做任何判断都应该基本事实。当初川普当选，他们说川普是美国人民选出来的，尽管他不是简单多数，但是美国的选举人团制度就是这么设置的，我们应该信任美国的选举制度。按照这个逻辑，他们应该承认这次大选结果，拜登不仅赢了选举人票，普选票数也接近六百万。但现在他们不再坚持这个逻辑。他们开始编造和传播各种谣言，宣称选举中存在系统性的舞弊。他们依据中文圈各种谣言，信誓旦旦的宣称川普一定能翻盘。

我们不理解，为了挺川，可以牺牲对美国民主制度的信任。他们认为这次大选是虚伪的，是肮脏的，有大量的舞弊存在。美国的主流媒体全部被收买，全部失去了公正。这还是美国吗？还是民主体制吗？还是言论和新闻自由的国度吗？更吊诡的是，当世界上大多数的民主国家的领导人，纷纷发去贺电，承认拜登当选，他们竟然把这些国家或机构列入了黑名单，认为他们是邪恶的，而没有发贺电的国家，比如俄罗斯，中国，才是正义的。中共大外宣做不到的，他们做到了。

吴强博士在推上说要对华川粉进行拉康式的分析，为什么一些知名的异议知识分子，维权人士及民运人士，不惜为了挺川去否定美国的宪政体制？我认为这不是一种个别现象，它是一种集体文化现象，我们需要进行社会分析，看看中国的思想界到底出了什么状况。本文试图通过对八九后中国异议界政治思潮的演变，从意识形态层面对华川粉现象做出解释。

任何一个极权政体，都不可能长期坚持极左路线，不管是波尔布特的柬埔寨，苏联的斯大林主义，还是文革期间的毛泽东主义。在一个全球化的时代，任何体制要想生存下去，必须融入世界经济体系。但是他们建立的不是真正的市场经济，不是宪政民主的资本主义体制，而是一种权贵资本主义体制。也就是说它必须右转，才能维持，而且它在坚持口头上的左翼路线，也就是马克思主义的基础上，必须引入一些右翼的观念，才能维持它的存在，比如爱国主义、民族主义，什么大国崛起之类的说辞，去构建新的合法性。

比如说西方马克思主义者在西方社会是一个批判性的理论，到了中国它就变成维护性的理论。西方的马克思主义是批判西方的资本主义体制的，那么中国的西马们也跟着批判西方资本主义制度，并用来维护本国的体制。在一次采访中，哈贝马斯对中国的西马们用他的理论维护独裁体制表示非常不理解。

马克思主义毕竟是一种左翼思潮，而且随着其信誉的崩溃，当局必须寻找新的合法性来源，以为右转的体制作出辩护。于是他们引入了保守主义。代表人物就是刘小枫和甘阳，他们引进卡尔·施密特和列维·斯特劳斯的保守主义，为现有体制寻找合法性，甘阳提出了从孔子到毛泽东到邓小平的所谓的"统三统"理论，刘小枫借助卡尔·施密特的理论，去树立毛泽东国父的身份和地位。

中国还有大量的反体制人士，这些人的思想轨迹是怎样的？

八九以后，首先是关于革命与改良的争论或反思，产生了由李泽厚与刘再复所提出的所谓"告别革命"论。

他们片面地总结了中国与苏联的红色革命及法国大革命的所谓教训，提出革命就是暴力，革命就是流血，革命就是轮回，从而一般性地否定了革命，认为社会变革只能靠渐进式的改良。他们没有看到法国大革命"自由、平等、博爱"这些理念对全球及后世的正面影响，他们不提法国经过八十到一百年逐步建成现代宪政民主体制这一事实，片面渲染革命中的暴力成分，继而完全否定法国大革命。他们把英美革命说成是渐进式的变革模式，以与法国革命的激进模式进行对比。

英美转型是不是一场革命？是一种保守式革命还是激进式革命？

西方多数主流的历史学家，比如戈登·伍德等认为，美国革命是一场激进主义的革命。那么英国的转型是一个渐进的改良过程，或者说一种自然演化的进程，还是一场激进的革命？一提到英国革命，大家总是想到光荣革命，其实光荣革命的作用是维护了 1640 年清教徒革命的成果。也就是说 1640 年的激进的清教徒革命砍掉了查理一世的头并建立了共和国，但是共和体制并没有成功维持，最后走向了克伦威尔的护国主军事专制体制，进而出现了复辟，保守派控制的议会请回了查理二世。但查理二世的回归是有条件的，这些条件极大的限制了国王的权力，进一步确认了"王在议会"和"议会至上"的原则和国王必须是新教徒的王位继承原则，但是由于詹姆斯二世违反了这些原则，才导致议会不得不驱逐国王。光荣革命之所以没有发生暴力，不是因为这些革命者不想采用暴力手段，他们请来了威廉三世的荷兰舰队，只是因为詹姆斯二世发现英国的常备军已经控制在议会手里，他只好放弃抵抗。所以光荣革命不是一场人为设计的和平革命，它是一方放弃抵抗的征服。所以光荣革命的成果《权利法案》和《王位继承法》，是 1640 年激进的清教徒革命成果的落实。没有 1640 年的清教徒革命，就没有后来的光荣革命。如果说光荣革命可以看成是一场革命的较为保守的下半场的话，1640 年革命就是激进的上半场，谈论英国革命，不可以只谈光荣革命。

革命和改良的问题，远不是"告别革命"那么简单，革命也未必等于暴力，实际上当代各国民主化转型大多采用非暴力革命的模式，简单地拒斥革命是一种误导。

有没有保守主义革命？有。德国的保守主义革命派所推动的革命直接导致了第三帝国的诞生。美国南方种植园主发动的也是一场保守主义革命，导致了以六十万生命代价的南北战争。

第二个热点思潮是所谓的奥地利经济学派在中国的流行，或者说奥地利经济学派出身的这些政治哲学家的古典自由主义理念的复兴，而且两者有意无意地被混淆。很多人喜欢拿奥地利经济学来进行政治分析，用经济学的某些预设代替价值观，最后导向了斯宾塞主义，也就是市场经济的存林法则。他们只从经济效益和经济增长的角度看问题，把一个低人权、无福利、财富高度集中极端不平等的权贵资本主义体制，当成完善的市场经济来歌功颂德。

中国奥地利学派的信奉者认为自由的唯一作用是保护财产权。自由就是保护财产权这个概念来源于洛克。洛克在《政府论（下）》中的财产权概念有两种表述，一个是 property，一个是 estate。前者包括 the life、the liberty 及后者。所以广义的财产权本身就包括生命和自由。

狭义的财产权为什么是地产？这个要追溯到哈林顿。哈林顿的《大洋国》中提到人们为什么要去参与政治？人们要保卫自己的地产。如果遭受迫害和压迫，没有政治权利，可以移民，金银细软可以带走，但地产带不走。为了保卫自己的地产，就只好留下来参与政治。没有地产的人就没有动力参与政治，行使公民权利。他认为英格兰的地产分布极其不公平，大量的地产掌握在教会和少数贵族手里，而平民只拥有少量土地。要想让多数人参与政治，成为公民，建立共和国，就要平均地产。哈林顿从积极自由的角度，把平均地产作为建立共和国的必要条件。

奥地利学派把洛克的一个广义的财产权概念偷换成了一个经济学的狭义的财产权的概念，简单地接受了洛克的自由就是保护财产权的结论。哈耶克特别反对社会正义这个概念，认为一切由市场交换来决定，社会分配是对私有财产权的侵犯。哈耶克热对中国转型的负面效应是不可忽视的，把自由与平等、民主、福利等等价值对立起来，对思想界的极右化起到了推波助澜的作用。

中国保守主义者另一个特征是提倡基督教化，提出中国民主化的前提是基督教化，非基督徒民主人士搞得都是假民主，所以，民运人士、维权律师和海外民运人士纷纷受洗，据说要效仿美国，因为美国是一个基督教国家，美国精神来源于基督教。美国真的是基督教国家吗？

一谈美国，我们就会说《五月花号公约》，说清教徒建立了美国。可真正的清教徒（分离派），也就是天路客，1620 年来到殖民地时只有 100 多人，到 18 世纪初普利茅斯殖民地也只有不到 9000 人，所以天路客或真正的清教徒对美国整体的影响并不是很大，为什么有清教徒建立美国一说，皆因布莱福德的《普利茅斯开拓史》，本书详细记载了《五月花号公约》的签署，他们如何从英格兰到达普利茅斯建立殖民地，以及殖民地生活的历史。

最先建立的殖民地是弗吉尼亚，他们是一群英国国教徒，但是他们并不十分虔诚，他们是来淘金的，所以，他们对待不同教派比较宽容。

1630 年，约翰·温斯洛普等率领一批虔诚的公理会信徒建立了马萨诸赛海湾殖民地，他们试图建立一个"山巅之城"。他们建立了一种半政教合一的政权，只允许公理会信徒在此居住。

由于不满马萨诸塞的宗教政策和迫害，罗杰·威廉斯和安妮·哈钦森夫人离开马萨诸塞建立了罗德岛殖民地，最早实行了政教分离的自治政权。

同样不满马萨诸塞对投票权的信仰限制，托马斯·胡克建立了康尼狄格殖民地，并于 1639 年出台了第一部宪法性文件《基本法》，在殖民地首次落实普选权。

马里兰殖民地由天主教徒巴尔的摩男爵二世塞西尔·卡尔沃特所建立。由于天主教徒的人口少，为了不受大量新教徒的迫害，1649 年，他起草了《马里兰宽容法案》，并敦促殖民地议会通过，继罗德岛之后成为第二个实行宗教自由的殖民地。

宾夕法尼亚殖民地是 1674 年由威廉·佩恩建立的，他是贵格会教徒。贵格会是一个激进的教派，他们追求公正的社会和纯洁的教会，藐视传统与权威，主张乌托邦似的平等与和睦，

反对战争，在英格兰为国教及其他教派所不容。威廉·佩恩在宾夕法尼亚殖民地实行宗教宽容政策，欢迎各教派来此定居，甚至包括来自德国、爱尔兰及苏格兰的移民。

到了美国革命的时候，出现大量的自然神论者，比如说富兰克林，杰斐逊，潘恩等。大觉醒运动的代表人物如爱德华兹、卫斯理等，吸收了敬虔派等宗教派别思想，而在美国建国后，出现了大量的新兴教派，比如建立了犹他州的摩门教等。

美国精神来源于基督教这一说法是基督徒的自说自话。钱满素先生曾说美国精神来源于基督教的世俗化，我认为不准确。从殖民地到美国建国，美国的宗教文化的特征是多元化，因为没有一个占主导地位的教派，任何一个殖民地都很难实行政教合一，更何况整个美国社会。所以，除了马萨诸塞，几乎所有殖民地很早就实行了政教分离和宗教宽容政策。也就是说，美国精神在信仰上的体现就是政教分离和信仰自由，这和同时期的欧洲有很大的不同。这种信仰自由是自然形成的，而欧洲革命运动必须为信仰自由而战，而这也恰恰是欧洲更世俗化的原因。

华盛顿曾经说过，美国不是一个基督教国家。签署于 1805 年的《的黎波里合约》也明确申明美国不是一个基督教国家。很多基督徒会拿美国总统宣誓就职手按《圣经》说事，其实，并不是每届美国总统宣誓时都手按《圣经》，在制宪会议起草的《联邦宪法》中，一度写入政府公职的任何仪式不得带有宗教色彩，通过后的文本将此条款删除。

有些基督徒拿一些文化元素生搬硬套于美国政治制度的解读，实在是牵强附会。比如，刘军宁曾经在一个讲座里说《联邦宪法》来源于《圣经》，其依据竟然是在制宪会议上富兰克林为了平息纷争曾提议在开会前找几个牧师带领大家一起祷告。真是滑天下之大稽，这哪是学术？

保守主义的另一种理念是反对平等，维护等级秩序，反对旨在提倡非歧视的所谓"政治正确"。为了否定人们平等的政治权利，他们刻意歪曲自然权利论，鼓吹什么政治权利并非人的自然权利，并非基本的和必须的，提倡按照纳税多少甚至财产多少来享受政治权利，反对一人一票的民主政治，甚至有人提议废除妇女投票权。

自然权利论来源于斯多葛学派，其主旨是强调人的权利的合法性来源。不管是霍布斯、洛克还是卢梭，都认为人在自然状态下具有与生俱来的，不可剥夺的自然权利，这一权利或者是自然法所赋予，或者是上帝所赋予。但当人类从自然状态进入了社会状态，这种权利就转化成了社会权利，需要人民签订契约组建政府去保护这些权利。在社会状态下，不再有所谓自然权利与非自然权利的划分，更不存在自然权利更优先更基本的之说。最早对社会自由（权利）进行具体分类论述的是约翰·穆勒，他把社会自由划分为：第一，意识的自由，即最广泛的良心自由、在思想和感情方面，在实践和理论方面，在科学、道德、神学和信仰等问题上的自由，发表和表达意见的自由；第二，个人旨趣的自由，即自由制订个人生活计划，以顺应自己的性格，自己照自己喜欢的去做，实现个性的充分发展；第三，个人之间联合的自由，如在经济、贸易、生产、生活各方面的自愿联合。最后，政治自由的真正论据是它能造就高尚类型的道德品格，并为人的道德发展留有广阔的活动余地。穆勒的功利主义论证并未为各种自由进行价值优先排序。而罗尔斯把人的自由划分为基本自由和派生自由。基本自由就是宪法保护的那些自由，包括言论自由、信仰自由及政治自由。

人类自由观有一个演进的过程，18 世纪人们的自由观，特别是英美传统中的自由观，是强调法律下的自由。到了 18 世纪末及 19 世纪初，风起云涌的民主革命带来了更加积极的自由观，人民要求话语权，人民要求政治权利，人民要求落实普选权。到了 20 世纪，大多数国家民主化后，人们开始要求全面的社会权利。美国黑人的平权运动，妇女的平权运动，再后来性别少数群体的平权运动等等，都是人类文明进步的体现。

但是中国的保守主义者，刻意歪曲历史，无视人类文明的进步成果，妄图将人们带回到 18 世纪以前，甚至回到亚伯拉罕时代。于是，他们有选择地介绍推广西方极端保守主义理念，刻意忽视歪曲西方主流的进步主义思想。他们大谈埃德蒙·柏克的《法国革命论》，却很少提及托马斯·潘恩的《人权论》；他们热衷于推荐哈耶克，却故意回避甚至贬低罗尔斯；他们热议拉塞尔·柯克，却不知道戈登·伍德。在一只无形大手的操纵下，形成了保守主义的话语霸权。一时间保守主义成了真正的自由主义，以自由的名义反对平等，反对福利，对黑人穆斯林的歧视言论大行其道。他们的这套理论，与美国川普的支持者的理念，也就是川普主义，一拍即合。于是，他们无视川普满嘴谎言，蔑视普世价值，破坏美国宪政体制的事实；他们一厢情愿地夸大川普贸易战对中共的打击，却选择性忽视川普赞赏中共在"六四"、香港及新疆等问题上导致人权灾难等恶行的言行；他们有些人本来是研究甚至参与底层维权运动者，却站在白人至上主义立场上指责污蔑美国的 BLM 运动；他们将进步主义者污蔑为"白左"，将美国民主党说成共产党，因为希望川普连任，无原则地选边站队，制造传播各种低级谣言，直至不承认美国的选举结果，抹黑美国的宪政体制。

他们在事实和逻辑面前的选择性失明，皆因其极右化的意识形态疯狂，让他们只相信他们愿意相信的，不符合他们意识形态的东西，一概否认。这种意识形态极右化的现象，既不是一天形成的，也不是局部或个别现象，它已经控制了公共知识分子、维权律师及民运群体，成为中国走向宪政民主的最大障碍，也是华川粉现象的真正深层原因。

中国的民主运动走向何方？是文明进步的未来，是保守落后的过去，还是维持没有民主、平等、人权和福利的当前秩序？是拥抱人类文明的成果，还是投入西方极端保守主义的怀抱？无论如何，中国民主运动的路要走下去，必须认清目前异议思想界意识形态极右化这一现实，拨乱反正，正本清源，用真正的自由主义理念去占领舆论阵地。没有一个秉持普世价值观的正常的政治文明舆论环境，中国的所谓民主化进程，难免重走弯路，甚至南辕北辙。

（首发于《当代中国评论》特刊，2021/1/1）

海内外挺川华人的思想与社会根源

莫莱斯（Moreless）

川普的上台

2016 年，川普以一个政坛素人的面目横空出世。在不被外界看好的情况下，居然一路过关斩将赢得了党内初选。在民调落后，外界普遍认为竞选对手希拉里稳赢的情况下，竟然以 306 比 232 的选举人票数，一举赢得了大选。

川普的当选，也意外也不意外。

川普的竞选策略，是成功找到他的基本盘，就是中西部锈带失落的广大蓝领白人。这些人属于在全球化进程中失意的一族。川普的竞选手段也很直接，就是直接拉仇恨和搞种族主义。这些人虽然以前也是共和党的支持者，但是竞选手段都没有这么赤裸。川普直接说中国人抢走了美国人的饭碗。又趁机吹起了种族主义的狗哨，说墨西哥移民多是毒贩和强奸犯。所以趁机就要在美墨边境修墙，还要找墨西哥政府买单。

川普多次发表歧视女性的言论。例如拿福克斯电视台女主持人 Megyn Kelly 的例假说事。或者著名的抓小猫（grab them by the p***y）言论。或者在竞选造势会上模仿嘲讽一名有残疾的记者。

川普的这些突破底线的行为都挺更令人不齿。但是在一些人眼中，这倒成了他敢想敢说，勇于承担行为的证明。在传统的比较有大男子主义的人看来，倒成了他很男人的象征。

川普的反政治正确，也让一些平时想发表歧视言论和仇恨言论不能发表，从而感到言论受到压抑的人找到了突破口。

中文舆论场和英文媒体的平行宇宙

2020 年五月底，明尼阿波利斯的一名黑人 George Floyd 被警察当街用膝盖压死，引发了全美乃至全球多国反种族歧视的抗议浪潮。美国各界纷纷谴责警察滥用暴力，以及应该检讨是否有系统性歧视。

但是在简体中文媒体圈却出现了一种与英文世界完全不同的生态。笔者所身处的舆论场，无论是微信群，朋友圈，还是推特中文圈，对这一运动多是持批评态度。他们说的无非就是是，黑人地位已经够高了还想怎么样（从他们把 BLM 翻译成"黑命贵"，就可以看出他们认为黑人觉得自己比别人高一等），不存在系统性歧视，BLM 就是打砸抢，其背后就是安提法或者索罗斯在搞破坏。这其实都是民主党的阴谋，民主党要搞乱美国，要在美国推行社会主义。因为川普常年灌输，主流媒体就是假新闻，他们不相信主流媒体的任何报道，只相信右翼网站和小道消息。事后看来，所有的这些，就是为了给川普助选，用来收割川普支持者的话术。

所以他们在微信群里面传播美国主流媒体上并没有多少版面的黑人极右翼 Candance Owens 的言论，会传播黑人右翼教授托马斯·索维尔批评黑人的文字。他们会说 BLM 就是要让白人给黑人下跪（其实黑人单膝下跪表示抗议，白人也单膝下跪表示感同身受），传播一个右翼犹太黑人团体几年前让白人当街舔鞋的视频，以及白人给黑人牧师洗脚的视频，以此来证明，黑人就是要骑在白人头上作威作福。

这种对事情认知的巨大偏差，让我想起了 2001 年 911 事件发生时，还在上大学的我，中午在食堂打饭时，电视新闻播出飞机撞向双子大楼的画面时，人群里爆发出了雷鸣般的掌声和欢呼声，我顿时感觉所在的非人间。难道这些欢呼的人，他们就没有亲戚朋友，或者亲戚的亲戚，朋友的朋友当时在那两栋大楼里吗？那些人做错了什么事，要无辜的送命？对于这种人神共愤的事情，还能欢呼雀跃，不知道教育出了什么问题。

类比 George Floyd，他只是被怀疑用了一张假钞，就被警察当街压死。很多人还试图证明警察当街杀人的合理性，指出这个人以前犯过多少次罪，还抢劫过老太太。但是他被杀的时候并没有从事严重犯罪，肯定不能说警察杀死他有充分的理由。

对 BLM 及其后衍生的所谓取消文化的的反对，也催生了大量之前支持民主党反对川普的人，惊呼学校太白左，民主党控制言论，民主党上台美国就要搞社会主义，从而转向支持川普及其共和党的政策。比如纽约的一个地产经纪。

利用一个社会事件，催生大量的川普支持者。其实在 4 年之前，2016 年二三月份就已经有过预演。当年的一个纽约华裔警官梁彼得，开枪走火打死一名黑人。在很多微信群的鼓动下，各地华人纷纷走上街头，声援梁警官，觉得他不应该被处罚。他们给的理由也很简单，白人警察打死了黑人都可以免于处罚，为什么华裔警察要担责，所以这是种族歧视。

抗议游行的人打出的口号有 All Lives Matter，他们对 BLM（黑人的命也是命）这个口号提出的背景不了解，却提出反制黑人 BLM 运动的口号 ALM，还以为 All Lives matter 就是众生平等的意思。

还有一个口号是 Justice for all。比较有意思的是这个 justice for all。这就是认为，如果认为白人杀黑人可以脱罪，那么亚裔杀黑人也应该脱罪。这不就是要求亚裔跟白人一样可以拥有滥杀无辜的权利吗，这是要求 justice for all，还是要求 injustice for all。正确的要求应该是要求对所有警察滥权的行为予以追究，严加惩戒，不分种族，这样才能给后代一个公平的社会环境，而不是要求同样不正当的 white privilege。所以要说华人族群政治意识觉醒，要开始维权，从一开始就跑偏。

所以可以想见，有着这样的价值观，很多当初为了挺梁，在各地成立的微信联络群，后来都转成了支持川普竞选的群。

以下梳理了几点海内外华人挺川群体的思想来源。

一、信奉国家主义和保守主义，自由至上主义

要梳理海内外华人群体为什么这么多人挺川，还得从八九十年代开始说起。

八十年代，改革开放之初，中国的思想界也在进行启蒙和反思。于是出现了《河殇》这样的否定大陆文明，肯定海洋文明，也就是肯定西方文明的纪录片。在 80 年代，整个大陆思想界沉浸在这种向往西方自由主义的思潮中。但是随着 80 年代末政治变局，这种具有理想主义倾向的思潮随着政局的变化戛然而止。

改革开放之初的中国大陆知识分子，因为经历了文革，多接受了启蒙主义的古典自由主义。古典自由主义以个人主义为基石，主张个人为社会和法律的基础。但是此波风潮经历了八十年代末之后，中国的自由派知识分子在思想上经历了一次观念转型。具体表现为从启蒙自由主义转向为自由至上主义。

相对启蒙自由主义将自由民主作为民族现代化工具的基本假设，自由至上主义将自由民主价值建基在个人权利基础之上，其实是中国自由派思想质量的一个提升。但是受八九悲剧刺激和后八十年代政治压力的双重作用，这一时期的自由至上主义又深度结合了哈耶克自发秩序思想，实际上将自由价值的实现寄托给了某种自发乃至神秘的进程，放弃了主动的集体政治行动，主要观点无非有了市场化，自由自然来。因此，自由至上主义的中国自由派，实际上更接近西方语境中保守派。

后来这群人把哈耶克奉为圭臬，对利伯维尔场进行盲目崇拜。自上个世纪 90 年代以来，自由派知识分子多倾向于国家主义（如铅笔社），跟主流意识形态有某种程度上的靠拢甚至合流。这一批人普遍寄希望于在经济上实行彻底的利伯维尔场化能够带来政治的自由化。包括很多西方学界和政界人士也持这种类似看法，但是经过近三十年的实践，这条道路已经被事实证明了是行不通的。

2008 年，北京奥运会美轮美奂的开幕式，重新燃起的大国崛起

梦想。中国人已经彷佛远离了那一个火红而疯狂的革命年代，可以毫无顾忌地批判极左的荒谬叙事。国家主义因此发展到了一个极致。

那一年，一位叫刘军宁的年轻学者开始崭露头角。他的"自由主义政治哲学"系列讲座，悄悄开启了一个新的时代。作为崛起中的意见领袖，（曾经因为参与签署零八宪章，而遭到中共点名批评）的刘军宁，带领中国大陆自由派滑向了保守主义。

刘军宁为了证明其右翼保守主义的合理性，极力证明纳粹不是极右，而是极左。

西方的保守主义，在不同的语境下，或者不同的历史阶段，拥有不同的含义，但它们都有类似的本质：是一种强调既有价值或现状的政治哲学。保守主义一般是相对激进而言的，而不是相对进步而言的。保守主义并不一定反对进步，只是反对激进的进步和彻底的颠覆，宁愿采取比较稳妥的方式。其特色为重视已建立之体制并加以维护或者小修小补，并且尊重传统为不同时代所累积智慧结晶而非累赘。

而大陆知识分子像刘军宁，苏小和推崇的保守主义，是一种以基督教价值观为导向的保守主义，就是宗教保守主义。他们主张要恢复以基督教传统价值观为立国之本，也就是反对一切进步文明的共识，像反对关注弱势群体，反对给弱势群体一定的救助，反对堕胎，反对同性恋婚姻。他们要捍卫的是这样一种价值观。

而西方政治文明源于古希腊和古罗马的城邦制度以及民主制度。被宗教统治几百年的中世纪，是西方历史上最黑暗的时期。西方通过文艺复兴，启蒙运动，宗教改革，好不容易才摆脱了宗教对政治的操控，实现了政教分离。美国的宪法第一修正案，明确说明了国会不许立法确立国教。《的黎波里条约》里面也明确写明，美国不是基督教国家。

《的黎波里条约》（Treaty of Peace and Friendship between the United States of America and the Bey and Subjects of Tripoli of Barbary）签署于 1796 年，是美利坚合众国与的黎波里（今利比亚）之间为确保商业航运权和保护美国船只在地中海免受当地巴巴里海盗侵害而签订的第一个条约。

它由热心的杰斐逊共和党人乔尔-巴洛撰写，1796 年 11 月 4 日在的黎波里签署，1797 年 1 月 3 日在阿尔及尔（第三方见证）签署。1797 年 6 月 7 日，美国参议院未经辩论一致批准，1797 年 6 月 10 日由约翰-亚当斯总统签字生效。

在关于宗教在美国政府中的作用的讨论中，该条约经常被引用，因为在美文版第 11 条中有一条规定："美利坚合众国政府在任何意义上都不是建立在基督教基础上的"。

ART. 11. As the Government of the United States of America is not, in any sense, founded on the Christian religion; as it has in itself no character of enmity against the laws, religion, or tranquillity, of Mussulmen; and, as the said States never entered into any war, or act of hostility agaitst any Mahometan nation, it is declared by the parties, that no pretext, arrising from religious opinions, shall ever produce an interruption of the harmony existing between the two countries.

而现在这些人，胡说什么美国的立国之本是基督教文明，极力要做一些类似政教合一的事情，实在是要让美国倒退几百年。

美国有很多华人新教教会是基督教里面比较保守的福音教派（Evangelicals），基于其出自于圣经的原教旨观点，相信川普是神选之人。这些川普支持者也可以归为支持保守主义价值观的一类。

二、美国灯塔主义

海外华人在政治上"川化"且反文明的原因在于灯塔主义（Beaconism），就是以美国的制度作为灯塔。这批人是在改革开放之初以来受的教育，基本上受到的教育都是以西方教科书为主，思维都是西方中心主义的。接受的是以绝对利伯维尔场经济为主的自由主义经济流派，主要是新自由主义和自由至上主义，信奉利伯维尔场经济是好的，政府越少干预越好，应该是小政府少干预少福利。这跟他们的父辈一代主要受毛式共产主义的教育截然相反。所以这些人相信毛式的社会主义大锅饭的左，跟西方主要是美国的自由派强调的社会公平，照顾弱势群体关注女权、关注 LGBTQ 群体的权利的左是一回事。从而对民主党所宣传的"左派"观点，产生天然的反感，而去天然靠拢比较右的共和党。

灯塔主义者，因为受教育的原因，觉得美国是自由世界的灯塔，觉得美国什么都好，美国人选出来的总统肯定也是一贯正确，这也是

341

很多民运（反体制）人士的认知。只要一旦认定川普是正确的，就处处维护川普的做法，觉得他做的一切都对，从而完全抛弃了道德观和常识。所以他们会否认美国存在系统性歧视，所有对美国制度的批评，都被人是要抹黑美国，搞乱美国。

但是同样是这些人，在大选之后宣扬大选舞弊的阴谋论，攻击美国的民主制度，阻挠正常选举产生的选举人团认证，直至发展到了 1 月 6 日围攻国会。这个时候这些人就不再觉得美国是灯塔了，确实还挺讽刺的。

三、犬儒主义横行，对弱势群体缺乏共情

从 90 年代开始，整个社会逐渐抛弃了理想主义。由于信仰的真空，导致一切向钱看，也就导致了犬儒主义的盛行。最常见的说法，比如说，"没有永远的朋友，只有永远的利益。"

大陆的犬儒主义发展到极致，就诞生了"白左"这个名词。白左是一个中国本土之上土生土长的词汇，并经过价值观输出到了西方世界。

根据据维基百科对白左一词的解释：

传播学研究者方可成认为，该词最早由人人网用户"李硕"开始使用，李硕 2010 年在人人网发表了文章《西方白左和中国爱国科学家的伪道德》。此一名词经过演化和概念变形，其实最早"李硕"使用时的语境是用于政治经济语境下的左派指白人中的共产主义者。之后名词概念演变发生了换轨，至今其"左"是指世界主义或平等主义等人的权利面涵义为主的轨道上之左右派，与经济思想的左右派无关。

今天，白左这个概念涵盖了包括世界主义，民权运动在内的西方宪政左派人士。这个词语一出，所有一切的关注弱势群体，关注移民群体，关注少数族裔的举动，都会被骂成白左，圣母婊。

他们会怀疑一切做善事的动机，觉得这样的人虚伪。谁会不爱钱，不爱钱的人一定是装的，很虚伪。导致一切发扬人类善心的行为被污名化。常见的歪理有，你这么关心移民，怎么不把移民领到自己

家里去？这是典型的模糊了公共领域问题和私人领域问题的界限。

犬儒主义也体现在一些对现实问题的判断上。政客道德没有瑕疵，会被批为"虚伪，伪君子"。政客品行不端，侮辱女性，却会被赞扬，真小人，真性情，没有伪装。增加 H1B 名额的民主党，遣返非移数量比川普还多的是奥巴马，却说民主党只会大量引进非法移民。提高 H1B 申请门槛，停发 H1B，减发 F1 签证的川普政府，他们会说川普只反对非法移民，对华人有利。民主党说要发 2000 元纾困金，他们说民主党就会慷纳税人之慨。川普说要发 2000 元纾困金，却变成了川普勤政爱民。

四、极为推崇秩序，反感群众运动

经历过文革的大陆自由派知识分子，本能地反感各种挑战现有秩序的行为。也对群众运动保持着戒心。所以大陆自由派知识分子，跟左翼工人运动保持着距离。所以他们会轻而易举，把黑人反抗运动，当成是搞文革。

很典型的一个例子，就是刘瑜在 2018 年 metoo 运动兴起时，指出 metoo 运动在中国存在的诸多不足，并表示了对运动扩大化的担忧。并且把 metoo 运动类比为文革贴大字报。但是了解 metoo 运动的人，就知道刘瑜这种类比式不恰当的。

刘瑜还认为好莱坞为首的大众文化，充满了性暗示，以此为性骚扰开脱，好像女性穿着暴露，交的男朋友多，别人随便碰几下就很正常。散播一种完美受害者理论，认为女性被侵害，女性也有责任。

如此种种，说明一些作为意见领袖的自由派知识分子，无论是事实判断上，还是价值判断上，都落后于时代，出现了比较大的偏差。

中国的自由派公共知识分子（简称公知）这个概念，最早起始于 2004《南方人物周刊》评选""影响中国公共知识分子 50 人"。早期的公共知识分子对于向公众普及现代西方文明政治理念，启迪民智，起了一定作用，这些人多数是高校或者学术机构的学者，敢于表达个人见解，有些观点不同于主流官方意识形态，也敢于向官方正统观点挑战。一些人的出版和在媒体上表达的权利收到了当局的限制

343

和打压，也得到了相当多的人同情。

而今时今日，尚存言论空间的所谓自由派公知，对于公权力，并非持强烈的批评立场，很多人也是体制内编制，所以跟权力之间的态度就有着些许暧昧。有些人甚至可以因为自己的名气和地位得到一定的利益。这样与体制并存，其批判意识就更为弱化。另一方面，多数体制内公知，并不反体制，还是寄望于体制内健康力量走改良路线。基于精英主义的立场，知识结构陈旧，又本能的与社会运动，平权观念等左派立场产生排斥，从而导致与草根群众的需求产生严重脱节。自由派公知的主要目标，变成了排斥极左派或者毛左对于当局政策的影响，这些努力，对于当局政策的影响并不显著。如此下来，公知一方面想要充当意见领袖青年导师希望代表民意，另一方面又做着维护体制的事。这种尴尬的境地一时半会也改变不了。公知剩余的影响力可想而知。

白左叙事的推出，更给自由派知识分子和社会运动之间添加了一道屏障，精英阶层跟社运之间更加疏离。

所以当共和党和川普高声叫嚷Law and order 时，广大华一代纷纷跳坑。而此跳坑的结果，直接导致了1月6日，川普支持者围攻国会，这个时候就不再讲究法律与秩序了。

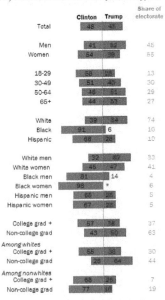

五、社会达尔文主义者

相比于国内的自由派知识分子，挺川普多是基于理念。海外华人第一代挺川普多是出于自身利益的考虑。

根据皮尤研究中心 2016 年的数据，支持川普的选民，以没受过大学教育的白人男性居多。在华人一代移民中，有大量的高学历人群，所以这个统计，对华人社区不适用。这是为什么呢？

改开后出国留学工作的这一批人，本身在国内就是受教育程度较高的一类人。他们受到的教育，也是弱肉强食的丛林法则，坚信你穷是因为你不努力。在学校里学到的东西，都是国家主义，民族主义与社会达尔文主义的混合体。不会去关注弱势群体，和少数族裔。对待宗教团体和难民群体，要不是漠不关心，要不就是采取一种敌视的态度。国人提倡的自力更生和对不劳而获的反感，一旦跟社会达尔文主义结合起来，就变成了敌视现有的福利制度。

而且这些人的起点，跟普通民众的平均水平比较来就高一些。这些人到了国外，通过取得高学历学位，可以获得一份收入稳定的工作。结果他们会误以为自己的一帆风顺的道路，是通过自己的努力得来的，跟大环境无关。所以这些人会抱着"你穷是因为你不努力"的想法，对待美国的穷人和少数族裔。他们会觉得黑人烂，犯罪率高。对美国社会历史的不了解，也会让他们觉得美国已经没有系统性歧视，黑人的社会现状都是黑人社区自己不努力才造成的。

国人的习惯性思维是"不患寡而患不均，不患贫而患不安"，这个用在第一代华人身上十分贴切。他们不关心分配是否公平，只操心别人是不是比我多拿了一点。他们也不会操心弱势族群是否能够生存，只要自己能过安稳日子。

根据破破的桥最近一篇文章《谁跟你是同胞？华人反 S386 法案前后》，广大华人一代移民，只关心眼前的一点迎头小利，而不关心大环境是否对整个华人社区有利。为了所谓的不让黑人跟华人抢占教学资源，反对 AA。为了印度人不跟中国人抢占绿卡资源，反对 S386。但是却不操心 H1B 提高门槛，H1b 发放被暂停，亲属移民要被取消，或者 F1 签证大幅缩减。原因是他们自己已经是高收入人群，自己也已经过了 H1B 的阶段，所有的这些限制都对自己有利。这是典型的好不容易挤上了公交车就不想让别的人在上来的所谓"公车效应"。

345

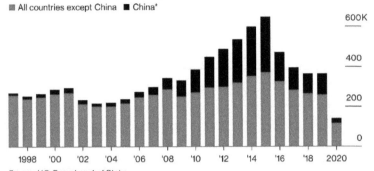

2016年以后的F1签证人数逐年下降，2020更是少得可怜

对于大统领口中的"中国病毒"，造成了别的族群对华裔乃至亚裔社区的敌视，他们会说大统领是真性情，说的是事实。而反对使用"中国病毒"的字眼，他们反而会说这是白左的政治正确。简直无语。

在美国的华人一向被主流社会认为是模范少数族裔（model minority），但是这个模范少数族裔本身，就是主流社会强加给少数族裔的一种刻板印象。既然是minority，就给人一种minor（不重要）的感觉。就是亚裔族群给人的整体印象就是埋头苦干，学习和工作都很好，从不惹事。

所谓的模范少数族裔，就是优势人群套用在亚裔头上的一个枷锁，也是一种刻板印象的话术，意思就是这是老老实实，不惹事生非的一个族群，就是让这些少数族裔的声音不被人听到。同时也分化了亚裔和其他少数族裔的关联。

耶鲁20岁的本科生黄艾琳（Eileen Huang），明确表示华人社区应该支持BLM。她写的文章《"我们和非裔站在一起"耶鲁华裔学生写给爸妈和华人社区的公开信》在公众号美国华人发表以后，引发了广泛的讨论和争议。

在信中，她谴责了亚裔美国人的沉默，以及公开歧视美国黑人的刻板印象的文化，并且呼吁华裔应该跟非裔一起，携手同种族主义作斗争。据作者透露的后台数据，她的文章已被阅读了 26 万次，并被分享了 15 万次。

而以黄艾琳父辈为代表的第一代移民，多数对这种看法不以为然。以另外一篇文章《凌飞：我们和美国民众站在一起》为代表的华一代反对意见也在网上广为流传。黄艾琳本人被保守派批判为"白左"，"政治正确"，"上了藤校也不是精英"，"背叛了自己的父辈"之类的批评不绝于耳。

黄艾琳本人则遭到人肉搜索和网络跟踪，家庭住址遭到了泄露，为此其父母为了安全起见特地安装了摄像头。

而且凌飞的另外一篇文章《华二代为何变得荒谬(1)左派教育只讲外因不讲内因》，直接指责美国的藤校都是白左学校，把进去的学生都教成了白左学生。公然否认《独立宣言》，说什么人生来就是不平等的，华二代变得很荒谬。只强调机会平等，不讲求结果平等。推销"你穷是因为你不努力，所以活该受穷"之类的社会达尔文主义观点。从而漠视，完全强调机会平等就是丛林法则的事实。

而且这些人还强调不同种族的智力存在基因差异，当时有一个某圈大佬在推特上也发表了另一番高论："除了外在体貌差异以外，人的内在差异受不受基因的影响。人的心智，人的大脑受不受基因的影响？如果某个种族的人智商更高一点，这是可以测量的，那不是跟他们的基因没有关系。那（智商）比较低的那些种族，就是因为他千百年来长期受压迫受系统性歧视的结果吗？今天的科学无力解释不同种族之间为什么有差异，但不能因此否认不同种族有差异这一现象本身。"他强调种族之间的差异是基因造成的，却不能理解政治上的种族"差异"是怎么被制造出来的。不同种族之间当然有差异，并且科学解释也很简单。问题在于，如何看待这种差异，这种差异是多元世界而非单一世界的切实证据。这一世界只是被有话语权的人构建成了适合他们的样子而已。

六、受挑动情绪的社交媒体谣言蛊惑

社交媒体由于其排他性的回音壁效应，或者叫信息茧房。导致观点相近的人抱团在一起，而跟大多人意见的人责备边缘化。导致被社交媒体分化的人群都越来越极端。

谎言重复了一千遍就变成真理，同一个谣言重复了无数遍，就会有很多人信以为真。

而有些机构为了影响大选故意制造的谣言，却每每刺激着信息茧房里的每一个人。比如男女同厕的谣言，每四年肯定出来一轮。比如加州偷窃 950 元以下不定罪，或者是激进性教育，鼓励青少年变性的谣言，也是周期性地出现。所有这些谣言的目的只有一个，就是刺激华人家长，引起他们的恐慌和愤怒。人一旦选择相信自己愿意相信的，对不同意见就会视若无睹。而川普重复了一遍又一遍的"民主党要搞社会主义"的叙事，也一次有一次地刺激着反体制的人更加反对民主党。大选舞弊的谣言，也驱动着大量的华川粉，认为拜登是靠舞弊上台的。在他们眼里，不仅民主党被收买，主流媒体被收买，高科技公司，社交媒体巨头被收买，大法官也被收买，彭斯被收买。就连川普本人，也已经是背叛了其初衷的叛徒。所以在阴谋论和谣言社区 QAnon 的驱动下，激进川粉什么的做得出来。现在还有人相信，川普会在 3 月 4 号就职呢。所以，有些对谣言深信不疑，病入膏肓者，还真不知道怎么医治。

对华人川粉成因的一种社会民主主义透视

王江松

一

川粉，不同于一般挺川者，更不同于共和党的传统基本盘，而特指具有如下（一个或一组）特征的一群人：

1. 深信川普是天选之子，或是拯救美国免于衰败、让美国再次伟大的不二人选，是历史上足以跻身拉什穆尔山群雕的伟大总统。

2. 川普赢得了 2020 大选，但被拜登民主党犯罪集团以系统性的舞弊偷走了胜利果实。

3. 川普总统拥有一切合法权力和手段来反转大选舞弊结果，包括宣布紧急状态、军管、抓捕拜登民主党人和背叛的共和党人，直至诉诸于人民推翻暴政的武装起义。

4. 各州、最高法院和国会的共和党人，副总统彭斯和川普政府的大多数成员，参谋长联席会议……依次背叛川普和美国宪法，美国国家政权被深层政府全部攻陷和掌控。

5. 虽然如此，一切都在川普总统的预料和掌控之中，剧本早已写好，只不过让隐藏的大鳄一一暴露出来而已，种种迹象表明，川普总统将率领军队和人民将其一网打尽。

6. 即使拜登于 1 月 20 日成功就职，川普也虽败犹荣，川普主义已经深入人心，川普和他的人民必将胜利归来，让美国再一次伟大。

7. 最后川普指控 1 月 6 日国会山上的暴力行为和暴徒，承诺和平、有序、无缝交接总统权力，表明川普背叛了自己，背叛了川普主义，背叛了信仰和上帝，背叛了支持他的人民，理应受到严厉的惩罚，一个极右翼组织甚至愤怒地喊道：「吊死懦夫总统！」

以上七个特征，具有一定的前后因果联系，即可以由后一个追溯到前一个，但有了前一个不一定有后一个，如果能够根据其他约束条件止步于某一环节并抽身而退，就是程度较轻的川粉，只有坚持到第七个特征的，才是极品的川粉。

关于美国川粉的成因，就由美国人自己去分析。本文关注的是，是什么原因让华人川粉异常亢奋、高潮迭起，成为川粉队伍中一道格外亮丽的风景？为什么会有那么多具有相当影响力的政治反对派、海外民运、异议人士、启蒙公知、意见领袖、自媒体人、人权律师、网络大 V……成了狂热的、不愿回头的、虽九死而不悔的川粉？

二

首先来分析华人川粉的表层思维逻辑和价值观。

上个世纪 90 年代以来，西方自由主义第二次传入中国。20 世纪之初由严复、梁启超、胡适等人传入中国的自由主义，都或多或少带一点社会主义或社会民主主义，但这一次则完全以米瑟斯、哈耶克、弗里德曼等人的新自由主义（20 世纪的古典自由主义或原教旨自由主义）为绝对主流。最近十余年来，与世界范围内出现的政治极右化逆流相呼应，在中国一直没有取得话语主导权的保守主义思潮也突然高歌猛进，英国人柏克、德国人施特劳斯和施密特、美国人柯克以及基督教基要主义和福音主义，在中国变得大红大紫。

按照中国的右翼自由主义和保守主义的理论预设，凡是在它们左边的，都是理性建构主义，都是致命的自负，都志在破坏利伯维尔场经济，都必然成为通往奴役之路、导向极权主义。左翼自由主义、社会民主主义、白左政治正确、共产主义以及美国民主党、欧洲社会民主党、共产党，这些东西性质相同，只有程度差异，彼此可以划等号。它们都是对自由世界和西方文明的腐蚀和威慑，必须严加防范和打击。川普政府和川普主义就是对走火入魔的、极左化的西方进步主义运动的拨乱反正，而拜登、民主党和美式自由主义（左翼自由主义和进步主义）必定会将美国社会主义化和共产主义化，从而颠覆美国的宪政民主和市场经济制度，使美国沦入极权主义的深渊。

中国极右化的自由主义和保守主义，与美国极右化的保守主义即川普主义在价值观上的同构性，是华人川粉得以产生的第一层次的原因。

三

普通挺川的人或者共和党的基本盘，绝大多数都不是狂热的川粉。随着选后川普团队一系列起诉拜登、民主党选举舞弊的诉讼接连失败，一步一步地展示出事实真相和法理逻辑，他们都比较平静地接受了川普败选的事实和结果。但是少数极右翼组织不愿意和不准备接受。他们不接受是可以理解的，因为这与他们的生存和命运息息相关，他们认为自己是直接的政治受害者和利益受损者，独有一大批美国推特上和中国微信里的华人，虽然绝大部分与美国大选没有直接关系，却以一种高涨的国际主义精神，不依不饶地追责大选舞弊，鼓动川普战斗到底，甚至不惜以颠覆美国现存和正常运行的宪政民主法治秩序的方式，以政变和革命手段来达到川普连任总统的目的。他们不惜破坏他们一直向往的美国宪政民主制度以捍卫川普的权力，而当这一目标实现不了时，就夸张地宣布美国已经沦陷，民主的灯塔已经熄灭。这究竟是为什么呢？

这就要追溯到更深层次的思想感情了。

原来，这些身处大洋此岸的川普拥趸们，虽然可以以彼岸的白左（拜登和民主党）为假想敌，尽情和任性地予以口诛笔伐而没有丝毫风险，但在真实的生活中，却无时不刻必须承受此岸的打压，令他们切齿痛恨而又无可奈何。无边的黑暗一眼望不到头，以自己的力量走出这种黑暗，也是完全不可能的。唯一令人精神一振的是，大洋彼岸的同道中人，川普政府、共和党人、美国树大根深的右翼自由主义和保守主义，却是有力量的，并且自川普执政以来，通过贸易战等方式重拳出击，一扫过去数十年来的绥靖主义！俗话说，敌人的敌人就是朋友，何况川普还与我们有相同的价值观呢？美国是世界的灯塔，是世界的救星和希望，美国垮了，世界就会被魔鬼统治了，让美国再一次伟大起来，才能够拯救中国人民和自由民主世界。这是正邪之战，这是人类命运之战，我们不站在正义一边，竭尽全力支持川普战胜与邪恶国家勾结起来偷窃选票的民主党叛国集团，难道我们甘心世世代代为此岸之奴吗？

只有这样一种深刻的代入感，这样一种痛彻心扉的紧迫感和危亡感，才能解释华人川粉这么不把自己当外人，这么全情地投入，这么全天候的关注和呐喊，这么歇斯底里地搧风加油，这么不假思索地相信、接受和极力转发各种荒唐的谣言，而对各种如头上虱子一样明摆着的事实视而不见，并且反复声称自己就代表了真相、真理、道义和正义，而反对者都是丧失了起码良知的人，是五毛和大外宣，至少客观上是与魔鬼同向同力的傻瓜和蠢货。

四

但是，为什么另一些数十年来同样追求自由民主并且处境也同样糟糕的中国人却没有成为川粉呢？这里面既有对川普、川普政府有褒有贬的人，也有反感川普、川普政府和共和党但对拜登团队和民主党并不寄予厚望的人，还有支持民主党理念和政策的人，他们基于普世价值和宪政民主规则看待这次美国大选。难道他们都变成了大大小小的五毛和脑残吗？

这就需要更深层次地挖掘华人川粉的成因。

华人川粉为什么把自由民主的希望寄托在川普这个主张白人优先、美国优先的外人身上了？因为他们对自己失去了信心，对中国人凭自己的努力获得自由民主失去了信心，抓住一根好像能够救命的稻草就当作神来崇拜。

他们为什么对自己和所有中国人都失去了信心呢？那不是因为中国人真的没有自我解放的可能性了，而是从他们的世界观、历史观、价值观出发，他们看不到任何希望，除非上帝和耶稣来救赎这片罪恶的索多玛之地，除非有川普这样的大力神，来清扫这个肮脏的奥吉亚斯牛圈。

因为他们的世界观、历史观、价值观是偏右的甚至是极右化的自由主义和精英主义，在他们眼里，大众要么只是消极被动等待拯救的一群，要么就是被极左分子煽动起来造反、抢劫、杀人的乌合之众和暴民。我在2013年就把这种自由主义称之为「中国特色的自由主义」，最近左翼自由主义者张雪忠称之为「中国特色的保守主义」。之所以是「中国特色」的，是因为它虽然表面上与「中国特色的社会主义」势不两立，其实都是歧视和蔑视民众、高踞于民众之上的，两者遵循非常相近的深层政治逻辑。

他们完全地、无批判地继承了毛左、极左的左右二分法，只不过颠倒过来予以评价而已：他们欣然自认就是右派，而右派就是正确的、好的、追求自由民主的；左派，无论以什么面貌出现，都是错误的、坏的、通往奴役之路，即使是西方同样反对共产主义的中左、宪政民主左派、社会民主主义，也是虚伪的，必然会导致极权主义；即使是左翼自由主义、社会自由主义、现代自由主义、新政自由主义、进步主义，只要它们在左边，就会不可避免地向极左方向演变。

在他们的眼里，在他们的思想政治光谱里，完全没有宪政民主左派的位置。不言而喻，当他们把所有左派都推到极左之后，他们也就把自己推到极右的位置了。

他们在低人权和奴役之地反对积极自由和实质平等，在全球基尼系数最高之地、在教育养老医疗居住领域的公共产品极度缺乏之地反对福利、再分配和社会保障，在遍布血汗工厂之地反对独立自由民主工会，在官商勾结、权贵官僚资本专制之地反对集体维权和罢工抗争……

他们所理解的宪政民主只是保护私有财产、自由放任市场经济、企业经营自主权和按资分配的宪政民主，而不同时也是保护劳工权利、底层民众权益、劳资平权和共享市场经济成果的宪政民主；他们对于底层民众的政治参与要求，充满了恐惧的记忆，认为只要民众一起来，就必然会发生毛泽东式的、民粹主义的、消灭资产阶级和知识分子的工农民主革命。

他们的确是坚决反对权贵官僚专制和权贵官僚资本主义的，只不过，连他们自身的渊源与已经拥有的一切，都和他们所反对的对象有剪不断理还乱的关系，他们根本不能凭自身的力量去完成这样一场伟大的宪政民主革命。他们完全不敢甚至坚决反对唤醒十几亿普通民众一起追求自由平等和宪政民主。他们注定孤芳自赏、软弱无力。但他们真的不甘心，于是就把希望寄托在敌人的敌人身上了。

五

他们没有想到的是，慌不择路、饥不择食的结果，却是认同了一个极右化的保守主义者、白人至上主义者、美国优先主义者。他们因此走向自己的反面，竟然歌颂和赞美一个贪恋权位的总统号召他的支持者冲击和破坏宪政民主法治制度的行为，甚至呼吁和鼓励他采取更加疯狂的举动。

他们如果继续下去，会沿着极右化的方向越走越远，成为一种民间的新极右力量，他们与掌权的老极右力量之间的斗争，与大多数中国普通民众无关。即使他们凭借外力或者偶然、天意上台，也不会给这个国家的人民带来自由民主。

中国三千年未有的伟大的社会转型，有赖于宪政右翼和宪政左翼的政治大联合，有赖于越来越多的保守主义者和古典自由主义者成为社会自由主义者、现代自由主义者和进步主义者，也有赖于越来越多的激进左翼甚至极左派能够转化为宪政民主左派、中左派和社会民主主义者。只有当这些力量足够强大时，才能逼迫极右派放弃对权力的垄断，才能够遏制新极左力量的崛起，才能在中国建立以中右力量和中左力量的竞争与合作、制衡与轮替为主体的宪政民主法治的政治结构，实现中国的长治久安与伟大复兴。

中国民众为何对美国大选存在诸多认知误区？

余 智

此次美国大选，在华人社会特别是在自由派与知识分子群体中，引起了巨大争议。但非常遗憾的是，绝大多数参与争论的人，其事实判断与价值选择，都站在了国际主流社会的对立面，令人扼腕叹息。笔者认为，华人社会之所以对美国大选存在诸多认知误区，其原因主要在于以下七个方面。

第一，感情好恶过于浓烈，影响事实判断与价值取向。川普在美国内政与外交政策上的巨大争议性，导致全球各国对此次美国大选都高度关注。但华人社会对大选的强烈关注，还有一个特殊原因：川普过去几年来的对华强硬政策，对中美关系与中国发展影响巨大；川普能否连任，关系到其对华政策能否延续，以及中美关系乃至中国自身的未来发展。

不同立场的人对川普对华政策的评价不同，对他的感情好恶也不相同。但过浓的感情好恶也影响了很多人的事实判断与价值取向。部分自由派挺川（川普，川普）人士基于对川普的强烈感情偏好，不仅坚信网络自媒体关于大选存在严重"舞弊"、川普最终会翻盘等诸多传言，也不分好坏地狂热支持川普的几乎所有的内政、外交政策及其背后的价值观。

第二，知识结构搭配错乱，基础不牢而追求空中楼阁。此次美国大选中产生严重认知偏差的华人中，有很多自由帕特别是知识分子。他们很多都有大学或以上学历，平时非常关注时政与思想市场，其中还有不少人或多或少读了一些西方民主思想的启蒙著作，经常能够引经据典地谈论西方哲人名言甚至各种流派思潮，为自己的偏激认知提出"理论支持"。

然而，他们中的相当多数人，对于民主政治理论与现实的 ABC

基础知识，却缺乏起码了解与正确认知：既不懂在一人一票、人人平等的前提下，利益集团本不应该有正邪之分；也不懂在两党平衡、互相监督的情况下，很难出现大面积的"阴谋""沼泽"甚至不法"勾兑"；更不懂民主政体下，决定政策走向的是政治家与政务官，而不是事务官组成的所谓"深层政府"。

在基础知识不牢的情况下，一味贪求"高大上"思想，结果往往是不能融会贯通，要么是错误理解思想哲人的原意，要么是未能理解相关思想的前提、边界或应用场景，而将其错误地扩展或延伸，导致差之毫厘、谬以千里，整天空谈"高大上"思想，却在基础认知问题上"翻车"。

第三，价值观不正，民主法治与进步理念欠缺。很多自由派人士，平日里对民主法治孜孜以求。但在美国大选问题上，却既不尊重民众的民主选举结果，以没有实锤证据支持的选举"舞弊"为借口，拒绝接受自己支持对象的失败；也不尊重法治与程序正义，哪怕自己的支持对象已经输掉了所有的选举官司，还主张用各种方法甚至暴力手段，试图推翻选举结果。

他们也无视西方国家几百年来的历史进步，不分好坏地高唱"保守主义"。只因宪政文明起源并成熟于西方白人国家，他们就歧视黑人、穆斯林等少数族裔，无视他们也可以学习进步的基本事实，将种族平等的"政治正确"抛诸脑后；以基督徒的身份主张宗教立国，而无视西方经过惨痛历史教训才确立的政教分离与宗教宽容原则；崇尚完全没有政府干预、缺乏基本福利保障的古典资本主义，无视现代资本主义宏观调控与福利保障的历史进步。

第四，判断力不足，常识与逻辑思辨能力欠缺。大选中的很多事实性问题，其实只需要凭借常识与逻辑就可以辨识，但部分人士却选择了相信各种"阴谋论"谣言。例如，基于疫情控制考虑，本次大选广泛采用邮寄投票，怎么就是"阴谋"考虑甚至非法措施？若为非法，选举之前就会被禁止。大选投票站由两党共同组成的选举委员会监督，拒绝任何一个竞选团队的所谓"观察员"靠近，目的是为了防止捣乱，公平而正当，怎么就是为了"作弊"？

再例如，美国两党势均力敌，互相严格监督，媒体完全自由，对选举舞弊的惩罚极其严厉，因此大规模选举舞弊的风险与代价极大。如果有，怎么可能不暴露，不被任何主流媒体报道？如果有，川普阵营又怎么可能输掉所有的选举官司，一个也没胜利？何况，很多官司还是他亲手任命的法官所判定。凡此种种，其实只需常识与逻辑就可正确判定。

第五，方法论错误，不信主流媒体而信小道消息。此次大选中，很多华人之所以被铺天盖地的谣言蒙蔽，是由于拒绝相信西方主流媒体，却轻信自媒体的小道消息。究其原因，在于基本方法论错误：既没有认识到西方主流媒体的公信力经过了市场长期检验，即使在价值观与政策取向上有党派倾向，在事实报道方面也会客观公正；也没有认识到西方媒体是自由竞争的，主流媒体如果在事实报道方面经常出错，其市场必然会被其他媒体所侵蚀或代替。

此外，他们不仅不相信西方主流媒体，也不相信西方主流社会的判断。他们总是强调支持川普的选民接近一半，但却没意识到相信大选"舞弊"的选民远低于这个比例，根本不是美国社会主流，也不是共和党主流，更不是国际社会主流，特别是在司法系统全面驳回川普阵营的选举诉讼致之后。此时，应该相信哪一方，其实应该非常清楚，而不应该固执己见。

第六，理性温和不足，狂热极端过剩。西方左右之争由来已久，遍布价值观、政治、经济、社会各个层面，是民主社会的正常争端。民主政治本来就是不同观念与利益之争的解决机制，强调正视多元、尊重多数、保护少数、程序正义等基本准则，以理性姿态、君子风度，和平解决各种纷争。

但部分自由派人士却缺乏基本理性，走向极端，将双方正常争端歪曲为"正邪之争"，狂热支持一方，将其定义为"正义"，将另一方定义为"邪恶"，以"阶级斗争""你死我活"的思维看待双方矛盾，将一次正常的选举歪曲为决定制度生死、国家存亡的所谓"国运之争"，甚至主张通过街头运动与暴力斗争解决选举争端，从而彻底走向民主法治的反面。

第七，自负心态过浓，敬畏反思缺乏。华人社会在此次美国大选中撕裂的一个典型表现，是很多自由派普通人士成为极端挺川派，集

357

中反对甚至攻击不支持川普、或者只表示支持美国民主体制及其选举结果的自由派公知大咖，特别是"一贺三张"等专家（贺卫方、张千帆、张雪忠、张鸣，其中前三者是法学家与宪政专家）。这些极端挺川人士不仅嘲讽这些专家"集体翻车"，甚至将嘲弄对象扩大到整个知识分子群体（尽管他们很多人自身也是知识分子）。

这些极端挺川派其实极其自负。正如张鸣教授所言，他们以前之所以相信这些公知大咖，只是由于后者的言论刚好与自己内心想法吻合。但当这些专家集体与自己的想法不一致时，他们不是敬畏专家集体，不是反思自己的认知，却反过来认为专家集体出错，自己才是对的，甚至为自己"不迷信专家"而洋洋自得。他们始终相信的是自己的执念，对自身认知极度自负。至于部分人将嘲讽对象扩大到知识分子群体，则更是对知识缺乏敬畏的"反智"表现。

以上是关于华人社会在此次美国大选中产生诸多错误认知的原因的一个粗浅、非全面的分析。认真反思这些认知误区及其产生的原因，正本清源，提高对民主政治的认识，是华人社会特别是自由派群体的当务之急，对中国的民主进步具有重要意义。

（首发于《联合早报》，2021/2/18）

华人川普主义者的三个迷思

周 濂

一直以来，我都反对用"川粉"指称所有的川普支持者，因为很难想象 7300 多万给川普投票的美国公民都是川普的狂热粉丝。宾夕法尼亚州的一位选民告诉记者："去给特朗普投票的时候，我的脚下像灌了铅"[1]，他对川普的抗疫政策和言论有很多不满，最终因为出身共和党家庭而支持川普，这让他的内心充满了矛盾。在不久前的访谈中，美籍华裔作家哈金表达了类似的观点，他认为川普性格有很多缺陷，没有理想与价值，充其量是一个实用主义者，选川普而舍拜登于哈金而言是理性权衡的结果，而且在 1 月 6 日白人至上主义者攻占国会山之后，哈金认为川普正在破坏自由民主，彻底收回了对他的支持。由此可见即便是在高度两极化的 2020 大选，川普的支持者们也只是达成了"选票的共识"，而不是"理由的共识"[2]。

除了如痴如狂的川粉和"脚下灌铅"的支持者，还有一批自称川普主义的人，他们支持川普的理由是，美国正在面临自由主义和民主党制造的全面危机，川普和他所代表的保守主义价值理想正是拯救美国、复兴西方文明的希望所在。就在美国大选正式落幕的几天前，一本题为《川普主义》的中文电子刊物应运而生，不少知名的华人知识分子名列其中，既包括曾经的自由主义者（主要是哈耶克意义上的古典自由主义者），也包括一些大陆新儒家和基督徒。对于这些故交旧识，我充满了知识和情感上的困惑。但我不打算探讨他们的性格特征与个人际遇；这些话题太私密，有动机论和人身攻击的嫌疑。我也不打算处理阴谋论等明显荒谬的观点。我试图在他们的论点中寻找真正有价值的问题意识，尽可能合理化他们的理由，从事实和逻辑的层面切入分歧。我有一个近似于天真的想法：即使无法成为同道中人，至少还可以成为通道之人，双方应该尽可能地借助理性和适当的共情去理解彼此的同与异,即便最终还是要分道而行,也应该搞清楚同行过哪一段路,在哪里以及因为什么而分手,彼此之间保持足够的体面与教养,避免不端和无礼。

我认为华人川普主义的兴起与以下三个迷思(myth)有着千丝万缕的联系:

迷思 1:圣经造就美国:只有回归盎格鲁—新教传统,才能拯救美国和西方文明。

迷思 2:美国正在社会主义化:无论是经济安排还是文化道德,美国正在不可挽回地滑向社会主义。

迷思 3:曲线救国:惟有川普继续执政,才有可能最大限度地推动中国变革。

虽然具体到不同的个人,这三个迷思的权重以及排列组合的方式有所不同,但我相信它们是帮助我们理解华人川普主义的思想钥匙。限于篇幅,我会重点分析前两个迷思,把第三个迷思留给有识之士去探讨。

一、圣经造就美国的迷思

"圣经造就美国"作为一个迷思,最广为人知的版本来自于亨廷顿。在 2004 年出版的《我们是谁》中,亨廷顿提出美国信念的原则——自由、平等、民主、民权、无歧视、法治等价值——是独特的盎格鲁—新教文化的产物。如果美国人放弃盎格鲁—新教文化,美国也就不大可能保持它的突出地位。[3] 亨廷顿相信,如果美国最初的定居者不是英国的新教徒而是法国、西班牙或者葡萄牙的天主教徒,那么美国就不会是今天的美国,而会是魁北克、墨西哥或巴西。

华人川普主义者普遍接受了亨廷顿的这个叙事;随着川普当选引发的保守主义热潮,尤其是杰瑞·纽科姆的《圣经造就美国》、拉塞尔·柯克的《美国秩序的根基》《保守主义思想》陆续引入中文世界,愈发坚定了他们的这个观点。即便是在 2020 大选尘埃落定的今天,自由学者萧三匝依然在《川普主义已经赢了》一文中指出,"川普主义的实质,毫无疑问,就是源自伯克的保守主义,这种保守主义既关注人权，更关注人权的基础——神的主权。"[4] 在这个意义上，萧三匝认为川普虽然输了，但川普主义必将胜利，因为它是恢复山巅之国的荣耀的必由之路。

"圣经造就美国"作为一种迷思，主要犯了以下三方面的错误：1. 刻舟求剑，在逻辑上犯了开端决定一切、起源决定本质的认知性错误；2. 以偏概全，将美国的建国史不恰当地还原为盎格鲁—新教徒创立山巅之国的历史；3. 自我挫败，在策略上脱离现实语境和条件，面临着从保守主义者蜕变成激进主义者的危险。

赵敦华教授曾经指出，在探讨普遍主义和特殊主义之争时，不少学者常常会混淆"思想的内容"和"产生思想的社会条件"这两个不同的问题。这些学者假定：一种价值观或知识在发生时即获得了一个决定性的本质（"社会条件"、外部"存在"或"内在真理"），在逻辑上存在着过去决定现在，现在决定将来的必然关系[5]。在我看来，亨廷顿与华人川普主义者犯的是同一类型的错误，他们从"起源创造并且维持本质"这个假定出发，主张作为源头的盎格鲁-新教特质决定了美国精神一脉相承的统绪，然而，这不过是赵敦华所说的"关于本质的发生学教条"，或者用我的说法，是一种"观念上的刻舟求剑"，因为"思想的内容"并不等于"产生思想的社会条件"。

以个人权利概念为例，虽然可以在 12 世纪的教会法文本中找到它的思想源头，但是从经典文本中的隐含含义具身化为实际应用中的明确发展，最终定型为把握现实的重要概念，却经历了漫长而复杂的历史演变。[6] 在这个过程中，作为理解和构建现代复杂社会的核心观念，个体权利已经彻底剪断了与基督教母体的精神脐带。与此相似，即使我们承认自由、平等这些现代价值脱胎于基督教，但在价值多元主义的今天，也不再可能把它们奠基于特定宗教传统之上，任何所谓"返本归元"的做法都只是观念上的刻舟求剑。

圣经造就美国的论点也不符合美国的真实历史。从美国建国之初的宗教人口格局来看，盎格鲁—新教徒在马萨诸塞州建立教堂，德国新教徒在纽约和新泽西州定居，马里兰州的主流力量是天主教徒，罗得岛州的定居者是浸礼会教友。不难看出，盎格鲁—新教徒从未一支独大，而是与其他教派呈现出分庭抗礼的局面。

从盎格鲁—新教团体最初奉行的价值和政治实践来看，对内恰恰是专制的而非自由的，他们主张政教合一，不相信也不提倡人类平等，对宗教异端和异教徒毫不宽容。正如历史学家钱满素所指出的，北美殖民地的新教徒经过了一个半世纪复杂的历史变迁，才完成了向自由主义转化的过程。[7]"美国革命同时完成了三项具有革命性的历史任务：从殖民地到独立，从王国到共和国，从政教合一到世俗化。"[8]因此，在任何意义上我们都很难将这个历史性的壮举完全还原成为盎格鲁—新教传统的功劳。

值得一提的是，《圣经造就美国》的作者纽科姆虽然相信"美国的建立始于一个基督教国家"，反复伸张"美国的基督教根源"，但是他自始至终强调"并非幻想如今的美国是一个基督教国家"，"不认为美国应该成为一个神权国家"。纽科姆指出："我相信美国的创建者们希望宗教机构从国家机构[9]中分离出来，从此不再有任何一个基督教派凌驾于其他教派之上。……我相信美国的创建者们希望宗教在公共生活中扮演一定角色（以自愿为基础）。"[10]以上说法充分表明，对于纽科姆而言，"圣经造就美国"是一种修辞学上的表达，意在强调基督教元素在美国历史与公共生活中的重要价值，并不等于他打算放弃美国国父确立的政教分离和宗教信仰自由等一系列现代政治价值。相比之下，华人川普主义者与极端保守的福音派基督徒的一系列主张，比如支持川普废除约翰逊修正案，更像是在字面意义上主张"圣经造就美国"，认为没有基督教就没有美国的光荣与未来。

正因为试图在字面意义上实现"圣经造就美国"，让华人川普主义者面临着自我挫败的危险，因为这意味着他们虽然自命是保守主义者，其实却是激进主义者。恰如亨廷顿所指出的，起初保守主义者只是一些现存社会的批判者或者反动分子，但是渐渐地就变成了激进分子，随着时间的流逝，反动者的理想变得和任何过去的现实社会越来越没有关系。过去被他浪漫化了，最终，他开始支持返回到一个从来没有在现实中存在过的、理想化的"黄金时代"。他与其他激进主义者之间无从区分，而且通常表现出所有激进心理的典型特征。[11]

现代性的宗教起源是一个日益成为学界共识的观念史事实，基督教在美国的历史与现实中占据着难以忽视的地位和影响，即使是在 21 世纪的今天，仍有必要重新审视宗教在公共生活的功能和角色，而不是在彻底世俗化的道路上一路狂奔。但是如上所述，所有这些考量依然无法为"圣经造就美国"这个迷思提供合理的辩护。

二、美国社会主义化的迷思

如果以欧洲为坐标，不难得出这样一个结论：相比 18 世纪的老欧洲，同时期的美国要更自由，相比 21 世纪的新欧洲，同时期的美国要更保守。这种保守性全方位体现在宗教信仰、税收、福利保障、移民政策等一系列问题上。但是即便如此，对于华人川普主义者来说，美国也正在或者即将经历一场社会主义或者平等主义的危机。接下来我将分别从经济、宗教和文化三个方面切入这个问题。

1. 社会主义抑或社会民主主义？

2020 年 11 月 4 日，王建勋教授在朋友圈发文《美国精神就是基督教加上有限政府和资本主义》，并且加了如下按语：

"大选计票正在紧张地进行，鹿死谁手尚不得而知。在很大程度上讲，这次大选选谁，意味着是选有限政府（小政府）还是无限政府（大政府），选自由市场还是经济管制，选私有财产神圣不可侵犯还是打土豪分田地，选低税收还是高税收，选坚守基督教还是走向无神论，选传统婚姻还是同性婚姻，选秩序下的自由还是随心所欲的自由，选资本主义还是社会主义。"

有意思的是，王建勋虽然承认"这种概括失之简单"，但是他坚持认为"从长远看来看，情形就是如此。"他的根本判断是：

"民主党及其追随者，和社会主义的信徒是同一个战壕里的战友，无论他们如何撇清关系。这一点在过去几年里越来越清晰了。这次大选，全球关注，是因为在这个令人焦虑不安的时刻，美国是个风向标，是个领头羊，美国的未来决定着西方文明的未来，甚至决定着人类的未来。" [12]

上述表述不仅失之简单，而且犯了如下几个逻辑错误：非此即彼、夸大其词、以偏概全、以及把逻辑推到极致（或者说滑坡逻辑）。以"把逻辑推到极致"这个谬误为例，众所周知，哈耶克在1944年出版的《通往奴役之路》中正是依据这种思路批评当时的英国福利国家政策。哈耶克的这个论断在华人知识圈中有着广泛而深远的影响，这一方面是因为社会主义中国前三十年有着无比惨痛的历史教训，另一方面则是因为"把逻辑推到极致"的做法很难被现实经验证伪。

1956年，在《通往奴役之路》出版之后的第十二年，哈耶克曾经这样回应他的批评者：虽然英国的福利国家政策暂时没有造成任何与极权主义国家相似的东西，但是这本书的根本论点并没有因此发生动摇，因为"广泛的政府控制所引起的变化是一种心理变化，是人民性格上的改变。这肯定是一个缓慢的过程，这个过程不是几年，而是大概需要一两代人的时间。"[13]

哈耶克的担心并非完全没有道理，福利政策的确可能造就事与愿违的结果，比如伤害公平的机会平等，无法培育公民的责任感和独立性。事实上，罗尔斯就曾经批评福利国家会制造出"沮丧而消沉的下等阶级"[14]，南西·弗雷泽也认为平权法案有可能无助于解决分配不公，反而会进一步导致错误的承认，"把弱势群体标记成天生有缺点和永不餍足的人"。[15]但是所有这些担心都不是全盘反对福利政策的理由；它们只是在提醒我们要更好地平衡理论与现实。正如一些学者所指出的，哈耶克对于社会主义经济计划的批判是彻底和毁灭性的，但是在反驳1970年代以后发展出来的社会民主主义时却贡献甚少。

不久前，凯文·威廉姆森在保守派媒体《国家评论》中指出，当前共和党对于民主党的"社会主义"指控是一种过激反应，充斥着两极分化的情绪，没有明确的实质意义。[16]我认同威廉姆森的上述判断。在我看来，更加符合事实的判断是，美国正在朝着欧洲的社会民主主义迈进。只要不搞计划经济和生产资料公有制，确保私有产权和言论自由、思想自由、宗教信仰自由，美国社会的整体左移趋势就与哈耶克担心的社会主义毫无关系。"把逻辑推到极致"的做法很有可能只是在攻击稻草人。

2. 从哈耶克主义到柯克主义

除了传统的经济议题，华人川普主义者对于自由主义的戒慎恐惧还来自于文化道德和宗教议题。从 2016 年到 2020 年，不少华人川普主义者经历了从哈耶克信徒到柯克信徒的转变。从哈耶克信徒到柯克信徒，意味着从古典自由主义转变成传统的保守主义和宗教右翼，从政治经济议题转向宗教道德乃至于更为抽象的文明议题。当然，成为柯克信徒并不意味着彻底放弃哈耶克的理论资源，正如《美国精神就是基督教加上有限政府和资本主义》这个标题表明的那样，华人川普主义者一方面延续了对福利国家和社会主义的高度警惕，另一方面又把当代欧美的政治分歧解释成神圣与世俗之争。

必须承认，保守主义不直接等于反动派，保守主义也不是美国的病症，而是美国的传统之一。过去两百年美国政治在绝大多数时期能够维持相对稳定的态势，有赖于保守力量与进步力量的动态平衡与牵制。但是另一方面，如詹姆斯·R·库尔特所言，"美国的保守主义"从来都是一个"矛盾修饰语"，美国建国初期，那些筚路蓝缕来到新大陆的欧洲人是为了开创一个新世界，而不是要保守欧洲大陆的旧世界，他们在任何意义上都首先是欧洲的自由主义者，比如在经济上主张自由市场、低税收和自由选择，宗教上奉行政教分离与信仰自由，军事上反对征兵制，如果一定要称他们为保守主义者，那么他们要保守的也是欧洲的自由传统而非专制传统。[17]

从 1787 年到 2021 年，美国保守主义主要经历了三个发展阶段：第一阶段，从建国初期到 1930 年代，此时的美国保守主义实质上就是古典自由主义；第二阶段，从 1930 年代罗斯福新政到 1960 年代，这个阶段的美国保守主义主要由三股力量集结而成，分别是坚定的反共分子，古典自由主义者（或者说自由至上主义者）以及传统主义者，后二者的代表人物分别是哈耶克与拉塞尔·柯克。哈耶克明确拒绝保守主义的标签，但是如果一定要勉强称他为保守主义者，那么他的精神气质更接近第一阶段的美国保守主义，因为他要捍卫的就

365

是古典自由主义的传统。相比之下，柯克属于美国保守主义族谱上的异类与旁出，他在观念上更接近于 18 世纪的欧洲保守主义而不是美国本土意义上的保守主义。但值得深思的是，正是柯克成为了美国保守主义第三阶段的代表人物，从 1960 年代中后期开始，美国保守派发动文化战争，将战火从经济议题烧到了色情文学、堕胎、道德滑坡这些议题，经过半个多世纪的酝酿，最终在 2016 年川普的力量将逆向身份政治发挥到了极致，追本溯源，柯克在其中起到了至为深远的影响力。

有必要对柯克式的保守主义做一个准确的定位。亨廷顿区分过三种类型的保守主义：分别是情境式的，贵族式的和自主式的。按照这个区分，如果说艾德蒙·伯克是一个保守主义者，那也是情境式的保守主义者，而不是贵族式的或者自主性的保守主义者，因为无论是英国的辉格体制、美国的民主制度、法国的专制制度还是印度的印度教制度，伯克都一视同仁地捍卫它们，只是"因为他具有捍卫所有现存制度的强烈愿望，而不管这个制度在哪里、受到何种挑战。"[18] 相比之下，华人川普主义者以及柯克主义者更接近于贵族式的保守主义与自主性的保守主义，因为他们一方面试图恢复和确保特定群体（比如盎格鲁—新教群体）的特权地位，另一方面又主张保守主义拥有一套普遍有效的和自主的观念体系。

有一些华人川普主义者试图用"情境式定义的保守主义"来做自我辩护，认为自己是在保守中国的自由传统和宗教传统，可是在我看来这是一种自相矛盾的观点：因为你不可能保守一个并不存在的传统。我们的确可以拿着放大镜在中国传统的经典著述和政治实践中找到一些"自由"与"宗教"的草蛇灰线，但这远不足以证明中国具有自由的传统和宗教的传统。在这个意义上，按照美国保守主义的模板去构建中国的保守主义，结果只能是邯郸学步。

柯克信徒的典型特征是，主张政治问题归根结底是宗教和道德问题而不是经济问题。1980 年代，柯克对曾经的盟友自由至上主义者发起猛烈攻击，将后者轻蔑地称为"形而上学的疯子"和"政治上的精神病人"，并且指出："现代政治学最重要的分界线，如沃格林的提醒，不在于一边是极权主义者，另一边是自由主义者（或者自由至上主义者）；而在于一边是所有信仰超验的道德秩序的人，一边是所有将朝生暮死的个体错误地当成全部存在和全部目的的人。"[19]

华人川普主义者不仅在精神实质上与柯克一脉相承，甚至有过之而无不及。部分成员有一种信仰万能论的倾向，似乎只要站在宗教的制高点，就可以将高度复杂的现代社会问题还原成信仰问题，轻而易举地获得洞察历史真相与政治本质的特殊功能。可是，正如苏格拉底对雅典人的警告，智慧这个词太重了，它只可能属于神，而人充其量只是爱智慧者。基督徒作为神的信徒，应该比无神论者更能体认人的渺小和微不足道，而不是代神立言与判教，由于信神而误以为自己成了神。

3. 文化多元主义抑或多元文化主义？

促使华人川普主义者从哈耶克信徒转变成柯克信徒的一个主要原因是，他们相信随着人口格局的改变，必然导致"白人国家"和"基督教文明"的永久丧失，因此有必要在种族、性别、移民、堕胎、同性恋和宗教议题上全面阻击自由主义。

丛日云教授尝试区分文化多元主义（cultural pluralism）和多元文化主义（multiculturalism）。按照他的定义，文化多元主义"承认多元文化共存的现实，在宪法共识的基础上，尊重各少数族群、宗教、弱势群体或边缘群体的特殊文化，同时它又坚持在多元文化格局中主流文化的主导性，推动各种文化融入主流文化。"丛日云认为"对这种多元文化的尊重与宽容，是自由主义题中应有之义。也是特朗普这一派保守主义者所珍重的价值，所以，他不会挑战和损害这种多元主义。"但是多元文化主义有所不同，它

"将重心转向对文化多元性价值的强调，认为文化多元化本身就是值得追求的，为此，它极力贬抑主流文化，欣赏、推崇甚至崇拜各少数族群、宗教以及社会弱势和边缘群体的文化。这样，美国的主流文化受到了严重侵蚀和削弱，从而带来文明的危机和衰落。从这个角度看，多元文化主义是西方文明的败坏性因素，它的流行其实是西方文明的自虐、自残与慢性自杀的行为。特朗普反对的正是这种类型

的多元主义。他想让美国'再次伟大'的含义之一，就是停止这种自杀行为，让美国文明重振自信、重现辉煌。"[20]

丛日云的分析存在着不少事实性的错误和观念上的混淆。如前所述，丛日云认为文化多元主义"坚持在多元文化格局中主流文化的主导性，推动各种文化融入主流文化。"仔细考察他的观点，就会发现他与亨廷顿的基本立场没有差别，丛日云指出：

"我们知道，文明是一个生命体，其文化是其灵魂或精神，其物质载体是具体的族群，即创造和传承这种文明的民族或种族。你不能指望别的民族传承你的文明。……对于移民潮带来的人口结构变化，特朗普这一派人忧心忡忡。他们担忧的不仅是恐怖活动、犯罪、福利负担和劳动力竞争等问题，更担忧的是鸠占鹊巢、美国传统的白人基督教文化的前途问题。"[21]

由此可见，按照丛日云的观点，所谓"推动各种文化融入主流文化"，其实质就是"化多为一"，进而实现"多上之一"——将多元文化彻底地同化成白人基督教文化，这根本不是在主张文化多元主义，而是在倡导文化一元论。时至今日，我们有充分的理由认为川普并不是真正意义上的保守主义者，他支持的也不是文化多元主义而是白人至上主义。如果"让美国再次伟大"就等同于回归白人基督教文化，那么这种做法不仅违背美国的建国理想与信念，而且必然会对少数群体造成压制性和排他性的现实恶果。

丛日云关于多元文化主义的批判虽然有部分道理，但仍然失之偏颇和简单。比如他在文中提到，"有一个叙利亚裔移民青年申请斯坦福大学，他提交的作文是将"黑命贵"（Black Lives Matter，或译为"黑人的命也是命"）写了一百遍。"丛日云认为此举堪比文革中的"白卷大学生"，而且"斯坦福大学对录取这个学生作过一个解释，其中一个考虑，就是增加校园的多元文化。"[22] 以上说法充满了事实性的错误，只要到外网稍微做一下事实核查，就会了解这位名叫齐亚德·艾哈迈德（Ziad Ahmed）的青年并不是白卷大学生，相反他各方面的表现都很优异，他并没有在一篇作文中重复写了一百遍 BLM，而是在按照规定提交了所有材料之后，针对申请表中的最后一个问题——"对你来说什么是重要的？为什么？"——填写了一百遍 BLM，因为他想真实地表达内心最强烈的愿望。当这位青年在推特上披露自己的这项行为之后，斯坦福大学的发言人确认给他发放了录取书，但并未承认与此行为有关系。[23]

从日云也许会反驳说，即便自己犯了事实性的错误，但是他对于美国政治文化的整体趋势的担忧依然是成立的："这样的多元化搞下去，就突破了适当的界限，带来平行的政治，将文化熔炉变成文化马赛克，国民整体素质下降，国家失去内在凝聚力，终致社会解体和文明的衰落。"[24]

要想辨明其中的是非曲直，需要从观念层面上厘清真正的多元文化主义的理论诉求和现实目标。按照西方学界的常识观点，多元文化主义主张正视并尊重差异性，而不是通过普遍抽象的同一性来取消差异性，正是基于这样的考虑，多元文化主义的支持者

"反对将少数群体的成员同化（assimilate）到主流文化之中的'大熔炉'的理想，支持少数群体成员可以维持其独特的集体身份和实践的理想。在移民问题上，支持者们强调多元文化主义有助于而不是削弱了把移民融合（integrate）进社会的过程；多元文化主义政策为移民的融合提供了公平的条款。"[25]

这里的关键词是"同化"与"融合"。二者的区别在于，"同化"是以某个主流文化——在亨廷顿和从日云这里被具身化为"盎格鲁—新教"或者说"白人基督教文化"——为标准，将少数文化消弭于其中，这条思路表面上看似尊重文化和价值的多元性，实则却是寻找"多上之一"的文化一元论。与此相对，"融合"的意思是，一方面充分尊重文化多元的事实，认为这个事实本身就是有价值的，为此有必要诉诸各种法律和政策以维护文化的多样性与特殊性，另一方面，多元文化主义并不主张所有的文化价值一视同仁、没有高下之分，也不认为它们可以天然地保持和谐，而是要通过积极的融合才能实现社会团结，具体到美国社会，融合的标准和方向不是朝向某个特定的宗教或者种族，而是朝向更为抽象和一般化的价值与信念，比如个人主义、民主主义、宪政主义、法治、人类平等，等等。正是基于这些实质性的观念，才有可能在尊重文化多样性的同时确保社会团结和国族认同，真正实现"多中之一"。

369

自由主义论丛——第一卷 川普主义批判

通过以上讨论不难发现，丛日云二分法的谬误在于，他所主张的"文化多元主义"和反对的"多元文化主义"均发生了不同程度的观念扭曲和变形：他认同的"文化多元主义"实际上是寻找"多上之一"的文化一元论；他所反对的"多元文化主义"实际上是"化一为多"的文化相对主义。而真正的"多元文化主义"试图寻找"多中之一"，这个任务比起文化相对主义来说更加看重"一"，比起文化一元论来说更加尊重"多"。

当然，理论的龙种往往会产出现实的跳蚤，尽管我们可以在观念上厘清多元文化主义与文化相对主义的差异，但是必须承认，在现实效果中前者始终存在滑向后者的危险，就此而言，我虽然不接受丛日云的分析框架和解决方案，但却部分认同他的问题意识。事实上，早在上世纪 90 年代末理查·罗蒂就在《筑就我们的国家》中探讨过文化左翼对于国家认同的负面影响，2016 年川普当选之后，弗朗西斯·福山、马克·里拉、乔纳森·海特等人都对身份政治、政治正确、取消文化和新左翼社会运动进行了认真的反思与检讨。多元文化主义会不会最终滑向文化相对主义，导致美国文化的碎片化，进而瓦解国家的共同文化基础？凡此种种都是值得严肃探讨的开放问题。

关于多和一的关系，南卡罗来纳州的资深共和党议员林德塞·格拉汉姆说过两句发人深省的话，一句是"多样性是一种优势，而不是一种劣势。"另一句是"美国是一个理念，不是一个种族。"[26] 只有基于这样的认知，保守主义者和自由主义者、共和党与民主党才有可能在移民问题以及多元文化主义问题上达成有价值的共识。

在华人川普主义者的所有迷思中，"曲线救国"最值得同情，但我不打算深入探讨这个欲语还休的话题，只想提出两个观察和思考：1. 绝望的情绪会严重干扰一个人的现实感和对未来的预期，以至于病急乱投医，犯下所托非人的错误。2. 临渊羡鱼但却不能退而结网，这是所有隔岸观火同时又全情投入的华人的悲哀。

三、结语

托克维尔这位美国民主的伟大观察者早在 180 年前就曾经指出，

对于美国民主体制的影响，地理的贡献要小于法律，而法律的贡献又要小于民情。2020 年美国大选进一步撕裂了美国社会，一个国家、两种民情，针锋相对、势不两立，方此之时，维系民主制度和美国认同的重任就落在了法律上。就此而言，我赞同川普和共和党的支持者搜集一切具有法律意义的证据，在法庭上对大选结果提出挑战，当然，前提是尊重法律，愿赌服输。

2021 年 1 月 6 日，白人至上主义者试图通过占领国会山干扰参众两院对选举人团票的认证，事件发生过后，有人在朋友圈里发了一段戏仿对话：

> 这是一场叛乱吗？不，陛下，这是一场革命。
> 这是一场革命吗？不，总统，这是一场叛乱。

究竟是叛乱还是革命？违宪还是护宪？颠覆自由民主还是保卫自由民主？时至今日不同立场者依然各持己见。2020 年大选不仅撕裂了原本就已两极化的美国政治，而且在华人知识圈中造成了难以弥合的争端。曾经的同道中人分道而行，曾经的"政治分歧"演变成了"政治冲突"。

所谓"政治分歧"，根据马特·斯里特的观点，意味着双方仍旧共享一组政治价值，并对基本的政治安排（比如宪法、民主程序以及三权分立的政治框架）解决分歧的能力保留信心，而"政治冲突"则是持有对立价值的双方试图绕过民主和法律的手段，直接诉诸暴力与革命来解决问题、压制对手，甚至是消灭敌人。[27]

这是一个让人至为沮丧的结论，但我依然选择相信美国制度的自我修复能力和美国人民的自我反思能力。我始终认为，对于美国政治的健康生态而言，川普赢不如拜登赢，拜登大胜不如拜登小胜。川普落败可以让共和党和挺川者冷静下来，认真检讨过去四年川普对于保守主义理想以及美国的政治、法律和民情造成的伤害和破坏。拜登小胜可以让民主党、主流媒体以及自由派的知识分子反思在新冠疫情肆虐之际，为什么川普仍有如此之多的支持者，反思政治对手问题意识的部分合理性。

有人说，川普的最大问题就在于让左右都变得更糟了。但愿拜登能让左右不再变得更糟。

（首发于台湾《思想》杂志第 42 期，2021/4/13）

注解：

1. 杨宇豪，《投票给特朗普的时候，我的脚下像灌了铅》，微信公号"世界说"，2021 年 1 月 18 日。

2. 视频采访，请见 https：//m.youtube.com/watch？v=9VLo4EokJjY& feature=youtu.be。

3. 中译本将英文书名 Who Are We 改译成了《谁是美国人》，参见塞缪尔·亨廷顿，《谁是美国人？：美国国民特性面临的挑战》，程克雄译（北京：新华出版社，2010），页 248-249。

4. 萧三匝，《川普主义已经赢了》，微信公号"萧三匝"，2021 年 1 月 26 日。

5. 赵敦华，《为普遍主义辩护：兼评中国文化特殊主义思潮》，参见《学术月刊》2007 年 5 月号，页 36。

6. 周濂，《后形而上学视阈下的西方权利理论》，参见《中国社会科学》2012 年第 6 期，页 49-50。

7. 钱满素，《美国自由主义的历史变迁》（北京：生活·读书·新知三联书店，2006），页 7-14。

8. 同上，页 15。

9. 杰瑞·纽科姆，《圣经造就美国》，林牧茵译（上海：复旦大学出版社，2017），页 19-20。

10. 同上，页 19。

11. 塞缪尔·亨廷顿，《作为一种意识形态的保守主义》，王敏／译 刘训练／校，《政治思想史》，2010 年第 1 期，页 162。

12. 引自王建勋 2020 年 11 月 4 日的朋友圈发言。

13. 哈耶克，《经济、科学与社会：哈耶克论文演讲集》，冯克利译（南京：江苏人民出版社，2003），页 319-320。

14. John Rawls, Justice as Fairness（Harvard University Press, 2001），p. 139.

15. Nancy Fraser and Axel Honneth, Redistribution or Recognition？ A Political-Philosophical Exchange（London：Verso, 2003），p. 77.

16. 转引自詹涓，《民主党要在美国搞社会主义？已经转向极左？》，微信公号"纽约时间"，2020 年 12 月 5 日。

17. James R. Kurth, "A History of Inherent Contradictions: The Origins and End of American Conservatism," in American Conservatism, edited by Levinson, S. V. & Williams, M. S. & Parker, J.（New York：NYU Press, 2016），pp. 13-18.

18. 塞缪尔·亨廷顿，《作为一种意识形态的保守主义》，王敏／译 刘训练／校，《政治思想史》，2010 年第 1 期，页 166。

19. Russell Kirk, "A Dispassionate Assessment of Libertarians," in Freedom and Virtue： The Conservative/Libertarian Debate, edited by George W. Carey（University of America 2004），p. 182.

20. 丛日云，《特朗普反对什么样的多元主义？》，网络资源：http：//www.aisixiang.com/data/112289.html。

21. 丛日云，《特朗普反对什么样的多元主义？》，网络资源：http：//www.aisixiang.com/data/112289.html。

22. 丛日云，《特朗普反对什么样的多元主义？》，网络资源：http：//www.aisixiang.com/data/112289.html。

23. 参见 The Washington Post 网站 2017 年 4 月 6 日的报导，

https://www.washingtonpost.com/news/grade-point/wp/2017/04/06/his-application-essay-for-stanford-writing-blacklivesmatter-100-times-he-got-in/

24. 丛日云，《特朗普反对什么样的多元主义？》，网络资源：http：//www.aisixiang.com/data/112289.html。

25. "Multiculturalism," Stanford Encyclopedia of Philosophy，网络资源：https：//plato.stanford.edu/entries/multiculturalism/。

26. Julie Hirschfeld Davis, "A Senior Republican Senator Admonishes Trump: 'America Is an Idea, Not a Race'," in The New York Times, Jan. 12, 2018, https://www.nytimes.com/2018/01/12/us/politics/trump-immi gration-congress.html

27. Matt Sleat, Liberal Realism： A realist theory of liberal politics（Manchester University Press： 2017），p. 56.

自由派的分裂

中国语境下的大撕裂

贺卫方

把全世界都搅得沸沸扬扬的美国大选终于尘埃落定，拜登宣誓就职，竭尽全力谋求连任的川普——又名特朗普，这个姓氏的翻译很麻烦，容我用中国大陆通译——黯然离开首都华盛顿。回顾这一段时间里网上的各种争论和撕裂，一时间竟有点不知从何说起的感觉。

有好事者曾以对川普的态度为标准，将中国知识界分为"挺川"和"黑川"两大阵营，虽然我在选战期间发表言论并不多，但还是被明确地划分到"黑川"行列。当然，这对我而言并不冤枉，因为在为数不多的发言中，自己已经明确表达了特别希望民主党能够赢得本次选举的期盼。而且，我对于川普的负面印象可谓由来已久。早在2017年1月20日川普就职典礼的当天，我就在自己的微信朋友圈里写下了这样的短评：

晚上看了 CNN 川普就职典礼全程直播，坦率地说，这是一位令人失望的人物。他张扬而自卑，肢体语言显得缺乏教养，表情上甚至有一种厌恶所有这一切的神态。直到他宣誓之前，我都担心他是否会突然站起来拂袖而去。副总统 Pence 以及身边人们的任务彷佛是在全力劝说他："求求你，配合一下吧，很快就结束了。"至于演讲的内容，也真是乏善可陈，充斥着空头承诺、民粹动员、封闭幻想，是我看过的美国总统就职演讲里最黯淡无光的一个。我很怀疑他能否完成自己的四年任期。

这则言论在最近的讨论中被挺川人士截频展示出来，作为罪证。

有趣的是，即便是在我多达五千关注者的朋友圈里，当时的这则评论并没有受到多少批评性响应，反而是大多都是赞成的留言。现在想来，在当时中国政府的观察中，与川普打擂台竞选的民主党候选人克林顿在她国务卿任职以及竞选期间表现出对中国的强硬立场已是昭然若揭，反而作为商人和所谓"政治素人"的川普，却令人产生一种无事不可能（nothing is impossible）的可交易想象。所以，当时的知识界和其他民间人士，内心里希望克林顿当选者更多也未可知。

四年的时间过去了，川普在中国朝野两方面的印象已经发生了很大的逆转。由于美国政府对中国在贸易平衡、南海主权、香港、台湾以及新疆等一系列问题上都采取了激烈的对抗立场，捕获了越来越多的中国人的欢心。这些"苦秦久矣"的人们是多么喜欢这位对于中共及中国政府下得狠手的美国总统，多么希望他能够再来四年；相应的，他们对川普的竞争者民主党及其候选人拜登就不免百般诋毁，怒其必争了。美国华人尤其是法轮功系统的媒体，那可真叫：一片花心唱川谱（普），漫天骤雨浇拜灯（登），反差何其极端！

这场由美国大选引发的争端和撕裂是如此激烈而惨重，以往为中国的自由、宪政以及人权而并肩抗争的同道们竟分作泾渭分明的两派，这是半个世纪以来最严重的裂变。不独此也，粗略观察，过去认为属于自由派知识分子的阵营中，居然是"挺川派"占据了多数。不久前，一群挺川学者还专门推出名为《川普主义》（副标题：保守传统价值 重塑美利坚荣耀）的出版物，以为其自命的"保守主义者"的舆论阵地，成群结队，声势不小。

这里，不妨结合相关争论的三个焦点，把自己的一些观点加以阐述或重申，当然也是一种反思。

1. 于美国的两党政治。西方近代型政党制度从起源之日开始，便是不同利益的组合和竞争。特定政党维护本党所代表的利益，同时也承认其他政党存在的正当性，并在竞争中寻求妥协。因为只是作为局部利益的代言人，所以英文里使用了以 part 为词根的 party 一词指称政党。这样的政党理念也伴随着美国立国以后的整个历史。最初是偏于维护联邦与偏于维护州权及公民个人权利的两个政党之间的斗争。在过去超过一个半世纪里，进入到现代两党制度的稳定期，两党之间逐渐形成了对于一些重大社会政策性相对确定的分歧，诸如税收倾向、政府角色、平权运动、堕胎权利、移民政策之类。在分歧之外，两党在诸如民主政治、私有财产保护、司法独立、新闻自由等更重大的价值方面却有着深刻而广泛的共识，二者之间正是在这种既有共识也有冲突的过程中推进着社会稳定地前行。

但是在中文媒体所出现的这场争论中，一些支持川普的人们却把共和党和民主党之争说成正义与邪恶之间的战争，尤其是抓住某些极端主张，以偏概全，抹黑整个民主党。另一方面，又把共和党神圣化，甚至肉麻地把川普说成是"天选之子"，一个世俗总统俨然变成拯救美国甚至世界的救星，真是对这些言必称民主者的大讽刺，就基督徒而言，这种对于一个活人的崇拜更是一个大讽刺。

中文网上那么多对于美国左派的攻讦跟中国人的经验有关，那就是，一听到左派，就把它想象为中国语境下的左派。我在回应一位力挺川普的朋友时说：

在一个健全的西方民主、宪政、法治体制下，在资本主义的正轨中，保守派和自由派形成了相互平衡的两翼，在距离马克思很久之前英国就有辉格党，也有托利党，在美国有共和党也有民主党，这真正如鸟之两翼，车之两轮，缺一不可。钟摆效应下，社会的各个领域都会周期性的有所调整。但是，近年来国内颇有一些学者把希望全部寄托在西方保守主义的一端，又把西方左派等同于马克思左派，对前者赞美不已，对后者不屑一顾，这分明是把杭州当汴州，扭曲了西方左右的真实谱系，也难以对中国起到对症下药的效果。中国缺乏西方的右派，也缺乏西方的左派。毛泽东曾说他喜欢跟共和党交往，也不是偶然。我曾到费城参观宪政纪念馆，其中有个测试器，让你选择各种问题，例如税收、堕胎、持枪、联邦与州关系等等，我测试的结果，居然是稍微偏向于民主党的。我这个中国右派，到了美国，居然迷失了政治方向！

但是，那位朋友在响应中仍然表达对于西方左派的极度反感，回复我说：

作为灯塔国的美国，已经建立的联邦共和体制也并非确保无虞，极权主义如同病毒一般会在政权和社会中长期存在，因其诉诸于人性固有的恶。西方左派长期以来在政治正确上已经走得太远，在大学、媒体中成为绝对主流，甚至不许别人表达异议……在这种情势下，平分秋色、势均力敌是无法达到的。西方社会的颓势和许多危机与此有关。中国左派当然更加不堪，抱权力粗腿玩得风生水起，但有一点他们在意识形态层面与西方左派是相通的——主张社会主义，否定市场经济，批判资本主义，抱紧马克思主义等。

这样的回复表明了就是要把西方左派等同于社会主义，这是太强烈的偏见，也是对民主党主张的严重扭曲。尽管难以说服，我还是作了进一步的回应：

其实，美国的情况并不像您所忧虑的那样，似乎马克思左派在大行其道。桑德斯最近在民主党初选中的遭遇表明，民主党的主流并不接受那种太靠近社会主义的极左主张，拜登就代表着一种稳健持中的左派观念。从美国过去这半个多世纪的政治走势看，也没有出现一派独大的情况，民主党、共和党之间的交替还是有着比较平衡的步调的。1920-30 年代，美国尚且没有走向社会主义，在苏俄阵营解体、冷战结束之后的今天，主流美国人更不会容许美国"接过列宁的旗帜"，这一点真的无需担忧。……从福利国家的角度看，美国是西方世界最不福利的，比欧洲尤其是北欧国家差距甚远。精英大学和主流媒体里左派似乎占据了主导地位（历史上一直如此），但还有非精英大学和 Fox News 呢。有意思的是，例如哈佛法学院的教授们偏左，但法学院的毕业生却未必那么整体地偏向左派，右翼精英——例如现任国务卿蓬佩奥——也在所多有。您说如今右派难以平分秋色、势均力敌，但是上次大选选票计算结果不是证明从全国范围内看，双方之间差距甚微么？况且如今参议院在共和党手中，最高法院大法官中保守派占据多数，您放心，两派还是比较平衡的。对了，我私心希望下次总统选举，民主党能够胜出，主要考虑到最高法院的构成，现在保守派太多了。如果川普再干一届，估计那位女大法官金斯伯格绝对熬不过去了。

我一语成谶，上文是 2020 年 5 月写的，金斯伯格大法官连川普

377

的一届任期都没有熬过去，9 月 18 日就病逝了，川普得以提名并任命保守派联邦法官巴瑞特为新晋大法官。能够在一个任期里任命三位联邦最高法院大法官，也成为川普为美国保守派作出的最重要的政治贡献之一。好在这几位保守派大法官在此后涉及到大选的诉讼中表现出的并不是唯川普马首是瞻，而是卓越的专业和独立风范。

2. 基督教与美国宪政。在这次争论中，中国的一些基督徒以及似乎皈依了基督教的学者因为川普不断地宣称自己的基督教福音派信仰而欢欣鼓舞，进而对其排斥穆斯林等非基督教国家移民的主张赞赏有加，并且表现出一种强烈的信念，即美利坚合众国的宪政以及保守主义哲学的根基正在于基督教新教的信仰，不仅如此，对于其他国家而言，也只有确立了这种基督教信仰，才可能建立宪政体系。这一点，在前面提到的那本书《川普主义》的作者群里，俨然变成一种共识。

从大学三年级开始，我个人关注基督教及其与西方法治关系的历史已经四十年，自己的本科和硕士学位论文的主题都是中世纪教会法及其对世俗法的影响。我当然知道，欧洲的宪政体制与基督教（包括天主教）之间所具有的深刻关联。例如，中世纪欧洲流行的教会权力与世俗权力之间的两分乃是近代宪政分权体制的历史渊源之一，同时也正是这种强调"上帝的归上帝，西泽的归西泽"的传统成为近代宪政中政教分离的源头活水。对于美国的立宪国父们而言，他们之所以要通过宪法第一修正案规定不得确立国教的准则，也是因为他们看到了在欧洲以及北美殖民地时代的宗教迫害，因而对世俗权力与宗教信仰结合在一起所产生的危害有极大的忧虑。

至于说到美国宪政体制，尤其是权力分立、联邦制以及宪法所确立的各种维护自由与人权的准则，有些属于国父们的天才创造，更多的则是悠久的西方文明演进成果，基督教只是宪法的渊源之一。其他重要的根基要素包括前基督教时代的希腊政治哲学、罗马法，以及英国法律史上所逐渐形成的司法独立和法律职业化等等。虽然由于大法官具有僧侣身份，英国的衡平法渗透了一些教会法的立法和原则，但整体而言，美国所继承的英国法中仍然以世俗的成分为主导。约翰．亚当斯（John Adams）说得最真切："让我们研究自然法，研究英国宪法的精神，阅读远古时代的历史，思考希腊和罗马的伟大范例，追思我们自己不列颠祖先的行为，他们为捍卫我们人类与生俱来的权利抵抗外来的以及内部的暴君及篡权者。"

不仅如此，在美国的种族以及文化越来越多元化的今天，作为一部适用于如此繁杂移民组成国度的宪法，必须具有超越基督教的包容性。在过去的一个多世纪里，作为自由乐土的新大陆成为世界各地人们的向往之地，纽约港前面的自由女神像见证了多少不同信仰和肤色的人们进入这个国度，他们有南美洲或爱尔兰的天主教徒、受纳粹迫害的犹太人、印度或印度尼西亚的穆斯林、中国或越南的佛教徒或无神论者，凡此种种，他们中的许多取得了美国的公民身份，却无须改变自己的信仰。这些移民的子女中，肯尼迪、奥巴马成了美国总统，布兰代斯（Louis D. Brandeis）成为第一位犹太裔大法官（金斯伯格是首位女性犹太裔大法官），国会议员、联邦法官、行政当局高官中各种族裔缤纷多彩，如今的美国，谁敢公然宣称 WASP（即白人—盎格鲁—撒克逊—新教徒）才是主流？

还有，在 20 世纪，一些基督教并不占信仰主流甚至很少基督徒的国家里也建立起运行良好的宪政和法治体制，日本就是一个绝好的例证。尽管麦克阿瑟主导的现行日本宪法具有美国宪法相当的影响，但是，一方面，这种影响的内容本身并非与基督教信仰相关联，另一方面，支撑当代日本宪政的根基观念也并非完全是西方舶来品，更有前明治时代超过七个世纪中所形成的"统""治"分离以及幕藩体制下的地方自治传统。另外，台湾在过去三十多年里从威权向民主体制的成功转型也是另一个鲜活的证明。无视西方宪政跟基督教信仰及教会之间的关联固然不符合历史，但夸大宗教的作用，却足以导致一个令人绝望的结论：中国的宪政梦必将是"此恨绵绵无绝期"。

3. 中美关系恶化：原因与未来。在中美关系方面，川普时代意味着过去延续超过四十年那种接触、拥抱以期改变的政策的终结。无论是行政当局，还是参众两院，都不断地推出各种强硬举措，步步紧逼，令中国当局穷于应付，难以招架。中美关系如此断崖式的恶化不禁让许多追求中国政治转型而不断受挫的国人感到欣欣鼓舞，他们非常期盼这样的打击能够延续下去，而且不断加大，并且很自然地担心一旦川普不能连任，在他任期里已经风生水起的这番大事业将前功尽弃，一切又回到此前的那种混沌无望的情形。

全面评价近年来中美关系恶化的效果超出了本文的范围，这里只是指出一个吊诡的事实：随着川普时代美国政府对中国打击力度的加大，在中国内部所发生的却是人权状况的持续恶化。……当然，所有这些不能归咎于川普以及美国政府，毋宁说是中国内在逻辑的一种展示。也可以说，导致美国政府对华政策逆转最关键的推动者，不是美国方面，而是中国当局。包括美国在内的西方国家长期奉行的类似"怀柔羁縻"的策略完全失效，转而使用大棒甚至炮舰也就成为必然。一个根本性的困难在于，怀柔也好，大棒也罢，当一国内部没有形成一种足以制衡威权的体制性的（institutional）以及社会化的力量，外来压力所带来的经常是一种反向效果。尤其是对象国体量远远超过如伊朗、朝鲜的情况下，指望外部的种种制裁和号召就能引发国内的变革就更是一厢情愿了。

另一方面，多少可以安抚中国的那些川普拥趸的是，拜登上任后，虽然推翻了川普在内政外交方面的许多政令，但是涉及中国的各种施压政策却得到了延续。新任国务卿以及国家安全顾问、防长等都表达了维持对华强硬路线的明确态度。而且，与川普不一样的是，拜登当局更强调在对华政策方面与欧洲以及传统盟国之间的协调作业，同时又注重制裁中国的时候以"手术刀"而非"大砍刀"所带来的更为精确的打击。这样的延续与调整并重的战略与策略前景如何当然还有待观察，至少可以让中国党政当局不必再抱某种不切实际的幻想。

剩下的，就看我们中国人自己的了。孟子说得对："夫人必自侮，然后人侮之；家必自毁，而后人毁之；国必自伐，而后人伐之。"反过来的道理是，国必自救，而后人救之。

（首发于台湾《思想》杂志第 42 期，2021/4/17）

如何看待中美民众在美国大选问题上的分裂？

余 智

此次美国大选，无论是在美国社会，还是在华人社会（包括中美两国华人）特别是自由派中，都引起了巨大分裂。很多人都担心这种分裂是否会削弱美国的民主制度与世界地位，以及华人社会中推动国家民主进步的力量。

笔者认为：从总体上看，不必过度担心本次美国大选在中美两国民众中造成的分裂，但其中的部分问题的确应该引起高度重视与反思，以促进美国社会的健康发展与中国社会的民主进步。

（一）美国社会的分裂问题

"分裂"从某种意义上讲是社会的正常状态。因为每个个体的思想观念与利益诉求本来就存在差异，或者说，"分裂"在一定意义上说就等同于人类社会的多样性。民主政治本身就是基于社会"分裂"的现实，为了解决不同个人与群体的观念与利益差异，而建立起来的制度安排。这一制度的基本原则包括自由平等、尊重多数、保护少数、程序正义，等等。

美国从建国到现在，社会一直处于"分裂"状态。绝大多数情况下的"分裂"，都是在赞同民主宪政的上述基本原则的前提下，关于公共政策措施的不同意见的分歧，是民主社会常态。美国绝大多数的选举与政策辩论中，社会都是"分裂"甚至高度"分裂"的。在很多选举中，当选人的选得票率都与竞选对手相差不大。但关于选举胡不同政策意见的分歧，都会通过上述民主机制得到妥善解决。这也正是这一体制长盛不衰的魅力所在。

此次美国大选中的民众分裂，与以往历届大选相比，的确有一些

381

新的特点与内容。一是传统的左右之争更加激烈。双方在移民与少数族裔、种族平等与反种族歧视、社会保障与福利政策、跨性别少数群体等传统纷争上的撕裂更加尖锐对立。二是双方争端更多地涉及价值观与制度基础。川普阵营更多地以保守主义价值观为其政策提供辩护，而民主党阵营则更多地指责川普的民粹主义对民主宪政的破坏作用。三是选举后产生了前所未有的选举"舞弊"争端。这一争端持续两个多月，历经多次重大事件，甚至最后川普支持者暴力冲击国会大厦，震动全美乃至全球。

尽管如此，美国的民主宪政在解决这次激烈的选举争端中仍然发挥了决定性作用。一是司法系统（包括川普亲自任命的法官）坚持了独立性，顶住了挺川派的巨大民意压力，坚持了独立审判原则，驳回了川普阵营没有实锤依据的所有选举指控。二是共和党的主流政治人物在司法系统判决、选举人团投票后，绝大多数都宣布接受拜登当选，与川普切割，从而使国会通过了对拜登的认证。三是军队严守政治中立，不参与选举纷争，并宣布效忠宪法，接受经过法律程序选举出来的领导人。这些都表明，美国民主体制依然坚如盘石，在解决社会严重分歧方面仍然非常有效。对美国民主体制的过度担忧是没有必要的。

然而，这次大选造成的高度分裂，确实已经威胁到美国民主制度的安全，给美国社会敲响了警钟。笔者在《川普是否操弄民粹主义并有独裁倾向？》一文中曾提出并详细论证，川普的确操弄民粹主义并有独裁倾向，威胁到了美国民主体制的安全。任何民粹主义都有民意基础。川普政府的疫情防控效果极差，但仍然获得接近一半的选民的选票，而且吸引了众多的狂热支持者，代表他有着深厚的民众基础。虽然川普本人已经下台，但美国的民粹主义基础依然存在，必须高度重视并有效防范。

一方面，要旗帜鲜明地消除川普民粹主义的负面影响。应该明确反对川普对"政治正确"的污名化以及在"反政治正确"方面的矫枉过正，重申"政治正确"的基本理念，包括自由博爱、种族平等、宗教宽容、多元进步等等，反对煽动不同族群之间的仇视与对立，反对川普对精英阶层与社会底层的污名化攻击以及"挑动中间斗两头"的政治宣传操作，消除其不良影响。

此外，此次选举纷争之所以能最终得到妥善解决，没有酿成大祸，得益于美国主流社会（包括司法体系、立法机构、行政机构与军队）对民主政治基本原则特别是法治与程序正义的坚守。为了更加有效地防范川普式的民粹主义危害民主体制的安全，美国是否需要在相关法律规范上有所改进与完善，也是今后迫切需要考虑的问题。

另一方面，要高度重视川普支持者所关注的社会问题。要采取有力政策，照顾他们的诉求，化解他们的不满与民粹情绪。

第一，要重振美国中西部地区的经济。川普的主要支持者是中西部"铁锈带"的白人中低收入群体即所谓的"红脖子"白人，他们在过去几十年的经济全球化进程中受到严重负面冲击：来自中国等国的廉价商品严重冲击了其传统制造业，很多企业又将其生产线转移到了劳动力成本低得多的中国等地。

川普政府的药方是，通过与中国的关税战阻止从中国的廉价商品进口，并辅以其它措施吸引制造业回流美国。但关税战所起的效果是有限的：对中国产品加征的关税绝大多数转嫁到了美国消费者头上，但没有显着降低进口量；中国的关税报复也减少了美国相关产品的出口量；制造业回流的效果也不明显，部分从中国转出的企业并非回流到美国，而是转向了其它东南亚国家。

为了重振美国中西部经济，拜登政府可能需要重新调整思路。关税战最多只应局限在有证据证明中国进行了"不公平贸易"的领域，而不能"全面开花"。更重要的是，应对全球化负面冲击的有效措施，不应该是进行违背市场经济规律的贸易保护，或促进企业重新发展比较劣势行业、重新回归高成本地区，而应该是通过各种市场化措施促进经济结构的转型，特别是在受全球化负面冲击的地区，促进新的比较优势产业的产生。

第二，要谨慎处理不同群体的价值观与利益冲突。这种冲突包括传统的左右之争的各个方面，既包括价值理念方面，也包括利益分配方面。无论是哪方面的矛盾与冲突，都应该采取各种措施加以化解或缩小，而不是激化。

例如，在移民问题上，在坚持对外开放、人道主义等"政治正确"

基本原则的前提下，适度修订相关法规，强化执行力度，改善合法移民的构成，完善非法移民的处置措施，加强新移民的归化工作。在反种族歧视问题上，要处理好对少数族裔的照顾政策的力度，缓解其它族群的"逆向歧视"感受；同时，既要持续改进警察执法，防范相关种族歧视事件引发群体冲突，也应有效控制群体冲突中的暴力事件，并防止过头"政治正确"行为对右翼民众的思想冲击。

再如，在税收及社会保障与福利制度改革方面，既要做好两者之间的平衡（本质是财政收入与支出之间的平衡），也要做好各自内部的平衡：税率调整的目标，不应该仅仅是刺激经济增长，也应合理调节不同群体之间的收入分配；社会保障制度改革的目标，应该是精准扶持因不可抗力陷入生活困难的民众，而不应该是奖懒罚勤。这些从根本上说都是为了调和不同群体的利益矛盾。

经历了严峻考验的美国社会，如果能够在以上各个方面反思与应对得当，更好地化解与处理已有的社会矛盾与分歧，就可以使得美国的民主制度行稳致远，社会发展更加健康，继续保持繁荣与强大。

（二）华人社会的分裂问题

美国大选造成华人社会（包括中美华人）的高度分裂，是此次美国大选区别于以往各届美国大选的重要特征。这种分裂在自由派内部尤为显着。相当多的自由派基于对川普的高度感情认同，成为坚定甚至狂热的"川粉"，坚信川普阵营关于大选"舞弊"的各种说辞，无保留地支持川普的内外政策及其背后的价值观；而少部分自由派则走向了他们的对立面。两派民众在网络上争得不可开交，甚至导致朋友反目，构成了此次美国大选中的独特"风景线"。为简单起见，下文的讨论将集中于中国华人特别是自由派群体。

其实，中国社会的"分裂"并非是这次美国大选才有的。中国四十年改革开放的过程，也是民众思想观念从"大一统"走向多元化与"分裂"的过程。特别是本世纪以来，由于通讯工具与互联网的发展、社交网络平台与自媒体的兴起，人们之间思想观念的交流更加便捷。差异化的个体观念，经过社交媒体的传播，更容易形成不同的群体效应，放大为群体的思想分裂。

在当下的中国，任何一个社会公共事件，都可能引发网络上的不同声音，形成大规模的群体争论。即便是一开始的"舆论一边倒"，也可能随时发生反转。从总体上看，这种"分裂"是中国社会进步的表现。这表明中国社会已经摆脱了原有的公权力主导下的"思想统一"状态，很多民众都有了自己的独立见解与独立思考能力。这是社会发展进步的根本动力。

当然，中国社会的总体"分裂"中，也包含了中国左、右两派对民主法治等基本价值观与制度规则认知的分裂。这与西方社会的左右之争即自由与保守之争，建立在对普世价值观与民主宪政制度的共同认可的基础之上，有很大不同。中国左右两派的共性基础需要提高，相信也会随着社会的发展而提高。

然而，此次围绕美国大选产生的激烈纷争，实际上主要不是产生在中国的左右两派之间，而是产生在中国的右派即自由派内部。很多自由派担心，这种激烈纷争是否会导致中国自由派从此成为一盘散沙？是否会削弱中国自由派对于左派的集体力量？笔者认为，这种担心有一定道理，但也不必过虑。

第一，中国自由派区别于左派的一个特点，就在于倡导尊重个人思想自由，尊重思想的独立性与多样性，不强求一致。这一特点，可能会使得自由派在与强调"思想统一"的左派的对垒中，暂时处于战术劣势。但从长期看，自由派一定会有战略优势。这是因为，思想自由才符合人的本性，思想独立与多元才能最大限度地发挥人的创造性，而创造性才是生命力的源泉。

第二，中国自由派在美国大选问题上的分裂，不影响他们在追求共同目标上的团结一致。美国大选已经尘埃落定，热度逐步消失。尽管自由派内部挺川、反川两派对于拜登团队的对华战略还会产生很多看法分歧，但社会热点问题会更多地回到中国内部问题，包括民生发展与社会进步。在这些问题上，两派之间的共同主张，并不会由于两者在美国大选问题上的争端而改变。他们还会发出相同的声音，共同推动中国的发展进步。

当然，中国自由派内部对于因美国大选产生的认知误区，也需要

385

进行反思。笔者在《华人社会为何对美国大选存在诸多认知误区？》一文中，分析了华人社会特别是自由派内部对美国大选的各种认知误区的七个产生原因：第一，感情好恶过于浓烈，影响事实判断与价值取向；第二，知识结构搭配错乱，基础不牢而追求空中楼阁；第三，价值观不正，民主法治与进步理念欠缺；第四，判断力不足，常识与逻辑思辨能力欠缺；第五，方法论错误，不信主流媒体而信小道消息；第六，理性温和不足，狂热极端过剩；第七，自负心态过浓，敬畏反思缺乏。

如果中国自由派能认真反思以上问题，改进对于民主政治的基本认识，就能适度弥合此次美国大选造成的极度分裂，缩小内部分歧，更好地推动中国的思想进步与民主法治建设。

（首发于《中美印象网》，2021/2/26）

"一贺三张"在美国大选争端中的理性坚守与意义

余 智

刚刚过去的 2020 年美国总统大选，在华人社会特别是在自由派与知识分子群体中，引起了巨大争议与撕裂。其中一个典型现象，就是大量自由派人士狂热挺川（川普），极力反对甚至攻击不支持川普、或者只表示支持美国民主体制及其选举结果的自由派公知大咖，特别是"一贺三张"——贺卫方、张千帆、张雪忠、张鸣，其中前三者是法学家与宪政专家，张鸣教授则是历史学家。这些极端挺川派人士不仅嘲讽这些专家"集体翻车""形右实左"，甚至将嘲弄对象扩大到整个知识分子群体（尽管他们很多人自身也是知识分子）。

然而，事实证明：在此次美国大选争端中，"一贺三张"（贺卫方、张千帆、张雪忠、张鸣）这几位专家的表现堪称中国自由派知识分子的优秀典范，包括对川普民粹特性的精准预判、对大选"舞弊"争端的冷静分析、对美国制度根基的清醒认识、对美国左右之争的中性认知、对民主宪政原则的牢固坚守，以及对美国对华政策与中国改革现实的清醒认知。其中，张千帆教授做出的贡献尤为突出。他们不畏极端挺川派的攻击与嘲弄，坚守自己的理性认知与价值取向，在此次美国大选争端中为中国自由派群体挽回了一丝颜面，使其避免了集体沦为世界与历史笑柄的尴尬风险，也为极端挺川派的反思提供了良好参照系，对推动中国的思想进步与民主转型具有极其重要的标杆意义。

一、对川普民粹特性的精准预判

此次美国大选争端集中暴露了川普操弄民粹主义、破坏美国民主宪政的巨大风险。笔者在《美国是否发生了严重的体制危机或宪政危机？》《川普是否操弄民粹主义并有独裁倾向？》两篇文章中，对此做了详细分析。在后一篇文章中，笔者从两个方面区分了民主与民粹，并认为川普符合民粹特征：他宣称代表"人民"整体与"正义"力量、"妖魔化"政治对手及其代表的利益群体，而且不尊重甚至试图破坏民主体制与规则在解决民意争端中的地位与作用。对于川普的民粹特性，笔者与很多人一样，是通过此次美国大选争端才看出来的。

然而，贺卫方教授与张鸣教授两人，则在川普2016年当选总统时就对此做出了精准预判，并在此次美国大选亲身见证了它的应验。贺卫方教授当时曾批评川普的就职演说表现，并明确指出他的演说充斥着"民粹动员"。这一评论在此次大选中还被极端挺川派翻出来作为"罪证"。无独有偶，张鸣教授针对川普在那次就职演说中宣称自己的当选代表"华盛顿又回到了人民手中"，一针见血地反问："以前的美国政府就不是人民选的吗？"认为川普的这种说法是民粹主义者的惯用手法。两人所见略同。

事实的确如此。笔者在《川普是否操弄民粹主义并有独裁倾向？》一文中曾指出：民粹主义政治人物的典型特征，就是无视民主社会中"人民"在观念与利益诉求方面的客观差异，即"人民"自身的分裂性，将自己视为一个抽象"人民"群体的整体利益代表，妖魔化政治对手，断言其不代表"人民"。而川普符合这一特征（以下两段直接引自该文）：

川普的政治鼓动与宣传中，一直采取了这种方法。他实际上主要代表美国中西部"铁锈带"地区的中低收入选民（即"红脖子"白人）的利益。这些群体受经济全球化额负面冲击较大，其利益当然应该得到重视。但他一直宣称自己是全体"人民"的代表。在2016年的总统竞选中，他宣称"人民"被国家遗忘了-实际上是将他所代表的上述部分利益群体，扩展为"人民"整体，界定为"正义"力量。

川普当时还宣称国家权力不在"人民"手中，而是被华尔街"资本大鳄"与所谓的"华盛顿沼泽"（立法、行政、司法机构精英）所"窃取"——实际上就是将这些群体"妖魔化"，将他们排除在"人民"之外。界定为"非正义"力量。在2017年的总统就职典礼中，他则宣称自己的当选代表"华盛顿又回到了人民手中"。

这种典型的民粹主义宣传，被贺卫方教授、张鸣教授准确识别，不能不说是他们的先见之明。而这次美国大选争端，川普的上述民粹宣传有过之而无不及，而且试图破坏民主体制与规则在解决大选纷争中的地位与作用，从而对美国民主宪政造成了直接危害，进一步印证了他们的预判。

二、对大选"舞弊"争端的冷静分析

在本次美国总统大选争端产生之后，面对铺天盖地的大选"舞弊"质疑，"一贺三张"都选择不相信关于大选"舞弊"的有关传言。极端挺川派攻击他们无视关于"舞弊"的海量"证据"与"爆料"。但实际上，他们的选择既有坚实的事实与严谨的逻辑、更有正确的方法论作为基础。

首先，他们选择相信美国主流媒体而非自媒体的事实报道，这是正确的方法论选择。笔者在《美国主流媒体是否背离了客观独立与言论自由原则？》一文中，指出美国主流媒体在新闻报道方面的客观性是由是依靠媒体的自由竞争体制来保障的，比非主流自媒体与自媒体更加可靠，它们也没有背离价值观独立原则（与价值观倾向性不矛盾，且不同媒体的倾向性不同）与言论自由原则，澄清了这些方面的种种认识误区。贺卫方教授在《答王洺旭问》中明确指出：美国主流媒体并非在价值倾向上都全部反对川普，媒体的党派倾向通常体现在言论而非事实报道上。这一认知符合客观事实，也为其选择相信主流媒体的事实报道、不相信各种自媒体的网络谣言做了注脚。

其次，他们选择相信美国与国际主流社会对此问题的判断，这也是正确的方法论选择。贺卫方教授曾谈到：投票支持川普的民众并非都相信大选"舞弊"，美国主流社会是不相信"舞弊"的；西方国家在大选结束后，在明知美国已经有"舞弊"传言的情况下，仍然向拜登表达祝贺，应该也是基于其情报系统对大选是否存在舞弊的评估后做出的决定。对于一个局外人而言，相信美国与国际主流社会的判断，无疑是正确的方法论选择。

再次，他们反对"阴谋论"思维方式，选择相信美国司法体系的公正性，这也是正确的方法论选择。他们普遍认为在美国两党势均力敌、互相监督以及新闻媒体完全自由的体制下，大规模"舞弊"难以发生、发生后也很容易发现，并明确选择相信美国司法体系对选举"舞弊"案件的独立裁决结果。张雪忠教授在很多微信发言中，都表达了这些观点。这些既符合美国政治现实，也符合正常逻辑。张千帆教授在大选后发表了《决定美国大选的120场诉讼》，系统总结了围绕大选争端的相关诉讼情况，为大选"舞弊"说扫清了疑云。

对于围绕美国大选是否存在"舞弊"的纷争，也可参考笔者在《2020美国大选是否存在大规模舞弊？》一文中的系统分析与总结。笔者在该文中指出：相信美国大选舞弊的几个理由（美国自媒体中关于选举舞弊的大量"爆料"、双方竞选过程中的人气差异、选举结果揭晓过程中的"拜登曲线"）都不充分，其它相关逻辑（"阴谋论"）与事实（美国与国际主流社会的看法）也不支持大选舞弊之说。

三、对美国制度根基的清醒认识

前几年，部分中国自由派学者在川普执政后，宣扬美国民主制度的根基是基督教信仰甚至福音派基督教信仰。贺卫方、张千帆、张雪忠三位法学专家坚定否认了这种错误认知。

张千帆教授在大选前发表的《什么是美国的宗教立场？》与《美国宪法上的宗教关系》两篇文章中，从宗教改革的历史、美国宪法的规定上，论证了美国制度根基是政教分离、宗教信仰自由，而非基督教信仰。他从多个角度论述了这一制度基础对保证世俗国家长治久安的意义：如果美国背离这一制度根基，就会背离宗教改革以来人类文明的进步成果，回归以一元化宗教为国教、甚至政教合一的中世纪状态，导致无穷的信仰纷争、仇恨甚至分裂与战争。

贺卫方教授在大选后发布的反思文章《中国语境下的大撕裂》一文中，支持了张千帆教授的有关论述，并将政教分离的源头追溯到"上帝的归上帝，凯撒的归凯撒"欧洲社会传统。他也指出了美国宪政体制的渊源不仅仅包括基督教，还包括前基督教时代的希腊政治哲学、罗马法以及英国法律传统等，且美国继承的英国法律中仍然以世俗成分为主导。他也指出了现代美国社会中族裔与宗教信仰的多元特征以及民主宪政体制在非基督教主导地区（日本与台湾等）的成功范例，进一步证明了民主宪政并非以基督教为根基。

张雪忠教授在诸多微信评论中，也表达了与张千帆与贺卫方两位教授类似的观点。他还特别批评了部分基督教教徒在大选中因自己的宗教信仰而认为自己对世俗政治问题的认知也高人一等、甚至高于相关专家（包括"一贺三张"）的傲慢心态，并认为这种心态其实也是一种懒惰心态（因信教而认为自己不需要再在其它方面加强学习）。

坦率而言，关于美国制度根基是基督教信仰还是政教分离这个问题，在川普上台之前根本不是问题。美国主流社会与了解美国基本情况的中国学界都很清楚这一点。川普 2017 年上台后，部分中国学者试图将其背后的基督教福音派的一时获胜永久化与神圣化，才导致了有关美国制度根基问题的争论。"一贺二张"在这一问题上的观点，坚守了宪政学者的理性认知。

关于这一问题，读者还可参阅笔者的《如何看待美国制度与基督教、保守主义与自由主义？》一文。在该文中，笔者支持了张千帆、贺卫方教授关于美国制度根基在于政教分离、宗教自由，以及美国民主体制适用于非基督教主导地区的观点，还指出：美国制度根基的政教分离、宗教信仰自由并不否定基督教的传播推广；即使认为美国的制度根基是基督教信仰，此次美国大选也不是关于美国制度存亡的纷争；基督徒应保持态度与认知谦虚。

四、对美国左右之争的中性认知

前几年，部分中国自由派学者在川普执政后，宣扬右派的保守主义思潮是"正确"思潮，认为美国的未来之路是弘扬右派保守主义思想，回归美国传统价值观。为此，他们将与之对应的左派即自由主义／进步主义思想定位为"错误"甚至"邪恶"思想，将持有相关理念的左派污名化为"白左"甚至"圣母婊"，进而将美国"左右之争"

定位为"正邪之争"。这不仅是在美国的"左右之争"中站队、表态，而且严重扭曲了民主社会左右之争的正常属性。而"一贺三张"等温和自由派都反对这种极端观念，坚持以中性态度看待美国左右之争。

张千帆教授在《"保守主义"保守什么，如何保守？》一文中，对此作了精彩分析：首先，他从保守主义的多维性（经济、政治、社会、文化）、地域性（国家）、时代性（时期）三个方面，论述了这一概念的复杂性与歧义性，在每个维度、国家、时代，其内涵都不相同；其次，他论述了保守主义并非在任何情况下都是好的，保守过度就会成为社会进步的绊脚石，并会激发激进变革，造成巨大破坏；保守主义与自由/进步主义、右派与左派，作为西方国家相对的两种思潮，都有其各自合理性与不足之处。张千帆教授对保守主义与自由/进步主义的分析与评判是全面、温和而理性的。

张千帆教授在论述保守主义历史局限性的同时，正确地指出美国历史上是一直发展进步的，无论是经济方面从完全放任到宏观调控，社会方面从缺乏基本社会保障到提供基本社会保障，还是政治方面从歧视少数族裔、少数群体到逐步赋予他们平等权利。在《种族平等-美国宪政的原罪、救赎与短板》一文中，他则系统论述了美国在这一问题上的历史原罪、进步历程以及仍然存在的短板，使读者深刻理解了进步主义（而非保守主义）的历史意义。

贺卫方教授在《中国语境下的大撕裂》一文中，从美国两党政治的角度阐述了左右之争的正常而非"正邪"属性。他从党派的起源以及美国两党政治的形成历史出发，揭示了两党在诸如税收倾向、政府角色、平权运动、堕胎权利、移民政策等问题上的分歧由来已久，属于正常政策之争。他因此严厉批评了极端挺川派将两党之争视为"正邪之争"、污蔑民主党、神化共和党、甚至将川普视为"天选之子"的错误认知。他形象地形容，"保守派和自由派形成了相互平衡的两翼"，共和党民主党"如鸟之两翼，车之两轮，缺一不可"。

此外，张千帆教授与贺卫方教授在他们的文章中，都客观指出了美国的民主党与左派的主流政策主张是温和偏左，并非极端挺川派所声称的"极左"，与马克思主义左派完全不同，更不可能走向列宁式的社会主义。贺卫方教授还进一步则指出，美国过去半个多世纪中，两党实力基本平衡，没有出现一党独大的情况，因而两党之间可以形成有效制约。

关于如何看待美国的左右之争，读者还可参阅笔者的《美国的"左右之争"是"正邪之争"吗？》一文。该文通过对美国左右之争四个问题（非法移民与移民归化问题、种族平等与民权运动问题、社会保障与福利制度问题、大麻与同性恋婚姻合法化问题）的详细辨析，进一步深入论述了美国左右之争并非"正邪之争"的核心观点。而在《如何认识"利益集团""深层政府"与"华盛顿沼泽"？》一文中，笔者则驳斥了极端挺川派在美国左右之争中，对美国民主党乃至共和党主流政治势力的种种错误认知以及攻击污蔑。

五、对民主宪政原则的牢固坚守

部分极端挺川派由于将美国左右之争视为"正邪之争"，对不利于自己的支持对象的选举结果拒不接受，在穷尽了体制内所有的司法途径而不能达到其目标之后，转而呼吁民众的街头运动甚至"暴力革命"（最终酿成川普支持者冲击国会事件），或者呼吁川普动用军事与情治力量改变选举结果。这就已经远远超出了民主宪政所允许的范畴。

但"一贺三张"这些专家始终将美国左右之争视为正常争论，支持在民主宪政的框架下解决左右纷争包括选举纷争。张千帆教授在《"保守主义"保守什么，如何保守？》一文中，明确主张通过社会契约即自由、民主、法治、平等的宪政原则，解决左右分歧，保证社会的稳定与和谐发展。贺卫方教授在《中国语境下的大撕裂》一文中指出，美国两党在分歧之外，在新闻自由、民主政治、司法独立等基本价值观方面有这深刻而广泛的共识。这些民主宪政的基本原则，也就是解决两党分歧的共同基础。

在大选纷争产生后，"一贺三张"更是支持依靠宪政与法治原则解决纷争。张雪忠教授在这方面有大量的微信发言，非常到位。张千帆教授在大选后的反思文章《美国契约的破裂与重建》一文中，指出了此次美国大选过程中川普及其极端支持者对美国契约即民主宪政的巨大破坏，并提出从三个方面重建美国契约、维护民主宪政：一是美国宪法的第一修正案（政教分离、宗教自由、言论自由）；二是美国宪法的第十四修正案（平等保护）；三是总统选举制度的改革。这一反思具有非常强烈的针对性。

笔者在《美国是否发生了严重的体制危机或宪政危机？》一文中，则分析了此次美国大选纷争中，美国主流社会（包括共和党与挺川派主流、司法体系与军队）坚持依靠民主法治原则解决纷争、维护美国宪政体制的努力，并分析了川普本人与极端挺川派对民主宪政的破坏与威胁。

六、对美国对华政策与中国改革现实的清醒认知

部分华人自由派人士在此次大选中狂热挺川，一个重要原因是川普过去几年的对华强硬政策使他们相信：川普能够以强硬手段倒逼中国的改革开放，并逆转中国最近一些年的内政外交转向；而民主党与拜登只能打打"口炮"而已，甚至会与中国有关方面进行"勾兑"，从而"绥靖"中国近年来的内政外交转向。他们基于对川普的强烈感情偏好，不仅坚信网络自媒体关于大选存在严重"舞弊"、川普最终会翻盘等诸多传言，也不分好坏地狂热支持川普的几乎所有的内政、外交政策及其背后的价值观，并对拜登百般诋毁。

贺卫方教授在《中国语境下的大撕裂》一文中指出了部分华人自由派的上述认知，并针锋相对指出了以下三点：第一，川普的对华极限施压并未导致中国自由派期待的政治结果，而相反的政治现实却在中国不断上演，尽管这是中国内在逻辑的一种展示而非美国施压的结果；第二，导致美国对华政策逆转的，实际上不是美国政府，而是中国方面，美国的大棒外交是"怀柔羁縻"政策失效之后的必然选择；第三，拜登政府会延续川普政府的对华施压政策，并更注重与西方盟国的协调以及应对中国的策略手段的效果。

贺卫方教授更进一步指出了中国自身转型的困难所在：当一国内部没有形成一种足以制衡威权的体制性与社会化力量的时候，外来压力所带来的经常是一种反向的效果，尤其是对象国体量很大的

情况下，指望外部压力就能引发国内变革更是一厢情愿，推动中国变革主要看中国人自己。

贺卫方教授对美国对华政策与中国改革现实的上述认知，与笔者在以下三篇相关文章中表达的相关观点高度吻合。

笔者在《美国过去的对华接触战略失败了吗？》一文中指出："川普执政之前美国两党都曾执行的对华接触战略，无论是在经济、政治还是文化与意识形态领域都取得了显着成效，不能视为失败；中国前些年的内政外交转变主要是内部因素作用的结果，不能归因于美国对华接触战略的所谓"绥靖"。"

同时，笔者在《如何看待所谓的中美"勾兑"问题？》一文中指出："关于美国民主党与中国"勾兑"的指控带有强烈"阴谋论"色彩；其中双方公开或秘密管道的合法沟通，两党都有，属于国际上的外交惯例与维护本国利益，无可厚非；而关于美国部分政治人物或其亲属与中方进行非法交易、危害美国国家利益的传言，在有确凿的司法起诉与判决之前，不应采信；中美双方的相互"渗透"不必否定，但有关非法指控还是应尊重司法系统裁决。"

而在《如何全面评判川普的对华遏制战略？》一文中，笔者进一步指出："部分华人自由派挺川人士对川普对华遏制战略的偏好，过于简单化了；应该全面评判这一战略的产生背景、多重影响、历史延续性及其与中国发展进步的关系。"具体而言（以下四段直接引自该文）：

第一，川普的对华战略转向，在经贸方面具有主动性，但在政治方面具有被动性。这与其"美国优先"的"孤立主义"理念有关。华人自由派挺川人士对他的过高政治期望可能是"所托非人"。

第二，川普的对华遏制战略，存在方向不同的多重影响：既在较大程度上遏制了中国国际影响力的扩展、在某些方面"倒逼"了中国的经济改革与开放，也在某些方面导致了中国经济的"自力更生"与"内循环"、在一定程度上导致了中国对内管控的强化、在较大程度上刺激了中美两国的民族敌对情绪。这一战略对中国发展进步的总体影响是正是负，很难准确评估。而它对中国经济与社会的负面影响，则主要是由普通民众而非既得利益阶层承担的。

第三，川普的对华遏制战略，在今后一段时间内，从总体上看会被拜登政府延续，但部分策略可能会有所改变：两国政治对抗会延续、经贸对抗会缓和，实质对抗会延续、口头对抗会缓和，双边对抗会延续、多边对抗会增强。

第四，中国这样的大国的发展进步，应该主要依靠本国民众的自身努力，而不能过分寄希望于外部压力与帮助，特别是某个国家、政党或政治人物，尤其是那些缺乏"普世主义"理念的外国政党与政治人物。

贺卫方教授前述观点，与笔者在上述三篇文章特别是第三篇文章中详细论述的相关观点高度吻合，澄清了极端挺川派对于美国对华政策与中国改革现实的偏激认知。

七、"'一贺三张'形右实左"的说法混淆了中西方的左右概念

部分极端挺川派人士批评"一贺三张"等温和自由派人士"形右实左"。这种指责毫无依据，本质上是混淆了美、中两国的左右概念，即"白左"与"红左"的概念。

张千帆教授本人在《中西左右：一场跨洋误会》一文中，分析了西方左右概念的缘起与演变、中西方左右概念的差异；指出西左不一定是极左、有很多可取之处，"白左"的"政治正确"不能一概否定；认为评价左右的坐标系应该是宪政民主体制，而不应该是任何人的特定立场；指出部分华人极端挺川派之所以逢"左"必反，在于混淆了中西方的左右概念，将西方的左当成中国的左了。贺卫方教授在《中国语境下的大撕裂》一文中则指出，中国缺乏西方意义上的左派与右派。张鸣教授也指出，中国与西方的左右概念完全不是一回事。

笔者则在《美国的"左右之争"是"正邪之争"吗？》一文中第七部分的延伸讨论中，指出了极端挺川派混淆中西方的左右概念、将"一贺三张"等温和自由派人士视为"形右实左"的错误所在（以下四段直接引自该文）：

在中国的政治光谱中，"左派"（"红左"）是指偏向传统马列主义意识形态的思想倾向，"右派"（"红右"）是指偏向西方普世价值观的思想倾向。而在美国的政治光谱中，几乎没有中国"左派"即"红左"的空间，只有中国的"右派"即"红右"。

美国的"左派"（"白左"）与"右派"（"白右"）都是赞同西方普世价值观的。只是"左派"更加重视利用政府力量克服市场选择的缺陷与不足，照顾少数族裔、弱势群体，更注重保护个人在行为方式上的自由选择，而"右派"更加强调尊重市场与自然选择的结果、主张弱化政府的外在干预，并更多强调传统价值观对个人自由行为的约束作用。

中国的"右派"（"红右"），既有支持西方"左派"（"白左"）、也有支持西方"右派"（"白右"）的。极端挺川派批评为"形右实左"的中国温和自由派人士，实际上是中国的"温和红右"：他们要么支持美国民主党（"白左"），要么在两党之间不持明确立场或者摇摆不定。

"形右实左"批评的错误在于：如果这里的"左"是指"红左"，则这种批评完全张冠李戴，因为这些中国温和自由派人士属于"温和红右"，与"红左"截然不同；如果这里的"左"是指"白左"，则这种批评可能以偏概全，因为"温和红右"既可能支持"白左"、也可能在两党之间不持明确立场或者摇摆不定；如果这一批评的对象仅限于支持"白左"的"温和红右""形右实左"的说法也属于标准不一，将中国"红右"与美国"白左"直接对立。

八、"一贺三张"理性坚守的重要意义

张千帆教授在《中西左右：一场跨洋误会》一文中，总结了中国自由派中的部分极端挺川派认知错误的产生原因：一是思维极简，对极权体制下的长期洗脑极度反感，找不到合适的理性辩论对象，也无从培养自己的理性辩论习惯，因而反极权的思辨模式也变得极其简化，养成了与"阶级斗争"类似的简单善恶观，敌友界线划分非常鲜明但过于简单；二是过度自信，由于长期生活在极权体制下，养成了

极权的习性，对自己的立场的正确性过于自信，将自己理解为一贯正确的代表，而将意见不同者视为"邪恶"，缺乏宽容心态；三是极端思维，矫枉过正，从反一个极端（极左）走向另一个极端（极右）。上述这些问题，可以概括为"理性思辨的缺乏"。而"一贺三张"则克服了这些缺点，坚守了理性思辨。

笔者在《华人社会为何对美国大选存在诸多认知误区？》一文中，分析了华人极端挺川派对美国大选产生诸多认知误区的七个原因：第一，感情好恶过于浓烈，影响事实判断与价值取向；第二，知识结构搭配错乱，基础不牢而追求空中楼阁；第三，价值观不正，民主法治与进步理念欠缺；第四，判断力不足，常识与逻辑思辨能力欠缺；第五，方法论错误，不信主流媒体而信小道消息；第六，理性温和不足，狂热极端过剩；第七，自负心态过浓，敬畏反思缺乏。

其中，第七个方面指的是：批评乃至嘲讽"一贺三张"的极端挺川派们其实极其自负。"正如张鸣教授所言，他们以前之所以相信这些公知大咖，只是由于后者的言论刚好与自己内心想法吻合。但当这些专家集体与自己的想法不一致时，他们不是敬畏专家集体，不是反思自己的认知，却反过来认为专家集体出错，自己才是对的，甚至为自己"不迷信专家"而洋洋自得。他们始终相信的是自己的执念，对自身认知极度自负。至于部分人将嘲讽对象扩大到知识分子群体，则更是对知识缺乏敬畏的"反智"表现。"

"一贺三张"之所以在这次美国大选中能够坚持正确的认知，原因就在于在各个方面与他们的批评者即极端挺川派们相反：他们对美国大选态度超然，因而能够以冷静态度做出事实判断与价值选择；知识结构扎实全面，理论基础牢固深厚；价值观端正，民主法治意识浓厚，并深具进步理念；判断力敏锐，既具有对美国社会的常识认知，又具有强大的逻辑思辨能力；方法论正确，相信主流媒体而非小道消息；始终理性温和，避免极端思维；谦虚谨慎，对美国与西方主流社会认知保持敬畏之心。

总而言之，"一贺三张"在此次美国大选争端中的坚守，体现了中国温和自由派知识分子的理性风范，为几乎集体沉沦的中国自由派挽回了声誉，他们是中国自由派知识分子的杰出代表。其中，张千帆教授的数篇雄文，其视野之广博，见解之深刻，价值观之端正与中道，态度之理性与温和，论述之严谨与周密，堪称典范。"一贺三张"不应该是极端挺川派的批评与嘲讽目标，而应该是后者切实学习的对象！

笔者在《如何看待中美民众在美国大选问题上的分裂？》一文中指出："此次围绕美国大选产生的激烈纷争，实际上主要不是产生在中国的左右两派之间，而是产生在中国的右派即自由派内部。很多自由派担心，这种激烈纷争是否会导致中国自由派从此成为一盘散沙？是否会削弱中国自由派对于左派的集体力量？笔者认为，这种担心有一定道理，但也不必过虑。第一，中国自由派区别于左派的一个特点，就在于倡导尊重个人思想自由，尊重思想的独立性与多样性，不强求一致。……思想自由才符合人的本性，思想独立与多元才能最大限度地发挥人的创造性，而创造性才是生命力的源泉。……第二，中国自由派在美国大选问题上的分裂，不影响他们在追求共同目标上的团结一致。"

但是，中国自由派内部对于在美国大选争端中的认知误区，需要进行认真反思。如何任由这些错误认知泛滥，那将既不利于自由派的内部团结，也不利于他们在推动中国民主进步过程中彰显道义力量；即使有朝一日中国步入了民主法治社会，那样的错误认知与非理性思维也会对社会的民主法治造成严重危害，如同此次美国大选一样。这次中国自由派的内部分裂，将这些问题提前暴露出来，未尝不是一件好事，可以促进自由派的及时反省。

"一贺三张"的理性坚守，则为这种反省提供了良好的参照系。这也是"一贺三张"理性坚守的重要标杆意义。如果中国自由派能向"一贺三张"等温和、理性知识分子学习，认真反思其在美国大选中产生的各种认知问题，改进对于民主政治的基本认识，就能适度弥合此次美国大选造成的极度分裂，缩小内部分歧，更好地推动中国的思想进步与民主转型。

（首发于中美印象网，2021/04/01）

Milton Keynes UK
Ingram Content Group UK Ltd.
UKHW010931050224
437294UK00001B/191